U0816711

中國井崗山干部学院

年鉴（2010）

《中国井冈山干部学院年鉴》编纂委员会　编

党建读物出版社

图书在版编目（CIP）数据

中国井冈山干部学院年鉴. 2010 /《中国井冈山干部学院年鉴》编纂委员会编. --北京：党建读物出版社，2010.10

ISBN 978-7-5099-0157-1

Ⅰ.①中… Ⅱ.①中… Ⅲ.①干部学校—中国—2010—年鉴 Ⅳ.①D630.3-40

中国版本图书馆CIP数据核字（2010）第200056号

中国井冈山干部学院年鉴

ZHONGGUO JINGGANGSHAN GANBU XUEYUAN NIANJIAN

（2010）

《中国井冈山干部学院年鉴》编纂委员会　编

责任编辑：杜念峰　**封面设计**：盛世华光

党建读物出版社出版发行

（北京市西城区南横东街6号　邮编：100052　电话：010-58587676 / 7790）

新华书店经销　　北京尚唐印刷包装有限公司印刷

787毫米×1092毫米　16开本　18.25印张　插页27页　435千字

2010年10月第1版　2010年10月第1次印刷

ISBN 978-7-5099-0157-1　定价：180.00元

本社版图书如有印装错误可随时退换（电话：010-58587660）

2009年5月23日，中共中央政治局委员、国务委员刘延东视察学院。

2009年8月8日，中共中央政治局委员、中央书记处书记、中央组织部部长，中国浦东、井冈山、延安干部学院理事会理事长、学院院长李源潮视察学院。

2009年11月3日，国务委员、公安部部长孟建柱视察学院。

中共江西省委书记苏荣视察学院。

中共江西省委副书记、省长吴新雄视察学院。

2009年5月28日，中共中央组织部常务副部长沈跃跃视察学院，并出席第12期全国老干部局局长轮训班开班式。

2009年8月11日，中共中央纪律检查委员会副书记、监察部部长、国家预防腐败局局长马馼视察学院。

2009年8月8日，教育部部长周济、副部长陈希、部长助理林蕙青视察学院，并出席高校主要领导干部“加强党性修养、坚定理想信念、保持优良作风”专题研讨班学员座谈会。

2009年3月22日，中共中央统战部副部长，全国工商联党组书记、第一副主席全哲洙视察学院。

2009年8月5日，中央财经领导小组办公室主任，国家发展和改革委员会党组副书记、副主任朱之鑫视察学院，并为学员作专题讲座。

2009年10月11日，国防大学校长王喜斌中将到学院考察。

2009年8月9日，中共中央组织部副部长李建华视察学院，并出席高校主要领导干部“加强党性修养、坚定理想信念、保持优良作风”专题研讨班结业式。

2009年8月3日，中共中央组织部副部长王尔乘视察学院，并出席高校主要领导干部“加强党性修养、坚定理想信念、保持优良作风”专题研讨班开班式。

2009年8月8日，中共中央组织部部务委员兼组织局局长傅思和视察学院，并出席高校主要领导干部“加强党性修养、坚定理想信念、保持优良作风”专题研讨班学员座谈会。

2009年5月22日，中共中央组织部部务委员兼干部一局（公务员管理办公室）局长（主任）王京清视察学院，并为公务员管理业务研讨班作专题报告。

2009年10月24日，中共江西省委副书记、学院第一副院长王宪魁视察学院。

2009年8月8日，学院理事，中共江西省委常委、组织部部长弘强视察学院。

2009年3月29日，学院理事、中共中央党史研究室副主任李忠杰到学院考察，并在学院“井冈论坛”上作专题报告。

2009年3月29日，学院理事、中共中央文献研究室副主任李捷到学院考察，并在学院“井冈论坛”上作专题报告。

2009年6月8日，学院理事会秘书长、中共中央组织部干部教育局局长孙学玉到学院考察。

2009年1月8日，学院理事、中共吉安市委书记周萌陪同学院领导班子成员在吉安市调研。

2009年1月5日，学院理事，中共吉安市委副书记、市长王萍到学院考察。

2009年3月20日，学院举行2009年春季开学典礼。

2009年9月5日，学院举行2009年秋季开学典礼。

2009年8月8日，中共中央政治局委员、中央书记处书记、中央组织部部长，中国浦东、井冈山、延安干部学院理事会理事长、学院院长李源潮主持召开部分高校党委书记、校长座谈会，听取学员意见并在座谈会上作重要讲话。

2009年8月3日，中共江西省委副书记、学院第一副院长王宪魁和学员一起听学院教师讲授专题课。

常务副院长李小三和学员一起重走朱毛红军挑粮小道。

副院长张泰城带队在长冈乡开展教学调研。

副院长周金堂为学员讲授专题课。

副院长张友南在学员大会上向学员授院旗。

学院领导召开学员座谈会听取学员意见。

学院开展教学试讲。

中国驻外使节"加强党性修养、坚定理想信念、保持优良作风"专题培训班举行开班式。

第2期副厅局级领导干部“加强党性修养、坚定理想信念、保持优良作风”专题培训班学员在井冈山革命烈士陵园瞻仰大厅重温入党誓词。

第62期专设班（中央党校中青年干部培训一班）学员在黄洋界开展现场教学。

第6期正厅局级领导干部“加强党性修养、坚定理想信念、保持优良作风”专题培训班学员在小井红军烈士墓前开展现场教学。

2009年第2期全国党史部门负责人培训班学员在瑞金市开展现场教学。

第70期专设班（中央党校第27期中青年干部培训一班）学员在种植纪念树。

第11期正厅局级领导干部“加强党性修养、坚定理想信念、保持优良作风”专题培训班学员在荆竹山自做红军餐。

第7期副厅局级领导干部“加强党性修养、坚定理想信念、保持优良作风”专题培训班学员观看“兴国山歌”专题晚会。

第11期正厅局级领导干部“加强党性修养、坚定理想信念、保持优良作风”专题培训班学员在开展农村入户调查。

高校主要领导干部“加强党性修养、坚定理想信念、保持优良作风”专题研讨班学员在进行分组研讨。

第1期省部级干部“弘扬井冈山精神，坚定理想信念”专题研究班学员代表做客“人民网·中国共产党新闻网”，与网友在线交流。

第9期正厅局级领导干部、第5期副厅局级领导干部、中管企业和金融机构领导人员“加强党性修养、坚定理想信念、保持优良作风”专题培训班举行结班式。

2009年8月21日，中共江西省委副书记、学院第一副院长王宪魁在学院主持召开领导干部“加强党性修养、坚定理想信念、保持优良作风”专题培训工作座谈会。

常务副院长李小三在检查学院2009年度科研成果展准备工作。

副院长张泰城出席中国浦东干部学院举办的“中国——新加坡领导人才选拔与培养论坛”。

副院长周金堂参加“朱德与中国革命和建设”学术研讨会暨中国中共文献研究会朱德思想生平研究分会成立大会。

副院长张友南参加“毛泽东与新中国”学术研讨会暨中国中共文献研究会毛泽东思想生平研究分会成立大会。

2009年8月17日，副院长张泰城率学院部分工作人员赴陕西学习考察。

2009年8月24日，副院长周金堂率学院部分工作人员赴西柏坡学习考察。

2009年9月16日，副院长张友南向全国党刊联合采访团的记者介绍学院情况。

2009年11月17日，常务副院长李小三率团在欧洲三国开展干部教育培训交流。

2009年7月20日，副院长周金堂带队在新加坡公共服务学院参加“领导力培养与开发”专题培训。

2009年10月30日，副院长张友南在英国参加由中共中央组织部主办的“新型工业化与生态文明建设”专题研究班学习。

2009年10月22日，中共陕西省委副书记、中国延安干部学院第一副院长王侠和中国延安干部学院常务副院长陈燕楠到学院考察。

2009年9月5日，香港“共和国之旅——井冈山专列团”一行到学院考察。

2009年9月9日，常务副院长李小三接受日本NHK记者专访。

2009年10月29日，澳门特区政府行政暨公职局访问团到学院访问。

2009年3月6日，美国乔治敦大学考察团到学院考察。

2009年4月11日，巴勒斯坦民族解放运动“法塔赫”干部考察团到学院考察。

2009年5月18日，国防大学防务学院外军高级军官访问团到学院考察。

2009年10月26日，也门全国人民大会干部考察团到学院考察。

2009年12月15日，苏丹人民解放运动干部考察团到学院考察。

中共江西省委副书记、学院第一副院长王宪魁主持召开院务委员会。

院务委员会理论学习中心组开展集中学习。

学院召开党员领导干部民主生活会。

学院举办“井冈论坛”。

2009年3月15日，学院召开深入学习实践科学发展观活动总结大会。

学院召开全体工作人员会议。

学院召开教师节座谈会。

学院举办新进工作人员培训班。

学院举办入党积极分子培训班。

2009年3月7日,学院举行"走进井冈山、感悟井冈山"讲解比赛。

2009年12月14日，学院举行“慈善一日捐”现场捐赠活动。

2009年9月28日，学院举行庆祝新中国成立60周年歌咏比赛。

学院举行第2届工作人员运动会。

第1期省部级干部“弘扬井冈山精神，坚定理想信念”专题研究班、第1期正厅局级领导干部“加强党性修养、坚定理想信念、保持优良作风”专题培训班、第1期副厅局级领导干部“加强党性修养、坚定理想信念、保持优良作风”专题培训班、第58期专设班（第25、26期中央部委所属高校哲学社会科学教研骨干研修班）学员合影。

2009年第1期全国党史部门负责人培训班学员合影。

第2期正厅局级领导干部"加强党性修养、坚定理想信念、保持优良作风"专题培训班学员合影。

第2期副厅局级领导干部"加强党性修养、坚定理想信念、保持优良作风"专题培训班学员合影。

第3期正厅局级领导干部"加强党性修养、坚定理想信念、保持优良作风"专题培训班学员合影。

第3期副厅局级领导干部“加强党性修养、坚定理想信念、保持优良作风”专题培训班学员合影。

公务员管理业务研讨班学员合影。

第12期全国老干部局局长轮训班学员合影。

第4期正厅局级领导干部“加强党性修养、坚定理想信念、保持优良作风”专题培训班学员合影。

第4期副厅局级领导干部“加强党性修养、坚定理想信念、保持优良作风”专题培训班学员合影。

第5期正厅局级领导干部“加强党性修养、坚定理想信念、保持优良作风”专题培训班学员合影。

第6期正厅局级领导干部“加强党性修养、坚定理想信念、保持优良作风”专题培训班学员合影。

第7期正厅局级领导干部“加强党性修养、坚定理想信念、保持优良作风”专题培训班学员合影。

第8期正厅局级领导干部“加强党性修养、坚定理想信念、保持优良作风”专题培训班学员合影。

第5期骨干教师培训班学员合影。

中国驻外使节“加强党性修养、坚定理想信念、保持优良作风”专题培训班学员合影。

中央编办机构编制管理创新专题培训班学员合影。

高校主要领导干部“加强党性修养、坚定理想信念、保持优良作风”专题研讨班学员合影。

2009年第2期全国党史部门负责人培训班学员合影。

第9期正厅局级领导干部“加强党性修养、坚定理想信念、保持优良作风”专题培训班学员合影。

第5期副厅局级领导干部“加强党性修养、坚定理想信念、保持优良作风”专题培训班学员合影。

中管企业和金融机构领导人员“加强党性修养、坚定理想信念、保持优良作风”专题培训班学员合影。

第10期正厅局级领导干部“加强党性修养、坚定理想信念、保持优良作风”专题培训班学员合影。

第6期副厅局级领导干部“加强党性修养、坚定理想信念、保持优良作风”专题培训班学员合影。

第11期正厅局级领导干部“加强党性修养、坚定理想信念、保持优良作风”专题培训班学员合影。

第7期副厅局级领导干部“加强党性修养、坚定理想信念、保持优良作风”专题培训班学员合影。

第4期高级专家理论研究班学员合影。

第12期正厅局级领导干部“加强党性修养、坚定理想信念、保持优良作风”专题培训班学员合影。

第8期副厅局级领导干部“加强党性修养、坚定理想信念、保持优良作风”专题培训班学员合影。

中管高校领导干部“加强党性修养、坚定理想信念、保持优良作风”专题培训班学员合影。

第59期专设班（国防大学2008级博士、硕士研究生班）学员合影。

第60期专设班（第27、28期中央部委所属高校哲学社会科学教研骨干研修班）学员合影。

第61期专设班（国家行政学院公务员任职培训班）学员合影。

第62期专设班（中央党校中青年干部培训一班）学员合影。

第 63 期专设班（南京政治学院政治工作研究班）学员合影。

第 64 期专设班（西安政治学院政治工作研究班）学员合影。

第 65 期专设班（2009 年第 1、2 期高校思想政治理论课骨干教师研修班）学员合影。

第66期专设班（中央党校中青年干部培训二班）学员合影。

第67期专设班（2009年第3、4期高校思想政治理论课骨干教师研修班）学员合影。

第68期专设班（第29、30期中央部委所属高校哲学社会科学教研骨干研修班）学员合影。

第69期专设班（国防大学联合战役参谋培训班）学员合影。

第70期专设班(中央党校第27期中青年干部培训一班)学员合影。

第71期专设班（2009年第5、6期高校思想政治理论课骨干教师研修班）学员合影。

《中国井冈山干部学院年鉴》编纂委员会

主　　任：李小三

副主任：张泰城　周金堂　张友南

委　　员：黄样兴　芦明辉　雷　霆　汪建新　匡　胜
贺喜灿　肖华孝

《中国井冈山干部学院年鉴》编辑部

主　　编：李小三

副 主 编：黄样兴　肖华孝

责任编辑：甘乐平　江小华　刘爱生　付书龙　熊铁欣
甘　倩　陆元兵　王　敏

撰 稿 人：肖华孝　江小华　熊铁欣　罗　勇　李清平
刘　柳　周平华　肖居孝　颜清阳　朱文鸿

编辑说明

一、《中国井冈山干部学院年鉴》是一部反映中国井冈山干部学院重大决策、工作部署、工作实绩、重大事件、重要改革举措、典型经验、教学科研成果、机构设置、人事变动等方面情况的重要资料性年刊；编辑目的是记录学院发展过程，总结学院办学经验，为领导决策和下年度工作开展提供资料和借鉴，同时为各级党政机关、兄弟院校和社会各界人士了解学院提供服务。

二、《中国井冈山干部学院年鉴》坚持以马列主义、毛泽东思想、邓小平理论和"三个代表"重要思想为指导，全面贯彻落实科学发展观，以事实为依据，以时间为主线，力求准确、全面、详尽地记录学院的工作过程、经验及成就，以达到"记录昨天、启示明天、指导工作"的目的。

三、《中国井冈山干部学院年鉴》2010年刊是创刊以来的第6卷，反映的是2009年的内容。2010年刊采用栏目化分类、条目体编写方式。全卷分特载、大事记、专记、学院概览、教学、学员工作、科研、对外交流与培训开发、行政后勤、人事工作、机关党的建设和群团工作、附录等栏目，栏目之下又根据实际内容设置数量不等的类目和条目。

四、为保证资料的丰富、完整和翔实，同时便于需要者查阅，本年鉴在多个栏目后设有资料选登。

五、为节省篇幅、方便阅读，许多统计数据、人员构成、机构设置等资料都以表格形式列于文中，各种名单也以资料形式附后。

六、本年鉴的编辑出版是学院集体通力合作的结果。许多部门和个人提供了图片、文字、表格等资料，为年鉴的编写付出了辛勤的劳动，年鉴出版时未能一一署名，在此谨向他们表示诚挚的谢意。

七、由于编辑人员经验不足，水平有限，本卷年鉴难免有疏漏差错之处，恳请谅解和指正。

《中国井冈山干部学院年鉴》编辑部

2010年9月

目　录

五、教 学

六、学员工作

七、科 研

八、对外交流与培训开发

九、行政后勤

十、人事工作

十一、机关党的建设和群团工作

十二、附　录

一、特　　载

领导干部要与人民群众同甘共苦共克时艰

——在中国浦东、井冈山、延安干部学院2009年春季班上的报告

（2009年3月23日）

李源潮

今天，中国浦东、井冈山、延安干部学院春季班举行报告会。首先，我代表中组部向全体学员和广大教职员工表示亲切的问候！

三所学院这期春季班，是在全国“两会”刚刚结束的形势下举办的。当前，国际金融危机还在扩散和蔓延，我国经济发展面临严峻挑战，保增长、保民生、保稳定的任务十分艰巨。胡锦涛总书记在中央纪委三次全会上指出，面对复杂局势和繁重任务，各级领导干部一定要加强党性修养，树立和弘扬良好作风。在全国“两会”上，胡锦涛总书记再次强调，要进一步加强干部作风建设，着力推动各级领导干部以良好作风带领群众攻坚克难。这既为我们指出了战胜危机、克服困难的一个关键，又为新形势下领导干部提高素质能力、改进作风提出了新的要求。

良好的干部作风历来是我们党赢得民心、战胜困难的重要法宝。历史和现实一再表明，在各种风险和考验面前，只有干部特别是领导干部身体力行党的宗旨，与人民群众患难与共，人民群众才会与我们党同心同德。我们要克服国际金融危机带来的严重困难，保持经济社会平稳较快发展，各级领导干部

必须切实加强党性修养，树立和弘扬优良作风。

一要有联系群众的作风。人民群众是我们党的执政之基、力量之源、胜利之本。密切联系群众，既是立党为公、执政为民的本质要求，也是领导工作的一个根本方法。越是困难的时候，越要关心群众、凝聚群众、依靠群众。早在井冈山时期，红军领袖就指出，要得到群众的拥护，就得和群众在一起。朱德军长与老百姓“有盐同咸，无盐同淡”的故事，在井冈山广为流传。改革开放后，邓小平同志多次用革命战争年代和60年代初期克服困难的经验教育全党同志和各级干部，指出：“为什么过去很困难的局面我们都能渡过？根本的问题是我们的干部、党员同人民群众一块苦。”当前，经济发展遇到困难，就业压力加大，农民工下岗返乡增多，高校毕业生就业难问题突出。特别是对困难群众来说，经济上的一点点波动，都会给他们脆弱的生活增加新的压力。胡锦涛总书记在全国“两会”上指出，民生连着民心，民心凝聚民力。我们的干部只有同广大人民群众同甘苦、共患难，才能赢得民心、集中民智、凝聚民力，从而形成无坚不克、无往不胜的强大力量。我们要按照胡锦涛总书记的要求，进一步增强宗旨意识和群众观念，大力弘扬密切联系群众的作风。领导干部要多到群众中去，真心实意和群众交朋友，真实了解群众的所困、所难、所怨。要设身处地为群众着想，站在群众的立场上思考问题、研究办法，多办顺民意、解民忧、增民利的实事好事，切实纠正损害群众利益的突出问题。在困难来临的时候，各种矛盾容易比平时更突出地显示出来，要提高做群众工作的本领，把握群众诉求，疏导群众情绪，帮助群众增强克服困难的信心，充分调动广大群众的积极性创造性。

二要有发扬民主的作风。这场国际金融危机给我们带来了许多从未遇到过的新情况新问题，直接考验领导干部驾驭复杂局势的能力。危机造成了困难，危机中也有机遇。怎么做到化危为机、危中求进？光靠领导干部个人的经验是不够的，光坐在机关大楼里是想不出好办法的。智慧蕴藏在群众的创造之中，办法要到基层实践中去找。红军初创时期，怎么搞武装斗争，怎么建立红色政权，怎么稳定红军队伍，我们党也没有经验。毛主席在军队中成立士兵委员会，靠“人人出主意、大家想办法”，提高了部队战斗力。历史上，每当遇到严重困难、面临重大转折，发扬民主都是我们党集中智慧、凝聚力量、战胜困难的有力武器。正如江泽民同志所指出，坚持走群众路线，是对各级领导干部思想、作风的一个根本要求。领导干部要坚持深入群众、深入实际，认真调查研究，认真倾听群众的呼声、要求和意见，努力把群众创造的经验总结出来，努力找到解决问题的有效办法。现在，我们要有效应对国际金融危机，更要注意广泛发扬民主，集中群众智慧，发现和总结基层的实践创造。要更好地坚持民主集中制，调动班子每个成员的积极性，发挥大家的聪明才智。要认真听取从事实际工作同志和专家学者的意见，不搞“闭门造车”和“拍脑袋”决策。要坚持在学习实践活动中创造问政于民、问计于民、问需于民的办法，鼓励和支持基层积极探索，总结推广群众创造的应对危机的好经验。要通过发扬民主的办法调动各种积极因素，形成群策群力、共渡难关的生动局面。

三要有艰苦奋斗的作风。我们党是靠艰苦奋斗起家的，也是靠艰苦奋斗发展壮大的。胡锦涛总书记在中央纪委三次全会上特别强调，艰苦奋斗是中华民族的传统美德，是我们党的传家宝，是凝聚人心、战胜困难的强大力量。在当前形势下，坚持艰苦奋斗具有十分重要的现实意义。现在，确实有一些干部贪图安逸，奢侈浪费，讲排场、比阔气，有的甚至沉溺于灯红酒绿，生活奢靡。这种风气败家祸国，不仅使我们的干部丧失斗志，而且涣散党心民心，人民群众意见很大。在井冈山、延安时期那么艰难的条件下，我们的队伍为什么有那么强的凝聚力、战斗力，老百姓为什么舍得用自己的生命保护我们的干部和战士，许多志士仁人和大批热血青年为什么冲破重重封锁投奔延安，一个重要原因就是我们共产党从党的领袖到普通的党员、干部都带头艰苦奋斗，与普通战士和人民群众同甘共苦。受国际金融危机的影响，我国经济运行困难加剧，解决和改善民生问题压力加大，需要花钱的地方很多。中央要求各级党政机关厉行节约，带头过紧日子。各级领导干部要弘扬艰苦奋斗精神，勤俭办一切事情，坚决反对铺张浪费和大手大脚，坚决反对享乐主义和奢靡之风。要严格执行中央有关压缩经费开支的要求，真正把有限的资金和资源用在刀刃上，用在发展经济和改善民生上。我们要从现在做起，从自己做起。希望大家在参加学习培训期间，遵守规定、勤俭节约，不要搞相互宴请、请客送礼。

四要有严以律己的作风。领导干部严格自律，与群众同甘共苦，在群众中才会有威信，危机面前才能提振信心。孔子说："其身正，不令而行；其身不正，虽令不从"。在困难时候，领导干部怎么做，群众尤为关注。如果一边是企业遇到困难、一部分职工下岗失业，一边是有少数干部吃喝玩乐、挥霍浪费，那就会使群众与党离心离德。在困难和危机面前，领导干部尤其要带头讲党性、重品行、作表率，秉公用权，廉洁自律，要求别人做到的自己首先做到，要求别人不干的自己坚决不干，认认真真学习，老老实实做人，干干净净做事，自觉接受组织和群众的监督，始终保持高尚的精神追求和道德情操。领导干部要为广大干部做出样子来，为普通党员做出样子来，为人民群众做出样子来。

中国浦东、井冈山、延安干部学院在党性和作风教育方面具有独特资源和优势。要认真贯彻落实胡锦涛总书记的要求，把加强领导干部党性修养和作风养成贯穿到教学、科研和管理工作的各个方面，根据新的形势和学员特点，积极探索党性和作风教育的有效途径，增强培训的针对性、实效性。

参加 2009 年三所学院春季班的广大学员，要珍惜这次学习培训的机会，认真学习邓小平理论、"三个代表"重要思想和科学发展观，认真学习党的革命历史，认真学习革命先辈的崇高精神，把党的优良作风发扬光大。要结合思想和工作实际，认真查找自己在党性修养和作风方面存在的不足，明确改进的方向。要把学习成果转化为应对挑战、战胜困难的坚定信心和自觉行动，以良好作风带领群众攻坚克难，以科学发展的新成绩迎接新中国成立60周年。

共产党的干部必须清正廉洁

——在中国浦东、井冈山、延安干部学院2009年秋季开学典礼上的讲话

（2009年9月5日）

李 源 潮

今年是新中国成立 60 周年。60 年前，毛泽东同志根据我们党即将在全国执政的新形势，提出"两

个务必”，告诫全党要保持清醒头脑，要求党的干部保持清正廉洁。60 年来的历史充分表明，保持干部队伍的清正廉洁，是我们党经受住执政考验、赢得人民群众拥护的重要保证。

在改革开放和发展市场经济条件下，国际国内环境的相互影响不断加深，市场经济法则与行政权力法则交织在一起，干部在工作中接触的资源越来越多，面临的诱惑和考验越来越大。邓小平同志、江泽民同志、胡锦涛同志都反复强调，全体党员特别是党的领导干部，必须始终坚持清正廉洁、一身正气，经得起改革开放和执政的考验，经得起权力、金钱、美色的考验。党中央坚持不懈地加强干部教育，加强反腐倡廉，取得了很大成绩。但是，“树欲静而风不止”。近年来，一些干部特别是一批领导干部相继出腐败问题，在人民群众中造成了恶劣影响。事实一再警示我们，能否保持干部队伍的清正廉洁，始终是我们党面临的历史性考验。

第一，党的干部要政治清醒。政治上清醒，是对干部第一位的要求。一个干部政治上犯糊涂，工作上、廉洁上是很难不出问题的。现在，有的干部政治意识淡薄，民怨已起还不在意，矛盾已酿毫无察觉，面对歪风无动于衷，听任错误思想传播不加抵制。这种现象不加改变，工作要误事，干部会误身，最终会导致误党、误国、误民。因此，要把保持政治上的清醒与坚定，提高政治敏锐性和政治鉴别力，作为干部教育培训的首要任务，作为干部党性锻炼的核心内容。一要深入学习中国特色社会主义理论体系，掌握正确认识和处理改革发展重大问题的科学世界观和方法论。要通过对新中国成立 60 年来的历史特别是改革开放 30 年来发展历程的研究和思考，通过对国际经验特别是这次国际金融危机发生原因的分析和各国应对表现的比较，进一步坚定走中国特色社会主义道路的信念，进一步增强贯彻落实科学发展观的自觉性和坚定性。二要严守党的政治纪律，增强大局意识。要坚决维护中央权威，保证中央政令畅通，自觉与党中央保持高度一致。对违反党的理论、路线、方针、政策的思潮和言论，要有政治鉴别力，坚决抵制，不盲目迎合。三要居安思危，增强忧患意识。要深刻认识我们党所处国际环境的复杂性和多变性，深刻认识经济社会快速发展和急剧转型带来的风险与挑战，充分估量前进中可能遇到的矛盾和困难，冷静对待成绩，清醒分析问题。每一项重大决策部署，既要看到它的积极效应，又要想到可能产生的负面效应，做到辩证谋事、见微知著，增强工作的前瞻性。四要永远与人民在一起。人民是党的靠山。与人民在一起，我们的干部才能耳聪目明。胡锦涛总书记指出，领导干部要真正把人民群众当主人、当亲人、当老师，要经常问政于民、问计于民、问需于民。贵州瓮安、云南孟连等事件之所以发生，一个重要原因就是干部远离群众，不关心、不了解、不重视普通群众的利益和诉求，以致一旦有事，找不到、叫不应、信不过能够依托的可靠力量。各级领导干部要从中汲取教训，牢固树立群众观念，把心和群众紧紧连在一起，倾听群众呼声、关心群众疾苦、体察群众情绪，及时发现和掌握社会变化动向，切实把握政治上、工作上的主动权。

第二，党的干部要正气在身。讲正气是做人之本、从政之基。常言道：“其身正，不令而行；其身不正，虽令不从。”中国共产党党章规定，领导干部要讲正气。我们党是全社会的表率，领导干部是全党的表率。党风要正，社会风气要好，首先党的干部要一身正气。现在，有的干部不讲原则，不敢严格要求部下，不敢批评不良现象，甚至不敢坚决贯彻中央的方针政策，导致少数地方和部门风气不正、人心涣散，人民群众和负责任的干部对此很有意见。要把讲正气、有原则作为领导干部思想政治建设的重要任务。一是做人要正派。党的干部对党要忠诚、对人要坦诚，要求别人做到的自己先做到，要求别人不做的自己先不做。对不正之风和错误言行，要敢于批评和抵制，不当“老好人”。对矛盾和棘手问题，要敢于正视和解决，不做推诿扯皮的干部。无数事实证明，正派的人可能暂时会吃亏，但不正派的人终究要吃大亏。二是办事要公正。坚持按党的原则办事，不以私情废公事，不拿原则作交易。“公正无私，一言而万民齐”。中国共产党人是坚持原则的模范。新中国刚成立，毛主席的亲戚给毛岸英写信，要求给个工作，毛岸英回信婉言拒绝。他说，翻身是广大群众的翻身，而不是几个特殊人物的翻身，大众的利益应该首先顾及。共产党是讲感情的，但我决不能也决不愿违背原则做事。这样的事例在我们党的历史上数不胜数。我们一定要明白，坚持原则是会得罪人的，但不坚持原则就会得罪人民群众。三是从政要走正道。当干部只有自身行得正，才能有威信、受拥护。焦裕禄、孔繁森、郑培民等许许多多模范人物，都是靠全心全意为人民服务的实绩，赢得党的信任、人民的爱戴的。现在，有些干部干一点事就希望得到“回报”，刚提拔就琢磨“再上一个新台阶”，有的为了达到升迁目的，四处找关系，搞虚假政绩，甚至拉票贿选。胡锦涛总书记尖锐指出，这“对党和人民的事业有百害而无一利，对领导干部自身成长也是有百害而无一利”。我们一定要树立正确的事业观、工作观和政绩观，把心思和精力用在干事创业上，用在为民谋利上，用在努力创造经得起实践、人民和历史检验的实绩上。这样的干部才是最有前途的。

第三，党的干部要为政以廉。廉洁奉公是我们党 80 多年来赢得民心的重要法宝，也是我们党永葆先进性的本质要求。1936 年，美国记者斯诺访问延安，被共产党领袖们的廉洁节俭深深感动，断言这种廉洁节俭的作风会产生一种伟大力量——“东方魔力”。1949 年美国大使司徒雷登对国民党的军官们说，“共产党战胜你们的不是飞机大炮，而是廉洁，是靠廉洁换得的民心”。改革开放以来，我们党的主体保持了清正廉洁的传统，涌现出一大批廉洁从政的好干部。但是，党内也出了一批腐败分子。贪污受贿、权钱交易、买官卖官等现象，在一些地方和少数部门屡禁不止，已成为损害党和人民关系最突出的问题之一。胡锦涛总书记指出，“在和平时期，如果说有什么东西能够对党造成致命伤害的话，腐败就是很突出的一个”。我们党要经得起拒腐防变的历史考验，防止出现人亡政息的危险，必须坚决反对腐败，搞廉洁政治。一要坚决反对用公权谋取私利。领导干部要常修为政之德、常怀律己之心、常思贪欲之害，用党纪国法严格约束自己，守住信念防线、道德防线、法纪防线。要时刻告诫自己：贪官敛财，从来都祸及子孙；廉官清白，多数能荫泽后代。要自觉做到不义之财不取、不法之物不拿，始终保持共产党人的清廉本色，做一个组织和群众信赖的人，做一个同事和朋友敬重的人，做一个亲属子女可以引以为荣的人，做一个回顾人生能够问心无愧的人。二要严肃整治吏治腐败。用人上的不正之风和腐败现象，危害最烈、整治最难。但只要我们下决心抓、狠狠地抓、坚持不懈地抓，就一定能形成风清气正的用人环境。我们要按照党的十七大要求，以最坚决的态度和最扎实的措施，同用人上的不正之风进行战斗，提高选人用人公信度。要一手抓改革，从源头上防范用人腐败；一手抓整治，坚决不让跑官要官、买官卖官、拉票贿选者得利。三要自觉接受监督。加强对干部的监督，既是对干部的严格要求，也是对干部的关心爱护。有些干部喜欢我行我素，不愿意接受监督，好像监督是跟自己过不去。这是一种极其错误、有害的认识。事实一再证明，主动接受监督的干部较少犯错误，拒绝接受监督的干部很容易走向腐败。领导干部要摆正个人和组织、个人和群众的关系，真心实意地听取各个方面的意见，习惯于在严密的监督下工作。

第四,党的干部要洁身自好。廉与洁不可分割。古人说:“不受曰廉,不污曰洁。”陷入腐败深渊的领导干部,多数是从不能洁身自好开始的。现在有些干部认为小节无害,贪图安逸,情趣庸俗,出入低俗场所甚至色情场所,沉溺于灯红酒绿、吃喝玩乐,损害党的形象、败坏党风民风。胡锦涛总书记指出,加强领导干部作风建设,必须把倡导良好的生活作风和健康的生活情趣作为一个重要方面。我们要按照“讲党性、重品行、作表率”的要求,自觉培养健康生活情趣,保持高尚精神追求。一要抗得住诱惑,把好欲望关。现在,领导干部面临的诱惑很多,如果放纵私欲,就会迷失人生方向,成为权钱色的俘虏。艰苦奋斗是我们党的传家宝,是抵制形形色色诱惑的有力武器。领导干部要加强品行修养,节制不良欲望,保持艰苦奋斗作风,自觉做到不追求物质享受,不沉湎感官刺激。从最近发生的一些贪官绯闻中发现,一些干部腐化堕落是从到低俗场所找“三陪”开始的。我们要明确一条约束,党员领导干部不许涉足低俗场所,不许找“三陪”小姐陪酒陪唱,否则干部考核时就要在日常品行方面记上污点。二要择善而交,把好交友关。每个人都有朋友,领导干部交友一定要谨慎。古人云:“与善人居,如入芝兰之室,久而自芳也;与恶人居,如入鲍鱼之肆,久而自臭也。”现在社会上有一些居心不良的人,挖空心思与领导干部套近乎,把掌有实权的干部当作“资源”来经营,把表现优秀的年轻干部当作“潜力股”来投资。领导干部一定要对那些怀着个人目的来拉拉扯扯的人保持高度警惕,严把“社交圈”,更不能为了贪图享乐而去“傍大款”。要多同普通群众交朋友,多同基层干部交朋友,多同先进模范交朋友,多同专家学者交朋友,见贤思齐,见不贤而自省。三要培养健康情趣,把好兴趣关。领导干部应该有有益身心健康的生活情趣,但生活情趣不是无关紧要的小事,弄得不好,很容易成为别有用心之人公关的突破口。赖昌星腐蚀领导干部的一个重要手段,就是研究干部的兴趣爱好,投其所好、拉人下水。高尔基说过,“人的价值表现在心灵上”。领导干部选择自己的爱好,一定要“爱”之得当、“好”之有道,使其有利于陶冶情操、完善人格,提升人生价值。

总之,领导干部要做到政治清醒、正气在身、为政以廉、洁身自好。合起来就是一句话,党的干部必须“清正廉洁”。这是体会、是要求,也是同志式的忠告。

领导干部保持清正廉洁,既要靠自我严格要求,又要靠组织严格教育和管理。要把加强党性锻炼、坚定理想信念、弘扬优良作风作为干部教育培训的重要任务,充分发挥党校、行政学院和干部院校在促进干部清正廉洁方面的重要作用。各位学员要珍惜参加学习培训的难得机会,进一步锤炼党性、改进作风,做一个清正廉洁的共产党人,做一个人民信赖的共产党人。

二、大 事 记

中国井冈山干部学院2009年大事记

1月

1月6日 举办2009年第1期“井冈论坛”，主题为“培养世界眼光，推进科学发展”。

△召开2008年度后勤保障工作总结表彰大会，常务副院长李小三发来书面讲话，副院长周金堂出席并讲话，学院有关部门负责人、办公厅全体工作人员、车队驾驶员以及后勤管理中心、弱电维保部全体员工参加会议。会议总结2008年学院后勤保障工作，表彰13名优秀后勤员工，对2009年后勤保障工作进行部署。

1月7日 召开院务委员会2009年第1次会议，常务副院长李小三主持。会议传达全国组织部长会议精神，通报部分工作人员赴上海、西藏、安徽等地学习考察情况，讨论学院2009年工作要点、学习实践科学发展观活动整改方案、寒假值班工作安排、春节前走访相关单位方案，研究确定2009年优秀工作人员名单，研究签订2009年后勤服务委托管理和弱电系统维护外包合同、评选优秀组织员、召开现场教学点负责人座谈会暨点评教师培训会等事宜。

△院务委员会理论学习中心组进行2009年第1次集中学习，主题为学习贯彻胡锦涛总书记在纪念党的十一届三中全会召开30周年大会上的重要讲话。常务副院长李小三，副院长张泰城、周金堂、张友南以及中心组其他成员参加。

1月8日 常务副院长李小三，副院长张泰城、周金堂、张友南率各部门主要负责人到吉安市考察拓展现场教学点和社会实践点，了解吉安市经济社会发展状况。吉安市委书记周萌，市委常委、农工部部长陈志明等陪同。

1月9日 召开2009年学院周边安全工作协调暨寒假春节期间安全工作会议，副院长周金堂主持会议并讲话，井冈山市公安、交警、消防、武警、街道办等单位和部门的负责人到会，学院安全工作领导小组办公室成员参加会议。

1月9—10日 举办2008年度科研成果展。

1月10日 召开院长办公会，常务副院长李小三主持。会议传达中央政治局委员、中央书记处书记、中央组织部部长，中国浦东、井冈山、延安干部学院理事会理事长、学院院长李源潮和中央组织部副部长，中国浦东、井冈山、延安干部学院理事会常务副理事长王尔乘对“加强党性修养、坚定理想信念、保持优良作风”专题培训工作的批示，讨论《厅局级领导干部“加强党性修养、坚定理想信念、保持优良作风”专题培训工作方案》和《吉安市社会实践教学设计方案》，审定了2009年3月份主体班次的教学计划和2007—2008年度优秀组织员名单，同意按照《外部网站建设考核奖励暂行办法》对2008年度优秀部门、栏目和个人进行奖励，布置近期有关工作。

1月11日 召开2009年第1次全体工作人员会议。常务副院长李小三主持并讲话，副院长张泰城、周金堂、张友南出席。会议对学院2008年度优秀工作人员和2007—2008年度优秀组织员进行表彰，并就学院春节和寒假期间相关工作进行安排和部署。

△召开全体党员会议，常务副院长李小三主持并讲话，副院长、学院机关党委书记周金堂作报告，副院长张泰城、张友南出席。会议总结2008年度学院机关党建工作，并对2009年机关党建工作进行部署。

△召开机关党委会议和机关党委民主生活会，研究2009年度机关党委工作要点。

1月13日 召开厅局级领导干部“加强党性修养、坚定理想信念、保持优良作风”专题培训班集体备课组集体备课工作会议。副院长、集体备课领导小组组长张友南出席并讲话，各备课小组成员、相关教师和专家参加会议。

1月13—15日 副院长周金堂带队走访南昌铁路局、江西省机场集团公司等相关单位。

1月14日 学院与中国电信股份有限公司江西电信公司在南昌举行弱电系统维保服务签约仪式。副院长周金堂、中国电信江西公司总经理卢耀辉出席签约仪式并分别致辞。

1月22日 中国浦东、井冈山、延安干部学院有关工作部署会议在中央组织部召开。会议研究部署中国井冈山、延安干部学院对厅局级领导干部进行“加强党性修养、坚定理想信念、保持优良作风”集中培训工作；总结三所干部学院2008年工作，研究部署2009年工作；研究部署中国井冈山、延安干部学院完善办学功能建设项目的有关工作。中央组织部副部长，中国浦东、井冈山、延安干部学院理事会常务副理事长王尔乘主持会议并讲话。中央组织部干部三局、机关事务管理局和干部教育局有关负责同志参加会议。常务副院长李小三出席会议并围绕会议主题汇报相关工作，副院长张泰城、周金堂、张友南及教务部负责人参加会议。

1月24—25日 武警部队副司令员刘红军、武警江西总队总队长何宏成到学院考察，常务副院长李小三、副院长周金堂等陪同。

2月

2月4日 江西省委深入学习实践科学发展观活动第一指导检查组联系单位第五次工作汇报交流会在学院召开。江西省委学习实践活动指导检查组第一组组长何建辉主持会议并讲话，常务副院长、学院学习实践科学发展观活动领导小组组长李小三出席会议并致辞，副院长周金堂就学院深入学习实践科学发展观活动整改落实阶段工作情况及总结测评环节工作打算作交流发言。

2月11—16日 常务副院长李小三到南昌列席江西省人大十一届二次会议和江西省政协十届二次会议。

2月17日 组织2009年5个岗位考录公务员面试工作，参加本次面试的考生共21人。

2月22日 召开院务委员会2009年第2次会议，常务副院长李小三主持。会议组织学习胡锦涛总书记在江西视察时的重要讲话和中央领导、江西省委领导对学院工作的批示，传达江西省委学习实践科学发展观活动领导小组第四次会议精神，通报中央组织部机关事务管理局对学院 2007 年预算执行及财务收支的审计情况，研究整改措施，讨论深入开展学习实践科学发展观活动、抓好文明单位创建等事项和学院近期工作安排。

2月23日 院务委员会理论学习中心组成员进行 2009 年第 2 次集中学习，主题为认真学习贯彻胡锦涛总书记在第十七届中央纪律检查委员会第三次全体会议上的重要讲话。

2 月 23—24 日 举办 2009 年第 2 期“井冈论坛”，主题为“发扬传统、发挥优势、发展特色，推动学院科学发展”。

2 月 24—25 日 中央组织部调研组到学院，就学院管理体制和干部管理等有关问题进行调研。

3月

3月2—4日 举办现场教学点负责人座谈会暨点评教师和讲解员培训班，主题为“探索现场教学规律，提升现场教学水平”，常务副院长李小三作出批示，副院长周金堂主持开班式，副院长张友南出席并讲话。来自江西、湖南、福建 3 省 29 个主要现场教学点的63名负责人、点评教师和讲解员参加培训。

3月3—12日 常务副院长李小三在北京参加全国政协十一届二次会议。

3月5—7日 副院长张泰城带队在吉安市开展教学调研和工作洽谈。

3月6日 常务副院长李小三在北京参加由新浪网、江西日报、大江网联合举办的《江报直播室》现场访谈，并就面对世界金融危机，如何弘扬井冈山精神以及弘扬井冈山精神有着怎样的现实意义发表看法。

△美国乔治敦大学校长约翰·德吉奥亚率考察团一行 9 人，在中国人民对外友好协会和江西省外事侨务办公室有关负责人陪同下到学院考察。副院长周金堂接待考察团一行并参加座谈。

3月7日 举行“走进井冈山、感悟井冈山”讲解比赛，各部门及后勤管理中心共11位同志参加。

3月8日 召开庆祝“三八”国际劳动妇女节座谈会，主题为“发挥女性优势，做和谐学院的积极建设者、科学发展的有力推动者”。副院长、机关党委书记周金堂出席并讲话。

3月8—13日 副院长周金堂率学院办公厅有关同志赴北京、上海等地就工程建设项目管理模式进行考察调研。

3月15日 召开深入学习实践科学发展观活动总结大会，常务副院长、学院深入学习实践科学发展观活动领导小组组长李小三在会上作总结报告，江西省委学习实践活动指导检查组第一组组长何建辉出席会议并讲话，副院长张泰城、张友南出席，副院长、机关党委书记周金堂主持。

△召开 2009 年第 2 次全体工作人员会议，常务副院长李小三主持并讲话，副院长张泰城、周金堂、张友南出席。会议传达了中央政治局委员、中央书记处书记、中央组织部部长，中国浦东、井冈山、延安干部学院理事会理事长、学院院长李源潮关于干部教育工作的最新指示，通报了全国政协

十一届二次会议的有关情况，并就做好上半年培训工作和2009年学院春季开学典礼的有关工作作出部署。

3月16日 举行2009年度第1次教学试讲，副院长张友南主持，共有18位教师参加试讲。

△副院长周金堂到南昌参加江西省深入学习实践科学发展观活动第一批总结暨第二批动员大会。

3月17—25日 举办第58期专设班（第25、26期中央部委所属高校哲学社会科学教研骨干研修班），培训对象为中央部委所属高校哲学社会科学教研骨干研修班第25、26期学员，共86人。

3月20—26日 举办第1期正厅局级领导干部"加强党性修养、坚定理想信念、保持优良作风"专题培训班，培训对象为中央和国家机关各部委、各人民团体的司局长，省（区、市）党委政府工作部门、法院、检察院、人民团体厅局长，共50人。

△举办第1期副厅局级领导干部"加强党性修养、坚定理想信念、保持优良作风"专题培训班，培训对象为中央和国家机关各部委、各人民团体司局级副职领导干部，省（区、市）党委政府工作部门、法院、检察院、人民团体厅局级副职领导干部，市（地、州、盟）党委政府领导班子成员，共50人。

3月20日—4月2日 举办第1期省部级干部"弘扬井冈山精神，坚定理想信念"专题研究班，培训对象为部分省（区、市）、中央和国家机关部委的省部级干部，共24人。

3月20日 举行2009年春季开学典礼，常务副院长李小三出席并讲话，副院长周金堂主持，副院长张泰城、张友南出席，第1期省部级干部"弘扬井冈山精神，坚定理想信念"专题研究班、第1期正厅局级领导干部"加强党性修养、坚定理想信念、保持优良作风"专题培训班、第1期副厅局级领导干部"加强党性修养、坚定理想信念、保持优良作风"专题培训班的全体学员，学院全体工作人员参加。

3月22日 中央统战部副部长，全国工商联党组书记、第一副主席全哲洙到学院考察，副院长张友南陪同。

3月23日 中央政治局委员、中央书记处书记、中央组织部部长，中国浦东、井冈山、延安干部学院理事会理事长、学院院长李源潮到学院作报告并视察学院。上午9时，李源潮出席中国浦东、井冈山、延安干部学院2009年春季班视频报告会，并作题为"领导干部要与人民群众同甘共苦共克时艰"的主题报告；上午10时，李源潮以"加强党的建设"为主题，与第1期省部级干部"弘扬井冈山精神，坚定理想信念"专题研究班全体学员座谈；19时30分，李源潮主持召开学院工作座谈会，听取学院工作汇报并作重要讲话。视察期间，李源潮在学院图书馆前小广场一侧亲手种植了一棵桂花树。中央组织部副部长，中国浦东、井冈山、延安干部学院理事会常务副理事长王尔乘陪同视察并主持视频报告会；江西省委副书记、学院第一副院长王宪魁陪同视察并作工作汇报；江西省委常委、省委秘书长赵智勇，江西省委常委、省委组织部部长弘强，中央办公厅调研室六组负责人，中央组织部办公厅、干部教育局负责人，学院常务副院长李小三，副院长张泰城、周金堂、张友南陪同视察并参加了上述活动。第1期省部级干部"弘扬井冈山精神，坚定理想信念"专题研究班，第1期正厅局级领导干部"加强党性修养、坚定理想信念、保持优良作风"专题培训班，第1期副厅局级领导干部"加强党性修养、坚定理想信念、保持优良作风"专题培训班，第58期专设班（第25、26期中央部委所属高校哲学社会科学教研骨干研修班）全体学员，学院全体工作人员参加报告会。

3月25日 召开院务委员会2009年第3次会议，常务副院长李小三主持。会议学习传达中央政治局委员、中央书记处书记、中央组织部部长，中国浦东、井冈山、延安干部学院理事会理事长、学院院长李源潮3月23日在中国浦东、井冈山、延安干部学院2009年春季班上的报告和在学员座谈会、学院工作座谈会上的重要讲话精神，研究贯彻落实李源潮同志重要讲话精神的各项措施，布置学院近期工作。

3月26—28日 在院培训的第1期省部级干部"弘扬井冈山精神，坚定理想信念"专题研究班的6名学员代表；第1期正厅局级领导干部"加强党性修养、坚定理想信念、保持优良作风"专题培训班，第1期副厅局级领导干部"加强党性修养、坚定理想信念、保持优良作风"专题培训班的6名学员代表分别做客人民网·中国共产党新闻网，以"加强党性修养、坚定理想信念、保持优良作风"为题同网友进行在线交流。

3月27日—4月7日 举办2009年第1期全国党史部门负责人培训班，培训对象为全国党史部门负责人，共41人。

3月27—29日 学院理事、中央党史研究室副主任李忠杰到学院视察，出席全国党史部门负责人培训班开班式并作主题报告。

3月28日 召开院务委员会2009年第4次会议，江西省委副书记、学院第一副院长王宪魁主持，常务副院长李小三，副院长张泰城、周金堂、张友南出席，江西省委办公厅、江西省委政研室有关同志及学院相关内设机构负责人列席。会议进一步学习中央政治局委员、中央书记处书记、中央组织部部长，中国浦东、井冈山、延安干部学院理事会理事长、学院院长李源潮3月23日视察学院的重要讲话精神，研究用井冈山精神、井冈山作风对领导干部进行党性、党风、党纪教育的各项准备工作。

3月29日 举办2009年第3期"井冈论坛"，主题为"全球视野下的中国与世界"，学院理事、中央党史研究室副主任李忠杰作专题报告，副院长张友南主持。

△举办2009年第4期"井冈论坛"，主题为"科学发展观与井冈山精神"，学院理事、中央文献研究室副主任李捷作专题报告，副院长周金堂主持，副院长张友南出席论坛。

△召开2009年第3次全体工作人员会，常务副院长李小三主持并讲话，副院长周金堂出席。会议传达中央政治局委员、中央书记处书记、中央组织部部长，中国浦东、井冈山、延安干部学院理事会理事长、学院院长李源潮在学院工作座谈会上的重要讲话精神，总结通报学院2009年春季班报告会的准备和组织情况，布置学院近期工作。

△举行2008年度访问教师座谈会，欢送中央组织部选派来院工作期满的北京大学夏学銮教授、复旦大学浦兴祖教授和华中师范大学万仁德教授三位访问教师，副院长张友南主持座谈会并讲话。

3月30日 常务副院长李小三在南昌向江西省委书记苏荣，江西省人民政府省长吴新雄汇报学院近期工作。

△组织学院部分共产党员到井冈山革命烈士陵园开展党日活动，主题为"感受历史，缅怀先烈"。副院长、机关党委书记周金堂带队，共30名共产党员参加。

3月31日 国家审计署党组成员、总审计师孙宝厚到学院考察，副院长周金堂陪同。

4月

4月1日 中央组织部副部长，中国浦东、井冈山、延安干部学院理事会常务副理事长王尔乘在中央组织部主持召开会议，听取学院近期工作情况汇报。江西省委副书记、学院第一副院长王宪魁，学院常务副院长李小三分别报告近期学院学习领会中央政治局委员、中央书记处书记、中央组织部部长，中国浦东、井冈山、延安干部学院理事会理事长、学院院长李源潮3月23日视察学院时的重要讲话精神的情况，并就下一步深入贯彻落实讲话精神、高质量完成专题培训任务的设想作汇报。

4月3—4日 副院长张泰城出席中国浦东干部学院举办的“中国——新加坡领导人才选拔与培养论坛”，并作题为“创新教学形式，增强培训效果”的发言。

4月3—10日 举办第59期专设班（国防大学2008级博士、硕士研究生班），培训对象为国防大学2008级博士、硕士研究生班学员，共100人。

4月4—5日 副院长周金堂到陕西参加乙丑年清明公祭轩辕黄帝活动，并出席第13届中国东西部合作与投资贸易洽谈会开幕式。

4月7日 召开党史教研工作会议，中央党史研究室、安徽省委党史研究室、湖南益阳市委党史研究室、海南省海口市委党史研究室有关人员，学院教学科研部及党史学科组全体成员参加。

△召开2009年度第1次学术委员会议。

4月8日 召开3月份各班次教学情况分析会议。副院长张泰城主持并讲话，副院长张友南出席，教务部、教学科研部、培训部、对外交流与培训开发部、后勤管理中心负责人以及教学相关人员参加。

4月8—14日 举办第2期正厅局级领导干部“加强党性修养、坚定理想信念、保持优良作风”专题培训班，培训对象为中央和国家机关各部委、各人民团体司局长，省（区、市）党委政府工作部门、法院、检察院、人民团体厅局长，共42人。

△举办第2期副厅局级领导干部“加强党性修养、坚定理想信念、保持优良作风”专题培训班，培训对象为中央和国家机关各部委、各人民团体司局级领导干部，省（区、市）党委政府工作部门、法院、检察院、人民团体厅局级领导干部，市（地、州、盟）党委政府领导班子成员；中国驻外大使、总领事，中管企业和金融机构领导班子副职，中管高校领导班子副职，共48人。

4月9日 国防大学战略教研部教授、博士生导师徐焰少将应邀来院为第2期正、副厅局级领导干部“加强党性修养、坚定理想信念、保持优良作风”专题培训班作题为“新民主主义革命的基本历程和主要经验”的专场报告。

4月10日 兴国县委书记吴建春，县委副书记、县长钟炳明率兴国县党政代表团一行8人，到学院考察，征询学院在兴国县开展现场教学的意见。常务副院长李小三会见代表团一行，副院长周金堂，办公厅、教务部、培训部、教学科研部等部门负责人与代表团进行座谈。

4月11日 巴勒斯坦民族解放运动“法塔赫”财务局局长拉提布·哈桑·海迪布（Ratib H.S.Hdaib）率“法塔赫”干部考察团一行8人，在中央对外联络部和江西省外事侨务办公室有关负责人陪同下，到学院考察。副院长周金堂接待考察团一行，并与考察团座谈。

4月13日 召开院务委员会2009年第5次会议，常务副院长李小三主持，副院长张泰城、周金堂、张友南参加，有关部门、处室负责人列席相关议题。会议组织学习中央组织部《印发〈关于深入学习贯彻胡锦涛同志在十七届中央纪委三次全会上的重要讲话精神，深化拓展全国组织系统“讲党性、重品行、作表率”活动的意见〉的通知》，研究签订保密承诺书、创建“江西省文明单位”、党性党风党纪教育专题研究班教学设计、教材开发、人事等工作。

4月15日 召开中央组织部选派的访问教师欢迎座谈会，副院长张友南出席并讲话，访问教师中国人民大学闫润鱼教授、湖南大学郭渐强教授和教学科研部、人力资源部有关人员参加。

4月15—16日 组织开展森林防火业务知识培训，学院处置森林火灾应急小分队全体成员参加。

4月17—25日 举办第60期专设班（第27、28

期中央部委所属高校哲学社会科学教研骨干研修班)，培训对象为中央部委所属高校哲学社会科学教研骨干研修班第27、28期学员，共83人。

4月20—24日 举办第61期专设班（国家行政学院公务员任职培训班)，培训对象为国家行政学院公务员任职培训班学员，共58人。

4月21日 常务副院长李小三，副院长周金堂、张友南率办公厅有关人员察看学院添建工程教职工周转用房、驻院武警营房建设用地，并在现场召开院长办公会，就学院添建工程建设有关事宜进行研究，对建设用地平整、教职工周转房设计建设、添建工程准备工作及相关协调工作提出明确要求。

4月26—28日 常务副院长李小三率办公厅、教学科研部有关人员赴河南省考察调研，与河南省委组织部、河南省委党校负责人就加强干部教育培训交流与合作进行探讨，并征询对学院办学的意见和建议。

4月27日 江西省政协副主席王林森来院作专题报告。

4月28日 十七届中央候补委员、中国人民解放军总后勤部副部长兼解放军总医院院长秦银河率解放军总医院部分专家到学院参观考察，并在学院开展义诊活动，副院长周金堂、张友南陪同。

5月

5月1日 国家人口和计划生育委员会副主任赵白鸽到学院考察，常务副院长李小三陪同。

5月5日 组织2007年与2008年度院级课题课程开发、案例开发项目试讲和评审，在院9名学术委员参加点评和无记名投票评审，11名教研人员分别就案例开发和课程开发成果进行试讲。

5月6日 常务副院长李小三到南昌参加江西省委十二届九次全体（扩大）会议。

△召开2009年度第2次学术委员会议。会议对申报结项的院级课题进行评议和鉴定，对申报2009年度院级课题的项目进行匿名评审。

△天津市政协副主席、市委统战部部长刘长喜，天津市政协副主席、致公党天津市委会主委曹小红，天津市政协副主席、民革天津市委会主委田惠光，民建天津市委会主委欧成中，台盟天津市委会主委叶惠丽到学院考察，副院长周金堂陪同。

5月7—10日 中国东方资产管理公司总裁梅兴保到学院考察，常务副院长李小三陪同。

5月8日 召开院务委员会2009年第6次会议，常务副院长李小三主持。会议传达江西省委十二届九次全体（扩大）会议精神，研究部分工作人员赴新加坡参加“领导力培训与开发专题研究班”培训、学院院级课题立项、教材开发、厅局级领导干部“弘扬井冈山精神，加强党性党风党纪教育”专题研究班教学设计、学院文化建设、人事等工作。

△机关团委组织开展庆“五四”团员青年系列活动。

5月9日 召开学报编委会2009年第3次会议，常务副院长、学报编委会主任李小三主持。

5月9—15日 举办第3期正厅局级领导干部“加强党性修养、坚定理想信念、保持优良作风”专题培训班，培训对象为中央和国家机关各部委、各人民团体的司局长，省（区、市）党委政府工作部门、法院、检察院、人民团体厅局长，共47人。

△举办第3期副厅局级领导干部“加强党性修养、坚定理想信念、保持优良作风”专题培训班，培训对象为中央和国家机关各部委、各人民团体司局级副职领导干部，省（区、市）党委政府工作部门、法院、检察院、人民团体厅局级副职领导干部，市（地、州、盟）党委政府领导班子成员，共53人。

5月11—19日 举办第62期专设班（中央党

校中青年干部培训一班），培训对象为中央党校中青年干部培训一班学员，共71人。

5月12日 中国建设银行董事长、党委书记郭树清到学院考察，出席在学院举办的中国建设银行新任职领导人员培训班开班式，常务副院长李小三出席开班式并讲话，副院长周金堂主持开班式。

5月13日 全国人大环境与资源保护委员会副主任委员张文台到学院考察，副院长周金堂陪同。

5月17—24日 举办第63期专设班（南京政治学院政治工作研究班），培训对象为南京政治学院师旅政委政治工作研究班学员，共21人。

5月18日 国防大学防务学院副院长蔡长杰率第23期防务研究法语班的28名外军高级军官，到学院考察和座谈。常务副院长李小三出席座谈会并致辞，副院长周金堂主持座谈会。

5月20—26日 举办公务员管理业务研讨班，培训对象为全国公务员信息管理部门负责同志，共65人。

5月21—22日 中央组织部部务委员兼干部一局（公务员管理办公室）局长（主任）王京清到学院考察，并为公务员管理业务研讨班作专题报告。江西省委常委、组织部部长弘强，学院常务副院长李小三陪同考察并听报告。

5月22日 举办2009年第5期“井冈论坛”，主题为“学习井冈英烈，加强党性党风党纪教育”。

△副院长周金堂率学院办公厅、教务部有关人员，与井冈山市有关负责同志在井冈山市大陇镇召开现场办公会，对学院教学点沿途道路安全情况进行排查，对两处受损路段提出加固维修的具体措施。

5月23日 中央政治局委员、国务委员刘延东视察学院，科技部党组书记、副部长李学勇，中央宣传部副部长孙志军，国务院副秘书长项兆伦，教育部副部长李卫红，文化部副部长王文章，江西省委常委、宣传部部长刘上洋，江西省副省长孙刚随同视察；学院常务副院长李小三陪同视察并介绍学院办学的有关情况，副院长周金堂、张友南陪同视察。

5月23—28日 举办第12期全国老干部局局长轮训班，培训对象为全国各省区市、各副省级城市、部分中央和国家机关部委、部分国有重要骨干企业老干部部门负责同志，共79人。

5月24—28日 举办国防大学师以上单位党委支部书记轮训班，培训对象为国防大学师以上单位党委支部书记，共77人。国防大学政委童世平中将、政治部主任张文忠少将、政治部副主任洪晓东少将带队参加培训。

5月26日 副院长周金堂率办公厅及相关处室负责人到驻学院武警中队慰问武警官兵。

5月28日 中央组织部常务副部长沈跃跃视察学院，并听取在学院培训的第12期全国老干部局局长轮训班学员关于学习培训情况的汇报。江西省委副书记、学院第一副院长王宪魁陪同并主持汇报会；江西省委常委、组织部部长弘强，中央组织部老干部局局长陶治国，学院常务副院长李小三出席汇报会。

6月

6月1日 中央组织部副部长，中国浦东、井冈山、延安干部学院理事会常务副理事长王尔乘在中央组织部主持召开会议，听取学院近期工作情况汇报。江西省委副书记、学院第一副院长王宪魁，学院常务副院长李小三分别报告学院开展厅局级领导干部“加强党性修养、坚定理想信念、保持优良作风”

专题培训班及添建项目等工作情况。

6月1—7日 举办第4期正厅局级领导干部“加强党性修养、坚定理想信念、保持优良作风”专题培训班，培训对象为中央和国家机关各部委、各人民团体的司局长，省（区、市）党委政府工作部门、法院、检察院、人民团体厅局长，共50人。

△举办第4期副厅局级领导干部“加强党性修养、坚定理想信念、保持优良作风”专题培训班，培训对象为中央和国家机关各部委、各人民团体司局级副职领导干部，省（区、市）党委政府工作部门、法院、检察院、人民团体厅局级副职领导干部，市（地、州、盟）党委政府领导班子成员，共48人。

6月2—9日 举办第64期专设班（西安政治学院政治工作研究班），培训对象为西安政治学院师旅政委政治工作研究班学员等，共32人。

6月4—7日 副院长张泰城到内蒙古自治区呼和浩特市出席由中央组织部主办的干部自主选学工作交流会。

6月7—8日 中央组织部干部教育局局长，中国浦东、井冈山、延安干部学院理事会秘书长孙学玉，中国浦东、井冈山、延安干部学院理事会副秘书长董万章等一行4人到学院考察，出席学院工作座谈会。常务副院长李小三，副院长周金堂、张友南陪同考察和参加座谈。

6月8—9日 中央候补委员，中国航空工业集团公司党组书记、总经理林左鸣到学院考察，参加在学院举办的中国航空工业集团公司领导干部培训班相关教学活动。

6月9—10日 江西省人大常委会副主任、江西省总工会主席姚亚平到学院考察。

6月9—12日 全国妇联党组副书记、副主席、书记处书记孟晓驷到学院考察，并为全国妇联科学发展专题培训班作“用科学发展观统领中国妇女事业建设”的专题讲座。

6月17日 召开院务委员会2009年第7次会议，常务副院长李小三主持。会议学习传达中央组织部召开的自主选学工作交流会精神和中央组织部干部教育局局长，中国浦东、井冈山、延安干部学院理事会秘书长孙学玉在学院工作座谈会上的讲话精神，确定2009年优秀党员表彰名单，研究部分辅助教材出版、新增科研项目立项、事业单位岗位设置、新进工作人员培训、入党积极分子培训、工作人员应知应会知识测试、建国60周年庆祝活动等事宜。

6月17—23日 举办第5期正厅局级领导干部“加强党性修养、坚定理想信念、保持优良作风”专题培训班，培训对象为中央和国家机关各部委、各人民团体的司局长，省（区、市）党委政府工作部门、法院、检察院、人民团体厅局长，共46人。

△举办第6期正厅局级领导干部“加强党性修养、坚定理想信念、保持优良作风”专题培训班，培训对象为中央和国家机关各部委、各人民团体的司局长，省（区、市）党委政府工作部门、法院、检察院、人民团体厅局长，共45人。

6月18日 举办2009年第6期“井冈论坛”，主题为访问教师专场学术报告。

6月19—20日 组织全体工作人员分两批考察井冈山市新城区建设情况。

6月20—27日 举办第65期专设班（2009年第1、2期高校思想政治理论课骨干教师研修班），培训对象为2009年高校思想政治理论课骨干教师（第1、2期）研修班学员等，共93人。

6月30日 召开2009年第4次全体工作人员会议。会议对学院2009年度优秀共产党员进行表彰，对学院上半年工作进行总结，对下半年工作进行部署。常务副院长李小三主持会议并讲话，副院长张泰城、周金堂、张友南出席会议并就分管工作进行总结和布置。

7月

7月1—7日 举办第7期正厅局级领导干部“加强党性修养、坚定理想信念、保持优良作风”专题培训班，培训对象为中央和国家机关各部委、各人民团体的司局长，省（区、市）党委政府工作部门、法院、检察院、人民团体厅局长等，共43人。

△举办第8期正厅局级领导干部“加强党性修养、坚定理想信念、保持优良作风”专题培训班，培训对象为中央和国家机关各部委、各人民团体的司局长，省（区、市）党委政府工作部门、法院、检察院、人民团体厅局长等，共39人。

7月1—14日 举办第5期骨干教师培训班，培训对象为中央党校、国家行政学院、中国浦东干部学院、中国延安干部学院、中国大连高级经理学院，全国省（区、市）委党校、行政学院，中央和国家机关部委所属干部培训机构的骨干教师等，共36人。

7月3日 召开学院信息化工作会议。常务副院长李小三对会议作出批示，副院长周金堂出席会议并作总结讲话。信息化领导小组办公室成员、各部门信息员、联络员及后勤管理中心工程部、弱电维保部负责人参加会议。

7月4—10日 举办第66期专设班（中央党校中青年干部培训二班），培训对象为中央党校中青年干部培训二班学员等，共101人。

7月9—14日 举办中国驻外使节“加强党性修养、坚定理想信念、保持优良作风”专题培训班，培训对象为中国驻外大使、总领事等，共35人。

7月10日 召开院务委员会民主生活会，主题为“加强领导干部党性修养，树立和弘扬良好作风”。常务副院长李小三主持，副院长张泰城、周金堂、张友南出席。

7月10—15日 中央组织部召开部务会学习务虚会暨部机关半年工作总结会，中央政治局委员、中央书记处书记、中央组织部部长李源潮主持会议并作重要讲话，部务会成员、各局级单位主要负责同志参加会议。学院常务副院长李小三列席会议并在会上发言，汇报学院上半年工作情况和下半年工作打算。

7月17日 副院长张友南到南昌参加江西省科学技术奖励大会和全省“七项考评体系”总结表彰大会。

△中国联合网络通信集团有限公司董事长常小兵、总经理陆益民等到学院考察，常务副院长李小三、副院长周金堂等陪同。

7月17—19日 举办第3期入党积极分子培训班，共 23 人参训。副院长、机关党委书记周金堂出席开班式并讲话。

△举办2009年度新进工作人员培训班，6名新进工作人员参加培训。常务副院长李小三出席结班式并讲话，副院长周金堂参加开班式并介绍学院的基本情况，副院长张友南主持结班式。

7月18—24日 举办中央编办机构编制管理创新专题培训班，培训对象为中央编办机关局处级干部和各省（区、市）编办负责同志，共40人。

7月18日 中央机构编制委员会办公室副主任吴知论到学院考察，出席中央编办机构编制管理创新专题培训班开班式，并作题为“改革开放以来我国行政管理体制改革的进程、成效和经验”的专题讲座。江西省委常委、常务副省长凌成兴，学院常务副院长李小三出席开班式并讲话，副院长周金堂主持开班式。

7月18—31日 副院长周金堂率24名教师和管理人员赴新加坡公共服务学院进行“领导力培训与开发”专题培训。

7月20—27日 举办第67期专设班（2009年

第 3、4 期高校思想政治理论课骨干教师研修班），培训对象为2009年高校思想政治理论课骨干教师（第3、4期）研修班学员，共89人。

7月22日 中央机构编制委员会办公室副主任黄文平到学院考察，出席中央编办机构编制管理创新专题培训班结班式并作总结讲话，江西省人民政府副省长熊盛文出席结班式，常务副院长李小三主持结班式，副院长张友南出席结班式并讲话。

7月26日 全国人大法律委员会副主任委员张柏林到学院考察，江西省人大常委会副主任胡振鹏，常务副院长李小三、副院长张友南等陪同。

7月27日 常务副院长李小三到南昌参加江西省委十二届十次全体（扩大）会议。

7月30日 副院长张泰城、张友南率学院办公厅、人力资源部负责人及相关人员，慰问驻院武警官兵。

8月

8月2—3日 教育部部长周济，中央组织部副部长，中国浦东、井冈山、延安干部学院理事会常务副理事长王尔乘视察学院，出席高校主要领导干部"加强党性修养、坚定理想信念、保持优良作风"专题研讨班开班式和相关教学活动。

8月3—9日 承办由中央组织部和教育部共同主办的高校主要领导干部"加强党性修养、坚定理想信念、保持优良作风"专题研讨班，培训对象为31所中央管理高校党委书记、校长，共58人。

8月2—5日 教育部副部长李卫红到学院考察，出席高校主要领导干部"加强党性修养、坚定理想信念、保持优良作风"专题研讨班开班式和相关教学活动。

8月3日 举行高校主要领导干部"加强党性修养、坚定理想信念、保持优良作风"专题研讨班开班式，教育部部长周济在开班式上讲话，中央组织部副部长，中国浦东、井冈山、延安干部学院理事会常务副理事长王尔乘主持。教育部副部长李卫红，江西省委副书记、学院第一副院长王宪魁，江西省委常委、组织部部长弘强，中央组织部、教育部有关司局领导，学院常务副院长李小三，副院长张泰城、周金堂、张友南等出席开班式。

8月3—4日 中央宣传部副部长王晓晖到学院考察，并为高校主要领导干部"加强党性修养、坚定理想信念、保持优良作风"专题研讨班学员作题为"坚持马克思主义在意识形态领域的指导地位"的专题报告。

8月5日 中央财经领导小组办公室主任，国家发展和改革委员会党组副书记、副主任朱之鑫到学院考察，并为高校主要领导干部"加强党性修养、坚定理想信念、保持优良作风"专题研讨班学员作题为"当前我国宏观经济形势分析"的专题报告。江西省委常委、常务副省长凌成兴，学院常务副院长李小三等陪同。

8月5—8日 教育部党组成员、部长助理林蕙青到学院考察，出席高校主要领导干部"加强党性修养、坚定理想信念、保持优良作风"专题研讨班学员座谈会和相关教学活动。

8月5—9日 中央组织部副部长李建华，教育部党组副书记、副部长陈希视察学院，出席高校主要领导干部"加强党性修养、坚定理想信念、保持优良作风"专题研讨班学员座谈会、结业式和相关教学活动。

8月6—8日 教育部部长周济视察学院，出席高校主要领导干部"加强党性修养、坚定理想信念、保持优良作风"专题研讨班学员座谈会和相关教学活动。

8月7—8日 中央组织部部务委员兼组织局局

长傅思和视察学院，出席高校主要领导干部"加强党性修养、坚定理想信念、保持优良作风"专题研讨班学员座谈会和相关教学活动。

8月7—9日 江西省委书记苏荣视察学院，为高校主要领导干部"加强党性修养、坚定理想信念、保持优良作风"专题研讨班学员作题为"关于欠发达省份科学发展加速崛起的探索与思考"的专题讲座，并出席学员座谈会。江西省委常委、省委秘书长赵智勇随同视察。

8月8日 举行高校主要领导干部"加强党性修养、坚定理想信念、保持优良作风"专题研讨班学员座谈会，听取部分高校党委书记、校长对深入学习实践科学发展观、加强高校党建工作的意见。中央政治局委员、中央书记处书记、中央组织部部长，中国浦东、井冈山、延安干部学院理事会理事长、学院院长李源潮主持并作重要讲话。中央组织部、教育部、江西省委、学院有关负责同志参加座谈会。

△江西省委副书记、省长吴新雄视察学院。

8月8—9日 中央政治局委员、中央书记处书记、中央组织部部长，中国浦东、井冈山、延安干部学院理事会理事长、学院院长李源潮视察学院。

8月9日 举行高校主要领导干部"加强党性修养、坚定理想信念、保持优良作风"专题研讨班结业式，中央组织部副部长李建华在结业式上讲话，教育部党组副书记、副部长陈希主持，江西省委副书记、学院第一副院长王宪魁出席结业式。

8月10—18日 副院长张泰城率学院部分工作人员一行共 32 人，赴解放军西安政治学院、中国延安干部学院等地学习考察。

8月11—13日 中央纪委副书记、监察部部长兼国家预防腐败局局长马馼视察学院，出席在学院召开的监察厅局长座谈会，江西省委常委、省纪委书记尚勇，学院常务副院长李小三、副院长周金堂陪同视察。

8月19日 江西省委原副书记、省人大常委会原主任许勤到学院考察，常务副院长李小三等陪同。

△副院长周金堂在北京与国家烟草专卖局副局长李克明就有偿转让、异地置换方式购买金叶大厦事宜进行会谈。

8月20—21日 中央纪委副书记张惠新、国家统计局局长马建堂视察学院，出席在学院召开的全国部分省（市）党风廉政建设民意调查工作会议，江西省委副书记、学院第一副院长王宪魁，江西省委常委、省纪委书记尚勇，学院常务副院长李小三陪同视察。

8月21日 举办领导干部"加强党性修养、坚定理想信念、保持优良作风"专题培训工作座谈会。江西省委副书记、学院第一副院长王宪魁主持会议并讲话。会议深入学习胡锦涛总书记在十七届中央纪委第十七届三次全会上的重要讲话精神，总结交流领导干部"加强党性修养、坚定理想信念、保持优良作风"专题培训工作经验，探讨如何进一步推进专题培训工作。中央组织部干部教育局、中国浦东干部学院、中国延安干部学院、全国组织干部学院的相关人员，江西省纪委、省委办公厅、省委组织部、省委政研室、省委党校的负责人和有关人员，学院常务副院长李小三，副院长张泰城、周金堂、张友南及学院内设机构负责人、部分教学骨干参加座谈会。

△召开院务委员会2009年第8次会议。江西省委副书记、学院第一副院长王宪魁主持，常务副院长李小三，副院长张泰城、周金堂、张友南及学院内设机构主要负责人参加。会议学习中央政治局委员、中央书记处书记、中央组织部部长，中国浦东、井冈山、延安干部学院理事会理事长、学院院长李源潮在高校主要领导干部"加强党性修养、坚定理想信念、保持优良作风"专题研讨班学员座谈会上的重要讲

话和对学院工作作出的指示精神，研究贯彻落实的具体措施。

△原人事部党组副书记、副部长戴光前到学院考察，江西省委副书记、学院第一副院长王宪魁，常务副院长李小三等陪同。

8月21—22日 副院长张泰城率教务部、教学科研部、培训部负责同志和部分工作人员在兴国县开展教学调研。

8月22—28日 副院长、机关党委书记周金堂率学院2008年度优秀工作者、2009年度优秀共产党员一行24人，赴河北省西柏坡、秦皇岛等地开展革命传统教育、爱国主义教育和基本国情教育。

8月28日 天津市政协副主席、南开大学副校长陈永川到学院访问，常务副院长李小三等接待陈永川一行。

8月30—31日 举办2009年第7期“井冈论坛”，主题为“深入挖掘和充分利用独特的教学资源，进一步打造以党性党风党纪教育为核心的‘井冈模式’”。常务副院长李小三作主题报告和总结讲话，副院长张泰城、周金堂、张友南参加所分管部门的分组讨论活动并就分管工作讲话。

9月

9月2日 常务副院长李小三在南昌市参加江西省深入学习实践科学发展观活动第二批总结暨第三批动员大会。

△常务副院长李小三在新建县小平小道纪念馆考察和开展教学调研。

9月2—11日 举办2009年第2期全国党史部门负责人培训班，培训对象为全国党史部门负责人等，共40人。

9月5日 中国浦东、井冈山、延安干部学院2009年秋季开学典礼以视频会议形式同步举行。中央政治局委员、中央书记处书记、中央组织部部长，中国浦东、井冈山、延安干部学院理事会理事长、学院院长李源潮出席并作重要讲话。中央组织部副部长欧阳淞主持主会场开学典礼。江西省委副书记、学院第一副院长王宪魁，学院常务副院长李小三，学院副院长张泰城、周金堂、张友南，江西省委组织部、江西省委政研室有关负责同志，在院参加培训的第9期正厅局级领导干部“加强党性修养、坚定理想信念、保持优良作风”专题培训班、第5期副厅局级领导干部“加强党性修养、坚定理想信念、保持优良作风”专题培训班、中管企业和金融机构领导人员“加强党性修养、坚定理想信念、保持优良作风”专题培训班、第2期全国党史部门负责人培训班的全体学员，学院全体工作人员参加中国井冈山干部学院分会场的开学典礼。

△召开院务委员会2009年第9次会议，江西省委副书记、学院第一副院长王宪魁主持并讲话，常务副院长李小三，副院长张泰城、周金堂、张友南出席，江西省委组织部、江西省委政研室有关负责同志，学院各部门负责人列席会议。会议组织学习中央政治局委员、中央书记处书记、中央组织部部长，中国浦东、井冈山、延安干部学院理事会理事长、学院院长李源潮在2009年秋季开学典礼上的重要讲话精神，研究贯彻落实的具体措施。

△中央政府驻香港联络办公室主任彭清华、副主任周俊明一行到学院考察，江西省委副书记、学院第一副院长王宪魁，江西省副省长熊盛文，常务副院长李小三、副院长周金堂陪同。

△香港各界“共和国之旅——井冈山专列团”一行130余人在名誉团长杨孙西、团长王惠贞等率领下到学院参观考察。常务副院长李小三、副院长周金堂接待专列团一行。

9月5—11日 举办第9期正厅局级领导干部

"加强党性修养、坚定理想信念、保持优良作风"专题培训班，培训对象为中央和国家机关各部委、各人民团体的司局长，省（区、市）党委政府工作部门、法院、检察院、人民团体厅局长等，共39人。

△举办第5期副厅局级领导干部"加强党性修养、坚定理想信念、保持优良作风"专题培训班，培训对象为中央和国家机关各部委、各人民团体司局级副职领导干部，省（区、市）党委政府工作部门、法院、检察院、人民团体厅局级副职领导干部，市（地、州、盟）党委政府领导班子成员，共45人。

△举办中管企业和金融机构领导人员"加强党性修养、坚定理想信念、保持优良作风"专题培训班，培训对象为中管企业和金融机构领导班子副职等，共31人。

9月6日　召开院务委员会2009年第10次会议。会议深入学习中央政治局委员、中央书记处书记、中央组织部部长，中国浦东、井冈山、延安干部学院理事会理事长、学院院长李源潮在2009年秋季开学典礼上的重要讲话精神，通报学院领导班子民主生活会征求的意见和建议的整改情况，研究防控甲型H1N1流感、院外团组来院上课管理、加强学院教师外出上课管理、优秀教师评选和奖励办法、规范学员接送站、规范委托班次管理等工作，审定部分班次教学计划，研究人事工作。

9月7—8日　副院长周金堂到南昌与江西省烟草专卖局负责同志洽谈购买金叶大厦的有关工作。

9月8日　召开党建学科组"党的领导与共和国的成长——纪念建国60周年学术研讨会"。副院长周金堂出席并作题为"党的领导与共和国的成长"的主题报告。

9月9日　举行2009年教师节座谈会，庆祝第25个教师节，主题为"学院的未来与教师的使命"。常务副院长李小三出席并讲话，副院长周金堂、张友南，全体专职教师，各部门代表参加。

△常务副院长李小三接受日本广播协会（NHK）专访。

9月10日　全国道德模范、全国劳动模范、人民满意的公务员、江苏省信访局正厅级巡视员张云泉应邀到学院为第9期正厅局级领导干部"加强党性修养、坚定理想信念、保持优良作风"专题培训班，第5期副厅局级领导干部"加强党性修养、坚定理想信念、保持优良作风"专题培训班，中管企业和金融机构领导人员"加强党性修养、坚定理想信念、保持优良作风"专题培训班学员作题为"牢记党的宗旨，热情奉献为民"的专题报告。

9月10—11日　副院长张友南率教学科研部负责人和相关人员到长沙市参加"毛泽东与新中国"学术研讨会暨中国中共文献研究会毛泽东思想生平研究分会成立大会。

9月13—15日　中国艺术研究院书画家一行18人来院采风和进行创作。

9月14日　组织全体学员和部分教职工到井冈山革命博物馆小剧场，观看大型现代评剧《红星谣》，常务副院长李小三，副院长周金堂、张友南参加。

9月16日　"共和国摇篮展风采"全国党刊联合采访团一行40余人到学院参观考察，副院长张友南接待采访团一行。

9月16—18日　副院长张泰城率教务部、培训部、教学科研部负责人和有关工作人员在江西省兴国县开展现场教学设计。

9月16—20日　副院长周金堂到武汉市参加中央组织部2009年重点课题——"防止和克服'官本位'对干部队伍建设消极影响问题研究"课题成果交流和研讨会。

9月16—22日　举办第10期正厅局级领导干部"加强党性修养、坚定理想信念、保持优良作风"

专题培训班，培训对象为中央和国家机关各部委、各人民团体的司局长，省（区、市）党委政府工作部门、法院、检察院、人民团体厅局长等，共38人。

△举办第6期副厅局级领导干部“加强党性修养、坚定理想信念、保持优良作风”专题培训班，培训对象为中央和国家机关各部委、各人民团体司局级副职领导干部，省（区、市）党委政府工作部门、法院、检察院、人民团体厅局级副职领导干部，市（地、州、盟）党委政府领导班子成员，共44人。

9月17日　召开2009年7—9月份教学情况分析会议。副院长张友南主持会议并讲话，学院各部门负责人、教学相关人员及后勤管理中心负责人参加。

9月17—24日　举办第68期专设班（第29、30期中央部委所属高校哲学社会科学教研骨干研修班），培训对象为中央部委所属高校哲学社会科学教研骨干研修班第29、30期学员，共83人。

△组织5名新进工作人员赴北京中国高级公务员培训中心参加中央直属机关初任公务员培训。

9月20日　解放军总参谋部兵种部原政委田永清少将应邀到学院为第10期正厅局级领导干部“加强党性修养、坚定理想信念、保持优良作风”专题培训班，第6期副厅局级领导干部“加强党性修养、坚定理想信念、保持优良作风”专题培训班学员作题为“与领导干部漫谈做人、做事、做官”的专题报告。

9月21—26日　常务副院长李小三到中国浦东干部学院参加由中央组织部举办的第1期“学习贯彻党的十七届四中全会精神”全国组织部长培训班学习。

9月23日　召开10月份各班次教学协调会议。副院长张友南主持，教务部、培训部、教学科研部负责人参加。

△副院长张友南率教学科研部全体教研人员赴荆竹山教学点开展“牢记党的宗旨与纪律”教育活动。

9月23—24日　副院长周金堂、张友南分别带队走访慰问井冈山市部分老党员、老干部及烈士后代。

9月25日　举办2009年第8期“井冈论坛”，主题为“回首新中国成立60周年光辉历程”。

9月28日　江西省委书记苏荣在南昌市主持召开协调会，专题研究学院添建项目金叶大厦置换工作。江西省委副书记、学院第一副院长王宪魁，学院常务副院长李小三，江西省烟草专卖局（江西省烟草公司）、江西省住房和城乡建设厅、吉安市委、井冈山市委负责人参加会议。

△开展庆祝新中国成立60周年系列活动，组织全院工作人员“升国旗、唱国歌”，向井冈山革命烈士陵园敬献花圈，举行“我爱我的祖国”庆祝新中国成立60周年歌咏比赛。副院长张泰城、周金堂、张友南参加系列庆祝活动。

9月28—29日　常务副院长李小三在南昌出席江西省委十二届十一次全体会议。

10月

10月1日　在学院值班的工作人员集中观看新中国成立60周年阅兵仪式现场直播盛况。

10月8日　院务委员会理论学习中心组进行2009年第3次集中学习，主题为“学习贯彻党的十七届四中全会精神”。

10月9日　召开2009年第5次全体工作人员会议，常务副院长李小三主持并讲话。会议组织学习党的十七届四中全会精神，布置学院近期工作。

10月9—11日　副院长周金堂在北京向中央组织部汇报学院添建工程的有关事宜。

10月10—11日 中央委员、国防大学校长王喜斌中将一行8人到学院，出席第69期专设班（国防大学联合战役参谋培训班）开班式，考察学院并与学院领导座谈。常务副院长李小三，副院长张泰城、周金堂、张友南陪同，并出席座谈会。国防大学教育长夏兴有少将随同考察。

10月10—18日 举办第69期专设班（国防大学联合战役参谋培训班），培训对象为国防大学联合战役参谋班学员等，共98人。国防大学副政委郭俊波少将、副教育长王伟力大校、基本系主任齐洪涛少将带队参加培训。

10月12—14日 副院长张泰城率教务部、培训部和教学科研部有关负责人到兴国县检查现场教学准备情况。

10月12—25日 举办第11期正厅局级领导干部“加强党性修养、坚定理想信念、保持优良作风”专题培训班，培训对象为中央和国家机关各部委司局级领导干部，省（区、市）党委政府工作部门厅局级领导干部，市（地、州、盟）党委政府领导班子成员等，共46人。

△举办第7期副厅局级领导干部“加强党性修养、坚定理想信念、保持优良作风”专题培训班，培训对象为中央和国家机关各部委司局级副职领导干部，省（区、市）党委政府工作部门厅局级副职领导干部，市（地、州、盟）党委政府领导班子成员等，共48人。

10月15日 举办2009年第9期“井冈论坛”，主题为学习贯彻党的十七届四中全会精神，副院长周金堂主持，中央党校党建部副教授祝灵君主讲。第11期正厅局级领导干部“加强党性修养、坚定理想信念、保持优良作风”专题培训班，第7期副厅局级领导干部“加强党性修养、坚定理想信念、保持优良作风”专题培训班学员以及学院全体工作人员参加。

10月17日—11月1日 副院长张友南赴英国参加由中央组织部主办的“新型工业化与生态文明建设”专题研究班学习。

10月21—22日 陕西省委副书记、中国延安干部学院第一副院长王侠，中国延安干部学院常务副院长陈燕楠等一行10人到学院考察并与学院领导座谈。江西省委副书记、学院第一副院长王宪魁，常务副院长李小三，副院长张泰城、周金堂等陪同，并出席座谈会。

10月22日 江西省委副书记、学院第一副院长王宪魁在学院审看电视专题片《光辉的起点》，听取摄制情况汇报，并提出修改意见。常务副院长李小三一同审看。

10月22—31日 举办第4期高级专家理论研究班，培训对象为中央直接联系的高级专家，共50人。

10月26日 也门全国人民大会总务委员、组织监察和财务检查部部长叶海亚·穆罕默德·沙米（Yahya M.Al-Shami）率也门全国人民大会干部考察团一行11人，在中央对外联络部和江西省外事侨务办公室有关负责人陪同下，到学院考察。副院长周金堂接待考察团一行，并与考察团座谈。

10月28—30日 澳门特别行政区政府行政暨公职局局长朱伟干率访问团一行6人，在中央人民政府驻澳门特别行政区联络办公室有关负责人陪同下到学院访问交流。常务副院长李小三、副院长周金堂接待了访问团一行，并与访问团座谈。

11月

11月1日 全国政协常委、何长工同志之子何光玮到学院考察，常务副院长李小三陪同。

11月1—9日 举办第70期专设班（中央党校

第 27 期中青年干部培训一班),培训对象为中央党校第27期中青年干部培训一班2个支部学员,共54人。

11月2日 常务副院长李小三、副院长周金堂在办公厅负责人陪同下,察看学院车队 GPS 定位系统,并就车队加强管理、确保安全运行提出要求。

11月3日 中央政治局常委、中央政法委书记周永康在国务委员、公安部部长孟建柱,最高人民检察院检察长曹建明,江西省委书记苏荣,江西省委常委、省委政法委书记舒晓琴等陪同下视察学院。常务副院长李小三,副院长张泰城、周金堂、张友南等陪同视察。

△学院为在井冈山召开的全国公安厅局长座谈会举行题为“井冈山斗争史和井冈山精神”的专题报告。中央政治局常委、中央政法委书记周永康,国务委员、公安部部长孟建柱,最高人民法院院长王胜俊,最高人民检察院检察长曹建明等听取报告。学院常务副院长李小三主持专题报告会,学院教授陈胜华主讲。

△江西省委常委、南昌市委书记余欣荣到学院考察。

△下发中井院任字〔2009〕6 号文任命黄样兴为中国井冈山干部学院办公厅主任(副局级、试用期一年)。

11月4日 召开音像片《苏区干部好作风》脚本修改座谈会。副院长周金堂及教学科研部有关人员参加并提出修改意见,副院长张友南主持座谈会。

11月8日 学院和井冈山风景名胜区管理局、井冈山市政府、南昌铁路局客运段召开 Z134 列车运营座谈会。副院长周金堂主持。

11月8—10日 组织全院教职工接种甲型 H1N1流感疫苗。

11月9—15日 举办第12期正厅局级领导干部“加强党性修养、坚定理想信念、保持优良作风”专题培训班,培训对象为中央和国家机关各部委、各人民团体司局级领导干部,省(区、市)党委政府工作部门、法院、检察院、人民团体厅局级领导干部,市(地、州、盟)党委政府领导班子成员,共 40人。

△举办第 8 期副厅局级领导干部“加强党性修养、坚定理想信念、保持优良作风”专题培训班,培训对象为中央和国家机关各部委、各人民团体司局级副职领导干部,省(区、市)党委政府工作部门、法院、检察院、人民团体厅局级副职领导干部,市(地、州、盟)党委政府领导班子成员,共46人。

△举办中管高校领导干部“加强党性修养、坚定理想信念、保持优良作风”专题培训班,培训对象为中管高校领导班子副职,共38人。

11月9日 召开学报编委会,常务副院长、学报编委会主任李小三主持,副院长、学报编委会副主任张泰城、周金堂、张友南及全体编委参加。会议对学报 2010 年度的征订发行工作、学报读者座谈会筹备以及2009年第6期学报稿件进行了讨论。

11月10日 召开院务委员会2009年第11次会议,常务副院长李小三主持。会议讨论通过规范和加强行政后勤管理、加强和改进教材建设、推进学科建设的有关制度,部署争创省直机关第 6 届文明单位和江西省第 12 届文明单位的有关活动,研究人事工作和2010年出国培训计划,通报近期工作情况,并对下阶段工作作出安排。

11月15—26日 常务副院长李小三率团赴瑞士、丹麦、芬兰三国开展干部教育培训交流。

11月16—17日 组织开展教学试讲,张友南副院长主持。试讲内容包括 7 个现场教学、9 个院级课题课程开发项目和 1 个专题教学,共 17 人次参加。

11月17—18日 副院长周金堂到北京参加全

国党建研究会“党员领导干部进一步增强党性、改进作风问题研究”课题交流研讨会。

11月21日 举办2009年第10期“井冈论坛”，主题为“向毛主席学习如何读书”。论坛由中央文献研究室副主任陈晋主讲，副院长张友南主持。

11月27—28日 组织全体工作人员分两批次赴井冈山大峡谷生态景区开展集体活动。

11月30日—12月1日 副院长周金堂率教学科研部、培训部有关人员到北京参加中国中共文献研究会朱德思想生平研究分会成立大会暨“朱德与中国革命和建设”学术研讨会。

12月

12月3日 山西省委常委、统战部部长李政文一行在江西省政协副主席王林森陪同下到学院考察，副院长张友南等陪同。

12月3—4日 常务副院长李小三在北京参加中央组织部务虚会，并汇报学院2009年重点工作完成情况和2010年工作打算。

12月7日 召开2009年中央组织部、团中央赴学院第9批“博士服务团”成员欢送座谈会。副院长张友南主持，“博士服务团”成员董立军、李世刚以及学院办公厅、人力资源部相关人员参加。

12月11—12日 常务副院长李小三在北京参加全国组织部长会议。

12月12—18日 举办第71期专设班（2009年第5、6期高校思想政治理论课骨干教师研修班），培训对象为2009年第5、6期高校思想政治理论课骨干教师研修班学员等，共100人。

12月13日 常务副院长李小三在北京参加贯彻落实《2010—2020年深化干部人事制度改革规划纲要》座谈会。

12月14日 中央政治局委员、中央书记处书记、中央组织部部长，中国浦东、井冈山、延安干部学院理事会理事长、学院院长李源潮在中央组织部听取学院工作情况汇报，并对学院有关工作提出要求。中央组织部副部长，中国浦东、井冈山、延安干部学院理事会常务副理事长王尔乘，江西省委副书记、学院第一副院长王宪魁，学院常务副院长李小三参加汇报会。

△中央组织部副部长，中国浦东、井冈山、延安干部学院理事会常务副理事长王尔乘在中央组织部主持召开学院添建工程相关事宜协调会。共青团中央书记处第一书记陆昊，江西省委副书记、学院第一副院长王宪魁及中央组织部、中央宣传部、中央文明办、团中央有关部门负责同志参加会议。学院常务副院长李小三参加会议并在会上发言。

△举行“慈善一日捐”活动现场捐赠仪式，副院长、机关党委书记周金堂主持。学院广大教职员工踊跃捐款。

12月15日 苏丹南方自治政府主席外事顾问阿尔弗雷德·拉杜·戈尔中将率苏丹人民解放运动干部考察团一行7人，在中央对外联络部和江西省外事侨务办公室有关负责人陪同下到学院考察。副院长周金堂接待考察团一行，并与考察团座谈。

12月15—16日 组织全体工作人员到井冈山大学附属医院进行体检。

12月17日 召开院务委员会2009年第12次会议，常务副院长李小三主持。会议传达中央组织部务虚会、全国组织部长会议、贯彻落实深化干部人事制度改革《规划纲要》座谈会精神，以及中央组织部领导关于学院添建工程的有关指示，讨论《理事会章程》等文件的修改意见，研究学院《关于进一步加强文化建设的意见》，研究近期工作和人事工作。

12月20日 中央第四地方巡视组组长阎海旺、

副组长马瑞民一行到学院考察，常务副院长李小三、副院长周金堂等陪同。

12月21—22日 常务副院长李小三在南昌参加江西省经济工作会议。

12月21—23日 举行学院第2届工作人员运动会。比赛项目分为团体项目4项，个人项目6项，特殊群体项目2项；报名参加运动会的共840人次，其中男子575人次，女子265人次。

12月23日 常务副院长李小三在南昌参加江西省人大工作会议暨省人大常委会设立30周年纪念大会。

△常务副院长李小三在南昌参加江西省政协工作会议。

12月24日 举行现场教学点讲解员培训班，主题为“探索现场讲解规律，提升现场教学水平”，来自江西、湖南、福建、湖北4省的现场教学点部分讲解员、学院非教学部门参与现场教学的工作人员和2009年度学院新进工作人员共74人参加。

12月24—29日 副院长周金堂率41名工作人员赴北京中国石油化工管理干部学院、中国船舶总公司党校、中国运载火箭技术研究院等地学习考察。

12月28日 常务副院长李小三应邀出席华能井冈山电厂二期扩建工程建成投产仪式。

12月29日 江西省委副书记、学院第一副院长王宪魁，团中央书记处书记周长奎在井冈山就学院添建项目和井冈山青少年革命传统教育基地建设工作进行调研并召开协调会。中国浦东、井冈山、延安干部学院理事会副秘书长董万章，学院常务副院长李小三，团中央宣传部、共青团江西省委、江西省发改委、江西省住房和城乡建设厅、江西省国土资源厅、江西省烟草专卖局（公司）负责人及吉安、井冈山市委市政府主要负责人参加协调会。

12月31日 副院长周金堂率办公厅有关人员走访吉安市武警支队等相关单位。

（熊轶欣撰稿）

三、专　　记

党和国家领导人视察学院纪略

中央领导对学院工作高度重视，2009 年，中央政治局常委、中央政法委书记周永康；中央政治局委员、国务委员刘延东；中央政治局委员、中央书记处书记、中央组织部部长，中国浦东、井冈山、延安干部学院理事会理事长、学院院长李源潮；国务委员、公安部部长孟建柱；最高人民检察院检察长曹建明等党和国家领导人先后视察学院。

2009年11月3日，中央政治局常委、中央政法委书记周永康在国务委员、公安部部长孟建柱，最高人民检察院检察长曹建明，江西省委书记、省人大常委会主任苏荣，江西省委常委、政法委书记、公安厅厅长舒晓琴等陪同下，专程到学院视察。常务副院长李小三，副院长张泰城、周金堂、张友南陪同视察。周永康察看了学院学员楼大厅、学员餐厅、图书馆、陈列室、报告厅，听取李小三关于学院建设和发展情况的汇报，看望正在学院学习的学员并与他们进行亲切交谈。周永康还与学院领导班子合影。在学员楼大厅学院教学资源分布图前，李小三汇报了学院教学资源开发和教学点分布情况。周永康指出，这种现场体验是一种好方式。在学员餐厅，周永康看望了正在用餐的学员。广东外语外贸大学党务、管理干部培训班学员——广东外语外贸大学党委副书记许国彬向周永康汇报了学习和生活情况，认为学院办学有特色，教师教学水平较高，教学内容丰富，教学形式独特，尤其是重走朱毛红军挑粮小道，感悟很深，确实使灵魂受到了洗礼，精神得到了升华。当听到学员关于学院实行准军事化管理等严格管理的汇报时，周永康频频点头，他说，抓学风建设需要严格管理。在学院陈列室，李小三简要汇报了学院的创建背景。当听到学院截至10月份累计办班401期，培训 19030 人次时，周永康说，学院办了这么多班、培训了这么多干部，取得了很好的成效。在图书馆，李小三介绍了学院的红色资源库和基本国情库。周永康说,这样就有馆藏特色。在教学楼报告厅,李小三介绍了学院报告厅的主要功能。周永康说,这个报告厅很好。在视察过程中,周永康还关切地询问学院工作人员的工作生活情况,并勉励大家继续发扬井冈山精神,把学院办得更好。在视察学院之前,周永康、孟建柱、王胜俊、曹建明还与参加全国公安厅局长座谈会的代表一起,在景泰宾馆听取了由学院常务副院长李小三主持,学院教授陈胜华主讲的“井冈山斗争和井冈山精神”专题报告。

2009 年 5 月 23 日上午,中央政治局委员、国务委员刘延东在科技部党组书记、副部长李学勇,中央宣传部副部长孙志军,国务院副秘书长项兆伦,教育部副部长李卫红,文化部副部长王文章,江西省委常委、宣传部部长刘上洋,江西省副省长孙刚,学院常务副院长李小三及副院长周金堂、张友南陪同下视察学院。刘延东听取了李小三关于学院建设和发展情况的汇报,察看了学院的校园环境和教学设施,了解了学院的办学特色,对学院的建设和办学情况给予了高度肯定,并请李小三转达她对学院全体工作人员的问候。

2009年3月23日上午9时,中央政治局委员、中央书记处书记、中央组织部部长,中国浦东、井冈山、延安干部学院理事会理事长、学院院长李源潮视察学院,出席 2009 年春季班视频报告会,并为学员作题为“领导干部要与人民群众同甘共苦共克时艰”的专题报告。上午 10—12 时,李源潮就“加强党的建设”这一主题与中国井冈山干部学院第 1 期省部级干部“弘扬井冈山精神,坚定理想信念”专题研究班全体学员座谈。19 时 30 分,李源潮与学院领导班子座谈,要求学院继续利用井冈山的特殊环境、特殊资源、特殊条件,对党的干部,尤其是中高级领导干部进行井冈精神、井冈作风的教育;要研究井冈革命的历史,运用井冈山的独特资源,形成井冈培训的特色,发挥井冈教育的独特作用。视察学院期间,李源潮在学院种植了一棵桂花树。中央组织部副部长,中国浦东、井冈山、延安干部学院理事会常务副理事长王尔乘,江西省委副书记、学院第一副院长王宪魁,江西省委常委、省委秘书长赵智勇,江西省委常委、省委组织部部长弘强,中央办公厅研究室六组负责人,中央组织部办公厅、干部教育局负责人,常务副院长李小三及副院长张泰城、周金堂、张友南陪同参加了上述活动。

2009 年 8 月 8 日,中央政治局委员、中央书记处书记、中央组织部部长,中国浦东、井冈山、延安干部学院理事会理事长、学院院长李源潮再次视察学院,与在院培训的高校主要领导干部“加强党性修养、坚定理想信念、保持优良作风”专题研讨班学员座谈并发表重要讲话。教育部部长周济,江西省委书记、省人大常委会主任苏荣,中央组织部副部长李建华,中央组织部部务委员兼组织局局长傅思和,江西省委副书记、学院第一副院长王宪魁,江西省委常委、组织部长弘强,教育部党组副书记、副部长陈希,教育部党组成员、部长助理林蕙青,学院常务副院长李小三,中央组织部、教育部有关司局负责人参加座谈会。

开展“加强党性修养、坚定理想信念、保持优良作风”专题培训纪略

根据党中央的部署和中央组织部的统一安排，从2009年至2012年，在中国井冈山干部学院和中国延安干部学院，分期分批对厅局级领导干部进行以“加强党性修养、坚定理想信念、保持优良作风”为主题的集中培训。2009 年，在中央组织部和江西省委的正确领导和精心指导下，学院把“加强党性修养、坚定理想信念、保持优良作风”专题培训作为教学工作的重中之重，切实做好教学、管理和后勤保障等方面工作，精心组织，周密实施，成功举办 1 期高校主要领导干部“加强党性修养、坚定理想信念、保持优良作风”专题研讨班、20 期正副厅局级领导干部“加强党性修养、坚定理想信念、保持优良作风”专题培训班、1 期中国驻外使节“加强党性修养、坚定理想信念、保持优良作风”专题培训班、1 期中管企业和金融机构领导人员“加强党性修养、坚定理想信念、保持优良作风”专题培训班、1 期中管高校领导干部“加强党性修养、坚定理想信念、保持优良作风”专题培训班，共培训学员 1069 人，圆满完成预定培训计划，培训效果良好。

厅局级领导干部“加强党性修养、坚定理想信念、保持优良作风”专题培训班是学院培训期数最多、培训人数最多的独立设置班次，也是学员评估满意度最高的班次。该班教学主题十分鲜明，目的就是要认真学习贯彻胡锦涛总书记在十七届中央纪委三次全会上的重要讲话精神，深入挖掘井冈山革命历史资源的丰富内涵，深入研究弘扬井冈山精神对领导干部加强党性修养、坚定理想信念、保持优良作风的现实意义，针对当前厅局级领导干部在思想政治建设上存在的突出问题开展培训。课程设置上，既安排了新民主主义革命史、党的优良传统和作风等通用课程，又突出自身特色，围绕“井冈山革命斗争简史”、“井冈山精神的时代价值”、“中央苏区斗争简史与苏区干部好作风”等教学模块开设课程，并配发有关教材帮助学员加深理解；师资配备上，一是面向全国选聘知名专家学者承担通用课程的教学任务，二是配备学院最强师资承担特色课程的讲授、现场点评任务；教学方式上，坚持“寓理于史、寓理于情”，综合运用课堂讲授、现场体验、研讨交流、案例分析、唱革命歌曲、教学演出等多种形式。在培训过程中，注重充分利用井冈山独特的资源优势，突出革命传统教育、理想信念教育和党性党风党纪教育，引导学员进一步坚定理想信念，加强党性锻炼和作风养成，增强立党为公、执政为民的宗旨意识，弘扬党同人民群众血肉联系的优良作风，以坚强的党性和优良的作风保证科学发展观的贯彻落实。培训取得明显的成效，基本达到中央确定的目标要求，得到社会各界的充分肯定。

8月3—9日，举办由中央组织部和教育部共同主办、学院承办的高校主要领导干部“加强党性修养、坚定理想信念、保持优良作风”专题研讨班。31 所中央管理高校党委书记、校长在学院进行为期一周的研讨学习。举办这期研讨班是为了深入贯彻落实胡锦涛总书记在十七届三中全会和十七届中央纪委三次全会上的重要讲话精神，按照培养社会主

义政治家、教育家的要求，加强高校主要领导干部党性锻炼和作风养成，以坚强的党性和优良的作风保证科学发展观的贯彻落实，推进高水平大学建设。8月8日，中央政治局委员、中央书记处书记、中央组织部部长，中国浦东、井冈山、延安干部学院理事会理事长、学院院长李源潮与高校党委书记校长座谈并发表重要讲话。教育部部长周济，江西省委书记苏荣，中央组织部副部长李建华，中央组织部部务委员兼组织局局长傅思和，江西省委副书记、学院第一副院长王宪魁，江西省委常委、组织部部长弘强，教育部副部长陈希，教育部党组成员、部长助理林蕙青，中管高校党委书记、校长，学院常务副院长李小三，中央组织部、教育部有关司局负责人参加了座谈会。研讨班先后举办4次专题讲座。江西省委书记苏荣就江西省经济社会发展情况作专题报告，中央宣传部副部长王晓晖，中央财经领导小组办公室主任、国家发展和改革委员会党组副书记、副主任朱之鑫分别就意识形态工作的几个问题和当前我国宏观经济形势作了专题讲座；学院教授陈胜华围绕井冈山斗争历史与井冈山精神，给学员上了一堂革命传统教育课。研讨班以现场教学为主要形式，安排学员在井冈山革命烈士陵园、博物馆、大井朱毛旧居、小井红军医院、小井红军烈士墓、茅坪八角楼、黄洋界保卫战旧址群等地开展现场教学。研讨班还安排了“重走朱毛红军挑粮小道”体验式教学、分组研讨、唱革命歌曲的激情教学、观看反映井冈山斗争历史与精神的音乐舞蹈演出、实景演出等教学内容。教育部部长周济；中央组织部副部长，中国浦东、井冈山、延安干部学院理事会常务副理事长王尔乘；教育部副部长李卫红和江西省委副书记、学院第一副院长王宪魁；江西省委常委、组织部部长弘强出席开班式；中央组织部副部长李建华，教育部副部长陈希，江西省委副书记、学院第一副院长王宪魁出席结班式。

8月21日，经中央组织部同意，学院举办领导干部“加强党性修养、坚定理想信念、保持优良作风”专题培训工作座谈会。此次会议旨在按照李源潮同志对学院工作的要求，深入学习贯彻胡锦涛总书记在十七届中央纪委三次全会上的重要讲话精神，总结交流领导干部“加强党性修养、坚定理想信念、保持优良作风”专题培训工作经验，探讨如何进一步推进专题培训工作。江西省委副书记、学院第一副院长王宪魁主持会议并讲话，中央组织部干部教育局副巡视员李桂春出席座谈会并讲话。中国浦东干部学院、中国延安干部学院、全国组织干部学院的相关人员，江西省纪委、省委办公厅、省委组织部、省委政研室、省委党校的负责人和有关人员，学院常务副院长李小三，副院长张泰城、周金堂、张友南及学院内设机构负责人、部分教学骨干等参加座谈会。

（熊轶欣撰稿）

四、学院概览

（一）综　述

中国井冈山干部学院地处风景秀丽的革命摇篮井冈山。学院占地面积242亩，建筑面积2.6万平方米。学院是由中央组织部管理、江西省委负责日常事务、国家财政全额拨款的中央直属事业单位，主要负责对党政领导干部、企业经营管理者、专业技术人员和军队干部进行中共党史、党建理论、革命传统教育和基本国情教育的国家级培训基地。

2009年，学院全面贯彻党的十七大，十七届三中、四中全会和全国干部教育培训工作会议精神以及中央领导关于学院的一系列重要指示精神，以邓小平理论、"三个代表"重要思想为指导，深入贯彻落实科学发展观，根据中央确定的办学要求和功能定位，坚持发扬传统、发挥优势、发展特色，着力对学员进行"加强党性修养、坚定理想信念、保持优良作风"教育培训，取得较好成效。

1. 服务党和国家工作大局，圆满完成以"加强党性修养、坚定理想信念、保持优良作风"专题班为主体的培训任务。学院培训的任务明显加大，培训班次多、学员层次高。在中央组织部、江西省委的正确领导下，学院既突出重点又统筹兼顾，顺利完成了各类班次的培训任务。全年共举办112期培训班，培训学员5563人。学院创办以来，已累计举办各类培训班422期，培训学员20186人。

一是突出培训重点，切实做好主体班次培训工作。按照中央要求，把加强领导干部理想信念和党性修养、树立和弘扬优良作风作为培训的重中之重。成功举办第1期省部级领导干部"弘扬井冈山精神，坚定理想信念"专题研究班；举办了20期正副厅局级领导干部"加强党性修养、坚定理想信念、保持优良作风"专题培训班，培训正副厅局级干部1000名；此外还举办国有及国家控股大型企业中高级经营管理者班、军队干部班和高级专家班等。全年共完成主体班次51期2651人，其中，独立设置班37期1582人，专设班次14期1069人。在培训过程中，注重充分利用井冈山独特的资源优势，突出革命传统教育、理想信念教育和党性党风党纪教育，引导学员进一步坚定理想信念，加强党性锻炼和作风养成，增强立党为公、执政为民的宗旨意识，弘扬党同人民群众血肉联系的优良作风，以坚强的党性和优良的作风保证科学发展观的贯彻落实。

二是精心组织安排，全力抓好中管高校书记、校长“加强党性修养、坚定理想信念、保持优良作风”专题培训。8月3—9日，学院承办了由中央组织部、教育部主办的31所中管高校书记、校长“加强党性修养、坚定理想信念、保持优良作风”专题研讨班，58名中央直接管理的领导干部参加了培训。中央领导和中央组织部、教育部对这个班高度重视。李源潮亲自到学院指导并主持召开学员座谈会。中央组织部其他领导和教育部、江西省委多名领导参加了有关教学活动。邀请了江西省委书记苏荣及中央宣传部、国家发改委等有关部委领导讲课。学院针对研讨班教学主题，深入研究教学计划，反复推敲工作细节，精心选配现场教学老师，抽调精干力量参与研讨班工作，并在服务、保障、安全等方面作了周密细致的安排。该班教学效果突出，李源潮予以了充分肯定，他指出：这次高校班主要领导干部专题研讨班办得这么好，能得到学员这样的高度评价，说明专题培训班确实立起来了，成了学院的一个品牌。要继续扩大培训规模，优先安排省部级后备干部和各部委的司局长来学院培训。《人民日报》、新华社对该班进行了专题报道。

三是拓宽办学渠道，认真做好委托班次培训工作。学院充分利用井冈山及周边地区丰富的教学资源和学院先进的教学设施，在完成主体班次培训任务的同时，积极与理事单位、国有大型企业、党政机关、省级党校等合作，全年举办委托培训班次61期，培训学员2912人。在办学过程中，注重充分发挥学院的特色优势，突出井冈山精神等党的优良传统和作风方面的内容，增强培训的针对性和实效性。委托培训班次的社会效益日益提升，呈现出地域分布更加广泛、行业领域持续扩展、学员层次年龄结构更加合理的特点。全年未安排待安排的培训班次119期6304人。

2. 以党性党风党纪教育为核心，进一步打造具有中井院特色的教学模式。学院把党性党风党纪教育作为重点内容，拓展教学资源，创新教学方式，彰显教学特色，初步形成了具有井冈特色的教学模式。

一是夯实培训基础，打造具有中井院特色的教学资源网络。加强教学调研和开发，对现有的57个现场教学点、4个体验式教学点、26个社会实践点进行重新梳理，继续凝炼其教学主题，挖掘其历史价值，赋予其新的时代内涵。同时，有针对性地开发兴国县毛泽东作长冈乡调查纪念馆、列宁小学、花生地、樟木塘小桥等新的现场教学点和吉安市高新技术开发区、泰和县熊瓦村社会主义新农村建设、兴国县长冈村、程水村等新的社会实践教学点，努力将革命摇篮井冈山及周边丰富的教学资源变成理想信念教育和素质能力教育的大课堂。

二是打造精品课程，完善具有中井院特色的教学内容体系。坚持把马克思主义中国化的最新成果作为教学的中心内容，开设了十七届四中全会精神专题辅导等专题教学，及时将学习实践科学发展观引入教材、引入课堂、引入学员头脑。把历史与现实有机结合起来，把开展中国革命史教育与学习马克思主义中国化的最新成果结合起来，与理想信念教育、党性党风党纪教育结合起来，不断提高学员的思想政治素质，增强其落实科学发展观的能力。在总结已有办学经验的基础上，围绕学院的功能定位和教学主题，打造一批具有井冈特色的精品课程，包括：“井冈山斗争史概述及几个重大问题”、“中央苏区斗争史概述及几个重大问题”、“从井冈山道路到中国特色社会主义道路”、“中央苏区革命斗争简史与苏区干部好作风”等，满足学院不同培训班次的培训需要。根据厅局级领导干部“加强党性修养、坚定理想信念、保持优良作风”专题培训的教学要求，打造“新民主主义革命的基本历程与主要经验”、“井冈山斗争与井冈山精神”、“中央苏区与苏区精神”三门主要课程，并均由学院专职教师主讲，受到学员好评。

三是围绕教学主题，丰富具有中井院特色的教材体系。完善教材建设制度，先后制定《关于进一步加强教材建设的意见》、《教材编审委员会工作规则（试行）》。通过自主立项、横向合作、委托开发等多种形式开发教材。基本教材《学习井冈山英烈，树立正确的世界观人生观价值观》已出版发行，《弘扬井冈山精神，坚定理想信念》已经完成初稿。自学教材《毛泽东在中央革命根据地斗争时期的调查文选》、《毛泽东在江西革命斗争时期著作选编》和《革命传统教育经典案例》的修订工作已完成。国情教材《六县一山的历史与现实》正在抓紧编写。音像教材《井冈丰碑》、《瑞京奠基》已正式出版发行，《苏区干部好作风》、《革命理想高于天》和《革命纪律人人要牢记》已完成合作立项工作，正进行拍摄制作。同时，拓宽辅助教材建设路径，与中央文献研究室合作成立课题组，启动《毛泽东、朱德与井冈山》的合作项目，《中央革命根据地简史》已正式出版发行，《井冈山——中国共产党人永远的精神家园》、《领导干部眼界宽胸襟宽思路宽研究》已完成初稿，即将出版。

四是适应培训新需求，创新具有中井院特色的教学形式。坚持以现场教学为核心，依托现场资源，遵循教学设计的规律，把握现场教学的特点，抓实现场教学的各项设计环节，完善“六个一”的模式，努力把静止的、平面的历史资源转化为立体的、鲜活的形象，激发学员思考，增强教学的震撼力。继续运用和改进课堂讲授、现场体验、案例分析、研讨交流等多种教学形式，实现“理从史出”、“情理交融”。运用小组研讨和自我评议等方法，将其与课堂讲授、现场教学等教学活动紧密相结合，并进行必要的理论引导，通过自己感悟，他人评议，努力把理想信念教育和党性党风党纪教育从感性层面上升到理性层面，使教育效果更加明显。

五是加强学风建设，构建具有中井院特色的教学管理模式。学员在培训期间党性锻炼的主要内容和重要途径，就是学风建设和作风养成。坚持从严治院，严肃党的政治纪律，教师和管理人员带头讲政治、守纪律，坚持“研究无禁区，讲台有纪律”，做到严谨治学、以德施教。进一步完善了各项管理制度，严格院规院纪，用制度和纪律促进学风建设。在紧张的学习生活中强化领导干部的党性意识、党风意识和纪律意识。建立党性教育和理想信念教育的考核激励机制，重点考核学习态度、党性锻炼和学习成绩的情况，并将考核结果如实反馈给学员所在单位。充分发挥学员党支部、班委会的作用，引导学员自我管理、自我约束、自我协调，把从严要求与热情服务结合起来，处理好管理与服务的关系，营造“团结、紧张、严肃、活泼”的学习氛围。

3. 以四大学科建设为平台，加快推进教科研一体化进程。围绕教学科研一体化目标，完善科研管理制度，夯实科研工作基础，科研工作有新的突破。

一是整合科研力量，推进四大学科建设。制定颁发《关于进一步推进学科建设的意见》、《学科建设经费管理办法（试行）》等，使学科建设进一步规范化和制度化。进一步明确学科方向，每个学科组确定1名带头人、1名负责人，每个研究方向确定1名召集人、2—3名学科骨干，初步形成具有合理的年龄结构、职称结构和学历结构并保持相对稳定的学术梯队。以学科组为载体，动员和组织学院全院工作人员参与到4个学科组，参与科研工作。通过聘请国内外知名专家来学院讲座及派出教研人员参加学术会议等形式，加强与国内外的学术交流，广泛吸纳国内外相关学科研究的最新成果。

二是加大科研投入，提升科研水平。对科研工作实行资助立项、奖励成果等办法，加大科研投入。加强国家级科研项目的申报比重，全年共申报国家社科基金项目8项。围绕教学需要及难点、热点问题展开院级课题立项，首次以匿名的方式对139个院级课题实行评审，基本上做到全员申报，立项率达到70%。进一步强化科研精品意识，全年学院共出版著作20部，公开发表论文363篇，其中在《人民日报》（理论版）等权威刊物发表学术文章13篇、CSSCI期刊上发表39篇、中文核心期刊上发表42篇、人文核心上发表3篇、人民大学报刊复印资料中心全文转载4篇、《新华文摘》摘要刊登2篇、其他省级以上刊物发表260篇，核心率达到27%。科研成果不仅有量的增加，而且有质的提高。

三是实施名刊工程，扩大学报影响力。紧密配合党的中心工作，先后开设“纪念新中国成立60周年”和“学习贯彻党的十七届四中全会精神”专栏，刊发一批知名专家学者的文章。加大组稿力度，全年共向全国知名专家、学者以及领导干部约稿400人次，提高稿源质量。努力提高基金论文比，各类基金资助论文占全年刊发文章总数的22%，其中国家级基金论文占10%。积极向优秀期刊推荐优秀稿件，全年共向《新华文摘》《人民大学报刊复印资料》等刊物推荐40余篇论文。其中，有8篇论文被人民大学报刊复印资料中心全文复印，2篇被《新华文摘》全文转载和索引观点。改进“学员论坛”专栏，使其主题更为鲜明、内容更为丰富、形式更为活泼，提高学员对学报的关注度。在全国政治行政学院学报中，学院学报二次期刊转载率列第12名，进入20强。

四是做好结合文章，推动科研成果的教学转化。进一步做好科研与教学、管理结合的文章，推动科研成果转化。以科研成果促进教学质量、管理水平的提升，注重课题研究的可行性、前瞻性、实效性和与岗位工作的结合性，对与井冈山、中央苏区以及马克思主义中国化关联程度高的相关课题，立项优先、资助优先、成果进课堂优先。坚持基础性研究和对策性研究并举，严把结项成果质量关，使大部分结项成果可直接指导教学和行政管理工作。分四卷公开出版《中国井冈山干部学院学科学术成果汇编》，较好地实现了项目成果的转化，促进教学科研一体化进程。

4. 围绕教学工作中心，完善规范高效的行政管理和后勤保障体系。坚持从严治院方针，健全管理制度，改进服务方式，提高保障效能。

一是行政管理更加规范高效。实行重大事项督办制度，根据学院制发的《2009年工作要点》和《2009年下半年工作安排》，对工作计划执行情况进行月度、季度、半年和年度督查，确保各项工作落实到位。进一步完善工作流程，实行细项分解、责任到人，加强沟通、信息对称，做好重要会务和重要公文的办理，圆满完成重大接待活动。

二是后勤保障能力进一步增强。根据中央组织部的统一部署，开展固定资产清查工作。强化预算核心效应，提高财务监管效能，财务保障能力进一步提升。坚持采购工作领导小组会议制度，采购工作进一步规范。加大对后勤管理中心的监督管理力度，整体服务质量得到保证，全年学员对后勤服务的平均满意率达93.61%。加强车队管理，全面实施车辆GPS监控调度系统，全年安全行车90.62万公里。完善学院周边安全工作协调机制，对学员住宿餐饮场所定期监测，为全体工作人员接种H1N1流感疫苗，确保学院的政治安全、治安安全、饮食安全和卫生安全，保障教学培训工作的平稳运行。

三是信息化和图书馆工作继续扎实推进。信息化方面，改造中心机房供电线路，完成PDU与KVM转接线、火车票专线建设等项目。充实网上干部学院的内容，上传专题讲座、文体健身、教学剪影和红色经典等视频140部，新增“人民英模”等专栏；强化网站管理，全年共上传各类信息500条。图书馆方面，继续加强“国情研究资料库·全国地方志资料库”的建设，启动第二次面向全国征集地方志的工作，征集到地方志、年鉴及地方性资料共1136册；续购、更新10种数据库；开设“学院工作人员著作展示专柜”和“学员著作展示专柜”。

四是对外交流工作实现新的突破。通过“走出去”、“请进来”等方式开拓对外交流领域。先后成功接待了美国乔治敦大学考察团、巴勒斯坦民族解放运动“法塔赫”干部考察团、国防大学防务学院外军高级军官访问团等7批77人次到学院考察。全年共组织3批29人次出国（境）考察交流和培训学习，提升工作人员的业务素质和工作水平。

五是添建项目准备工作有序推进。成立以江西省委副书记、学院第一副院长王宪魁为组长的添建项目工作领导小组和其他相关组织领导机构。按要求上报学院添建项目工作方案，做好添建项目建设用地等衔接安排工作，提出学院添建项目建设管理的模式。

5. 以深入践行科学发展观为抓手，加强领导班子和干部队伍建设。继续深入学习实践科学发展观，切实加强学院领导班子和师资干部队伍建设，开展丰富多彩的活动，推动学院文化和学习型学院建设。

一是着力加强领导班子建设。继续认真开展深入学习实践科学发展观活动，将活动成果落实到学院办学中。通过民主生活会、群众评议、参与学院重大对策性课题研究等形式，抓住并切实解决学院发展过程中存在的重点、难点问题，进一步提高领导班子办学的能力。坚持院务委员会理论学习中心组学习制度，认真组织学习十七届四中全会决定、胡锦涛在十七届四中全会和十七届中央纪委三次全会上的重要讲话等，切实提高领导班子的政治理论素养，把握正确的办学方向。注重总结办学特点和规律，坚持“特色立院、创新兴院、人才强院”，全面推进学院的各项工作。

二是着力加强师资和管理干部队伍建设。按照“一流师资、一流人才办教育”的理念，着力提高广大教师和管理干部的综合素质和能力。先后组织教师和管理人员到相关干部教育培训机构和大型中央企业考察及跟班学习；安排管理人员赴瑞士、丹麦、芬兰三国开展干部教育培训交流；首次组织25名教师和管理人员到新加坡公共服务学院进行“领导力培训与开发”专题培训等，工作人员开阔了眼界，学习了知识，增长了本领。鼓励学院工作人员积极参与继续教育，提高综合素质。同时，规范兼职教师队伍管理，严格把握选、聘、用、管四个环节，增聘一批实践经验丰富、理论水平较高的党政领导干部、企业家、专家学者和先进典型担任兼职教师。学院兼职教师规模稳定在390人左右，结构更合理、使用更为便捷。加强点评教师和讲解员培训，先后举办4期以“探索现场教学规律，提升现场教学水平”、“把握现场讲解规律，注重讲解方法与技巧”等为主题的现场教学点负责人、点评教师和讲解员培训班，切实提升现场点评和讲解水平，促使现场教学更具感染力和震撼力。

三是着力推进学院文化建设。进一步发挥“井冈论坛”的作用，围绕党和国家重大工作部署以及学院中心工作，举办10期井冈论坛，把论坛办成富有中井院特色的学习交流平台，进一步推动“学习型学院”建设。积极做好对外宣传工作，组织主要国家级媒体对学院办学情况进行宣传报道，在社会上引起良好反响，协助日本广播协会（NHK）到学院采访，第一次面向海外展示学院形象。进一步提高文稿质量，提升院报和网站的整体水平。完善“温馨四送”、帮困济难、体检等活动，切实关心教职工的工作、生活和身体健康。举办“学院2009年十件大事”评选活动，举行庆祝建国60周年系列活动，激发全体工作人员的爱院、爱国热情。发挥工青妇群团组织作用，开展庆七一晚会、第二届工作人员运动会等形式多样的文体活动，丰富了工作人员业余生活。

（二）领导机构

学院实行理事会领导下的院务委员会负责制。中央政治局委员、中央书记处书记、中央组织部部长李源潮兼任学院院长，江西省委副书记王宪魁兼任第一副院长，李小三任常务副院长，张泰城、周金堂、张友南任副院长。

【学院理事会】 学院理事会由中央组织部、中央宣传部、中央直属机关工委、中央国家机关工委、中央党校、中央文献研究室、中央党史研究室、中国井冈山干部学院、国家发展和改革委员会、教育部、财政部、人事部、国务院国有资产监督管理委员会、国家行政学院、江西省委、江西省政府、江西省委组织部、江西省委党校、吉安市委、吉安市政府、井冈山市委、井冈山市政府、南昌大学、江西师范大学、国家电网公司、中国电信集团公司、中国粮油食品进出口（集团）有限公司、江西铜业集团公司、江西省冶金集团公司的有关领导组成。学院理事会由中央政治局委员、中央书记处书记、中央组织部部长李源潮任理事长，中央组织部副部长王尔乘任常务副理事长，江西省委副书记王宪魁任副理事长。理事会的工作职责为：制定和修改学院理事会章程；审批学院发展规划和专设班次、独立设置班次的年度培训计划，审批学院工作报告；审定学院的年度财务预决算报告和重大建设项目立项建议；审议学院院长、第一副院长、常务副院长、副院长人选；其他应由学院理事会负责的事项。

【院务委员会】 学院院务委员会由院长、第一副院长、常务副院长、副院长组成。院务委员会的工作职责为：贯彻落实理事会、中央组织部、学院所在省市党委有关决定、决议；研究提出需向理事会、中央组织部、学院所在省市党委请示、报告的重要事项；负责学院日常教学和管理工作；研究提出学院发展规划和专设班次、独立设置班次的年度培训计划，经批准后组织实施，制定并实施委托举办班次的培训计划；研究提出学院年度财务预决算报告和重大建设项目立项建议，经批准后组织实施；研究提出由学院内部产生的常务副院长、副院长和院务委员会委员的任免意见；负责学院内设机构领导干部的任免和管理，负责专兼职教师、管理人员的选聘和干部队伍、教师队伍建设；负责学院内设机构下设处室的职能配置、机构设置和人员编制管理；负责学院党的建设、精神文明建设、思想政治工作和群团工作；其他应由院务委员会负责的事项。院务委员会 2009 年共召开 12 次会议。

1 月 7 日，召开院务委员会 2009 年第 1 次会议，常务副院长李小三主持。会议传达全国组织部长会议精神，通报了部分工作人员赴上海、西藏、安徽等地学习考察情况，讨论了学院 2009 年工作要点、学习实践科学发展观活动整改方案、寒假值班工作安排、春节前走访相关单位方案，研究确定 2009 年优秀工作人员名单，研究了签订 2009 年后勤服务委托管理和弱电系统维护外包合同、评选优秀组织员、召开现场教学点负责人座谈会暨点评教师培训会等相关事宜。

2 月 22 日，召开院务委员会 2009 年第 2 次会议，常务副院长李小三主持。会议组织学习胡锦涛总书记在江西考察时的重要讲话和中央领导、江西省委领导对学院工作的批示，传达了江西省委深入学习实践科学发展观活动领导小组第 4 次会议精神，通报了中央组织部机关事务管理局对学院 2007 年预算执行及财务收支的审计情况，研究整改措施，讨论了继续深入开展学习实践科学发展观活动、抓好文明单位创建和学院近期工作安排。

3月25日，召开院务委员会2009年第3次会议，常务副院长李小三主持。会议学习传达中央政治局委员、中央书记处书记、中央组织部部长，中国浦东、井冈山、延安干部学院理事会理事长、学院院长李源潮3月23日在中国浦东、井冈山、延安干部学院2009年春季班上的报告和在学员座谈会、学院工作座谈会上的重要讲话精神，研究贯彻落实李源潮同志重要讲话精神的各项措施，布置学院近期工作。

3月28日，召开院务委员会2009年第4次会议，江西省委副书记、学院第一副院长王宪魁主持，常务副院长李小三，副院长张泰城、周金堂、张友南出席，江西省委办公厅、江西省委政研室有关同志及学院相关内设机构负责人列席。会议进一步学习中央政治局委员、中央书记处书记、中央组织部部长，中国浦东、井冈山、延安干部学院理事会理事长、学院院长李源潮3月23日视察学院的重要讲话精神，研究用井冈山精神、井冈山作风对领导干部进行党性、党风、党纪教育的各项准备工作。

4月13日，召开院务委员会2009年第5次会议，常务副院长李小三主持。会议组织学习中央组织部《印发〈关于深入学习贯彻胡锦涛同志在十七届中央纪委三次全会上的重要讲话精神，深化拓展全国组织系统“讲党性、重品行、作表率”活动的意见〉的通知》，研究了签订保密承诺书、创建“江西省文明单位”、党性党风党纪教育专题研究班教学设计和教材开发、人事等工作。

5月8日，召开院务委员会2009年第6次会议，常务副院长李小三主持。会议传达江西省委十二届九次全体（扩大）会议精神，研究院级课题立项、教材开发、厅局级领导干部“弘扬井冈山精神，加强党性党风党纪教育”专题研究班教学设计、文化建设、学风建设及人事等工作。

6月17日，召开院务委员会2009年第7次会议，常务副院长李小三主持。会议学习传达中央组织部召开的自主选学工作交流会精神和中央组织部干部教育局局长，中国浦东、井冈山、延安干部学院理事秘书长孙学玉在学院工作座谈会上的讲话精神，确定2009年优秀党员表彰名单，研究部分辅助教材出版、新增科研项目立项、事业单位岗位设置、新进工作人员培训、入党积极分子培训、工作人员应知应会知识测试、建国60周年庆祝活动等事宜。

8月21日，召开院务委员会2009年第8次会议，江西省委副书记、学院第一副院长王宪魁主持，常务副院长李小三，副院长张泰城、周金堂、张友南及学院内设机构主要负责人参加。会议认真学习中央政治局委员、中央书记处书记、中央组织部部长，中国浦东、井冈山、延安干部学院理事会理事长、学院院长李源潮同志在中管高校主要领导干部“加强党性修养、坚定理想信念、保持优良作风”专题研讨班学员座谈会上的重要讲话和对学院工作作出的指示精神，研究贯彻落实的具体措施。

9月5日，召开院务委员会2009年第9次会议，江西省委副书记、学院第一副院长王宪魁主持并讲话，常务副院长李小三，副院长张泰城、周金堂、张友南出席，江西省委组织部、江西省委政研室有关负责同志，学院各部门负责人列席会议。会议认真学习领会中央政治局委员、中央书记处书记、中央组织部部长，中国浦东、井冈山、延安干部学院理事会理事长、学院院长李源潮在2009年秋季开学典礼上的重要讲话精神，研究贯彻落实的具体措施。

9月6日，召开院务委员会2009年第10次会议，常务副院长李小三主持。会议深入学习中央政治局委员、中央书记处书记、中央组织部部长，中国浦东、井冈山、延安干部学院理事会理事长、学院院长李源潮在2009年秋季开学典礼上的重要讲话精神，通报学院领导班子民主生活会征求的意见和建议的整改情况，研究防控甲型H1N1流感、院外团组来院上课管理、加强学院教师外出上课管理、优秀教师评选和奖励办法、规范学员接送站、规范委托班次管理等工作，审定部分班次教学计划，研究人事工作。

11月10日，召开院务委员会2009年第11次会议，常务副院长李小三主持。会议讨论通过规范和加强行政后勤管理、加强和改进教材建设、推进学科建设的有关制度，部署争创省直机关第 6 届文明单位和江西省第 12 届文明单位的有关活动，研究人事工作和 2010 年出国培训计划，通报近期工作情况，并对下阶段工作作出安排。

12 月 17 日，召开院务委员会 2009 年第 12 次会议，常务副院长李小三主持。会议传达中央组织部务虚会、全国组织部长会议、贯彻落实深化干部人事制度改革规划纲要座谈会精神，以及中央组织部领导关于学院添建工程的有关指示，讨论《理事会章程》等文件的修改意见，研究《学院关于进一步加强文化建设的意见》、近期工作和人事工作。

（三）内设机构

学院设有 6 个内设机构，即办公厅、教务部、培训部、对外交流与培训开发部、教学科研部（案例发展中心）、人力资源部（机关党委），6 个部门下设 22 个处室，人员编制为135名。

【办公厅】 主要职责是：协助院领导处理日常院务工作，协调行政事务；承担重要文稿的起草工作；承担会议组织及会议决定事项的督促检查工作；承担资产管理、财务管理、审计、基建等工作；负责学院图书馆、影视音像和计算机网络的建设和管理；承担信息技术保障工作；承担秘书、文档、保密和保卫工作。办公厅下设秘书处、研究室（新闻文化处）、财务处、信息中心（信息管理处、图书馆）、后勤保障处、保卫处、驻昌联络处。主任：黄样兴，副主任：肖华孝。

【教务部】 主要职责是：承担教学工作的综合管理，拟定培训、教学、教材编写的规划、计划和学科建设规划；承担教学活动监督检查工作，负责教学质量的监督与评估；承担干部培训的政策研究、教学改革的实施和协调工作；承担与中央党校、国家行政学院和其他有关培训机构的协调工作。教务部下设教学规划处、教学管理处。主任：芦明辉，副主任：柯华。

【培训部】 主要职责是：承担学员培训的组织实施工作；负责学员的学籍、档案管理工作；参与教学质量的监控工作；承担学员的思想政治工作，负责学员的日常管理及有关活动的组织实施工作。培训部下设学员工作处、学籍管理处。主任：雷霆，副主任：熊钦和。

【对外交流与培训开发部】 主要职责是：承担与国（境）外培训机构的交流工作；联系落实自主招生、委托培养和国际合作的班次和学员。对外交流与培训开发部下设对外交流处、培训开发处。主任：汪建新。

【教学科研部（案例发展中心）】 主要职责是：承担党史、党建等方面的教学、科研和咨询工作；组织编写有关教材、教学参考资料；承担案例教材的研究、征集、编写、推广工作；编辑院刊及有关刊物；参与兼职教师的聘请工作；负责学院科研工作的组织管理。教学科研部（案例发展中心）下设办公室、党史教学研究中心、党建教学研究中心（井冈山精神研究中心）、领导科学教学研究中心（案例开发处）、国情教学研究中心、科研管理处、院刊编辑室。主任：匡胜，副主任：程吉生。

【人力资源部（机关党委）】 主要职责是：拟订和组织实施教师队伍建设规划，组织专职教师业务考评和兼职教师遴选聘任工作；负责学院机构设置、编制管理，承担对学院各部门领导班子、院管干部和学院工作人员的管理工作；负责机关和直属单位党的建设、思想政治工作和工青妇等工作。人力资源部（机关党委）下设综合工作处（机关党委办公室、纪检监察办公室）、人事处。主任：贺喜灿。

（四）重要文件

【关于进一步做好“发扬传统、发挥优势、发展特色”工作，推动学院科学发展的若干意见】 为进一步增强学院核心竞争力、推进学院改革创新、发挥学院在干部教育培训大格局中的独特作用，进一步提升办学能力、提高培训质量和效益，推动学院科学发展，1月5日，学院以中井院发〔2009〕1号文印发《关于进一步做好“发扬传统、发挥优势、发展特色”工作，推动学院科学发展的若干意见》。

1. 坚持以科学发展观为统领，准确把握“发扬传统、发挥优势、发展特色”的深刻内涵。发扬传统，就是必须结合时代要求，进一步加强对井冈山精神的内涵和实质的研究，深入挖掘井冈山精神在新时期领导干部的理想信念、政权意识、宗旨意识、艰苦奋斗、实事求是、敢闯新路、群众路线等方面教育培训的独特价值和作用，用党的优良传统教育广大干部，使广大干部更加深刻理解中国特色社会主义理论体系，坚定中国特色社会主义信念，增强全面贯彻落实科学发展观的自觉性和坚定性，提高推动科学发展、建设和谐社会的能力。发挥优势，就是必须联系当前我国干部教育培训的实际，从干部教育培训的大格局中找准自己的方位，准确把握自身办学特点和规律，充分发挥自身的政治优势、资源优势、体制优势、自然环境优势，不断提升办学实力，实现培训规模、质量和效益的统一。发展特色，就是必须始终坚持“特色立院、创新兴院、人才强院”的发展路子，坚持有所为、有所不为，着重在挖掘井冈山精神的时代价值上下功夫，在把红色资源优势转化为党员干部理想信念教育的教学优势上下功夫，在探索“寓理于史、寓理于情”的教学形式和方法上下功夫，在创新教学培训模式上下功夫，在革命传统教育和国情教育方面做优做强，形成鲜明的办学特色，利用独特的资源、独特的内容、独特的形式在干部大培训中发挥独特的作用，培养眼界宽、思路宽、胸襟宽的干部，为科学发展服务，为干部健康成长服务。

2. 按照“发扬传统、发挥优势、发展特色”的要求，进一步明确学院科学发展的总体目标。要紧紧围绕学院的办学方针和功能定位，做好“两个转化”和“三个结合”工作，即依托井冈山及周边地区不可替代的教学资源，把独特的资源优势转化为教学优势，把教学优势转化为干部素质与能力优势，做好历史与现实的结合、理性与激情的结合、内容与形式的结合。把德才兼备、以德为先体现在教学培训中，把育德作为教学培训的重要任务。创造出干部教育培训的“井冈模式”。要精心打造符合科学发展需要、有利于干部健康成长、能充分发挥学院办学优势的品牌班次；努力构建特色鲜明、与时俱进、针对性强的课程体系和定位准确、重点突出的学科体系；不断探索生动和富有感染力的教学形式和教学方法；不断建设和完善内容丰富、角度新颖、符合教学需要的教材体系；努力打造一支思想过硬、视野开阔、业务精通、作风优良、结构合理的教研和管理队伍；逐步形成一套功能完善、管理严格、优质高效的服务保障体系。用5—10年的时间，把学院建成中国共产党领导骨干的理想信念教育和党性教育的重要基地，真正把学院办成国内独具特色、国际上有影响的新型干部学院。

3. 认真总结办学经验，进一步增强教学改革创新的责任感。通过学习实践科学发展观活动，认真总结学院开办以来在“发扬传统、发挥优势、发展特色”方面一些好的做法和经验，进一步深化对学院办学实际和办学特点的分析和研究，全面盘点学院现有教学资源、教学形式、教学方法、管理手段，查找在“发扬传统、发挥优势、发展特色”方面的不足，明确下一步努力的方向。以制定学院《2008—2012年发展规划》为抓手，认真分析学院发展面临的形势和任务，研究如何积极应对干部教育培训日益开放和竞争的格局带来的挑战，认真学习借鉴国内外著名培训机构的好的做法，注重从我们党干部教育的历史经验中吸取营养，以更加开放的视野、更加开阔的胸襟，进一步解放思想，大胆探索新的教学方式、方法、手段，努力做干部教育培训体制机制创新的先行者、探索者，谋划好今后五年的发展目标和发展战略，不断增强教学改革创新、形成自身鲜明办学特色的内在动力。在班次设计上以“理想信念”、“艰苦奋斗”、“敢闯新路”、“优良作风”等专题培训为主体，认真总结摸索现有专题培训的经验和规律，加大专题培训的力度，使“弘扬井冈山精神与坚定理想信念”、“弘扬井冈山精神与艰苦奋斗”、“弘扬井冈山精神与加强干部作风建设”等专题培训班成为学院的品牌班次，使学院成为广大干部理想信念和艰苦奋斗教育的首选之地。

4. 深度开发井冈山丰富的革命传统资源，形成独特的革命传统教学内容。按照“一个现场教学点就是一部革命传统教育的生动教材”的要求，继续挖掘、整合井冈山及周边地区丰富的革命传统教育资源优势。对现有的教学点，继续凝炼其教学主题，挖掘其历史价值，赋予其新的时代内涵。在此基础上，进一步开发新的教学点，使教学点布局按照历史的逻辑、现实的需要来配置，形成一个以培训主题的实际需要为“纲”，以重大历史事件为“点”，以历史进程脉络为“线”，以不同的革命根据地为“面”，纵横交错、有机连接的更丰富、更完整的教学资源网络。即在时间上以井冈山、中央苏区为代表的土地革命时期为基准，向前延伸到南昌起义、秋收起义、八七会议及之前的大革命时期，向后延伸到长征时期、抗战时期、解放战争时期，涵盖党的整个革命史。在空间上以井冈山革命根据地六县一山为核心，向周边拓展到中央革命根据地、湘赣革命根据地、湘鄂赣革命根据地、闽浙赣革命根据地、鄂豫皖革命根据地等，形成独特的教学内容。

5. 进一步挖掘井冈山精神的时代价值，构建革命传统教育的特色课程体系。在进一步挖掘和整合独特红色资源基础上，围绕“理想信念”、“艰苦奋斗”等主题开发特色课程，形成革命传统教育方面的三大特色课程群。利用5年左右的时间，使革命传统教育方面的特色课程达到30门。一是井冈山道路方面的品牌课程。通过井冈山革命道路与中国特色社会主义道路一脉相承的内在逻辑，从独特的视角进行中国特色社会主义理论的教育培训，坚定参训干部的理想信念，进一步提升“井冈山革命斗争史”、“井冈山道路——马克思主义中国化的伟大开篇”、“从井冈山道路到中国特色社会主义道路”等课程，增设“中国革命史”课程，帮助学员从更宏观的历史背景下来解读井冈山斗争和井冈山道路。二是井冈山精神方面的品牌课程。通过挖掘井冈山精神在党的先进性建设方面的时代意义和启示，开设“井冈山精神——中国共产党人革命精神之源”、“井冈山时期共产党人的理想信念”、“弘扬井冈山精神与艰苦奋斗”、“井冈山精神的时代价值”等课程。三是苏区精神方面的品牌课程。重点挖掘中央苏区干部好作风对新时期干部作风建设的启示，开设“中央苏区简史”、“中国共产党在中央苏区局部执政的经验”、“苏区干部好作风与新时期党的作风建设”、“中央苏区的反腐败斗争”等课程。

6. 以中部地区经济社会发展的典型案例为主体，构建基本国情教育方面的特色课程体系。认真总结当代中国，特别是江西等中部省市在改革开放、科学发展、社会主义新农村建设、社会主义和谐社会建设等方面的经验，进一步开发社会实践教学点，以社会实践课程为主体，形成以现场体察和调研为特色的独特的国情教育课程。主要的社会实践课程包括："进村入户——中部地区农村情况调查研究"、"人与自然的和谐——以婺源县为例"、"中部地区工业化和城市化建设的案例——以新余市为例"、"中部地区社会主义新农村建设的实践——吉安市、兴国县、萍乡市湘东区等案例群"、"中部地区县域经济发展的案例——以新干县为例"、"国有企业党组织建设——江西铜业公司"等。在社会实践教学方面，还要把井冈山及周边地区的红色资源结合起来，开设"老区今昔——茅坪、茨坪的历史变迁"、"昨天、今天与明天——毛泽东'兴国调查'（'寻乌调查'）的再调查"等社会实践课程。

7. 以现场体验式教学为核心，探索生动的具有感染力的井冈教法。按照"寓理于史、寓理于情"的要求，在"情"、"理"、"史"的结合上下功夫，以实现理论与史实相统一、内容与形式相统一、激情与理性相统一，增强培训的生动性、吸引力、感染力。现场教学方面，按照"一次现场教学就是一次精神洗礼"的要求，继续完善和提升"七个一"（即"围绕一个主题、优化一套流程、设计一次活动、开展一次互动、突出一个亮点、进行一次点评、收获一次独特效果"）的现场教学模式，并在"一点多主题"上有新的突破，进一步凸显现场体验式的教学特色。通过课题研究、观摩教学等方式，对朱毛红军挑粮小道、荆竹山雷打石自做红军餐、井冈山革命烈士陵园、大井朱毛旧居、小井烈士墓等初具品牌效应的现场教学课，运用现代教育培训的有关理论对这些课程进行分析和提炼，把成功经验推广到其他现场教学点，使经验总结的过程成为教学设计优化的过程，使经验学习的过程成为教师水平整体提升的过程，使经验推广的过程成为教学品牌不断涌现的过程，每年完成3—5个现场教学点的教学提升工作，提高学院总体教学水平。在重点搞好现场体验式教学的基础上，综合运用体察现实的实践教学、互动研讨的专题教学、能力本位的案例教学、生动形象的音像教学、澎湃情感的激情教学、润物无声的隐性教学、身心锤炼的拓展训练，使各种教学形式和方法互相补充、相得益彰，形成立体的全方位的中井院教法。同时，加强网上干部学院建设，重点建设好"中井院讲座"和"井冈教法"等特色栏目，不断丰富网上干部学院教学资源内容，做好与全国干部教育培训网络平台的衔接工作，为菜单式选课和自主选学夯实基础。

8. 以井冈山精神研究为龙头，整体推进四大学科建设。紧紧围绕"理想信念"、"艰苦奋斗"等教学培训重点，深入开展井冈山精神研究，探究井冈山精神的实质和核心内容，挖掘井冈山革命传统的深刻内涵及其时代价值，努力成为全国井冈山精神研究的前沿阵地和理论创新基地。围绕党史、党建、基本国情、领导学四大学科，精心打造井冈山精神研究中心、学院学报、学院学术前沿报告三个平台，继续建设好红色资源库和国情资料库，使最新的高质量科研成果体现在教学设计上，及时进入教材、进入课堂，为特色培训服务。以对策性课题为突破口，使每个部门、每个处室围绕教学、科研、管理等学院科学发展的重大问题进行针对性研究，带动全院工作人员参与科研。认真总结学院教育培训工作实践经验，着力开展干部教育培训规律、方法的研究，特别是要加强对"井冈模式"的研究，把握其科学内涵、实现途径，为干部教育体制机制创新服务，为发挥学院优势、发展学院特色服务。

9. 依托革命传统教育资源和科研优势，建设独具特色的教材体系。根据教学需要，整合科研力量，综合开发基本教材、现场教材、音像教材、辅助教材、自学教材、案例教材和备选教材，在修改完善现有各类教材的基础上，抓紧完成《弘扬井冈山精神，坚定理想信念》等基本教材以及《中国革命简史》、《井冈山:中国共产党人永远的精神家园》、《领导干部眼界宽思路宽胸襟宽研究》等辅助教材的编写工作，制作《革命理想高于天》、《苏区干部好作风》、《革命纪律个个要牢记》等音像教材，形成一套政治观点正确、定位准确合理、内容科学系统、特色优势明显、形式新颖灵活的教材体系。

10. 突出师资队伍建设和教学管理特色，追求独特的教学效果。在专职教师队伍建设方面，建立和完善选拔培养办法，重点培养井冈山斗争史、井冈山精神、基本国情、领导学研究领域的教学科研骨干，努力成为学院的教学科研品牌。通过攻读学位、外出进修等方式，提高专职教师学历层次和专业素质；建立健全竞争激励机制，完善教师上课竞争制、科研课题招标制，通过集体备课、传帮带、试讲、科研攻关等方式，提高教学水平和科研能力；通过出国培训、参加高层次学术交流、与其他培训机构合作等方式，开阔教师视野，提供学术成长平台，努力打造一批教学名师和培训大师。在兼职教师队伍建设方面，按照“扩大总量、完善结构、提高档次、发挥作用”的要求，对现有的兼职教师优化组合，加大学者型领导和知名专家的聘请力度，尤其是加大对新时期模范人物、先进人物的聘请力度，形成学院的核心兼职教师圈，使兼职教师的“进”、“出”渠道更加规范，在授课、科研、咨询等方面的联系和合作进一步增强，作用得到进一步发挥。加强教学督导管理，及时反馈学员意见和建议，不断改进教学，提高教学水平和教学质量。

11. 完善独具特色的学员管理体系，不断加强学风建设。认真贯彻落实中央组织部《关于在干部教育培训中进一步加强学风建设的若干意见》，从严治学，从严治院。既热情服务，又严格管理，注重在学员管理中加强学员的党性锻炼，不断加强学风建设。把思想教育与制度管理相结合，继续优化教学流程管理、准军事化管理，完善学员管理考核制度，对学员的学习表现、党性锻炼、学习成绩等方面进行考核，记入学员学习培训档案。把学院管理和学员自我管理相结合，充分发挥学员党支部和班委会的作用。努力形成理论联系实际之风、艰苦奋斗之风、刻苦研究之风，使学员在学院学习一次，终生受益。

12. 改善办学功能，规范后勤管理，建设富有特色的保障体系。继续认真做好学院功能完善添建工程的相关准备工作，积极争取为学员和教职员工提供良好的学习和工作、生活环境；继续加强与学院理事单位的沟通，加强与有关地市党委政府的联系，加强与教学相关单位的协调，为学院教学培训营造更加和谐的外部环境；认真总结后勤服务保障社会化、市场化运作的成功经验，不断完善管理模式，理顺管理关系，提高监管科学化、专业化水平，降低管理成本，切实提高服务质量和服务品质，真正做到“保障有力、管理高效、服务人性化”；继续高起点、高标准建设好“网上干部学院”，逐步开展远程干部教育培训；进一步丰富完善“红色资源库”和“基本国情资料库”，增购特色数据库，真正形成学院的馆藏特色，更好地服务于教学科研工作。

【关于进一步加强学风建设的若干规定】 为贯彻落实中央精神，进一步加强学风建设，根据中央《干部教育培训工作条例（试行）》（中发〔2006〕3 号）、中央组织部《关于在干部教育培训中进一步加强学风建设的若干意见》（中组发〔2008〕23 号）要求，6 月 11 日，学院以中井院发〔2009〕8 号文印发《关于进一步加强学风建设的若干规定》。

1. 坚持党性党风党纪教育，加强学员学习管理。突出教学针对性。充分运用井冈山及周边的特殊资源、特殊环境、特殊条件，用党的早期奋斗史、革命先辈的高尚风范和伟大的井冈山精神，对学员进行共产党人理想信念、精神品格和优良作风教育。重点抓好五个学习环节。一是强化入学教育。在开班式、学员大会或班会上，院领导要传达中央关于学风建设的精神及学院的具体规定，强调培训纪律及学习考核的有关要求。二是自觉预习。学员要全面了解整个教学计划，及时预习有关教学内容。三是认真听课。学员要集中精力学习，认真做笔记，积极参与教学互动。四是积极研讨。每次研讨之前，学员必须认真写好发言提纲，在小组交流和学员论坛中踊跃发言。五是潜心思考。学员要在学习中进行深入思考，把握基本内容、精神实质、历史背景、现实意义，努力做到理论与实际、学习与运用、言论与行动相一致。

2. 实行准军事化管理和流程管理，加强学员组织管理。充分发挥班级支部自我管理作用。选好临时党支部（班委）成员及各小组长。根据教学流程，与支部（班委）共同商定做好学习培训工作，使学院管理与学员自我管理有机结合起来。重点抓好专题教学和现场教学的管理。每天早上由军号声叫醒学员。要求提前 5 分钟到达教学集合地点，清点人数，详尽记录考勤情况。专题教学、分组讨论、学员论坛等室内教学活动，学员要按席位牌对号入座。现场教学，学员要统一佩带识别带，撑院旗，列队前往现场教学点。必须爱护红色文物，保护绿色环境，并与景点工作人员、游客友好相处。

3. 倡导艰苦奋斗的优良作风，加强学员生活管理。强化制度管理。严格执行学院制定的《学员管理暂行办法》、《关于加强对学员私自外出聚餐管理的通知》等制度，并印制在《学员手册》中，发给每一名学员对照执行。严格执行生活纪律。严禁学员带秘书、司机、家属来学院陪读，严禁用公款互相宴请及向老师或同学赠送高档纪念品，不接待与学习和工作无关的来访，上课时间和晚上 11:00 以后不准会客，原则上不得外出聚餐，更不得酗酒。倡导艰苦奋斗之风。组织学员参加重走朱毛红军挑粮小道、在荆竹山自做红军套餐等体验式教学，学习毛泽东、朱德等老一辈无产阶级革命家艰苦奋斗、以身作则、率先垂范的革命品质，以增强自觉、自律的意识。

4. 实行教学督导，加强学员考核管理。坚持教学督导制度。实施“一人一班”项目制督导。除组织员（联络员）全程跟班管理外，每班再安排一名教学督导员全程跟班督导，对教学组织实施和教风学风情况进行督查。严格请假管理。学员原则上不得请假，特殊原因确需请假，入学前，1 天以内向学院书面请假，2天以上（含2天）向中央组织部请假；培训期间，请假半天由组织员批准，1 天以上（含 1 天）必须由学员所在单位的主管组织（人事）部门出具书面的请假函，并报分管院领导审批。请假时间不能超过学制的 1/5，请假结束及时销假。对学员实行半天制的考勤制度，防止迟到、早退现象发生。严格培训考核。独立设置班学员必须在结业前撰写学习体会、结业论文或考察报告，认真填写《学员培训考核登记表》，所有内容必须自己独立完成，严禁请人代写或抄袭他人学习研究成果。对学员在院期间的学习表现、党性锻炼等方面实事求是地确定考核等级。对违反学风建设规定和纪律要求的，要依据有关规定，根据情节轻重予以处理。

5. 注重自身建设，加强组织员队伍管理。根据不同班次特点和要求，选准、配好带班组织员（联络员）。所有主体班次组织员（联络员）须经常务副院长或分管副院长审定，由组织员对本班的培训组织实施工作实行项目负责制。带班人员要积极做好教学的组织和衔接工作，每次教学活动都必须全程到位。要按照带班 75 个环节，严格执行教学流程。寓管理于服务之中。来院之前，带班人员要联系到每一位学员，了解其来院报到情况，确保所有学员都能按时到院参加培训。同时，把井冈山近日的天气预报信息，通过手机短信群发给每位学员；学习过程中，组织员（联络员）和相关责任人要尽量满足不同学员的合理化个性需求，如为回民学员提供清真餐，为生病学员安排接送车辆及医生并派人陪护等。每次音乐舞蹈史诗《井冈山》教学演出，要将学员整队带到报告厅指定的区域就座。重走朱毛红军挑粮小道，要安排好向导、担架及保健医生，为学员提供应急服务；学习结束后，应经常保持与学员的沟通联系，每逢传统佳节，通过手机短信和贺卡等形式，向学员表示节日的问候等。与此同时，做好学员的保密工作，使有关单位和人员不要频繁来学院探访学员，更不要宴请学员。

【关于进一步从严管理干部的实施意见】 为把中央从严管理干部的各项要求落到实处，进一步提高学院干部队伍管理水平，根据中办发〔2009〕35 号文件《中共中央办公厅关于进一步从严管理干部的意见》的精神，11 月 29 日，学院以中井院发〔2009〕13 号文下发《关于进一步从严管理干部的实施意见》。

1. 充分认识从严管理干部的重要意义。从严管理干部，促进干部更好地成长，不断提高干部队伍素质，是党的十七届四中全会提出的明确要求。党的十七届四中全会作出的《中共中央关于加强和改进新形势下党的建设若干重大问题的决定》指出：“必须坚持党管干部原则，全面贯彻干部队伍革命化、年轻化、知识化、专业化方针，坚持五湖四海，拓宽视野选拔干部，广辟途径培养干部，满腔热情爱护干部，严格要求管理干部，把各方面优秀人才集聚到党和国家事业中来。”同时着重强调：要“健全干部管理机制”，“加大治懒治庸力度，着力解决干部管理不严问题。”我们必须认真贯彻执行党的十七届四中全会精神，加大从严管理干部的力度。从严管理干部，是学院的职责、任务、使命的必然要求。学院是由中央组织部管理、江西省委负责日常事务的中央直属事业单位，是一所培训党的中高级领导干部的国家级干部学院，为此，必须对全体工作人员提出更严格的要求，进一步加强对干部的管理。学高为师，德高为范。教育者首先要受教育。作为一名“中井院人”，使命光荣、责任重大。如果干部管理不严，干部的思想政治素质不过硬，就难以完成中央交办的“大规模培训干部、大幅度提高干部素质”的任务。从严管理干部，是进一步提高全体干部综合素质的重要举措。从严管理干部就是真心教育干部，悉心培养干部，诚心爱护干部。学院自创办以来，认真执行干部管理工作的各项政策和法规，坚持对干部严格要求、严格教育、严格管理、严格监督。全体党员干部的能力有了较大加强，素质有了大幅度提升，全院上下形成了风正、气顺、心齐的大好局面。这是从严管理干部所取得的积极成果。但是，还要清醒地看到，少数干部对自身要求不严，思想作风还不够严谨，能力素质还有待进一步提高；少数干部事业心和责任感不强，心浮气躁，没有把全部心思和精力用在工作上；有的部门还不同程度地存在着对干部管理失之于宽、失之于软的问题。各部门一定要充分认识对干部疏于管理的危害性和进一步从严管理干部的重要性，切实增强紧迫感和责任感，认真履行职责，采取有力措施，进一步把从严管理干部工作落到实处。

2. 准确把握从严管理干部的指导思想。认真贯彻党的十七大和十七届四中全会精神，坚持以邓小平理论和“三个代表”重要思想为指导，深入贯彻落实科学发展观，以提高执政能力和先进性建设为核心，以加强思想政治建设为重点，以完善管理监督机制为保证，从严格管理和关心爱护干部出发，坚持以正面教育为主、以预防为主、以事前监督为主，在干部的教育培训、作风要求、纪律规定、行为规范和日常管理等方面采取具体有效的措施，努力使干部成为政治坚定、作风优良、纪律严明、恪尽职守、清正廉洁的优秀工作人员，为推动学院科学发展、和谐发展提供坚强的组织保证和人才支持。

3. 从严管理干部工作的具体要求。加强学习宣传。各部门要开展从严管理干部工作的宣传动员，组织干部认真学习《中共中央关于加强和改进新形势下党的建设若干重大问题的决定》、《中共中央办公厅关于进一步从严管理干部的意见》（中办发〔2009〕35 号）、胡锦涛总书记在十七届中央纪委三次全会上的重要讲话、李源潮同志在全国干部监督工作会议上的讲话等文件和领导的重要讲话精神，使全体工作人员进一步把握中央对干部的政治、组织、廉政、道德品行等方面的具体要求，明确从严管理干部的主要内容和要求。加强党性修养和作风养成教育。各部门要把加强党性修养、弘扬优良作风摆在更加突出的位置，对全体干部进行党性党风党纪和优良作风教育，引导全体干部发扬党的艰苦奋斗的优良作风，弘扬井冈山精神，始终坚持用井冈山精神办好中国井冈山干部学院。要加强学院核心价值观的教育，树立忠诚、责任、激情、奉献的价值取向。进一步开展"讲党性、重品行、作表率，树中井院人新形象"系列活动，不断加强全体干部的思想作风建设、学风建设、工作作风建设及生活作风建设。要教育干部增强责任感，切实履行职责，把功夫下到抓落实上，兢兢业业地完成好学院的各项工作任务。学院的处级以上领导干部，要更加严格要求，具有高度的政治敏锐性，在大是大非面前头脑清醒，立场坚定，经得住考验。要带头讲党性、重品行、作表率，带头遵守民主集中制的各项规定。要落实党风廉政建设责任制，严格遵守中央组织部 2008 年 8 月印发的《组工干部"十严禁"纪律要求》及学院 2007 年 4 月颁发的《党风廉政建设若干规定》、《机关工作人员外出执行公务规定》等廉洁自律的各项规定，自觉遵守领导干部廉洁从政的各项规定。学院专职教师，要具有坚定的理想信念，在思想上政治上与党中央保持高度一致。做到"思想上无杂念、讲台上无杂音"及"学术研究无禁区、课堂教学有纪律"，始终做到忠诚于党，忠诚于党的干部教育事业。要真学、真懂、真信、真用中国特色社会主义理论体系，确立为党的创新理论宣传作贡献的志向，做马克思主义中国化的忠实传播者和实践者。加强经常性的培训教育。要依照《中国井冈山干部学院工作人员素质能力建设标准（试行）》（中井院发〔2008〕9 号）对学院的部门负责人、处级干部、专职教师、一般工作人员的能力素质提出的目标和要求，增强学院干部队伍建设的针对性，建立学院工作人员素质能力建设的长效机制。要进一步加大对干部的集中培训教育力度，不断完善教育方式方法。要加强示范教育，领导干部要以身作则，弘扬正气，通过言传身教引导干部加强党性锻炼，提高党性修养。要突出个性化教育，根据不同层次、不同岗位干部的特点，紧密联系干部的思想和工作实际，采取多种形式进行教育。要在全院范围内进一步开展"比学、述学、评学、考学"活动，形成良好的学风。要进一步抓好一月一次的"井冈论坛"的阵地建设，积极开展部门课堂、"岗位练兵"、学历教育、出国培训、应知应会测试等多种形式培训学习，建设"学习型"部门，培养"学习型"干部。建立和健全各种工作制度。进一步建立和健全民主生活会、谈心谈话、述职述廉、个人重大事项报告制度，严格执行诫勉谈话和函询制度，把从严管理的要求贯穿于干部日常管理的全过程。根据平时了解、群众反映的情况，对干部出现的问题及时提醒、严肃批评，防患于未然。畅通干部信息渠道，建立干部重要信息报送制度，及时了解和掌握干部的有关情况。加强内部监督，加强群众监督，发挥学院纪检监察办公室的监督作用，多层次多渠道管理约束干部。加强和改进干部考核工作，充分发挥考核在干部管理工作中的导向、评价和监督作用。干部考核是干部管理工作的基础，是从严管理干部的必要手段。要认真贯彻执行中央组织部印发的《党政工作部门领导班子和领导干部综合考核评价办法（试行）》和《党政领导班子和领导干部年度考核办法（试行）》等文件精神，探索完善干部考核的多种形式，建立平时考核、专项考核、年度考核和任职考察相结合的考核工作机制；进一步提高考核质量，整合考核资源，增强考核的真实性、准确性；注重考核结果的分析运用，把考核结果作为干部选拔任用、培养教育、管理监督和激励约束的重要依据，同时将考核结果及时客观地向干部本人反馈。对干部出现的倾向性问题早提醒早教育。对干部政治思想、道德品质、廉政勤政、生活作风等方面的问题，组织上认为需要引起干部本人注意的，将通过谈话等方式对其及时进行提醒；需要干部本人以书面形式作出说明的，人力资源部要用书面形式进行函询。对在考核中被定为基本称职等次，或者对群众有反映并经组织初步了解核实，认为干部在遵守政治纪律、执行民主集中制、履行岗位职责、遵守廉洁自律规定等方面存在某些倾向性问题的，要通过谈话或者书面形式对其进行诫勉。规范对干部学习培训、外出考察期间的管理和“八小时以外”的监督。一是严格落实领导干部外出请假报告制度。因公或因私离开井冈山的，部门负责人要向分管院领导及常务副院长报告事由并请假，处室负责人要向部门负责人及分管院领导报告事由并请假，一般工作人员要向处室负责人及部门负责人报告事由并请假。二是加强干部参加学习、外出培训期间的管理，做好干部在外学习培训期间信息的反馈。三是严格落实干部出国（境）前的集中教育培训制度和国（境）外的管理监督制度。干部出国（境）前，人力资源部和对外交流与培训开发部要负责组织集中教育培训，干部出国（境）期间的管理实行责任制，出现影响干部队伍形象的不良行为，追究团组负责人的责任。四是坚持和完善领导干部“八小时以外”行为的监督管理办法，引导和约束广大干部自觉遵守党纪国法，时刻以党员干部标准严格要求自己，珍爱自己的名声和学院的荣誉，以实际行动塑造“中井院人”的良好形象。进一步加强思想政治工作，提高学院干部思想政治素质。继续落实学院《关于进一步加强思想政治工作的意见》（中井院发〔2006〕22号）文件中提出的要求，做好干部的思想政治工作。要建立、健全谈话和谈心制度。领导干部要经常找工作人员谈话、谈心，及时掌握工作人员的思想动态，了解他们的所思、所惑、所为和关注点、兴奋点、薄弱点，从而掌握思想政治工作的主动权。要注意随时掌握干部的有关情况，当干部遇到困难、受到挫折时，及时做好他们的思想工作。要加强舆论阵地建设，发挥新闻媒体在思想政治工作中的优势。加强典型宣传，利用各种形式，重点宣传在学院教学、科研、管理和服务工作中作出突出贡献的先进典型人物，运用先进典型影响和带动全体工作人员，努力形成崇尚先进、学习先进、争当先进的良好风气。要积极开展学院文化建设，丰富工作人员的文体生活，形成“团结紧张、严肃活泼”的工作氛围，培养“中井院人”的凝聚力和自豪感。通过加强思想政治工作，培养一支“特别能吃苦、特别能战斗、特别守纪律、特别能奉献”的干部队伍，从而为学院各项工作顺利开展提供强大的精神动力和坚强的思想保证。认真执行责任追究制度，对失职干部严肃问责。认真执行学院制定的《纠错问责制度》（中井院发〔2006〕26号）。对基本素质较好但不适宜担任现职的干部，及时调整到合适岗位。对事业心和责任感不强、不胜任和不称职的干部，及时进行组织处理。对因工作失职，给学院形象或财产造成重大损失或者恶劣影响的干部，要严肃追究其责任。警醒学院全体工作人员严格履行岗位职责要求，不断增强责任意识，及时防止和克服工作中的失误，真正做到“不缺位、不错位、不越位”，以认真负责的态度和积极进取的精神面貌做好各项工作。对于出现过错行为的，除追究行为过错人直接责任外，还要视情节轻重，追究行为过错人所在部门、处（室）负责人的领导责任。坚持严格要求与关心爱护干部相结合。严格要求本身是对干部最大的关心和爱护。在严格要求干部的同时，要关心爱护干部，要积极关心工作人员的进步与生活，切实解决工作人员存在的思想、工作和生活上的困难。继续做好以"生日送祝福、生病送关怀、困难送温暖、年终送慰问"为主要内容的"温馨四送"工作，做好对教职工家庭喜事丧事慰问工作，协调做好工作人员的家属调动和子女入学等工作，以体现学院的关怀和集体的温暖。坚持加强组织管理与加强干部自我管理相结合。在加强组织管理的同时，要重视干部的自我管理，增强干部的主体意识和责任感，提高干部自我约束、自我监督、自我教育的能力，真正达到从严管理干部的目的。

4. 切实加强对从严管理干部工作的领导。学院院务委员会将从严管理干部工作列入重要的议事日程，院领导以身作则，率先垂范，发挥导向和示范作用；各部门要肩负起带队伍的政治责任，部门主任为本部门从严管理干部工作的第一责任人，处室负责人为本处室从严管理干部的具体责任人。各部门及各处室主要负责人要认真履行职责，牢固树立加强管理是本职、疏于管理是失职、抓不好管理是不称职的观念，对干部队伍要坚持原则，敢抓敢管，严格要求，严格监督。在执行党的路线方针政策上不讲条件，对违反党的原则的人和事不留情面，对工作不力和作风不正的干部不姑息迁就，对出了问题的干部不包庇袒护。对带队伍不力、所在部门发生严重问题的，要严肃追究有关部门和处室主要负责人的责任。人力资源部要在院委会领导下，切实履行好管理干部的职责。在认真做好干部选拔任用工作的同时，把更多的精力放在对干部的日常管理和从严教育、加强监督上，勇于批评和制止干部队伍中的不良倾向，营造敢于坚持党性原则的良好氛围。要深入研究干部成长规律，积极探索、大胆创新，制定科学有效的干部管理措施和办法，并认真抓好落实。

【关于进一步推进学科建设的意见】 11 月 29 日，学院以中井院发〔2009〕14 号文下发《关于进一步推进学科建设的意见》。

1. 学科建设的基本情况与主要成绩。学院自创办以来，一直非常重视学科建设。2005 年 3 月，学院确立了以学科建设为总抓手，全面推进学院教学科研工作的思路。2006 年 7 月，在充分调研、借鉴国内著名高校和培训机构学科建设成功经验基础上，学院制定了《关于加强学科建设的意见》，确定了党史、党建、领导科学、国情研究四个重点学科。2008 年 6 月，学院制定了《重点学科建设实施方案（试行）》，确定了全院所有工作人员全员参与学科建设的思路与体制，进一步规范和促进了学科建设的健康、快速发展。学科方向基本明确、学术梯队初步建立。根据功能定位和教学需求，坚持"有所为有所不为"的基本原则，学院确立了党史、党建、领导学、国情研究四个重点学科，各学科结合学科组成员的基本情况提出了各自的学术研究方向。党史学科确定了大革命史、井冈山斗争史、中央革命根据地史、长征史四个研究方向；党建学科确定了井冈山革命根据地党的建设、中央苏区党的建设、党的重大战略思想、新时期党的建设四个研究方向；领导学学科确定了领导哲学、领导教育、领导主体、领导力四个研究方向；国情研究学科确定的建设方向是从政治学、经济学、社会学、生态与环境学等视角观察研究中国国情。四个重点学科都根据本学科组成员的学术背景及研究基础，确定了一名带头人、一名负责人和各研究方向的召集人，学科组的每一位成员都明确了自己的研究方向。经过几年的建设，四大学科组现有人数 107 人，其中包括特聘教授 3 人，访问教授 2 人。从职称和学历结构上看，有教授 19 人（含特聘、访问教授），副教授 7 人，讲师 13 人；博士 9 人，博士生4人，硕士39人，已初步形成了一支拥有一定数量、具有博士、硕士等较高学历，具有合理年龄结构、职称结构和学历结构并保持相对稳定的学术梯队。科研投入逐年加大、科研成果日渐丰硕。随着科研工作的深入，从2005年学院设立院级课题开始，学院课题的立项数量逐年增多。2005 年院级课题立项31项，2006年院级课题立项46项，2007年院级课题立项68项，2008年院级课题立项126项，2009年院级课题立项 139 项。与此相适应，科研投入也逐年加大。自学院创办伊始至2009年10月25日，学院共出版著作63部，公开发表论文1328篇。科研成果的总量不断扩大，质量不断提升。学术氛围逐步浓厚、科研合力正在形成。学院通过“走出去、请进来”的方法，加强了与国内外的学术交流，广泛吸纳国内外相关学科研究的最新成果。每个学科每年都派出学科组成员参与国内外同领域的学术交流与合作，积极参加相关学科的重要学术会议；先后承办国际学术研讨会、全国性学术会议，吸引国内优秀学者来学院进行学术访问。聘请国内外知名专家来学院讲学、作学术报告。围绕学院教学需求和学科发展方向，学科组成员都围绕自己的学科方向参与了一个以上学院课题研究，各个学科组的科研团队意识、科研攻关意识、科研为教学服务的意识不断增强，科研成果不断涌现，科研质量不断提高。

2. 学科建设的主要做法和经验。学院在五年多的学科建设实践中，形成了一些好的做法，也积累了一些有益的经验，这是学院继续推进学科建设的宝贵财富，应当加以梳理和总结并在今后的工作中予以坚持。立足功能定位，围绕教学需求。根据中央赋予的功能定位和办学要求开展干部培训是学院的首要任务。因此，学院学科建设始终围绕功能定位和教学需求，立足自身的特色和优势，坚持把学科建设与提高干部教育培训质量结合起来，不断满足广大干部专业化、多样化、高层次的培训需求。学术研究方向确定以后，各学科组成员都能够根据自己学术研究基础及时选择一个学科方向进行专题研究、开发培训课程，并注意把促进学科建设与学院教学科研工作一体化。整合学院资源，发挥团队力量。经过充分调研并结合学院以兼职教师为主、专职教研人员比例小、数量少的特点，学院确定了党史、党建、领导学、国情研究四个重点学科，学院每个工作人员都参加其中一个重点学科。通过参与学科建设，不仅调动了管理人员的教研热情，聚集更多的力量集体科研攻关，而且缓解了学院教研任务重、专职教师人手紧的矛盾。注重制度建设，规范长远发展。2005 年 3 月，学院确立了以学科建设为总抓手，全面推动学院教学科研工作的思路，启动学科建设，将党史、党建、领导科学、基本国情确定为重点建设学科。2006 年 7 月，在充分调研、借鉴国内著名高校和培训机构学科建设成功经验基础上，学院制定并通过《关于加强学科建设的意见》，从总体上规范和推进学科建设的长远发展。2008 年 6 月，学院制定、公布了《重点学科建设实施方案（试行）》，明确规定了学科建设的指导思想、总体目标、建设周期、任务要求、主要措施、经费保障、评估体系等内容，进一步规范和促进学科建设的健康、有序发展。此外，学院还先后制定了《学术活动管理办法》《科研项目管理办法》《科研成果奖励办法》《科研经费管理办法》《科研档案管理制度》《学术委员会院外委员管理办法》《学术委员会章程》以及《学术文库资助出版办法》等一系列规章制度，有力地推动了学科建设的规范化、制度化。立足学院特色，充分发挥兼职教师作用。目前学院兼职教师库中的390名教师，都已经根据他们各自的学术背景与研究基础，进入到学院的4个重点学科之中。其中，党史学科72人，党建学科 70 人，领导学 86 人，国情研究 162 人。经过不断跟踪考察，特别是根据学员对教学效果的反馈，各学科都对本学科的兼职教师进行了分级管理，形成了各学科兼职教师核心人选。重视科研成果转化，调动科研积极性。在学科建设中，坚持基础性研究和对策性研究并举，特别是近两年学院加大了对课程、案例开发及工作对策性研究项目的立项支持，这些项目成果一般都能较好地进入教学或指导学院教学、教务及行政管理工作，对提升学院教研和管理水平发挥了很大作用。

3. 当前和今后一个时期推进学院学科建设的重点。当前，学院的学科建设还存在主攻方向有待进一步明确、学科建设规划有待进一步落实、团队意识有待进一步增强、学科群体优势有待进一步发挥、科研成果转化有待进一步提高、学科队伍的核心能力提升不快、教学课程还不能完全满足学院教学需求等问题。当前和今后一个时期进一步推进学院的学科建设，必须突出以下几个重点。一是进一步提高认识、把握学科建设规律。进一步夯实学科基础，拓展研究方向，培养学科队伍，整合学术资源，更好地服务和满足干部教育培训需求。继续深刻认识和把握学院的实际，把学院独特的资源和优势以及办学过程中已经形成的特色和学科建设的一般规律结合起来，紧紧围绕学院功能定位和办学要求，以四大学科的建设为龙头，不断凝练学科研究方向、汇聚学科队伍，努力形成学科特色和优势。深入开展学科建设规律的研究，特别是要研究在学院专职教师总量比较少的情况下推进学科建设的规律与办法。要把学科建设作为学院发展战略的一个重要组成部分，纳入学院的中长期发展规划和年度工作计划，并列入部门年度工作考核。二是坚持专职与兼职、培养与引进相结合，加强学科队伍建设。坚持专职与兼职相结合、培养与引进结合，广泛集聚人才，采取更加切实有效的措施，着力打造一支政治素质高、业务能力强，年龄、职称、学历结构合理的学术梯队。努力提高教职工学历层次，支持和鼓励教职工在职攻读硕士和博士学位，优化队伍的学历、知识、年龄结构，提高其综合素质。多形式、多渠道加强对学科队伍的培训。分期分批派专职教研人员赴其他四所国家级干部院校跟班学习、到相关高校或研究机构做访问学者、下基层单位挂职锻炼、出国考察和培训进修，不断提高他们的业务能力和学术水平，拓宽知识视野和社会阅历。通过开展学术研讨和分派教研任务等形式，充分调动学科组成员参与本学科教研的积极性，形成压力，产生动力，促成活力。在学科组内，开展结对子促教研活动，充分发挥学科带头人和学科骨干的“传、帮、带”作用，形成教研和学术团队，提升整体实力。进一步明确学科队伍建设中长期目标和年度计划，建立培养高水平、高素质学科带头人的工作方案，每个学科组必须培养一至两名在本学科领域内具有较高知名度和影响力的学科带头人。坚持为我所用、滚动发展的原则，及时从兼职教师人才库中遴选一批政治素质高、学术功底厚、教研能力强，国内一流的学者型领导、知名专家进入学科建设中来。同时，主动为专职教师与兼职教师特别是一些名家搭建沟通平台，将兼职教师对专职教师尤其是重点培养对象在理论与实践方面的指导制度化。采取有效措施，引导教师加强自身道德修养，严谨治学，规范学术行为。全面落实学院人人参加学科建设的规定。综合工作人员的学历、专业背景、工作部门、个人兴趣和各学科的平衡发展等因素，及时地将新进工作人员落实到四个重点建设学科。三是加强项目管理，推进科研成果转化。进一步加强和改进学科项目建设。真正把课题项目作为学科建设的载体。探索实行课题立项分类管理，即把课题分为学科建设普及参与型课题（一般项目）、基础理论与教学研究竞争型课题（重大、重点课程、案例开发和现场教学点新主题开发项目）、工作对策型课题以及动态立项课题，以实现整体推进与重点发展相结合、科学研究与教学运用相结合的目的。坚持科研为教学服务，积极推进教研一体化。一方面，各学科组要帮助每个教学科研人员进行学科定位，确立相对稳定的研究方向，通过项目管理逐步完善人员与学科的合理配置，使学科定位落实到人。另一方面，要创新体制机制，有效解决科研项目低水平重复的问题。通过学院课题立项形式，进一步引导学科组成员围绕学院教学需求开展科研。学科组成员申报院外课题与学院教学需求不符，不能转化进入学院课堂的，学院不给予配套资金资助。四是积极开展学术活动，加强学术交流与合作。进一步鼓励学科组成员积极参加本学科领域的学术会议，引导学科组成员发表论文向学科方向和与本学科相关的课题研究上靠拢。利用学院兼职教师、学员资源优势，每年组织一至两次学术讲座，了解本学科学术前沿和动态，带动全院工作人员群策群力，积极参与科研。各学科组要制定和落实各个学科加强学术交流与合作的计划，积极开展学术交流，建立长期稳定的合作关系，营造积极、浓厚的学术氛围。五是完善制度，建立考核和激励机制。加快制定学科建设细则、工作方案及经费管理等具体制度，促进和规范学科建设的发展。各分学科要以 5 年为一个建设周期，制定《中国井冈山干部学院学科建设规划》，推动四大学科可持续发展。制定《中国井冈山干部学院学科学术活动规范》，以规范学科学术活动的开展。建立科学有效的、与绩效挂钩的激励机制，以制度、机制创新为动力，实施责任与权利结合、激励与约束共存、合作与竞争协调的充满生机与活力的科研模式。各学科组在学科建设周期内要每年都制定一个详细并切实可行的工作、活动计划，明确每一个学科组成员的工作任务、目标；每年都要进行一次考核检查，对未完成规定任务的学科组成员，学科组及时进行批评并及时提出整改措施。六是充分发挥学科组在教材建设、课程开发、网上干部学院、井冈论坛、外聘教师专题讲座、学术报告整理等工作中的作用。发挥学科组在网上干部学院建设中的作用，在网上干部学院增加领导学栏目，由领导学教学研究中心牵头，领导学学科组负责；外聘教师专题讲座、学术报告整理由相关学科组负责安排教师记录、整理、审核、推荐上网。发挥学科组在井冈论坛中的作用，井冈论坛由人力资源部（机关党委）确定主题后，由相关学科组负责安排主讲教师。在坚持学院现有制度与工作程序的基础上，充分发挥学科组在教材建设、课程开发中的生力军作用。

【关于进一步加强教材建设的意见】 为进一步加强和改进学院教材建设，11 月 29 日，学院以中井院发〔2009〕15 号文下发《关于进一步加强教材建设的意见》。

1. 教材建设所取得的成绩。学院作为一所新创办的国家级干部学院，从筹建之日起，教材建设就受到上级领导机关的高度重视，2003 年，中央办公厅下发的《中国井冈山干部学院教学工作意见（试行）》，对学院教材建设提出了明确而具体的目标要求，为学院教材建设指明了方向。经过六年多的努力，学院目前已开发出基本教材、现场教材、案例教材、音像教材、自学教材、备选教材和辅助教材共 7 大类、21 本、约 270 万字的教材。形成了包括 4 本基本教材：《井冈山革命根据地简史》《学习井冈山英烈，树立正确的世界观人生观价值观》《弘扬井冈山精神，实践“三个代表”》《今日井冈山与老区建设》，1 本现场教学教材：《现场教学点讲解词》，1 本案例教材：《革命传统教育经典案例》，2 套音像教材：《井冈丰碑》《瑞京奠基》，1 本备选教材：《中华苏维埃共和国在瑞金》，2 本自学教材：《毛泽东在江西革命斗争时期的著作选编》《毛泽东在中央革命根据地斗争时期的调查文集》，10 本辅助教材：《让历史告诉现在——毛泽东等在江西革命斗争时期的领导方略》《解读井冈山》《共产国际与朱毛红军》《井冈山革命根据地和中央苏区大事纪实》《领导干部健康保健指南》《红色诗词与歌曲选编》《〈江泽民文选〉学习材料选编》、《重大战略思想学习读本》、《中国共产党人精神研究》、《中央革命根据地简史》在内的教材体系。其中，基本教材《井冈山革命根据地简史》、《学习井冈山英烈，树立正确的世界观人生观价值观》，现场教材《现场教学点讲解词》，辅助教材《解读井冈山》、《让历史告诉现在——毛泽东等在江西斗争时期的领导方略》、《中国共产党人精神研究》、《井冈山根据地和中央苏区大事纪实》、《共产国际与朱毛红军》、《领导干部健康保健指南》、《中央革命根据地简史》等10本文字教材已经分别由党建读物出版社、中央文献出版社、中共中央党校出版社、江西人民出版社正式出版发行；《井冈丰碑》、《瑞京奠基》等2套音像教材已经由党建读物出版社正式出版发行。上述教材出版使用后，得到了参训学员的普遍好评，来学院参观、考察与交流的各类培训机构及社会各界人士也都对学院的教材建设所取得的成绩给予了高度的评价。

2. 教材建设的主要经验。学院在教材建设六年多的实践中积累了一些宝贵的经验，这是学院继续推进教材建设的宝贵财富，必须给予科学总结并始终坚持。一是强化组织领导。成立强有力的领导机构。成立了学院教材编审委员会，江西省委副书记、学院第一副院长任主任，成员由省内相关部门的领导、专家组成。教材编审委员会下设办公室、专家评审组，专家评审组由江西省内知名专家组成，从而为学院的教材建设提供了坚强的组织保证。组建精干编写队伍。中央组织部聘请一流专家学者为学院教材建设进行设计和规划；江西省委把本省的优秀专家按学科组成教材编写小组，对教材进行分析、论证。随着学院的发展，学院建设起了一支学科结构比较合理、素质比较精干的教师队伍，开始承担起学院教材建设的重任。二是明确工作目标。从一开始，学院班子在教材建设上就制定了教材建设规划，明确了教材建设的基本目标。首先，教材要真正达到国家级水平和要求，体现邓小平理论、“三个代表”重要思想和科学发展观的深刻内涵，突出学院办学要求与功能定位；其次，教材体系要科学，观点正确，逻辑严谨，重点突出，内容翔实；第三，教材有较强的针对性，特色明显，符合学院要求，学员爱看，看后受启迪；第四，简明扼要，行文流畅，语言生动；第五，教材具有相对稳定性。三是严格审批程序。几年来，学院的教材建设都是根据《中国井冈山干部学院教材建设规划》和承担的培训任务的变化要求，由教学科研部门提出年度教材开发计划，包括教材开发课题组成员、课题资助金额、课题开发完成时间、教材出版单位。经院委会研究通过后再进入编写程序。四是注重教材质量。在教材编写之前，组织人员认真研读中央下达的有关教材编写的指导性文件，深入理解和领会其精神。对每本教材提纲进行集体审阅，并征求有关单位意见。对教材反复进行修改提升。教材初稿出来后，广泛听取并落实了各方面对教材的编写意见。在教材编写的整个过程中先后组织专家进行了八次论证修改，确保了所有教材具有较高的质量。及时完善现有的教材体系。五是保护知识产权。2007年12月，经过反复评估和友好协商，在充分满足学院教材（试用版）编写人员利益的基础上，对学院创办之初委托院外专家学者开发的基本教材《井冈山革命根据地简史》、《学习井冈山英烈，树立正确的世界观人生观价值观》、《弘扬井冈山精神，实践“三个代表”》、《今日井冈山与老区建设》，现场教学教材《现场教学点讲解词》，案例教材《革命传统教育经典案例》；音像教材《井冈丰碑》，备选教材《中华苏维埃共和国在瑞金》的知识产权全部予以买断。这样既有利于学院及时对教材进行修订完善，能够满足学院的发展和教材建设的需要，又能够较好地避免教材正式出版后知识产权的纠纷，还能够减少学院在经费上的开支。六是严格经费管理。学院教材在出版社出版，一律不支付出版费；著作权属于学院的教材，版税一律在出版合同中明确由出版社直接转入学院的财务账户；著作权属于著作权人的，其版税一律由出版社按照国家法律根据出版合同直接支付给著作权人，学院不予截留。

3. 加强教材建设的几个重点。一是进一步完善教材体系。根据院委会的部署，继续抓紧编写并正式出版《中部崛起与对外开放》和《六县一山的历史与现实》等国情教育教材；抓紧完成《新民主主义革命简史》的出版工作；抓紧完成《井冈山：中国共产党人永远的精神家园》、《领导干部眼界宽胸襟宽思路宽研究》和《毛泽东朱德与井冈山》（与中央文献研究室合作开发）等革命传统教育教材的审稿、定稿和出版工作；立项资助并启动案例教材《革命传统经典案例》的修订工作；抓紧推进并完成基本教材《弘扬井冈山精神，坚定理想信念》的编写出版工作；抓紧推进并完成自学教材《马克思、恩格斯、列宁、斯大林、毛泽东、邓小平、江泽民、胡锦涛论党性党风党纪》的编写出版工作；抓紧推进音像教材《理想信念高于天》、《革命纪律要牢记》、《苏区干部好作风》的拍摄、制作和正式出版工作。以使学院的各类教材更加均衡、特色更加明显、体系更加完善和科学。二是进一步提高教材质量。加强教材质量评价和教材评优工作，促进教材质量稳步提升。学院将每年开展一次教材质量评估、评优和推荐工作，强化对基本教材、现场教材、辅助教材、音像教材、案例教材和试用教材使用情况的分析总结和质量评估，并对优秀教材给予宣传和推广。对已经正式出版的各类教材进行一次全面的修订与提升，比如：音像教材《井冈丰碑》要充实胡锦涛等中央领导人对井冈山精神的最新阐述。加强对教材的规划、选题、编审、出版、选用、推荐、质量跟踪调查与信息反馈等环节的全面质量管理。三是进一步创新教材开发方式。要在认真总结辅助教材《毛泽东朱德与井冈山》（与中央文献研究室合作开发）、音像教材《瑞京奠基》的编写、制作工作成功经验的基础上，进一步加强教材建设的对外开放与合作。在保证学院拥有完全知识产权的基础上稳步推进教材开发的委托招标工作。四是进一步规范教材的发放管理。要坚持“要精要管用”的原则，根据不同班次、不同学制的特点论证并制定教材发放清单，不断增强教材发放的针对性。要根据干部教育培训工作的发展变化，停止辅助教材《共产国际与朱毛红军》、《领导干部健康保健指南》的采购与发放，有的书籍可在图书馆设立专柜供学员选择阅读；停止内部版基本教材《弘扬井冈山精神，实践“三个代表”》、《今日井冈山与老区建设》、内部版备选教材《中华苏维埃共和国在瑞金》的印制和发放。五是进一步完善教材建设的制度。要根据党的干部教育事业的发展新形势与新要求，紧密结合学院教学改革、课程建设、学科建设及教材建设的具体情况，尽快制定学院教材建设新的五年规划，明确未来五年学院教材建设的目标、重点及教材建设项目的立项原则。制定教材出版发行的稿酬（版权税）、劳务报酬管理办法，坚持稿酬入账，稿酬、劳务报酬依法纳税的原则，杜绝滋生“小金库”隐患。规范教材采购管理，充分发挥学院政府采购领导小组的作用，加强事前洽谈监督和合同签订管理，强化全过程审核监督。

（五）获奖情况

【学院表彰优秀工作人员】 学院以中井院字〔2010〕1号文，下发《关于表彰2009年度优秀工作人员的通知》，经年度工作考核、民主推荐和院务委员会研究，决定对以下17名优秀工作人员予以表彰：汪建新、黄样兴、陈胜华、林蓉、肖居孝、甘乐平、贺文赞、蒋寒迪、陆元兵、曾玉华、徐力、郭勇平、黄金文、戴华桂、李建良、杨少华、杨帆。

【学院表彰优秀共产党员】 2009年6月21日，学院以中井院发〔2009〕9 号文，下发《关于表彰2009 年度优秀共产党员的决定》。经各党支部民主推荐，机关党委会议审核，并报院务委员会研究同意，决定授予甘乐平、黄红梅、罗勇、雷霆、夏美春、李建良、王舴、何斌、邓朝阳、熊绍椿等 10 名同志“中国井冈山干部学院 2009 年度优秀共产党员”荣誉称号。

【学院获省直机关文明单位称号】 2009 年，学院大力加强社会主义核心价值体系建设，深入开展群众性精神文明创建活动，提高了党员干部职工思想道德素质和科学文化素质，实现了物质文明、政治文明、精神文明、生态文明的协调发展，被省直机关文明委授予“省直机关第六届文明单位”称号。

【社会治安综合治理工作获井冈山市表彰】 2009 年，学院紧紧围绕和谐平安学院建设，强化综治工作领导，着力化解社会矛盾，加强治安防控体系建设，努力推进综治工作创新与发展，保持了良好的社会治安秩序，为学院的教学培训和行政管理工作奠定了良好基础。社会治安综合治理工作获井冈山市委、市政府表彰。

（肖华孝撰稿）

五、教　　学

（一）综　述

2009年是学院开办以来培训规模最大、重要班次最多的一年，也是厅局级领导干部“加强党性修养、坚定理想信念、保持优良作风”集中培训大规模开展的一年。面对干部教育培训的新形势和学院培训的新任务，学院围绕学习贯彻党的十七大、十七届四中全会精神和胡锦涛在十七届中央纪委三次全会上的重要讲话精神，认真贯彻落实李源潮“四个独特”和“三发”的指示精神，以“加强党性修养、坚定理想信念、保持优良作风”为培训主题，充分发挥井冈山独特的革命历史资源优势，进一步挖掘井冈山精神的时代价值，深入研究弘扬井冈山精神对领导干部加强党性修养、坚定理想信念、保持优良作风的现实意义，针对当前领导干部在党性作风方面存在的突出问题开展培训，积极开展教学研究和教学调研，进一步优化教学设计，切实加强教学管理，较好地完成了112个班次（其中51个主体班次、学员2651人）的教学设计和教学管理等工作。

（二）教学规划

【概述】 2009年圆满完成省部班、高校主要领导干部班等重要班次的培训任务，全力打造“加强党性修养、坚定理想信念、保持优良作风”专题培训的独特模式，进一步拓展现场教学与国情教育的新形式和新资源，积极推进干部自主选学，努力适应干部教育培训竞争开放的大格局，深入总结学院教学规律，大力开展干部教育培训和学院办学重大问题的调查研究，为打造学院的核心竞争力和可持续发展的能力夯实理论基础。

【全面完成调学任务】 2009年举办各类主体班次51期，培训学员达2651人，调学工作任务非常繁重，表现为：调学对象层次高、覆盖面广、调学频度大，需要衔接的单位多。学院积极主动与中央组织部干教局、中央国家机关及各省区市组织人事部门等300余家单位联系，通过电话、传真、特快专递等方式将入学通知书、问卷调查、入学须知等文件资料及时送达调训单位，确保除按手续请假外，学员到学率达100%。在搞好每个月度调学工作基础上，与中央组织部、中央纪律检查委员会、中央机构编制委员会办公室、中央党史研究室、中央党校、外交部、教育部、国家行政学院、南京政治学院、西安政治学院等单位密切联系，及时就各有关班次和专设班次办班时间、教学计划等进行沟通磋商，既保证各班次顺利开班，又较好地实现办学资源的优化配置。

【圆满完成第1期省部班培训任务】 根据中央组织部和学院联合发文的年度招生计划，3月20日至4月2日，学院举办第1期省部级干部“弘扬井冈山精神，坚定理想信念”专题研究班，来自省（区、市）、中央和国家机关部委的24名省部级干部参加培训。这次专题培训班是学院第一个省部级独立设置班次，也是2009年度的一个重要班次。学院对该班的教学设计工作十分重视，开班前强化学习中央文件和领导讲话，充实相关知识，并与中央组织部干教局加强沟通，以“理想信念”教育为着力点，认真做好该班次的教学安排。

该班的培训目的在于学习贯彻党的十七大和十七届三中全会精神，依托井冈山及周边地区的革命历史资源，深入开展革命传统教育，组织学员围绕如何弘扬井冈山精神、进一步坚定领导干部理想信念进行专题研究。通过学习，引导学员深入总结党在井冈山时期的历史经验，深刻感悟井冈山精神，进一步继承和发扬革命先辈坚定信念、艰苦奋斗的革命传统，坚定中国特色社会主义的理想信念，提高思想政治素质。为进一步提高培训实效，还安排学员到井冈山革命烈士陵园、井冈山革命博物馆、黄洋界哨口进行现场教学，组织学员观看教学演出——音乐舞蹈史诗《井冈山》等，精心组织革命传统教育，激发学员情感，增强学员宗旨意识和党性修养。

【全力打造“加强党性修养、坚定理想信念、保持优良作风”专题培训的独特模式】 按照中央组织部的统一部署，对厅局级领导干部进行“加强党性修养、坚定理想信念、保持优良作风”的集中培训，2009年学院共举办了23期，培训学员1010人。正、副厅局级领导干部“加强党性修养、坚定理想信念、保持优良作风”专题培训班是学院2009年培训任务的重中之重，也是凸显学院办学优势和办学特色的重要班次。学院专门成立培训工作领导小组，认真贯彻落实李源潮“四个独特”和“三发”的指示精神，进一步挖掘井冈山精神的时代价值，充分发挥教学资源优势，在培训需求调研的基础上，在教学内容、教学形式、教学方法、教学线路等方面精心设计，形成科学优化的教学计划，凸显“党性党风党纪”教育。在教学内容方面，安排新民主主义革命史、中共党史、党的优良传统和作风、学习井冈山英烈等通用课程，以及“井冈山革命斗争史”、“井冈山斗争的历史经验与启示”、“从井冈山道路到中国特色社会主义道路”、“井冈山精神及其时代价值”、“中央苏区斗争简史与苏区干部好作风”等教学模块。为增强培训效果，综合运用课堂讲授、现场体验、研讨交流、案例分析、唱革命歌曲、教学演出等多种教学形式，面向全国整合知名专家学者承担相应课程的教学任务，加强学风建设，初步形成具有井冈山特色的党性教育的新模式。

【完成中管31所高校党委书记、校长班专题培训任务】 8月3—9日，学院承办由中央组织部、教育部主办的高校主要领导干部“加强党性修养、坚定理想信念、保持优良作风”专题研讨班，58名学员均为省部级领导干部，他们既是教育家又是政治家。培训目的在于深入学习党的十七大精神和十七届三中全会精神，认真落实科学发展观，以促进高校科学发展，努力创办世界一流大学和高水平大学为目标，不断提高高校主要领导干部领导高等教育科学发展的能力，推动高校各项事业又好又快发展。

中央领导和中央组织部、教育部对这个班高度重视，李源潮同志亲自到学院主持召开座谈会，中央组织部和教育部多名领导参加有关教学活动，邀请中央宣传部、国家发改委领导讲课，中央组织部、教育部有关司局长全程参与教学组织管理工作。学院认真做好前期沟通、教学综合协调、教学管理等相关工作。该班教学效果突出，8月20日《人民日报》以《让井冈山精神在大学永放光芒——高校主要领导干部专题研讨班学习侧记》为题，对办班情况进行了专题报道。

【进一步拓展国情教育新形式】 基本国情教育是学院教学的重要内容，是实现学院办学要求和功能定位的重要途径。为拓展社会实践教学，1月8日，常务副院长李小三率领学院领导班子和各部门负责人到吉安市考察拓展现场教学点和社会实践点，了解吉安市经济社会发展状况。考察组一行先后来到泰和县、吉安县、市高新区、市中心城区考察，考察涉及新农村建设、城市建设规划、工业发展、民生工程以及国家重点项目等内容，吉安市委书记周萌，吉安市委常委、农工部部长陈志明陪同考察。3月5—7日，副院长张泰城率领调研组到吉安市，与吉安市有关部门领导就省部班在吉安开展社会实践教学进行座谈协商，商定吉安市委领导在省部班的讲课内容及课件制作、教学线路的设计，形成教学方案。调研组还赴高新区进一步商谈教学细节，实地考察有关企业。3月29—30日，学院第1期省部级干部“弘扬井冈山精神，坚定理想信念”专题研究班学员在吉安市进行社会实践学习，本次教学采取市委领导主讲、教学互动、实地考察等形式，考察吉安市高新技术开发区、泰和县熊瓦村社会主义新农村建设，参观白鹭洲书院、钓源古村等。

【进一步加大现场教学点开发力度】 为做好集中培训14天学制班的现场教学和社会实践教学，副院长张泰城带队前后三次到兴国县开展教学调研，新开发毛泽东作长冈乡调查纪念馆、列宁小学等新的现场教学点和长冈村、程水村等社会实践教学点。10月18—19日，第11期正厅班和第7期副厅班在兴国开展两天的现场教学和社会实践教学活动。在原有教学内容的基础上，新增《模范兴国的历史和今天》的专题介绍，考察兴国县埠头乡程水村社会主义新农村建设情况，观看“兴国山歌”专场教学演出，在毛泽东作长冈乡调查纪念馆进行现场教学，在长冈乡进行了入户调查和社会实践教学，在新开辟的列宁小学、花生地、樟木塘小桥分别开展《苏区义务教育的成就与启示》《倾情关注民生密切联系群众》《群众利益无小事》等现场教学。以上教学活动进一步拓展了落实科学发展观的社会实践教学，创新了基本国情教育。

【努力适应干部教育培训竞争开放大格局】 随着时代的发展，干部教育培训需求越来越具有个性化、差异化特点，传统的“教什么学什么”的培训方式已经不能满足干部需要，广大干部希望以“自主选学”的方式参加培训。推行干部自主选学是形势所迫、改革所需、干部所盼，势在必行。6月份，中央组织部明确要求干部教育培训机构积极推进干部自主选学，给干部在培训内容、培训机构和培训时间上更多的选择。学院根据中央组织部的要求和有关文件精神，认真做好“供、选、教、管”四个方面的工作，经过多次研究、讨论、修改，形成“加强党性修养、坚定理想信念、保持优良作风”专题培训班14天学制和7天学制两个集中培训方案，并在10月份的厅局级班进行了检验。

【深入总结学院教学规律】 2009年学院精心谋划，奋力开拓，全面完成培训任务，形成了井冈山特色的党性教育的新模式，教学设计、教学内容、教学形式、教学方法等受到学员、主管部门、社会各界的充分肯定。学院先后于4月18日、9月17日召开培训情况分析会，认真分析成功的经验，仔细查找问题和不足，努力寻求解决问题的措施和办法，以期不断提高教学质量和培训实效，将资源优势转化为教学优势，将教学优势转化为学员的素质和能力优势，提高学院的核心竞争力。会议认为，为了提高学院的核心竞争力和可持续发展能力，必须进一步加强对16字办学方针和功能定位的研究，深刻把握学院办学特点；必须进一步加强教学需求调研，优化教学设计，提高教学的针对性；必须进一步拓展教学内容，改进教学方法，突出教学特色；必须加强教学科研一体化，提高科研为教学服务的能力；必须打造一支政治强、业务精、作风正的高素质的教师队伍和教学管理队伍，提高教学能力和管理能力。

【开展干部教育理论研究】 学院鼓励教学和教学管理人员在搞好日常事务性工作的基础上，重点学习和研究现代教育学、心理学、现代培训、领导科学、党史党建等方面的知识，按照“立意高远、把握大局”的要求，加强学院教学特点和教学中重大问题的研究。参与完成中央组织部《干部教育培训内容及课程更新机制研究》、完成重点项目《县委书记和县长的岗位特点与培训需求研究》、《学院品牌班次建设》，形成一批研究成果，部分成果已经在学院教学培训工作中发挥作用。另外还完成《学院社会实践教学中的组合式教学设计研究》、《研讨法在中井院教学中的应用研究》等课题的研究，以及《井冈山区域经济社会发展的历史与现状》基本教材的编撰工作，形成科研成果，为教学设计、教学创新夯实基础。

（三）教学管理

【概述】 2009年教学管理任务十分繁重，是历年来培训班次和人数最多的一年。学院实行月度教学调度员制度，认真做好109个班次的教学信息收集、整理、甄别、加工等工作，不断优化教学流程管理，科学合理地调配学院各项教学资源；加强教学督导员队伍建设，全年共安排109人次对109个班次进行教学督导，撰写并印发每月教学督导报告，进一步提升教学监控评价质量；强化教材教具仓库安全管理，加快音像教材库建设，顺利完成各项教学管理任务。

【实行月度教学调度员制度】 为进一步加强教学调度的有效性和规范性，认真总结办学以来的教学运行、调度情况，制定《教学安排与教学调度若干注意事项》并要求教学管理人员烂熟于心。实行教学调度员制度，安排专人对月度所有班次进行统筹安排和统一调度，月度教学调度员主要负责教学信息的收集、整理、加工，负责学员手册的制作、教学安排和教学协调等工作，加强学院各部门的沟通协调，做到信息统一、集中、明确，基本实现教学环节的“无缝对接”。

【优化教学流程管理】 在继续沿用经过实践取得成功的教学管理模块化的基础上，进一步加强对各种教学方法、教学管理模式、教学流程、精细化教学管理的研究与实践工作。修订并优化2008年102个教学流程模块，及时调整、设计、修订和发布吉安社会实践教学、兴国毛泽东作长冈乡调查纪念馆、列宁小学等新增现场教学点，长冈村、程水村等社会实践教学点等教学点的教学流程、教学线路以及教学日程安排。按照“实用、简洁、有效”的原则，更新《学员手册》模块4个、教学日程安排模块18个，把教学流程中的要求全部浓缩、体现在学员手册之中，有效避免“教师知道怎么做，而学员不知道怎么做”的情况，初步做到“学员要干什么、怎么干”在学员手册上一目了然，可操作性强。

【夯实教学预案管理基础】 根据大雨、暴雨、大雾、冰雪等各种特殊天气状况，及时总结和整理出教学安排和教学调度有关注意事项30余条，夯实教学预案管理，确保教学工作正常运行。做好井冈山天气情况的记载和分析工作，按照《井冈山天气情况记录方案》和《每日天气情况记载表》，做好每日天气记载活动，并对井冈山的天气特点进行详细分析，印发《对井冈山天气情况和对学院教学影响的基本分析》。做好全年雨天、雾天的教学预案调度工作，尤其是4月份梅雨季节和11月中下旬雾天、气温骤降、道路结冰期间，制定教学预案 8 次，启动教学预案6次。11月份的降温、下雪、结冰天气中，采取绕道夏坪、鹅岭前往三湾、龙市教学的方式，确保教学安全。最大限度地减少由于天气原因对教学效果的影响，确保教学安全和教学顺畅。

【提升教学监控评价质量】 全面实行“一人一班、全程跟班”制度，2009年对109个班次安排教学督导 109 人次，教学督导和教学评估面达 100%，撰写并印发每月教学督导报告，统计和梳理全部班次的学员评价意见和建议。按照《当前教学督导工作要坚持和注意的一些事项》和《教务部教学管理处安全工作细则》，进一步规范教学督导员的工作行为，加强对教学督导员的安全和工作行为教育，定期听取各班次教学督导员的跟班情况汇报。从办公厅、人力资源部选聘 8 名同志担任教学兼职督导员，共督导16个班次。对兼职督导员开展专业培训工作，强化对教学督导员自身素质能力的培养和提高。在继续沿用原来的评估体系基础上，认真吸取学员、其他培训机构评估体系好的做法，设计出更加直观的、分为8档的数值计分的教学评估体系，已在高校思想政治理论课骨干教师研修班运用，取得良好的评估效果。此外，还印刷部分固定的课程评估表格，强调对所有教学活动、课程、教师以及教学内容进行教学评估。全年共印发督导报告11期，对教学质量的提升起到较好的引导、监控作用。

【强化教材教具仓库安全管理】 2009 年共入库教材10类计4万余册，发放教材4万余册，回收学员遗留教材2000多册。完善和规范红军服装租借、教材领用等手续。强化教材教具仓库安全，加强仓库安全检查、督促工作。按照《教材教具仓库安全管理规定》，除正常的教材、教具出入库工作外，教学管理处以外人员不得进入仓库；下班后，非仓库管理人员一般不得进入仓库；工作人员在晚上9:30前需离开仓库，下班离开仓库时（包括中午）将所有的门窗、电器开关检查一遍，切断所有电器的电源；仓库范围内（含走廊）严禁抽烟。对教具仓库进行装修整理，打通了仓库走廊通道，加装走廊安全门，张贴防火安全标志，更换灭火器材，消除安全隐患。

【加快音像教材库建设】 为进一步丰富音像教学内容，拓展音像教学范围，通过一年的努力，初步建立起教学音像库，基本能满足各班次音像教学需要。音像片主要通过学院有线电视播放、网上干部学院视频点播、外借等方式用于各班次教学和学术科研。通过电话、网络、邮购、外出采购等形式，全年共从北京、南京、杭州、南昌、深圳等文化产业较为发达的地区新采购教学音像片94种。至2009年底，音像教学库库存有 230 种音像片，主要包括纪录片（资料、教学）、经典影视、红色歌曲、专题报告等四大类。

（罗勇撰稿）

（四）师资队伍

【概述】 2009 年，学院在专职教师选调、兼职教师“选聘用管”、讲解员培训等方面采取新举措，着力打造一支“素质优良、规模适当、结构合理、专兼结合”的教师队伍。

在师资队伍建设工作中，学院特别重视兼职教师的作用，制定并完善《兼职教师管理办法》等制度，明确兼职教师队伍建设的指导思想、选聘原则、选聘对象、选聘办法、工作职责和相关待遇等。在具体工作中重点把握四个环节：

一是“选”。从政治上的可靠性、学术上的影响力、干部教育的适应性和实际工作的创造性方面严格把关，通过组织推荐、本人自荐、同行推介等方式选拔政策理论水平较高的学者型党政领导干部、企业管理精英、有突出贡献的社会典型人物代表、高校和科研院所有较大影响力的专家学者。在此基础上，按照“择优选入，滚动发展”的原则建立兼职教师备选库，初步形成遴选圈、次级圈和核心圈兼职教师管理机制。

二是“聘”。制定并实施兼职教师聘用细则，对将聘用的教师进行资格审查。加强对兼职教师授课质量的考核评价，从兼职教师的基本职责、教学态度、教学能力、教学方法和教学效果等方面，着重评价考核兼职教师的职业道德、业务水平和工作实绩，择优续聘。

三是“用”。根据兼职教师的专业和研究特长，有目的、有计划地安排课程，充分发挥兼职教师作用。对于教学效果好，受到学员广泛赞誉或为干部教育培训机构教学科研和发展建设提出有效建议的兼职教师，给予充分的肯定。全年共邀请63名有影响的专家、领导和社会典型人物来院授课，如苏荣、朱之鑫、王晓晖、李忠杰、徐焰、李国安、田永清、吴天祥、张云泉等，教学影响进一步扩大。

四是“管”。不断完善兼职教师综合评价考核制度，建立兼职教师教学档案，进行跟踪考察；年初预告学院工作计划，年底通报学院总结；定期沟通联系，不定期走访；全年除走访部分兼职教师外，分学科向兼职教师寄发贺年卡157份。

截至2009年12月31日，学院兼职教师已达390人，初步形成一支政治强、业务精、作风正、结构合理、相对稳定的兼职教师队伍。390名兼职教师主要来自各级各类高校与科研院所、干部教育院校、党政机关、企事业单位的专家学者、领导干部和社会先进人物等。其中，省部级干部48人，占12.31%；教授、研究员288人（其中，博导为127人），占73.85%；其他为54人，占13.85%。按党史、党建、领导学、国情研究四个学科分布来看：党史72人，占18.46%；党建70人，占17.95%；领导学86人，占22.05%；国情研究162人，占41.54%。从地区分布来看，兼职教师主要来自北京、上海、湖北、江西四个省市，具体是：北京228人，占58.46%；上海34人，占8.72%；湖北48人，占12.31%；江西36人，占9.23%；其他省市44人，占11.28%。

【选调专职教师】 3月1日，组织专职教师选调面试工作。成立以副院长张友南为组长的学院招聘专职教师试讲工作领导小组，领导小组成员从内容深度、知识广度、逻辑思维、语言表达、教学方法、教态、板书等方面对面试者进行认真评议。有来自中央党校、河海大学、苏州大学、华中师范大学的四位博士或博士后参加选调试讲。经过面试、考察等环节，苏州大学博士孙伟选调进入学院教学科研部党史教学研究中心工作。

【培训讲解员】 为帮助现场讲解员进一步拓宽视野，提高专业理论素养，提升现场教学水平，2009年学院共举办4期讲解员培训班，采取专题教学、音像教学、现场观摩、经验交流等多种形式开展培训，使每期培训班都特色鲜明、运行顺畅。

3月2—4日，学院举办“探索现场教学规律，提升现场教学水平”为主题的现场教学点负责人座谈会暨点评教师和讲解员培训班。常务副院长李小三作出批示，副院长周金堂主持开班式，副院长张友南出席并讲话。来自江西、湖南、福建三省29个主要现场教学点的63名负责人、点评教师和讲解员参加了座谈会暨培训班。

为进一步提升井冈山讲解员、接待员的整体素质和接待水平，以充分发挥井冈山红色资源的教育功能，学院分两期（7 月 25—27 日、7 月 28—30 日）对井冈山管理局讲解员、接待员共 111 人进行培训。

12 月 24—27 日，举办第 4 期讲解员培训班。来自江西、湖南、福建、湖北等四个省的 23 个现场教学点的讲解员、学院非教学部门参与现场教学的工作人员及 2009 年度学院新进工作人员共 74 人参加培训。

【吴天祥到学院作专题报告】 6月6日，全国优秀共产党员、全国道德模范吴天祥应邀到学院，为第 4 期正、副厅局级领导干部“加强党性修养、坚定理想信念、保持优良作风”专题培训班作《永远保持与人民群众的血肉联系》的主题报告。

吴天祥以自己的亲身经历、真挚的情感和朴实的语言，讲述他对党、对人民无限忠诚的实际行动和把自己有限的生命投入到无限的为人民服务之中的不平凡事迹。他的报告没有豪言壮语，但生动地诠释了“什么是人民公仆”、“什么是党员干部”的重要命题，用自己的善行义举诠释了人间真情，讲述了一个共产党员如何用实际行动坚守自己的精神家园。

【张云泉为学员作专题报告】 9 月 10 日，全国道德模范、劳动模范、人民满意公务员张云泉应邀到学院，为第 9 期正厅局级领导干部、第 5 期副厅局级领导干部以及中管企业和金融机构领导人员“加强党性修养、坚定理想信念、保持优良作风”专题培训班的全体学员作《牢记党的宗旨，热情奉献为民》专题报告。

张云泉结合自己 20 多年工作实践，从“一定要把实现党的大目标和务实做好每件事结合起来”、“一定要有真本事”、“一定要密切党群干群关系”、“一定要有高境界”、“一定要始终不间断学习”五个方面，讲述自己始终关心群众疾苦、情系百姓冷暖、为党分忧的真实事迹，诠释新时期党员干部如何自觉加强党性修养、坚定理想信念、保持优良作风的深刻道理。

【考察新聘讲解员】 为切实提升学院现场教学点讲解员教学讲解水平，提高讲解员素质，学院三次组织专家对预备进入各类班次讲解的新聘讲解员进行试讲考察，有三湾改编纪念馆、井冈山革命博物馆、茅坪八角楼和井冈山会师纪念馆（龙江书院）等现场教学点的11位新聘讲解员参加试讲。

新聘讲解员在各教学点以模拟培训班次现场讲解的形式进行试讲，有关专家在听取试讲之后作点评和总结，指出每个现场教学讲解必须准确把握的人物、时间、地点等细节，要着重介绍展板背后的史实和背景状况；教学讲解要区别于旅游讲解，要对每一个现场教学点的教学主题进行科学凝炼，对讲解的地点顺序进行精心设计，同时还需要与现场点评的老师做好配合，做到各有侧重，相互补充，不能重复；讲解员要加强“内功修炼”，要在充分熟悉现场教学点史实的基础上对该点的所有历史资料进行全面的梳理、深度的挖掘和专业的研究，以提升教学讲解水平。

（五）教材建设

【概述】 学院教材建设受到中央组织部以及学院理事会的高度重视，中央办公厅下发的学院《教学工作意见（试行）》，对学院教材建设提出明确而具体的目标要求，是学院教材建设的指导性文件。

2009 年，学院教材建设成效斐然。全年开发出基本教材、现场教材、案例教材、音像教材、自学教材、备选教材和辅助教材共 7 大类、21 本、约 260 万字。已经形成包括4本基本教材、1本现场教学教材、

1本案例教材、2套音像教材、1本备选教材、2本自学教材、10 本辅助教材在内的教材体系。其中，基本教材《井冈山革命根据地简史》，现场教材《现场教学点讲解词》，辅助教材《解读井冈山》、《让历史告诉现在——毛泽东等中共领导人在江西斗争时期的领导方略》、《中国共产党人精神研究》、《井冈山根据地和中央苏区大事纪实》、《共产国际与朱毛红军》、《领导干部健康保健指南》、《中央革命根据地简史》等 8 本文字教材已经分别由党建读物出版社、中央文献出版社、中共中央党校出版社、江西人民出版社正式出版发行。

【《井冈丰碑》与《瑞京奠基》正式出版】 由学院制作的音像教学片《井冈丰碑》与《瑞京奠基》，5 月份由党建读物出版社（英华电子音像出版社）正式出版发行。教学片综合运用电视表现手法，再现毛泽东、朱德等老一辈无产阶级革命家开创井冈山道路和中央根据地的丰功伟绩，生动地记录他们的光辉思想和崇高风范，全面诠释井冈山精神、苏区精神形成的过程、科学内涵和时代价值。

《井冈丰碑》由“引兵井冈”、“艰苦的岁月”、“激流归大海”、“热血铸忠诚”和“永远的井冈山”五个篇章组成，片长 80 分钟；《瑞京奠基》由“中央苏区的创建”、“治国安邦的尝试”和“执政为民的探索”三个篇章组成，片长 82 分钟。这两个音像教学片在学院教学中试用了三年，得到学员的广泛认同和赞誉，经多次修改最终定稿。

《井冈丰碑》与《瑞京奠基》的出版发行，为广大学员深入学习井冈山精神和苏区精神提供了很好的辅助教材，也进一步充实完善了学院教材体系。

【《中央革命根据地简史》正式出版】 2 月，由常务副院长李小三担任主编，教学科研部主任匡胜、特聘教授余伯流担任副主编的辅助教材《中央革命根据地简史》一书由江西人民出版社正式出版并公开发行。全书共6章，计29万字，采用正史编年体体例，重点突出，史论结合，融思想性、学术性、史料性和可读性为一体，系统地再现了中央革命根据地诞生和发展的历程。对帮助广大领导干部进一步深入了解、体察以毛泽东为代表的中国共产党人在中央苏区艰苦奋斗、浴血拼搏的战斗历程和局部执政、治国安邦的历史经验，从而为中国特色社会主义建设提供有益的借鉴，具有一定的参考作用。

【召开音像片《苏区干部好作风》脚本修改座谈会】 11 月 4 日，副院长张友南主持召开音像片《苏区干部好作风》脚本修改座谈会。与会人员在对脚本的框架和主要内容给予肯定的基础上，分别从宏观和微观层面对脚本提出修改意见。周金堂要求一定要本着信史的理念和严谨的态度，精心打磨出经得起历史检验的脚本。

（六）课程开发

【概述】 开发精品课程是提高教学质量的关键。2009 年，在不断总结办学经验的基础上，围绕学院的功能定位和培训目标，抓住课程开发关键，明确教学主题，确定主讲教师，组织集体备课，学院初步构建了《井冈山斗争史概述及几个重大问题》、《中央苏区斗争史概述及几个重大问题》、《从井冈山道路到中国特色社会主义道路》、《马克思主义中国化的基本历程》、《中央苏区革命斗争简史与苏区干部好作风》等一批核心课程，基本能够满足学院不同培训班次的培训需要，课程建设步入健康发展轨道。截至2009年12月，学院教师自主开发的课程达49门。

学院教师开发专题一览

序 号	课程名称	讲授人
1	创新型国家背景下的领导创新	匡 胜
2	井冈山斗争简史	匡 胜、余伯流、陈胜华、黄仲芳
3	井冈山斗争与井冈山精神	余伯流、陈胜华、黄仲芳
4	井冈山革命斗争史概述及几个重大问题	匡 胜、余伯流、陈胜华
5	井冈山精神及其时代价值	赖 宏、黄仲芳、魏清源
6	弘扬井冈山精神,实践科学发展观	余伯流
7	井冈山斗争与军魂的铸造	余伯流
8	井冈山斗争史热点、难点和疑点问题	余伯流、陈胜华
9	中央苏区斗争简史及若干重大问题	黄少群、余伯流
10	从秋收起义到红军长征	余伯流
11	战地黄花分外香——毛泽东1927—1934年诗词作品赏析	汪建新
12	1927—1934年毛泽东的诗歌创作与心路历程	汪建新
13	井冈山革命斗争和中央苏区革命斗争简史	余伯流
14	井冈山斗争时期经典案例分析——以王泉媛为例	匡小明
15	中央苏区斗争时期的热点、难点和疑点问题	黄少群
16	中央苏区与苏区精神	余伯流
17	中国共产党苏区局部执政的历史经验与启示	余伯流
18	红军长征与长征精神	余伯流
19	长征胜利的深层次原因及其启示	余伯流
20	党代表大会常任制的探索与实践	王旭宽
21	大规模培训干部的几个基本问题	周金堂
22	案例教学:党代会常任制的探索与实践	王旭宽
23	构建社会主义和谐社会中的企业责任	汪建新
24	中国特色新型工业化与县域经济发展	周金堂
25	弘扬井冈山精神,切实加强党性修养	赖 宏
26	井冈山斗争时期党的建设历史经验及启示	赖 宏
27	学习井冈山英烈,树立正确的世界观人生观价值观	赖 宏
28	继承党的优良传统,提高调查研究能力	张泰城
29	中央苏区斗争时期党的建设历史经验及启示	赖 宏
30	学习毛泽东的调查研究思想与正确认识国情	张泰城
31	大力发展县域经济,促进农村经济繁荣	周金堂
32	工业化与中国特色新型工业化	周金堂
33	现代培训的基本理论	林 蓉
34	博弈论与领导干部决策思维	张泰城

续表

序　号	课程名称	讲授人
35	改革开放以来的主要经验和未来社会发展应对的挑战与对策	肖小明
36	教学案例:毛泽东“三落三起”	陈胜华
37	教学案例:井冈山革命根据地“洗党”	陈胜华
38	湘赣苏区史及几个重大问题	黄仲芳
39	草林、大陇红色圩场的开辟及其历史启示	文尚卿
40	经济社会学视角下的“三农问题”	熊吉陵
41	井冈山根据地与中央苏区史概述	余伯流
42	当代公仆意识的几个问题	聂金山
43	改革开放以来党的理论创新的伟大历程	牛保良
44	中国共产党执政方略的与时俱进	宋留清
45	落实科学发展观,构建社会主义和谐社会	李春耕
46	学习毛泽东的战略思维,提高领导判断力	王旭宽
47	新民主主义革命的基本历程和主要经验	黄少群
48	体验式教学（现场教学）的设计开发和实施	芦明辉
49	井冈山斗争史对企业管理者的若干启示	汪建新

为提高现场教学的震撼力,逐步充实课程体系,扩大现场教学教师的选择范围,在现场教学中出现了一批新人、新点、新主题和讲述的新角度,形成“集中点评、分组讲解、教学互动、情景交融”的富有感染力的现场教学模式,现场教学点“一人多点、一点多人、一点多题”的格局初步形成。

现场教学点教学主题开发一览

序　号	教学点	教　师	教学主题
1	井冈山革命烈士陵园	黄仲芳	①坚定理想信念 ②学习井冈山英烈忠于理想、无私奉献的精神
		文尚卿	学习井冈英烈“坚定信念,无私奉献”的精神——以贺国中及后代为例
		杨少华	为了理想,勇于牺牲
		李春耕	①学习井冈山英烈忠于理想、无私奉献的精神 ②井冈山精神的核心——理想信念
2	茨坪毛泽东旧居	文尚卿	学习井冈山革命先辈艰苦奋斗的优良作风
		刘小毛	毛泽东同志的调查研究思想及启示意义
		肖小明	学习彭德怀同志顾全大局的宽阔胸襟

续表

序 号	教学点	教 师	教学主题
3	大井朱毛旧居	魏清源	①学习毛泽东同志勤于学习、勇于探索的理论品质 ②学习共产党人真心实意为群众谋利益的优良传统
		汤红兵	学习毛泽东同志勤于学习的理论品质
		罗庆宏	学习何长工同志胸怀宽广、为国为民做“长工”的高尚品格
		赖 宏	毛泽东同志解读井冈山精神的视角
		孙 伟	学习毛泽东同志勤于学习、善于学习的伟大品格
4	小井红军医院	刘付春	①医院的建立及其意义 ②学习革命先辈艰苦奋斗的优良作风
		翁建华	学习曾志同志忠于理想的崇高品质
		刘爱生	向曾志同志学习，树立坚定的理想信念
		牛保良	小井红军医院的创办及艰苦奋斗的重要性
5	小井红军烈士墓	林 蓉	学习革命先烈忠诚奉献的崇高品质
		匡小明	学习井冈英烈“坚定信念、为主义而牺牲”的奉献精神
		陈胜华	①学习革命先烈不怕牺牲、对理想信念忠贞不渝的崇高品质 ②忠诚、责任、奉献
		蒋寒迪	学习革命先烈对理想信念忠贞不渝的崇高品质
		刘付春	告慰烈士英灵
		黄红梅	学习革命先烈忠诚奉献的崇高品质
		王可珍	学习革命先烈不怕牺牲、坚定理想信念的崇高品质
6	茅坪八角楼	王旭宽	①学习毛泽东同志坚定信念、敢闯新路的精神 ②“山沟里的马克思主义”——马克思主义中国化的伟大开篇 ③从井冈山道路到中国特色社会主义道路 ④学习毛泽东同志的战略思维
		朱荣兰	树立坚定的革命信念的极端重要性
		刘浩林	学习毛泽东同志的理论创新品格
7	黄洋界哨口旧址	聂金山	弘扬“依靠群众、勇于胜利”的井冈山精神
		戴向阳	学习黄洋界保卫战动员群众、众志成城、勇于胜利的启示
		李建良	①井冈山斗争时期的群众动员与激励及其启示 ②敢于胜利，众志成城
8	井冈山会师纪念馆	蒋寒迪	红军军官教导队的建立及其历史意义
		欧阳慧	官兵一致，同甘共苦聚人心
		李春耕	①朱毛会师的意义 ②注重干部培养，提高干部素质

续表

序号	教学点	教师	教学主题
9	三湾改编旧址群	宋留清	①党铸军魂:“艰难奋战而不溃散”的成功秘诀 ②打造钢铁团队 ③军魂永驻:坚持党对军队的绝对领导
		尹世康	坚定信念　党铸军魂
		黄金文	传承三湾改编优良传统,发扬社会主义民主作风
		颜清阳	①党铸军魂 ②打造钢铁团队
		肖居孝	三湾改编对组织再造的启示
10	荆竹山	黄仲芳	严守纪律,步调一致
11	兴国好作风馆	胡玉春	学习苏区干部好作风
12	瑞金“二苏”大旧址	陈上海	学习苏区干部好作风,加强党的作风建设
		熊吉陵	毛泽东同志宽阔的为民情怀
		陈胜华	党永远是人民群众利益的忠实代表
13	瑞金“一苏”大旧址	刘　良	中央苏区时期党的执政基础
14	朱毛红军挑粮小道	熊吉陵	朱德扁担的启示:学习老一辈革命家官兵一致,艰苦奋斗的优良作风
		匡小明	重走朱毛挑粮小道,感悟领袖崇高风范

【组织集体备课】 为精心打造省部级干部“弘扬井冈山精神,坚定理想信念”专题研究班和厅局级领导干部“加强党性修养、坚定理想信念、保持优良作风”专题培训班的教学课程,学院成立集体备课工作领导小组,由副院长张友南任组长,匡胜、黄国勤任副组长,余伯流、黄少群、肖居孝、陈胜华、赖宏、王旭宽、魏清源、聂金山为成员。

在集体备课工作领导小组的组织下,2009 年召开 6 次集体备课会,研究该类班次主要课程《新民主主义革命的基本历程与主要经验》《井冈山斗争与井冈山精神》《中央苏区与苏区精神》教学的相关工作。集体备课工作领导小组要求在中央组织部干教局的指导和院委会的直接领导下,有针对性地设计好教学大纲、完成课程开发、统一讲课讲稿、制作多媒体课件。具体做到“四个要”:一要切实加强需求调研,根据参训干部的特点,围绕需要解决的突出问题,制定教学大纲。二要发挥井冈山的历史资源优势,专门设计一套适合本专题培训的特色课程。三要按照本专题培训的要求,积极参与编制一套针对性、适用性较强的教材。四要统筹安排,集中选配一批优秀师资,切实提高教学的针对性和实效性,保证教学质量。

【开展教学试讲】 为进一步提升学院的专题教学和现场教学水平,不断开发新的现场教学点,着力在“一点多题、一点多人、一人多点”的现场教学格局上有新的突破,使课程开发成果尽快进入课堂,学院分别在2009年3月16日、5月8日、11月16日组织三次教学试讲,全院共有 28 名工作人员参加试讲,其中 22 人的试讲获得通过,有 2 个专题、20 个现场教学主题进入学院各类班次教学。

(肖居孝撰稿)

★资料★

2009年主体班次教学计划

第1期省部级干部“弘扬井冈山精神，坚定理想信念”专题研究班教学计划

一、教学目的

学习贯彻党的十七大和十七届三中全会精神，依托井冈山及周边地区的革命历史资源，深入开展革命传统教育，组织学员围绕如何弘扬井冈山精神、进一步坚定领导干部理想信念进行专题研究。通过学习，引导学员深入总结党在井冈山时期的历史经验，深刻感悟井冈山精神，进一步继承和发扬革命先辈坚定信念、艰苦奋斗的革命传统，坚定中国特色社会主义的理想信念，提高思想政治素质。

二、教学时间

2009年3月20日至4月2日。3月19日报到，4月3日离院。

三、教学对象

部分省（区、市）、中央和国家机关部委的省部级干部，共24人。

四、教学内容

（一）专题教学：1.新民主主义革命的基本历程和主要经验；2.井冈山革命斗争史概述及几个重大问题；3.中央苏区革命斗争简史与苏区干部好作风；4.从井冈山道路到中国特色社会主义道路；5.学习实践科学发展观，提高领导科学发展的能力；6.讲座：领导者的心理健康与心理调适。

（二）现场教学：1.井冈山革命烈士陵园；2.井冈山革命博物馆；3.茨坪毛泽东旧居；4.大井朱毛旧居；5.小井红军医院；6.小井红军烈士墓（种植纪念树）；7.茅坪八角楼；8.黄洋界哨口；9.兴国苏区干部好作风陈列馆；10.瑞金中华苏维埃共和国临时中央政府旧址群；11.于都中央红军长征出发地纪念馆；12.长征第一山——云石山。

（三）社会实践教学：1.考察泰和县熊瓦村社会主义新农村建设；2.考察吉安市高新技术开发区和城市建设。

（四）音像教学：1.观看《井冈丰碑》、《瑞京奠基》教学片；2.通过学院有线电视观看《世界执政党兴衰史鉴》等音像片。

（五）学员论坛：1.弘扬井冈山精神，坚定理想信念；2.学习科学发展观，领导科学发展的工作体会与经验交流（2次）。

（六）自学（2次）。

（七）分组研讨：领导干部如何弘扬井冈山精神，进一步提高领导科学发展的能力？

（八）教学演出：音乐舞蹈史诗《井冈山》。

（九）参观：1.井冈山主峰、龙潭；2.吉州区钓源古村、白鹭洲书院、井冈山市菖蒲古村；3.学院陈列室。

（十）其他教学活动：1.教学导言、入学教育；2.唱革命歌曲。

五、教学方法

充分利用井冈山及周边地区的革命历史资源，把课堂讲授、现场体验有机结合起来，灵活运用启发式教学、音像教学、双向交流等多种教学手段，充分发挥教师和学员两个方面的积极性，实现教学相长、学学相长。

第1期正厅局级领导干部“加强党性修养、坚定理想信念、保持优良作风”专题培训班教学计划

一、教学目的

认真学习贯彻胡锦涛总书记在十七届中央纪委三次全会上的重要讲话精神，深入挖掘井冈山革命历史资源的丰富内涵，深入研究弘扬井冈山精神对领导干部加强党性修养、坚定理想信念、保持优良作风的现实意义，针对当前厅局级领导干部在思想政治建设上存在的突出问题开展培训。通过培训，教育和引导干部坚持不懈地加强党性修养，始终保持共产党人的政治本色，发扬党的光荣传统和优良作风，树立和坚持正确的事业观、工作观、政绩观，切实做到政治坚定、作风优良、纪律严明、勤政为民、恪尽职守、清正廉洁，以优良作风带领广大党员、群众迎难而上，锐意改革，共克时艰。

二、教学时间

2009年3月20—26日。19日报到，27日离院。

三、教学对象

学员对象为中央和国家机关各部委、各人民团体的司局长，省（区、市）党委政府工作部门、法院、检察院、人民团体厅局长，共50人。

四、教学内容

（一）专题教学：1. 新民主主义革命的基本历程和主要经验；2. 中国共产党的优良传统及现实启示；3. 井冈山革命斗争简史；4. 井冈山精神及其时代价值；5. 中央苏区革命斗争简史与苏区干部好作风；6. 从井冈山道路到中国特色社会主义道路。

（二）现场教学：1. 井冈山革命烈士陵园；2. 井冈山革命博物馆；3. 茨坪毛泽东旧居；4. 大井朱毛旧居；5. 小井红军医院；6. 小井红军烈士墓（种植纪念树）；7. 茅坪八角楼；8. 黄洋界哨口。

（三）体验式教学：重走朱毛红军挑粮小道。

（四）音像教学：1. 观看《井冈丰碑》《瑞京奠基》；2. 通过学院有线电视频道观看《加强领导干部党性修养、弘扬良好作风——学习胡锦涛在十七届中央纪委三次全会上的重要讲话》等音像片。

（五）分组研讨：1. 学习胡锦涛总书记在十七届中央纪委三次全会上的重要讲话精神体会交流；2. 领导干部如何弘扬井冈山精神，进一步加强党性修养、坚定理想信念、保持优良作风？

（六）其他教学活动：1. 教学导言、入学教育；2. 唱革命歌曲；3. 教学演出：音乐舞蹈史诗《井冈山》。

（七）参观：井冈山主峰、龙潭。

五、教学方法

充分利用井冈山及周边地区的革命历史资源，综合运用课堂讲授、研讨交流、现场教学、案例分析、音像教学等多种培训方式，充分发挥教师和学员两个方面的积极性，实现教学相长、学学相长，提高培训实效。

六、阅读书目

1.《胡锦涛同志在十七届中央纪委三次全会上的重要讲话》；2.《中国共产党历史二十八讲》；3.《井冈山革命根据地简史》；4.《中央革命根据地简史》；5.《现场教学点讲解词》；6.《毛泽东在江西革命斗争时期著作选编》；7.《毛泽东在中央革命根据地斗争时期的调查文选》；8.《弘扬井冈山精神，坚定理想信念》；9.《学习井冈山英烈，树立正确的

世界观人生观价值观》；10.《井冈山——中国共产党人永远的精神家园》。

七、学习考核

学员每人撰写2000字左右的党性分析材料。

第1期副厅局级领导干部“加强党性修养、坚定理想信念、保持优良作风”专题培训班教学计划

一、教学目的

认真学习贯彻胡锦涛总书记在十七届中央纪委三次全会上的重要讲话精神，深入挖掘井冈山革命历史资源的丰富内涵，深入研究弘扬井冈山精神对领导干部加强党性修养、坚定理想信念、保持优良作风的现实意义，针对当前厅局级领导干部在思想政治建设上存在的突出问题开展培训。通过培训，教育和引导干部坚持不懈地加强党性修养，始终保持共产党人的政治本色，发扬党的光荣传统和优良作风，树立和坚持正确的事业观、工作观、政绩观，切实做到政治坚定、作风优良、纪律严明、勤政为民、恪尽职守、清正廉洁，以优良作风带领广大党员、群众迎难而上，锐意改革，共克时艰。

二、教学时间

2009年3月20—26日。19日报到，27日离院。

三、教学对象

学员对象为中央和国家机关各部委、各人民团体司局级副职领导干部，省（区、市）党委政府工作部门、法院、检察院、人民团体厅局级副职领导干部，市（地、州、盟）党委政府领导班子成员，共50人。

四、教学内容

（一）专题教学：1. 新民主主义革命的基本历程和主要经验；2. 中国共产党的优良传统及现实启示；3. 井冈山革命斗争简史；4. 井冈山精神及其时代价值；5. 中央苏区革命斗争简史与苏区干部好作风；6. 从井冈山道路到中国特色社会主义道路。

（二）现场教学：1. 井冈山革命烈士陵园；2. 井冈山革命博物馆；3. 茨坪毛泽东旧居；4. 大井朱毛旧居；5. 小井红军医院；6. 小井红军烈士墓（种植纪念树）；7. 茅坪八角楼；8. 黄洋界哨口。

（三）体验式教学：重走朱毛红军挑粮小道。

（四）音像教学：1. 观看《井冈丰碑》、《瑞京奠基》；2. 通过学院有线电视频道观看《加强领导干部党性修养、弘扬良好作风——学习胡锦涛在十七届中央纪委三次全会上的重要讲话》等音像片。

（五）分组研讨：1. 学习胡锦涛总书记在十七届中央纪委三次全会上的重要讲话精神体会交流；2. 领导干部如何弘扬井冈山精神，进一步加强党性修养、坚定理想信念、保持优良作风？

（六）其他教学活动：1. 教学导言、入学教育；2. 唱革命歌曲；3. 教学演出：音乐舞蹈史诗《井冈山》。

（七）参观：井冈山主峰、龙潭。

五、教学方法

充分利用井冈山及周边地区的革命历史资源，综合运用课堂讲授、研讨交流、现场教学、案例分析、音像教学等多种培训方式，充分发挥教师和学员两个方面的积极性，实现教学相长、学学相长，提高培训实效。

六、阅读书目

1.《胡锦涛同志在十七届中央纪委三次全会上的重要讲话》；2.《中国共产党历史二十八讲》；3.《井冈山革命根据地简史》；4.《中央革命根据地简史》；5.《现场教学点讲解词》；6.《毛泽东在江西革命斗争时期著作选编》；7.《毛泽东在中央革命根据地斗争时期的调查文选》；8.《弘扬井冈山精神，坚定理想信念》；9.《学习井冈山英烈，树立正确的世界观人生观

价值观》;10.《井冈山——中国共产党人永远的精神家园》。

七、学习考核

学员每人撰写2000字左右的党性分析材料。

2009年第1期全国党史部门负责人培训班教学计划

一、教学目的

充分利用井冈山及周边地区独特的革命历史资源,开展革命传统教育,培养党史干部对新形势下党史工作的理解和做好党史工作的自觉性,提高党史资料征编、党史研究、党史宣传教育、党史重大事件和人物纪念等方面的能力和水平,以充分发挥党史工作以史鉴今、资政育人的作用。

二、培训对象

全国党史部门负责人等,共40人。

三、培训时间

2009年3月27日至4月6日。3月26日报到,4月7日上午离院。

四、培训方法

坚持理论联系实际,将专题讲授、现场教学和研讨交流相结合,充分发挥教师和学员两个方面的积极性,提高培训实效。

五、教学内容

(一)专题教学:1. 井冈山革命斗争史概述及几个重大问题;2.中央苏区革命斗争简史及若干问题研究;3.正确认识两个30年的辩证关系;4.关于口述史料征集、整理的几个问题;5. 改革开放历史研究的若干问题;6.党史资料的搜集、考证和利用;7.有关开展党史人物研究和纪念工作的几个问题;8.党史二卷编写中的若干问题。

(二)现场教学:1. 井冈山革命烈士陵园;2. 井冈山革命博物馆;3.茅坪八角楼;4.黄洋界哨口;5.大井朱毛旧居;6.小井红军医院;7.小井红军烈士墓(种植纪念树);8.苏区干部好作风陈列馆;9.瑞金"一苏大"、"二苏大"旧址;10.中央红军长征出发地纪念馆;11.长征第一山——云石山。

(三)体验式教学:重走朱毛红军挑粮小道。

(四)音像教学:1. 观看音像教学片《井冈丰碑》、《瑞京奠基》;2. 通过学院有线电视观看《中国工农红军》、《破冰》、《沧桑巨变——新中国六十年大事纪要》、《居安思危——苏共亡党的历史教训》等音像片。

(五)激情教学:唱革命歌曲。

(六)分组研讨:1. 新形势下如何做好党史工作? 2.交流培训体会与收获。

(七)教学演出:音乐舞蹈史诗《井冈山》。

(八)参观:井冈山主峰、龙潭。

第2期正厅局级领导干部"加强党性修养、坚定理想信念、保持优良作风"专题培训班教学计划

一、教学目的

认真学习贯彻胡锦涛总书记在十七届中央纪委三次全会上的重要讲话精神,深入挖掘井冈山革命历史资源的丰富内涵,深入研究弘扬井冈山精神对领导干部加强党性修养、坚定理想信念、保持优良作风的现实意义,针对当前厅局级领导干部在思想政治建设上存在的突出问题开展培训。通过培训,教育和引导干部坚持不懈地加强党性修养,始终保持共产党人的政治本色,发扬党的光荣传统和优良作风,树立和坚持正确的事业观、工作观、政绩观,切实做到政治坚定、作风优良、纪律严明、勤政为民、恪尽职守、清正廉洁,

以优良作风带领广大党员、群众迎难而上，锐意改革，共克时艰。

二、教学时间

2009年4月8—14日。7日报到，15日离院。

三、教学对象

学员对象为中央和国家机关各部委、各人民团体的司局长，省（区、市）党委政府工作部门、法院、检察院、人民团体厅局长，共42人。

四、教学内容

（一）专题教学：1. 新民主主义革命及其历史经验；2.继承和发扬党的优良传统，自觉做一个真正的共产党人；3.井冈山革命斗争简史；4.井冈山精神及其时代价值；5.中央苏区革命斗争简史与苏区干部好作风；6.从井冈山道路到中国特色社会主义道路。

（二）现场教学：1. 井冈山革命烈士陵园；2. 井冈山革命博物馆；3.茨坪毛泽东旧居；4.大井朱毛旧居；5.小井红军医院；6.小井红军烈士墓（种植纪念树）；7.茅坪八角楼；8.黄洋界哨口。

（三）体验式教学：重走朱毛红军挑粮小道。

（四）音像教学：1. 观看音像片《井冈丰碑》、《瑞京奠基》；2. 通过学院有线电视频道观看《加强领导干部党性修养、弘扬良好作风——学习胡锦涛同志在十七届中央纪委三次全会上的重要讲话》等音像教学片。

（五）分组研讨：1. 学习胡锦涛总书记在十七届中央纪委三次全会上的重要讲话精神体会交流；2. 领导干部如何弘扬井冈山精神，进一步加强党性修养、坚定理想信念、保持优良作风？

（六）其他教学活动：1. 教学导言；2. 入学教育；3. 唱革命歌曲；4. 教学演出：音乐舞蹈史诗《井冈山》。

（七）参观：井冈山主峰、龙潭。

五、教学方法

充分利用井冈山及周边地区的革命历史资源，综合运用课堂讲授、研讨交流、现场教学、案例分析、音像教学等多种培训方式，充分发挥教师和学员两个方面的积极性，实现教学相长、学学相长，提高培训实效。

六、阅读书目

1.《胡锦涛同志在十七届中央纪委三次全会上的重要讲话》；2.《中国共产党历史二十八讲》；3.《井冈山革命根据地简史》；4.《中央革命根据地简史》；5.《现场教学点讲解词》；6.《毛泽东在江西革命斗争时期著作选编》；7.《毛泽东在中央革命根据地斗争时期的调查文选》；8.《弘扬井冈山精神，坚定理想信念》；9.《学习井冈山英烈，树立正确的世界观人生观价值观》；10.《井冈山——中国共产党人永远的精神家园》。

七、学习考核

学员每人撰写2000字左右的党性分析材料。

第2期副厅局级领导干部“加强党性修养、坚定理想信念、保持优良作风”专题培训班教学计划

一、教学目的

认真学习贯彻胡锦涛总书记在十七届中央纪委三次全会上的重要讲话精神，深入挖掘井冈山革命历史资源的丰富内涵，深入研究弘扬井冈山精神对领导干部加强党性修养、坚定理想信念、保持优良作风的现实意义，针对当前厅局级领导干部在思想政治建设上存在的突出问题开展培训。通过培训，教育和引导干部坚持不懈地加强党性修养，始终保持共产党人的政治本色，发扬党的光荣传统和优良作风，树立和坚持正确的事业观、工作观、政绩观，切实做到政治坚定、作风优良、纪律严明、勤政为民、恪尽职守、清正廉洁，以优良作风带领广大党员、群众迎

难而上，锐意改革，共克时艰。

二、教学时间

2009年4月8—14日。7日报到，15日离院。

三、教学对象

学员对象为中央和国家机关各部委、各人民团体司局级领导干部，省（区、市）党委政府工作部门、法院、检察院、人民团体厅局级领导干部，市（地、州、盟）党委政府领导班子成员，中国驻外大使、总领事；中管企业和金融机构领导班子副职，中管高校领导班子副职，共48名。

四、教学内容

（一）专题教学：1. 新民主主义革命及其历史经验；2. 继承和发扬党的优良传统，自觉做一个真正的共产党人；3. 井冈山革命斗争简史；4. 井冈山精神及其时代价值；5. 中央苏区革命斗争简史与苏区干部好作风；6. 从井冈山道路到中国特色社会主义道路。

（二）现场教学：1. 井冈山革命烈士陵园；2. 井冈山革命博物馆；3. 茨坪毛泽东旧居；4. 大井朱毛旧居；5. 小井红军医院；6. 小井红军烈士墓（种植纪念树）；7. 茅坪八角楼；8. 黄洋界哨口。

（三）体验式教学：重走朱毛红军挑粮小道。

（四）音像教学：1. 观看《井冈丰碑》、《瑞京奠基》；2. 通过学院有线电视观看《加强领导干部党性修养、弘扬良好作风——学习胡锦涛同志在十七届中央纪委三次全会上的重要讲话》等音像教学片。

（五）分组研讨：1. 学习胡锦涛总书记在十七届中央纪委三次全会上的重要讲话精神体会交流；2. 领导干部如何弘扬井冈山精神，进一步加强党性修养、坚定理想信念、保持优良作风？

（六）其他教学活动：1. 教学导言；2. 入学教育；3. 唱革命歌曲；4. 教学演出：音乐舞蹈史诗《井冈山》。

（七）参观：井冈山主峰、龙潭。

五、教学方法

充分利用井冈山及周边地区的革命历史资源，综合运用课堂讲授、研讨交流、现场教学、案例分析、音像教学等多种培训方式，充分发挥教师和学员两个方面的积极性，实现教学相长、学学相长，提高培训实效。

六、阅读书目

1.《胡锦涛同志在十七届中央纪委三次全会上的重要讲话》；2.《中国共产党历史二十八讲》；3.《井冈山革命根据地简史》；4.《中央革命根据地简史》；5.《现场教学点讲解词》；6.《毛泽东在江西革命斗争时期著作选编》；7.《毛泽东在中央革命根据地斗争时期的调查文选》；8.《弘扬井冈山精神，坚定理想信念》；9.《学习井冈山英烈，树立正确的世界观人生观价值观》；10.《井冈山——中国共产党人永远的精神家园》。

七、学习考核

学员每人撰写2000字左右的党性分析材料。

第3期正厅局级领导干部“加强党性修养、坚定理想信念、保持优良作风”专题培训班教学计划

一、教学目的

认真学习贯彻胡锦涛总书记在十七届中央纪委三次全会上的重要讲话精神，深入挖掘井冈山革命历史资源的丰富内涵，深入研究弘扬井冈山精神对领导干部加强党性修养、坚定理想信念、保持优良作风的现实意义，针对当前厅局级领导干部在思想政治建设上存在的突出问题开展培训。通过培训，教育和引导干部坚持不懈地加强党性修养，始终保持共产党人的政治本色，发扬党的光荣传统和优良作风，树立和坚持正确的事业观、工作观、政绩观，切实做到政治坚定、作风优良、纪律严明、勤政为民、恪尽职守、清正廉洁，以优良作风带领广大党员、群众迎

难而上，锐意改革，共克时艰。

二、教学时间

2009年5月9—15日。8日报到，16日离院。

三、教学对象

学员对象为中央和国家机关各部委、各人民团体的司局长，省（区、市）党委政府工作部门、法院、检察院、人民团体厅局长，共47人。

四、教学内容

（一）专题教学：1. 新民主主义革命及其历史经验；2. 中国共产党的优良传统及现实启示；3. 井冈山革命斗争简史；4. 井冈山精神及其时代价值；5. 中央苏区革命斗争简史与苏区干部好作风；6. 从井冈山道路到中国特色社会主义道路（现场讲授）。

（二）现场教学：1. 井冈山革命烈士陵园；2. 井冈山革命博物馆；3. 大井朱毛旧居；4. 小井红军医院；5. 小井红军烈士墓（种植纪念树）；6. 茅坪八角楼；7. 黄洋界哨口。

（三）体验式教学：重走朱毛红军挑粮小道。

（四）音像教学：1. 观看音像教学片《井冈丰碑》、《瑞京奠基》；2. 通过学院有线电视频道观看《学习十七届中央纪委第三次会议精神》、《脊梁》等音像片。

（五）分组研讨：1. 学习胡锦涛总书记在十七届中央纪委三次全会上的重要讲话精神体会交流；2. 领导干部如何弘扬井冈山精神，进一步加强党性修养、坚定理想信念、保持优良作风？

（六）其他教学活动：1. 教学导言；2. 入学教育；3. 唱革命歌曲；4. 教学演出：音乐舞蹈史诗《井冈山》。

（七）参观：井冈山主峰、龙潭。

五、教学方法

充分利用井冈山及周边地区的革命历史资源，综合运用课堂讲授、研讨交流、现场教学、案例分析、音像教学等多种培训方式，充分发挥教师和学员两个方面的积极性，实现教学相长、学学相长，提高培训实效。

六、阅读书目

1.《胡锦涛同志在十七届中央纪委三次全会上的重要讲话》；2.《中国共产党历史二十八讲》；3.《井冈山革命根据地简史》；4.《中央革命根据地简史》；5.《现场教学点讲解词》；6.《毛泽东在江西革命斗争时期著作选编》；7.《毛泽东在中央革命根据地斗争时期的调查文选》；8.《弘扬井冈山精神，坚定理想信念》；9.《学习井冈山英烈，树立正确的世界观人生观价值观》。

七、学习考核

学员每人撰写2000字左右的党性分析材料。

第3期副厅局级领导干部“加强党性修养、坚定理想信念、保持优良作风”专题培训班教学计划

一、教学目的

认真学习贯彻胡锦涛总书记在十七届中央纪委三次全会上的重要讲话精神，深入挖掘井冈山革命历史资源的丰富内涵，深入研究弘扬井冈山精神对领导干部加强党性修养、坚定理想信念、保持优良作风的现实意义，针对当前厅局级领导干部在思想政治建设上存在的突出问题开展培训。通过培训，教育和引导干部坚持不懈地加强党性修养，始终保持共产党人的政治本色，发扬党的光荣传统和优良作风，树立和坚持正确的事业观、工作观、政绩观，切实做到政治坚定、作风优良、纪律严明、勤政为民、恪尽职守、清正廉洁，以优良作风带领广大党员、群众迎难而上，锐意改革，共克时艰。

二、教学时间

2009年5月9—15日。8日报到，16日离院。

三、教学对象

学员对象为中央和国家机关各部委、各人民团体司局级副职领导干部，省（区、市）党委政府工作部门、法院、检察院、人民团体厅局级副职领导干部，市（地、州、盟）党委政府领导班子成员，共53人。

四、教学内容

（一）专题教学：1. 新民主主义革命及其历史经验；2. 中国共产党的优良传统及现实启示；3. 井冈山革命斗争简史；4. 井冈山精神及其时代价值；5. 中央苏区革命斗争简史与苏区干部好作风；6. 从井冈山道路到中国特色社会主义道路（现场讲授）。

（二）现场教学：1. 井冈山革命烈士陵园；2. 井冈山革命博物馆；3.大井朱毛旧居；4.小井红军医院；5.小井红军烈士墓（种植纪念树）；6.茅坪八角楼；7.黄洋界哨口。

（三）体验式教学：重走朱毛红军挑粮小道。

（四）音像教学：1. 观看音像教学片《井冈丰碑》、《瑞京奠基》；2. 通过学院有线电视频道观看《学习十七届中央纪委第三次会议精神》、《脊梁》等音像片。

（五）分组研讨：1. 学习胡锦涛总书记在十七届中央纪委三次全会上的重要讲话精神体会交流；2. 领导干部如何弘扬井冈山精神，进一步加强党性修养、坚定理想信念、保持优良作风？

（六）其他教学活动：1. 教学导言；2. 入学教育；3. 唱革命歌曲；4. 教学演出：音乐舞蹈史诗《井冈山》。

（七）参观：井冈山主峰、龙潭。

五、教学方法

充分利用井冈山及周边地区的革命历史资源，综合运用课堂讲授、研讨交流、现场教学、案例分析、音像教学等多种培训方式，充分发挥教师和学员两个方面的积极性，实现教学相长、学学相长，提高培训实效。

六、阅读书目

1.《胡锦涛同志在十七届中央纪委三次全会上的重要讲话》；2.《中国共产党历史二十八讲》；3.《井冈山革命根据地简史》；4.《中央革命根据地简史》；5.《现场教学点讲解词》；6.《毛泽东在江西革命斗争时期著作选编》；7.《毛泽东在中央革命根据地斗争时期的调查文选》；8.《弘扬井冈山精神，坚定理想信念》；9.《学习井冈山英烈，树立正确的世界观人生观价值观》。

七、学习考核

学员每人撰写2000字左右的党性分析材料。

公务员管理业务研讨班教学计划

一、教学目的

以中国特色社会主义理论为指导，贯彻党的十七大精神，树立和落实科学发展观，依托井冈山及周边地区丰富独特的革命历史资源，进行革命传统教育和党性锻炼。通过学习井冈山精神，激励大家进一步弘扬党的优良传统和作风，不断增强永葆共产党员先进性的责任感和使命感，提高各省区市和副省级市党委组织部公务员管理处室负责同志的思想政治素质、业务能力和领导水平，进一步推动新时期的公务员管理工作。

二、教学时间

2009年5月20—26日，共7天。19日报到，27日离院。

三、教学对象

全国公务员信息管理部门负责同志等，共65人。

四、教学方法

充分利用井冈山及周边地区的革命历史资源和区位优势，把课堂讲授、现场体验、社会实践有机结合起来，灵活运用启发式教学、案例分析、双向交流等多种教学手段，充分发挥教师和学员两个方面的积极性，实现教学相长、学学相长。

五、教学内容

（一）专题教学：井冈山精神及其时代价值。

（二）专题报告：1. 公务员管理业务讲座；2. 公务员信息管理系统建设业务讲座。

（三）现场教学：1. 井冈山革命烈士陵园；2. 黄洋界哨口；3.茅坪八角楼。

（四）体验式教学：重走朱毛红军挑粮小道。

（五）音像教学：观看学院有线电视频道收看音像教学片《井冈丰碑》、《伟大的历程》、《居安思危——"颜色革命"警示录》等。

（六）其他教学活动：1. 唱革命歌曲；2. 教学演出：音乐舞蹈史诗《井冈山》。

（七）经验交流：公务员信息管理系统建设经验交流（2次）。

（八）分组研讨：1. 公务员信息管理系统建设；2. 讨论王京清同志讲话；3. 事业单位人事管理工作；4.《公务员回避规定（试行）》稿、《关于进一步做好公务员日常登记工作的通知》稿；5.《关于进一步加强公务员培训工作的意见》稿；6. 从基层和生产一线选拔党政领导机关干部工作、《党政领导机关公务员公开遴选办法（试行）》稿。

（九）参观：龙潭。

第12期全国老干部局局长轮训班教学计划

一、教学目的

以邓小平理论和"三个代表"重要思想为指导，贯彻党的十七大精神，树立和落实科学发展观，依托井冈山及周边地区丰富独特的革命历史资源，进行革命传统教育和党性锻炼。通过学习井冈山精神，激励大家进一步弘扬党的优良传统和作风，不断增强永葆共产党员先进性的责任感和使命感，提高老干部工作部门负责同志的思想政治素质、业务能力和领导水平，进一步推动新时期的老干部工作。

二、教学时间

2009年5月23—28日。22日报到，29日离院。

三、教学对象

全国各省区市、各副省级城市、部分中央和国家机关部委、部分国有重要骨干企业老干部部门负责同志，共79人。

四、教学方法

充分利用井冈山及周边地区的革命历史资源和区位优势，把课堂讲授、现场体验、社会实践有机结合起来，灵活运用启发式教学、案例分析、双向交流等多种教学手段，充分发挥教师和学员两个方面的积极性，实现教学相长、学学相长。

五、教学内容

（一）专题教学：1. 井冈山革命斗争史概述及几个重大问题；2. 人口老龄化与社会经济发展。

（二）现场教学：1. 井冈山革命烈士陵园；2. 井冈山革命博物馆；3.大井朱毛旧居；4.小井红军医院；5. 小井红军烈士墓（种植纪念树）；6. 兴国苏区干部好作风陈列馆；7. 于都中央红军长征出发地纪念馆；8. 长征第一山——云石山；9. 瑞金中华苏维埃临时中央政府旧址群。

（三）体验式教学：重走朱毛红军挑粮小道。

（四）音像教学：1. 观看音像教学片《井冈丰碑》；2. 通过学院有线电视频道收看《共和国摇篮》等音像片。

（五）其他教学活动：1. 唱革命歌曲；2. 音乐舞蹈史诗《井冈山》。

（六）分组研讨：新时期如何弘扬党的优良传统，推进老干部工作？

（七）参观：井冈山主峰、龙潭。

第4期正厅局级领导干部“加强党性修养、坚定理想信念、保持优良作风”专题培训班教学计划

一、教学目的

认真学习贯彻胡锦涛总书记在十七届中央纪委三次全会上的重要讲话精神，深入挖掘井冈山革命历史资源的丰富内涵，深入研究弘扬井冈山精神对领导干部加强党性修养、坚定理想信念、保持优良作风的现实意义，针对当前厅局级领导干部在思想政治建设上存在的突出问题开展培训。通过培训，教育和引导干部坚持不懈地加强党性修养，始终保持共产党人的政治本色，发扬党的光荣传统和优良作风，树立和坚持正确的事业观、工作观、政绩观，切实做到政治坚定、作风优良、纪律严明、勤政为民、恪尽职守、清正廉洁，以优良作风带领广大党员、群众迎难而上，锐意改革，共克时艰。

二、教学时间

2009年6月1—7日。5月31日报到，6月8日离院。

三、教学对象

学员对象为中央和国家机关各部委、各人民团体的司局长，省（区、市）党委政府工作部门、法院、检察院、人民团体厅局长，共50人。

四、教学内容

（一）专题教学：1. 新民主主义革命及其历史经验；2. 永远保持与人民群众的血肉联系；3. 井冈山斗争与井冈山精神；4. 中央苏区革命斗争简史与苏区干部好作风；5. 从井冈山道路到中国特色社会主义道路（现场讲授）。

（二）现场教学：1. 井冈山革命烈士陵园；2. 井冈山革命博物馆；3.大井朱毛旧居；4.小井红军医院；5. 小井红军烈士墓（种植纪念树）；6. 茅坪八角楼；7.黄洋界哨口。

（三）体验式教学：重走朱毛红军挑粮小道。

（四）音像教学：1. 观看音像教学片《井冈丰碑》；2. 通过学院有线电视频道观看《沧桑巨变——新中国六十年大事纪要》《居安思危——苏共亡党的历史教训》等音像片。

（五）分组研讨：1. 学习胡锦涛总书记在十七届中央纪委三次全会上的重要讲话精神体会交流；2. 领导干部如何弘扬井冈山精神，进一步加强党性修养、坚定理想信念、保持优良作风？

（六）其他教学活动：1. 教学导言；2. 入学教育；3. 唱革命歌曲；4. 班会；5. 教学演出：音乐舞蹈史诗《井冈山》。

（七）参观：井冈山主峰、龙潭。

五、教学方法

充分利用井冈山及周边地区的革命历史资源，综合运用课堂讲授、研讨交流、现场教学、案例分析、音像教学等多种培训方式，充分发挥教师和学员两个方面的积极性，实现教学相长、学学相长，提高培训实效。

六、阅读书目

1.《胡锦涛同志在十七届中央纪委三次全会上的重要讲话》；2.《中国共产党历史二十八讲》；3.《井冈山革命根据地简史》；4.《中央革命根据地简史》；5.《现场教学点讲解词》；6.《毛泽东在江西革命斗争时期著作选编》；7.《毛泽东在中央革命根据地斗争时期的调查文选》；8.《弘扬井冈山精神，坚定理想信念》；9.《学习井冈山英烈，树立正确的世界观人生观价值观》。

七、学习考核

学员每人撰写2000字左右的党性分析材料。

第4期副厅局级领导干部“加强党性修养、坚定理想信念、保持优良作风”专题培训班教学计划

一、教学目的

认真学习贯彻胡锦涛总书记在十七届中央纪委三次全会上的重要讲话精神，深入挖掘井冈山革命历史资源的丰富内涵，深入研究弘扬井冈山精神对领导干部加强党性修养、坚定理想信念、保持优良作风的现实意义，针对当前厅局级领导干部在思想政治建设上存在的突出问题开展培训。通过培训，教育和引导干部坚持不懈地加强党性修养，始终保持共产党人的政治本色，发扬党的光荣传统和优良作风，树立和坚持正确的事业观、工作观、政绩观，切实做到政治坚定、作风优良、纪律严明、勤政为民、恪尽职守、清正廉洁，以优良作风带领广大党员、群众迎难而上，锐意改革，共克时艰。

二、教学时间

2009年6月1—7日。5月31日报到，6月8日离院。

三、教学对象

学员对象为中央和国家机关各部委、各人民团体司局级副职领导干部，省（区、市）党委政府工作部门、法院、检察院、人民团体厅局级副职领导干部，市（地、州、盟）党委政府领导班子成员，共48人。

四、教学内容

（一）专题教学：1. 新民主主义革命及其历史经验；2. 永远保持与人民群众的血肉联系；3. 井冈山斗争与井冈山精神；4. 中央苏区革命斗争简史与苏区干部好作风；5. 从井冈山道路到中国特色社会主义道路（现场讲授）。

（二）现场教学：1. 井冈山革命烈士陵园；2. 井冈山革命博物馆；3.大井朱毛旧居；4.小井红军医院；5. 小井红军烈士墓（种植纪念树）；6. 茅坪八角楼；7.黄洋界哨口。

（三）体验式教学：重走朱毛红军挑粮小道。

（四）音像教学：1. 观看音像教学片《井冈丰碑》；2. 通过学院有线电视频道观看《沧桑巨变——新中国六十年大事纪要》、《居安思危——苏共亡党的历史教训》等音像片。

（五）分组研讨：1. 学习胡锦涛总书记在十七届中央纪委三次全会上的重要讲话精神体会交流；2. 领导干部如何弘扬井冈山精神，进一步加强党性修养、坚定理想信念、保持优良作风？

（六）其他教学活动：1. 教学导言；2. 入学教育；3. 唱革命歌曲；4. 班会；5. 教学演出：音乐舞蹈史诗《井冈山》。

（七）参观：井冈山主峰、龙潭。

五、教学方法

充分利用井冈山及周边地区的革命历史资源，综合运用课堂讲授、研讨交流、现场教学、案例分析、音像教学等多种培训方式，充分发挥教师和学员两个方面的积极性，实现教学相长、学学相长，提高培训实效。

六、阅读书目

1.《胡锦涛同志在十七届中央纪委三次全会上的重要讲话》；2.《中国共产党历史二十八讲》；3.《井冈山革命根据地简史》；4.《中央革命根据地简史》；5.《现场教学点讲解词》；6.《毛泽东在江西革命斗争时期著作选编》；7.《毛泽东在中央革命根据地斗争时期的调查文选》；8.《弘扬井冈山精神，坚定理想信念》；9.《学习井冈山英烈，树立正确的世界观人生观价值观》。

七、学习考核

学员每人撰写2000字左右的党性分析材料。

第5期正厅局级领导干部“加强党性修养、坚定理想信念、保持优良作风”专题培训班教学计划

一、教学目的

认真学习贯彻胡锦涛总书记在十七届中央纪委三次全会上的重要讲话精神，深入挖掘井冈山革命历史资源的丰富内涵，深入研究弘扬井冈山精神对领导干部加强党性修养、坚定理想信念、保持优良作风的现实意义，针对当前厅局级领导干部在思想政治建设上存在的突出问题开展培训。通过培训，教育和引导干部坚持不懈地加强党性修养，始终保持共产党人的政治本色，发扬党的光荣传统和优良作风，树立和坚持正确的事业观、工作观、政绩观，切实做到政治坚定、作风优良、纪律严明、勤政为民、恪尽职守、清正廉洁，以优良作风带领广大党员、群众迎难而上，锐意改革，共克时艰。

二、教学时间

2009年6月17—23日。6月16日报到，24日离院。

三、教学对象

学员对象为中央和国家机关各部委、各人民团体的司局长，省（区、市）党委政府工作部门、法院、检察院、人民团体厅局长，共46人。

四、教学内容

（一）专题教学：1. 新民主主义革命及其历史经验；2. 中国共产党的优良传统及现实启示；3. 井冈山斗争与井冈山精神；4. 中央苏区革命斗争简史与苏区干部好作风；5. 从井冈山道路到中国特色社会主义道路（现场讲授）。

（二）现场教学：1. 井冈山革命烈士陵园；2. 井冈山革命博物馆；3.大井朱毛旧居；4.小井红军医院；5. 小井红军烈士墓（种植纪念树）；6. 茅坪八角楼；7.黄洋界哨口。

（三）体验式教学：重走朱毛红军挑粮小道。

（四）音像教学：1. 观看音像教学片《井冈丰碑》；2. 通过学院有线电视频道观看《沧桑巨变——新中国六十年大事纪要》《科学发展观》等音像片。

（五）分组研讨：1. 学习胡锦涛总书记在十七届中央纪委三次全会上的重要讲话精神体会交流；2. 领导干部如何弘扬井冈山精神，进一步加强党性修养、坚定理想信念、保持优良作风？

（六）其他教学活动：1. 教学导言；2. 入学教育；3. 唱革命歌曲；4. 班会；5. 教学演出：音乐舞蹈史诗《井冈山》；6. 看电影。

（七）参观：井冈山主峰、龙潭。

五、教学方法

充分利用井冈山及周边地区的革命历史资源，综合运用课堂讲授、研讨交流、现场教学、案例分析、音像教学等多种培训方式，充分发挥教师和学员两个方面的积极性，实现教学相长、学学相长，提高培训实效。

六、阅读书目

1.《胡锦涛同志在十七届中央纪委三次全会上的重要讲话》；2.《中国共产党历史二十八讲》；3.《井冈山革命根据地简史》；4.《中央革命根据地简史》；5.《现场教学点讲解词》；6.《毛泽东在江西革命斗争时期著作选编》；7.《毛泽东在中央革命根据地斗争时期的调查文选》；8.《中国共产党人精神研究》；9.《学习井冈山英烈，树立正确的世界观人生观价值观》。

七、学习考核

学员每人撰写2000字左右的党性分析材料。

第6期正厅局级领导干部“加强党性修养、坚定理想信念、保持优良作风”专题培训班教学计划

一、教学目的

认真学习贯彻胡锦涛总书记在十七届中央纪委三次全会上的重要讲话精神，深入挖掘井冈山革命历史资源的丰富内涵，深入研究弘扬井冈山精神对领导干部加强党性修养、坚定理想信念、保持优良作风的现实意义，针对当前厅局级领导干部在思想政治建设上存在的突出问题开展培训。通过培训，教育和引导干部坚持不懈地加强党性修养，始终保持共产党人的政治本色，发扬党的光荣传统和优良作风，树立和坚持正确的事业观、工作观、政绩观，切实做到政治坚定、作风优良、纪律严明、勤政为民、恪尽职守、清正廉洁，以优良作风带领广大党员、群众迎难而上，锐意改革，共克时艰。

二、教学时间

2009年6月17—23日。6月16日报到，24日离院。

三、教学对象

学员对象为中央和国家机关各部委、各人民团体的司局长，省（区、市）党委政府工作部门、法院、检察院、人民团体厅局长，共45人。

四、教学内容

（一）专题教学：1. 新民主主义革命及其历史经验；2. 中国共产党的优良传统及现实启示；3. 井冈山斗争与井冈山精神；4. 中央苏区革命斗争简史与苏区干部好作风；5. 从井冈山道路到中国特色社会主义道路（现场讲授）。

（二）现场教学：1. 井冈山革命烈士陵园；2. 井冈山革命博物馆；3.大井朱毛旧居；4.小井红军医院；5. 小井红军烈士墓（种植纪念树）；6. 茅坪八角楼；7.黄洋界哨口。

（三）体验式教学：重走朱毛红军挑粮小道。

（四）音像教学：1. 观看音像教学片《井冈丰碑》；2. 通过学院有线电视频道观看《沧桑巨变——新中国六十年大事纪要》《科学发展观》等音像片。

（五）分组研讨：1. 学习胡锦涛总书记在十七届中央纪委三次全会上的重要讲话精神体会交流；2. 领导干部如何弘扬井冈山精神，进一步加强党性修养、坚定理想信念、保持优良作风？

（六）其他教学活动：1. 教学导言；2. 入学教育；3. 唱革命歌曲；4. 班会；5. 教学演出：音乐舞蹈史诗《井冈山》；6. 看电影。

（七）参观：井冈山主峰、龙潭。

五、教学方法

充分利用井冈山及周边地区的革命历史资源，综合运用课堂讲授、研讨交流、现场教学、案例分析、音像教学等多种培训方式，充分发挥教师和学员两个方面的积极性，实现教学相长、学学相长，提高培训实效。

六、阅读书目

1.《胡锦涛同志在十七届中央纪委三次全会上的重要讲话》；2.《中国共产党历史二十八讲》；3.《井冈山革命根据地简史》；4.《中央革命根据地简史》；5.《现场教学点讲解词》；6.《毛泽东在江西革命斗争时期著作选编》；7.《毛泽东在中央革命根据地斗争时期的调查文选》；8.《中国共产党人精神研究》；9.《学习井冈山英烈，树立正确的世界观人生观价值观》。

七、学习考核

学员每人撰写2000字左右的党性分析材料。

第7期正厅局级领导干部“加强党性修养、坚定理想信念、保持优良作风”专题培训班教学计划

一、教学目的

认真学习贯彻胡锦涛总书记在十七届中央纪委三次全会上的重要讲话精神，深入挖掘井冈山革命历史资源的丰富内涵，深入研究弘扬井冈山精神对领导干部加强党性修养、坚定理想信念、保持优良作风的现实意义，针对当前厅局级领导干部在思想政治建设上存在的突出问题开展培训。通过培训，教育和引导干部坚持不懈地加强党性修养，始终保持共产党人的政治本色，发扬党的光荣传统和优良作风，树立和坚持正确的事业观、工作观、政绩观，切实做到政治坚定、作风优良、纪律严明、勤政为民、恪尽职守、清正廉洁，以优良作风带领广大党员、群众迎难而上，锐意改革，共克时艰。

二、教学时间

2009年7月1—7日。6月30日报到，7月8日离院。

三、教学对象

学员对象为中央和国家机关各部委、各人民团体的司局长，省（区、市）党委政府工作部门、法院、检察院、人民团体厅局长等，共43人。

四、教学内容

（一）专题教学：1. 新民主主义革命的基本历程及主要经验；2. 中国共产党的优良传统及现实启示；3. 井冈山斗争与井冈山精神；4. 中央苏区与苏区精神；5. 从井冈山道路到中国特色社会主义道路（茅坪八角楼现场讲授）。

（二）现场教学：1. 井冈山革命烈士陵园；2. 井冈山革命博物馆；3.大井朱毛旧居；4.小井红军医院；5. 小井红军烈士墓（种植纪念树）；6. 茅坪八角楼；7.黄洋界哨口。

（三）体验式教学：重走朱毛红军挑粮小道。

（四）音像教学：1. 观看音像教学片《井冈丰碑》；2. 通过学院有线电视频道观看《沧桑巨变——新中国六十年大事纪要》、《居安思危——苏共亡党的历史教训》等音像片。

（五）分组研讨：1. 学习胡锦涛总书记在十七届中央纪委三次全会上的重要讲话精神体会交流；2. 领导干部如何弘扬井冈山精神，进一步加强党性修养、坚定理想信念、保持优良作风？

（六）其他教学活动：1. 教学导言；2. 入学教育；3. 唱革命歌曲；4. 班会；5. 看电影。

（七）参观：井冈山主峰、龙潭。

五、教学方法

充分利用井冈山及周边地区的革命历史资源，综合运用课堂讲授、研讨交流、现场教学、案例分析、音像教学等多种培训方式，充分发挥教师和学员两个方面的积极性，实现教学相长、学学相长，提高培训实效。

六、阅读书目

1.《胡锦涛同志在十七届中央纪委三次全会上的重要讲话》；2.《中国共产党历史二十八讲》；3.《井冈山革命根据地简史》；4.《中央革命根据地简史》；5.《现场教学点讲解词》；6.《毛泽东在江西革命斗争时期著作选编》；7.《毛泽东在中央革命根据地斗争时期的调查文选》；8.《中国共产党人精神研究》；9.《学习井冈山英烈，树立正确的世界观人生观价值观》。

七、学习考核

学员每人撰写2000字左右的党性分析材料。

第8期正厅局级领导干部“加强党性修养、坚定理想信念、保持优良作风”专题培训班教学计划

一、教学目的

认真学习贯彻胡锦涛总书记在十七届中央纪委三次全会上的重要讲话精神，深入挖掘井冈山革命历史资源的丰富内涵，深入研究弘扬井冈山精神对领导干部加强党性修养、坚定理想信念、保持优良作风的现实意义，针对当前厅局级领导干部在思想政治建设上存在的突出问题开展培训。通过培训，教育和引导干部坚持不懈地加强党性修养，始终保持共产党人的政治本色，发扬党的光荣传统和优良作风，树立和坚持正确的事业观、工作观、政绩观，切实做到政治坚定、作风优良、纪律严明、勤政为民、恪尽职守、清正廉洁，以优良作风带领广大党员、群众迎难而上，锐意改革，共克时艰。

二、教学时间

2009年7月1—7日。6月30日报到，7月8日离院。

三、教学对象

学员对象为中央和国家机关各部委、各人民团体的司局长，省（区、市）党委政府工作部门、法院、检察院、人民团体厅局长等，共39人。

四、教学内容

（一）专题教学：1. 新民主主义革命的基本历程及主要经验；2. 中国共产党的优良传统及现实启示；3. 井冈山斗争与井冈山精神；4. 中央苏区与苏区精神；5. 从井冈山道路到中国特色社会主义道路（茅坪八角楼现场讲授）。

（二）现场教学：1. 井冈山革命烈士陵园；2. 井冈山革命博物馆；3.大井朱毛旧居；4.小井红军医院；5. 小井红军烈士墓（种植纪念树）；6. 茅坪八角楼；7.黄洋界哨口。

（三）体验式教学：重走朱毛红军挑粮小道。

（四）音像教学：1. 观看音像教学片《井冈丰碑》；2. 通过学院有线电视频道观看《沧桑巨变——新中国六十年大事纪要》、《居安思危——苏共亡党的历史教训》等音像片。

（五）分组研讨：1. 学习胡锦涛总书记在十七届中央纪委三次全会上的重要讲话精神体会交流；2. 领导干部如何弘扬井冈山精神，进一步加强党性修养、坚定理想信念、保持优良作风？

（六）其他教学活动：1. 教学导言；2. 入学教育；3. 唱革命歌曲；4. 班会；5. 看电影。

（七）参观：井冈山主峰、龙潭。

五、教学方法

充分利用井冈山及周边地区的革命历史资源，综合运用课堂讲授、研讨交流、现场教学、案例分析、音像教学等多种培训方式，充分发挥教师和学员两个方面的积极性，实现教学相长、学学相长，提高培训实效。

六、阅读书目

1.《胡锦涛同志在十七届中央纪委三次全会上的重要讲话》；2.《中国共产党历史二十八讲》；3.《井冈山革命根据地简史》；4.《中央革命根据地简史》；5.《现场教学点讲解词》；6.《毛泽东在江西革命斗争时期著作选编》；7.《毛泽东在中央革命根据地斗争时期的调查文选》；8.《中国共产党人精神研究》；9.《学习井冈山英烈，树立正确的世界观人生观价值观》。

七、学习考核

学员每人撰写2000字左右的党性分析材料。

第5期骨干教师培训班教学计划

一、教学目的

依托井冈山及其周边地区的教学资源，以党的十七大精神和中国特色社会主义理论体系作为理论学习的中心内容，按照联系实际创新路、加强培训求实效的要求，提高学员的政治理论水平，树立现代教育培训理念，增强业务工作能力和教学能力。

二、教学时间

2009年7月1—14日。6月30日报到，7月15日离院。

三、教学对象

中央党校，国家行政学院，中国浦东、延安干部学院，中国大连高级经理学院，全国省（区、市）委党校、行政学院，中央和国家机关部委所属干部培训机构的骨干教师等，共36人。

四、教学方法

充分利用井冈山及周边地区的革命历史资源和区位优势，按照井冈山精神教育、现代教育培训专题研究、国情教育与社会实践等三个板块组织教学，把课堂讲授、现场体验、学员论坛有机结合起来，充分运用启发式教学、案例分析、双向交流等多种教学手段，实现教学相长、学学相长。

五、教学内容

第一单元　井冈山革命斗争史与井冈山精神教育

（一）专题教学：1. 井冈山革命斗争史概述及几个重大问题；2. 中央苏区简史及几个重大问题研究；3. 井冈山精神及其时代价值。

（二）现场教学：1. 井冈山革命烈士陵园；2. 井冈山革命博物馆；3.大井朱毛旧居；4.小井红军医院；5. 小井红军烈士墓（种植纪念树）；6. 茅坪八角楼；7. 黄洋界哨口。

（三）体验式教学：重走朱毛红军挑粮小道。

（四）音像教学：1. 观看音像教学片《井冈丰碑》、《瑞京奠基》；2. 通过学院有线电视观看《沧桑巨变——新中国六十年大事纪要》、《共和国摇篮》等音像片；3. 看电影。

（五）唱革命歌曲。

（六）分组研讨：如何结合时代精神，在干部教育中弘扬党的优良传统和作风？

（七）参观：1. 学院陈列室；2. 井冈山主峰、龙潭。

第二单元　国情教育与社会实践

（一）专题教学：当前我国经济形势。

（二）社会实践教学：1. 参观考察钓源古村、文天祥纪念馆；2.考察菖蒲古村社会主义新农村建设。

第三单元　现代教育培训专题研究

（一）专题教学：1. 大规模培训干部的几个重要问题；2. 现代培训理念与培训方法。

（二）学员讲坛（学员自讲）：案例教学的理论与实践。

（三）拓展培训：1. 团队破冰；2. 室内项目（智送情报、绩效电网、孤岛求生）；3. 高空项目（空中抓杠、攀岩）。

（四）学员论坛（2 次）：干部教育培训教学方法创新体会与经验交流。

（五）分组研讨：如何适应干部教育培训的新要求，提高教学科研能力？

中国驻外使节“加强党性修养、坚定理想信念、保持优良作风”专题培训班教学计划

一、教学目的

认真学习贯彻胡锦涛总书记在十七届中央纪委

三次全会上的重要讲话精神，深入挖掘井冈山革命历史资源的丰富内涵，深入研究弘扬井冈山精神对领导干部加强党性修养、坚定理想信念、保持优良作风的现实意义，针对当前驻外使节在思想政治建设上存在的突出问题开展培训。通过培训，教育和引导干部坚持不懈地加强党性修养，始终保持共产党人的政治本色，发扬党的光荣传统和优良作风，树立和坚持正确的事业观、工作观、政绩观，切实做到政治坚定、作风优良、纪律严明、勤政为民、恪尽职守、清正廉洁，以优良作风带领广大党员、群众迎难而上，锐意改革，共克时艰。

二、教学时间

2009年7月9—14日。7月8日报到，7月14日晚上离院。

三、教学对象

中国驻外大使、总领事等，共35人。

四、教学内容

（一）专题教学：1. 新民主主义革命的基本历程及主要经验；2. 中国共产党的优良传统及现实启示；3. 井冈山斗争与井冈山精神；4. 中央苏区与苏区精神；5. 从井冈山道路到中国特色社会主义道路（茅坪八角楼现场讲授）。

（二）现场教学：1. 井冈山革命烈士陵园；2. 井冈山革命博物馆；3.大井朱毛旧居；4.小井红军医院；5. 小井红军烈士墓（种植纪念树）；6. 茅坪八角楼；7.黄洋界哨口。

（三）体验式教学：重走朱毛红军挑粮小道。

（四）音像教学：观看音像教学片《井冈丰碑》。

（五）分组研讨：1. 学习胡锦涛总书记在十七届中央纪委三次全会上的重要讲话精神体会交流；2. 驻外使节如何弘扬井冈山精神，进一步加强党性修养、坚定理想信念、保持优良作风？

（六）其他教学活动：1. 教学导言；2. 入学教育；3. 班会；4. 唱革命歌曲；5. 学习小结。

（七）参观：1.井冈山主峰；2.龙潭。

五、教学方法

充分利用井冈山及周边地区的革命历史资源，综合运用课堂讲授、研讨交流、现场教学、案例分析、音像教学等多种培训方式，充分发挥教师和学员两个方面的积极性，实现教学相长、学学相长，提高培训实效。

六、阅读书目

1.《胡锦涛同志在十七届中央纪委三次全会上的重要讲话》；2.《中国共产党历史二十八讲》；3.《井冈山革命根据地简史》；4.《中央革命根据地简史》；5.《现场教学点讲解词》；6.《毛泽东在江西革命斗争时期著作选编》；7.《毛泽东在中央革命根据地斗争时期的调查文选》；8.《中国共产党人精神研究》；9.《学习井冈山英烈，树立正确的世界观人生观价值观》。

七、学习考核

学员每人撰写2000字左右的党性分析材料。

中央编办机构编制管理创新专题培训班教学日程安排表

时间		教学内容
7月17日（周五）		报到
7月18日（周六）	上午	（1）合影、开班式；（2）专题教学：行政管理体制改革和机构编制管理创新（中央编办副主任吴知论）
	下午	现场教学：（1）井冈山革命烈士陵园（现场讲授：学习井冈山英烈忠于理想、无私奉献的精神）；（2）井冈山革命博物馆
	晚上	唱革命歌曲
7月19日（周日）	上午	专题教学：中国政府机构改革的经验与启示
	下午	（1）现场教学：大井朱毛旧居（现场讲授：学习毛泽东勤于学习、勇于探索的理论品质）；（2）小井红军医院、小井红军烈士墓；（3）种植纪念树
7月20日（周一）	上午	体验式教学：重走朱毛红军挑粮小道（现场讲授：重走朱毛红军挑粮小道　感悟领袖崇高风范）
	下午	自学
	晚上	观看《井冈丰碑》（通过学院有线电视自行收看）
7月21日（周二）	上午	专题教学：加快行政法制建设　推进行政管理体制改革
	下午	现场教学：（1）茅坪八角楼（现场讲授："山沟里的马克思主义"——马克思主义中国化的伟大开篇）；（2）黄洋界哨口（现场点评：井冈山斗争时期的群众动员与激励及其启示）
7月22日（周三）	上午	专题教学：井冈山斗争与井冈山精神
	下午	参观：井冈山主峰、龙潭
7月23日（周四）	上午	专题教学：落实科学发展观，推进机构编制管理工作创新
	下午	分组研讨：机构编制管理创新经验交流
7月24日（周五）	上午	专题教学：公共危机管理
	下午	结班式：中央编办副主任黄文平总结讲话
7月25日（周六）	上午	离院

高校主要领导干部“加强党性修养、坚定理想信念、保持优良作风”专题研讨班教学日程安排表

时　间			内　容	主持人	地　点
8月3日	上午	8:00—8:20	合影		学员楼前
		8:30—9:50	开班式:教育部部长周济讲话	王尔乘	学员楼四楼多功能厅
		10:00—11:50	专题讲座:井冈山斗争史和井冈山精神 主讲人:井冈山干部学院教授陈胜华		学员楼四楼多功能厅
	下午	14:30—17:30	现场教学:(1)井冈山革命烈士陵园(学习革命先烈忠于理想、无私奉献精神);(2)井冈山革命博物馆	黄仲芳	
	晚上	19:40—20:40	激情教学:唱革命歌曲	甘　倩 何　坚	学员楼四楼多功能厅
8月4日	上午	9:00—11:30	专题讲座:坚持马克思主义在意识形态领域的指导地位 主讲人:中央宣传部副部长王晓晖		学员楼四楼多功能厅
	下午	14:30—17:30	分组讨论:弘扬井冈山精神,加强领导干部党性修养和作风养成		各组讨论室
8月5日	上午	8:30—11:50	现场教学:(1)大井朱毛旧居(学习毛泽东勤于学习、勇于探索的理论品质);(2)小井红军医院(学习革命先辈艰苦奋斗的优良作风);(3)小井红军烈士墓(学习革命先辈不怕牺牲、对理想信念忠贞不渝的崇高品质);(4)种植纪念树 (备注:分成两个大组进行交叉教学)	魏清源 林　蓉	
	下午	14:30—17:00	专题讲座:当前我国宏观经济形势分析 主讲人:国家发改委副主任朱之鑫		学员楼四楼多功能厅
	晚上	19:40	教学演出:音乐舞蹈史诗《井冈山》		教学楼报告厅
8月6日	上午	8:00—11:50	现场教学:(1)茅坪八角楼(“山沟里的马克思主义”——马克思主义中国化的伟大开篇);(2)黄洋界哨口(学习井冈山斗争时期的群众动员与激励及其启示) (备注:分成两个大组进行交叉教学)	王旭宽 李建良	
	下午		机动		

续表

时间			内容	主持人	地点
8月7日	上午	8:00—11:50	体验式教学：重走朱毛红军挑粮小道（体验红军时期官兵一致、艰苦奋斗的优良作风）		
	下午	14:30—17:30	分组座谈：就加强和完善党委领导下的校长负责制进行座谈	各组召集人	具体地点另行通知
8月8日	上午	9:00—11:30	专题讲座：江西省经济社会发展情况 主讲人：江西省委书记苏荣		学员楼四楼多功能厅
	下午	15:00—18:00	座谈会：就《中国共产党普通高等学校基层组织工作条例》（修订稿）征求意见		学员楼四楼多功能厅
8月9日	上午	8:30—11:30	结业式：（1）学员代表汇报学习收获体会；（2）中央组织部副部长李建华讲话	陈　希	学员楼四楼多功能厅
	下午		学员返程		

第58期专设班（第25、26期中央部委所属高校哲学社会科学教研骨干研修班）教学计划

一、教学目的

以邓小平理论和“三个代表”重要思想为指导，认真学习党的十七大精神，树立和落实科学发展观，依托井冈山及周边地区丰富独特的革命历史资源，进行革命传统教育。通过培训，使学员贯彻党的十七大精神的自觉性、坚定性进一步增强，理想信念进一步坚定，切实提高思想政治素质，增强政治意识、大局意识和责任意识。

二、培训对象

中央部委所属高校哲学社会科学教研骨干研修班第25、26期学员，共86人。

三、培训时间

2009年3月17—25日。17日报到并教学，25日上午离校，教学时间共7天。

四、培训方法

坚持理论联系实际，充分利用井冈山及周边地区的革命历史资源和区位优势，以现场教学和体验式教学为主体，结合研讨交流，充分发挥教师和学员两个方面的积极性，提高培训实效。

五、教学内容

（一）专题教学：1. 井冈山革命斗争史概述及几个重大问题；2. 中央苏区革命斗争简史及若干问题研究；3. 井冈山精神的时代价值；4. 井冈山道路与毛泽东诗词。

（二）现场教学：1. 井冈山革命烈士陵园；2. 井冈山革命博物馆；3. 茅坪八角楼、黄洋界哨口；4. 大井朱毛旧居、小井红军医院、小井红军烈士墓。

（三）体验式教学：重走朱毛红军挑粮小道。

（四）音像教学：观看《井冈丰碑》、《瑞京奠基》。

（五）唱革命歌曲。

（六）参观陈列室。

（七）分组研讨：如何弘扬井冈山精神，高质量实施新课程方案，改善高校思想政治理论课教学状况？

（八）教学演出：音乐舞蹈史诗《井冈山》。

（九）参观：井冈山主峰、龙潭。

第59期专设班（国防大学2008级博士、硕士研究生班）教学计划

一、教学目的

以邓小平理论和“三个代表”重要思想为指导，树立和落实科学发展观，围绕“继承光荣传统，坚定理想信念，履行我军新使命”这个主题，结合井冈山及周边地区的革命旧居旧址进行现场教学，使学员通过缅怀革命先辈业绩、体验井冈山精神，进一步坚定理想信念，增强永葆人民军队的性质、本色和作风的自觉性。

二、教学时间

学制7天，教学时间为2009年4月3—10日。3日早上乘Z65次列车7:25到达南昌，学员在南昌下车后，上午到南昌八一广场、八一南昌起义纪念馆进行现场教学，并参观滕王阁，下午乘车到学院。

三、教学对象

国防大学2008级博士、硕士研究生班学员等，共100人。

四、教学内容

（一）专题教学：1. 井冈山革命斗争史概述及几个重大问题；2. 中央苏区革命斗争简史及若干问题研究。

（二）现场教学：1. 南昌八一起义纪念馆；2. 南昌八一广场；3. 井冈山革命烈士陵园；4. 井冈山革命博物馆；5. 井冈山革命斗争全景画馆；6. 茨坪毛泽东旧居；7. 大井朱毛旧居；8. 小井红军医院；9. 小井红军烈士墓；10. 三湾改编旧址；11. 井冈山会师纪念馆（龙江书院）；12. 茅坪八角楼；13. 黄洋界哨口；14. 兴国苏区干部好作风陈列馆；15. 瑞金中华苏维埃共和国临时中央政府旧址群；16. 于都中央红军出发地纪念馆；17. 长征第一山——云石山。

（三）体验式教学：重走朱毛红军挑粮小道。

（四）音像教学：1. 观看音像片《井冈丰碑》、《瑞京奠基》；2. 通过学院有线电视观看《居安思危——“颜色革命”警示录》等音像片。

（五）其他教学活动：1. 唱革命歌曲；2. 音乐舞蹈史诗《井冈山》。

五、教学方法

充分利用井冈山及周边地区的革命历史资源，把课堂讲授、现场体验、社会实践有机结合起来，灵活运用启发式教学、案例分析、双向交流等多种教学手段，充分发挥教师和学员两个方面的积极性，实现教学相长、学学相长。

第60期专设班（第27、28期中央部委所属高校哲学社会科学教研骨干研修班）教学计划

一、教学目的

以邓小平理论和“三个代表”重要思想为指导，认真学习党的十七大精神，树立和落实科学发展观，依托井冈山及周边地区丰富独特的革命历史资源，进行革命传统教育。通过培训，使学员贯彻党的十七大精神的自觉性、坚定性进一步增强，理想信念进一步坚定，切实提高思想政治素质，增强政治意识、大局意识和责任意识。

二、培训对象

中央部委所属高校哲学社会科学教研骨干研修班第27、28期学员等，共83人。

三、培训时间

2009年4月17—25日。17日报到并教学，25日上午离校。

四、培训方法

坚持理论联系实际，充分利用井冈山及周边地

区的革命历史资源和区位优势，以现场教学和体验式教学为主体，结合研讨交流，充分发挥教师和学员两个方面的积极性，提高培训实效。

五、教学内容

（一）专题教学：1. 井冈山革命斗争史概述及几个重大问题；2. 中央苏区革命斗争简史及若干问题研究；3. 井冈山精神的时代价值。

（二）现场教学：1. 井冈山革命烈士陵园；2. 茨坪毛泽东旧居；3. 井冈山革命博物馆；4. 三湾改编旧址；5. 井冈山会师纪念馆（龙江书院）；6. 茅坪八角楼；7. 黄洋界哨口；8. 大井朱毛旧居；9. 小井红军医院；10. 小井红军烈士墓（种植纪念树）。

（三）体验式教学：重走朱毛红军挑粮小道。

（四）音像教学：1. 观看音像教学片《井冈丰碑》、《瑞京奠基》；2. 通过学院有线电视观看《跟毛泽东同志学领导》、《居安思危——苏共亡党的历史教训》等音像片；3. 看电影。

（五）激情教学：唱革命歌曲。

（六）分组研讨：如何弘扬井冈山精神，高质量实施新课程方案，改善高校思想政治理论课教学状况？

（七）参观：1. 学院陈列室；2. 井冈山主峰、龙潭。

第61期专设班（国家行政学院公务员任职培训班）教学计划

一、教学目的

以中国特色社会主义理论体系为指导，树立和落实科学发展观，依托井冈山及周边地区丰富独特的革命历史资源，进行革命传统教育。通过培训，使学员贯彻党的十七大精神的自觉性、坚定性进一步增强，理想信念进一步坚定，切实提高思想政治素质，增强政治意识、大局意识和责任意识。

二、教学时间

2009年4月19日报到。20—24日为教学时间，25日离院。

三、教学对象

国家行政学院公务员任职培训班学员，共58人。

四、教学方法

充分利用井冈山及周边地区的革命历史资源和区位优势，把课堂讲授、现场体验、社会实践有机结合起来，灵活运用启发式教学、案例分析、双向交流等多种教学手段，充分发挥教师和学员两个方面的积极性，实现教学相长、学学相长。

五、教学内容

（一）专题教学：1. 井冈山革命斗争史概述及几个重大问题；2. 中央苏区革命斗争简史及若干问题研究；3. 井冈山精神的时代价值。

（二）现场教学：1. 井冈山革命烈士陵园；2. 井冈山革命博物馆；3. 黄洋界哨口；4. 茅坪八角楼；5. 大井朱毛旧居；6. 小井红军医院；7. 小井红军烈士墓（种植纪念树）。

（三）体验式教学：重走朱毛红军挑粮小道。

（四）音像教学：1. 观看音像教学片《井冈丰碑》；2. 通过学院有线电视观看《居安思危——苏共亡党的历史教训》（1—4集）、《跟毛泽东同志学领导》等音像片。

（五）唱革命歌曲。

（六）分组研讨：如何弘扬井冈山精神，进一步加强党性修养、坚定理想信念、保持优良作风？

（七）参观：龙潭、井冈山主峰。

第62期专设班（中央党校中青年干部培训一班）教学计划

一、教学目的

以中国特色社会主义理论体系为指导，认真学习党的十七大精神，树立和落实科学发展观，依托井冈山及周边地区丰富独特的革命历史资源，进行革命传统教育和党性锻炼。要求学员在参观井冈山及周边地区的革命旧居旧址、缅怀革命先辈业绩、体验井冈山精神的基础上，着眼于强化执政意识，提高党的执政能力和执政水平，按照实事求是、与时俱进、艰苦奋斗、执政为民的办学要求，联系个人思想和工作实际，对自己的党性状况和工作作风进行剖析，查找存在的突出问题，总结经验教训，进一步明确努力方向和改进措施；从党内的实际状况出发，思考如何保持党的先进性、纯洁性和增强党的创造力、凝聚力、战斗力；面对新形势、新任务、新要求，思考如何进一步提高党的执政能力和执政水平。

二、教学时间

2009年5月11—20日，共10天。10日（周日）报到，20日离院。

三、教学对象

中央党校中青年干部培训一班学员等，共71人。

四、教学方法

充分利用井冈山及周边地区的革命历史资源，把课堂讲授、现场体验有机结合起来，灵活运用启发式教学、音像教学、双向交流等多种教学手段，充分发挥教师和学员两个方面的积极性，实现教学相长、学学相长。

五、教学内容

（一）专题教学：1. 井冈山革命斗争史概述及几个重大问题；2. 中央苏区革命斗争简史及若干问题研究；3. 毛泽东农村调查的理论与实践；4. 延安整风与马克思主义中国化。

（二）现场教学：1. 井冈山革命烈士陵园；2. 井冈山革命博物馆；3. 茨坪毛泽东旧居；4. 大井朱毛旧居；5. 小井红军医院；6. 小井红军烈士墓（种植纪念树）；7. 茅坪八角楼；8. 黄洋界哨口；9. 兴国苏区干部好作风陈列馆；10. 瑞金中华苏维埃共和国临时中央政府旧址群；11. 于都中央红军长征出发地纪念馆；12. 长征第一山——云石山。

（三）体验式教学：重走朱毛红军挑粮小道。

（四）音像教学：1. 观看音像教学片《井冈丰碑》《瑞京奠基》；2. 通过学院有线电视频道观看《脊梁》《向王瑛同志学什么》和《伟大的历程》等音像片。

（五）分组研讨：领导干部如何弘扬井冈山精神，加强党性锻炼？

（六）其他教学活动：1. 参观学院陈列室、井冈山主峰、龙潭；2. 唱革命歌曲；3. 教学演出：音乐舞蹈史诗《井冈山》；4. 党性分析（2次）。

第63期专设班（南京政治学院政治工作研究班）教学计划

一、教学目的

以中国特色社会主义理论体系为指导，树立和落实科学发展观，围绕"继承光荣传统，坚定理想信念，履行我军新使命"这个主题，结合井冈山及周边地区的革命旧居旧址进行现场教学，使学员通过缅怀革命先辈业绩、体验井冈山精神，进一步坚定理想信念，增强永葆人民军队的性质、本色和作风的自觉性。

二、教学时间

学制7天，教学时间为2009年5月17—24日。24

日晚离院。

三、教学对象

南京政治学院师旅政委政治工作研究班学员等,共21人。

四、教学方法

充分利用井冈山及周边地区的革命历史资源,把课堂讲授、现场体验、社会实践有机结合起来,灵活运用启发式教学、案例分析、双向交流等多种教学手段,充分发挥教师和学员两个方面的积极性,实现教学相长、学学相长。

五、教学内容

(一)专题教学:1. 井冈山革命斗争史概述及几个重大问题;2. 中央苏区革命斗争简史及若干问题研究。

(二)现场教学:1. 八一起义纪念碑;2. 南昌八一起义纪念馆;3. 井冈山革命烈士陵园;4. 井冈山革命博物馆;5. 井冈山革命斗争全景画馆;6. 茨坪毛泽东旧居;7. 大井朱毛旧居;8. 小井红军医院;9. 小井红军烈士墓(种植纪念树);10. 三湾改编旧址;11.井冈山会师纪念馆(龙江书院);12.茅坪八角楼;13. 黄洋界哨口;14. 兴国苏区干部好作风陈列馆;15. 瑞金中华苏维埃共和国临时中央政府旧址群;16. 于都中央红军长征出发地纪念馆;17. 长征第一山——云石山。

(三)体验式教学:重走朱毛红军挑粮小道。

(四)音像教学:1. 观看音像教学片《井冈丰碑》、《瑞京奠基》;2. 通过学院有线电视频道观看《伟大的历程》、《共和国摇篮》和《军旗从这里升起》等音像片。

(五)分组研讨:如何弘扬革命传统,加强新时期军队思想政治工作?

(六)唱革命歌曲。

(七)参观:1. 南昌滕王阁;2. 井冈山主峰、龙潭。

第64期专设班(西安政治学院政治工作研究班)教学计划

一、教学目的

以邓小平理论和“三个代表”重要思想为指导,学习贯彻党的十七大精神,树立和落实科学发展观,围绕“继承光荣传统,坚定理想信念,履行我军新使命”这个主题,结合井冈山及周边地区的革命旧居旧址进行现场教学,使学员通过缅怀革命先辈业绩、体验井冈山精神,进一步坚定理想信念,增强永葆人民军队的性质、本色和作风的自觉性。

二、教学时间

学制7天,教学时间为2009年6月2—9日。6月2日学员在南昌下车后到八一起义纪念馆进行现场教学,并参观滕王阁,晚上乘车到学院。

三、教学对象

西安政治学院师旅政委政治工作研究班学员等,共32人。

四、教学方法

充分利用井冈山及周边地区的革命历史资源,把课堂讲授、现场体验、社会实践有机结合起来,灵活运用启发式教学、案例分析、双向交流等多种教学手段,充分发挥教师和学员两个方面的积极性,实现教学相长、学学相长。

五、教学内容

(一)专题教学:1. 井冈山革命斗争史概述及几个重大问题;2. 中央苏区革命斗争简史及若干问题研究。

(二)现场教学:1. 南昌八一起义纪念馆;2. 井冈山革命烈士陵园;3. 井冈山革命博物馆;4. 大井朱毛旧居;5. 小井红军医院;6. 小井红军烈士墓(种植纪念树);7. 三湾改编旧址;8. 朱毛会师纪念馆(龙

江书院);9. 茅坪八角楼;10. 黄洋界哨口;11. 兴国苏区干部好作风陈列馆;12. 瑞金“一苏大”、“二苏大”旧址;13. 中央红军出发地纪念馆、云石山(长征第一山)。

(三)体验式教学:重走朱毛红军挑粮小道。

(四)音像教学:1. 观看音像教学片《井冈丰碑》、《瑞京奠基》;2. 通过学院有线电视观看《居安思危——苏共亡党的历史教训》、《共和国之魂》等音像片。

(五)其他教学活动:1. 唱革命歌曲;2. 教学演出:音乐舞蹈史诗《井冈山》。

(六)分组研讨:如何弘扬革命传统,加强新时期军队思想政治工作?

(七)参观:1. 学院陈列室;2. 滕王阁、龙潭、井冈山主峰。

第65期专设班(2009年第1、2期高校思想政治理论课骨干教师研修班)教学计划

一、教学目的

以邓小平理论和“三个代表”重要思想为指导,全面落实科学发展观,依托井冈山及周边地区丰富独特的革命历史资源和区位优势,进行革命传统教育。通过学习考察,进一步坚定研修学员的理想信念,切实增强政治意识、大局意识和责任意识,提高思想政治理论课教学水平。

二、培训对象

2009年高校思想政治理论课骨干教师(第1、2期)研修班学员等,共93人。

三、培训时间

2009年6月20—27日。6月20日报到,27日上午离院。

四、培训方法

坚持理论联系实际,充分利用井冈山及周边地区的革命历史资源和区位优势,以现场教学和体验式教学为主体,结合研讨交流,充分发挥教师和学员两个方面的积极性,提高学习考察实效。

五、教学内容

(一)专题教学:1. 井冈山革命斗争史概述及几个重大问题;2. 中央苏区革命斗争简史及若干问题研究。

(二)现场教学:1. 井冈山革命烈士陵园;2. 井冈山革命博物馆;3. 茨坪毛泽东旧居;4. 三湾改编旧址;5. 井冈山会师纪念馆(龙江书院);6. 茅坪八角楼;7. 黄洋界哨口;8. 大井朱毛旧居;9. 小井红军医院;10. 小井红军烈士墓(种植纪念树)。

(三)体验式教学:重走朱毛红军挑粮小道。

(四)教学演出:音乐舞蹈史诗《井冈山》。

(五)音像教学:1. 观看《井冈丰碑》、《瑞京奠基》;2. 通过学院有线电视观看《脊梁》、《居安思危——“颜色革命”警示录》等音像片;3. 看电影。

(六)唱革命歌曲。

(七)分组研讨:如何弘扬井冈山精神,高质量实施新课程方案,改善高校思想政治理论课教学状况?

(八)参观:井冈山主峰、龙潭。

第66期专设班(中央党校中青年干部培训二班)教学计划

一、教学目的

以中国特色社会主义理论体系为指导,认真学习党的十七大精神,树立和落实科学发展观,依托井冈山及周边地区丰富独特的革命历史资源,进行革命传统教育和党性锻炼。要求学员在参观井冈山及

周边地区的革命旧居旧址、缅怀革命先辈业绩、体验井冈山精神的基础上，坚持不懈地加强党性修养，始终保持共产党人的政治本色，发扬党的光荣传统和优良作风，树立和坚持正确的事业观、工作观、政绩观，切实做到政治坚定、作风优良、纪律严明、勤政为民、恪尽职守、清正廉洁，以优良作风带领广大党员、群众迎难而上，锐意改革，共克时艰。

二、教学时间

2009年7月4—10日。7月3日报到，11日离院。

三、教学对象

中央党校中青年干部培训二班学员等，共 101 人。

四、教学方法

充分利用井冈山及周边地区的革命历史资源，把课堂讲授、现场体验有机结合起来，灵活运用启发式教学、音像教学、双向交流等多种教学手段，充分发挥教师和学员两个方面的积极性，实现教学相长、学学相长。

五、教学内容

（一）专题教学：1. 井冈山革命斗争史概述及几个重大问题；2. 中央苏区革命斗争简史及若干问题研究；3. 井冈山精神的时代价值。

（二）现场教学：1. 井冈山革命烈士陵园；2. 井冈山革命博物馆；3. 茨坪毛泽东旧居；4. 三湾改编旧址；5. 井冈山会师纪念馆（龙江书院）；6. 茅坪八角楼；7. 黄洋界哨口；8. 大井朱毛旧居；9. 小井红军医院；10. 小井红军烈士墓（种植纪念树）。

（三）体验式教学：重走朱毛红军挑粮小道。

（四）音像教学：1. 观看音像教学片《井冈丰碑》；2. 通过学院有线电视频道观看《居安思危——苏共亡党的历史教训》等音像片。

（五）分组研讨：领导干部如何弘扬井冈山精神，进一步加强党性修养、坚定理想信念、保持优良作风？

（六）参观：井冈山主峰、龙潭。

（七）其他教学活动：1. 教学导言；2. 唱革命歌曲；3. 看电影。

第67期专设班（2009年第3、4期高校思想政治理论课骨干教师研修班）教学计划

一、教学目的

以邓小平理论和“三个代表”重要思想为指导，全面落实科学发展观，依托井冈山及周边地区丰富独特的革命历史资源和区位优势，进行革命传统教育。通过学习考察，使研修学员理想信念进一步坚定，切实增强政治意识、大局意识和责任意识，提高思想政治理论课教学水平。

二、培训对象

2009 年高校思想政治理论课骨干教师（第 3、4 期）研修班学员，共89人。

三、培训时间

2009 年 7 月 20—27 日。20 日上午报到，27 日上午离院。

四、培训方法

坚持理论联系实际，充分利用井冈山及周边地区的革命历史资源和区位优势，以现场教学和体验式教学为主体，结合研讨交流，充分发挥教师和学员两个方面的积极性，提高学习考察实效。

五、教学内容

（一）专题教学：1. 井冈山革命斗争史概述及几个重大问题；2. 中央苏区革命斗争简史及若干问题研究。

（二）现场教学：1. 井冈山革命烈士陵园；2. 井冈山革命博物馆；3. 茨坪毛泽东旧居；4. 三湾改编旧址；5. 井冈山会师纪念馆（龙江书院）；6. 茅坪八角

楼；7. 黄洋界哨口；8. 大井朱毛旧居；9. 小井红军医院；10.小井红军烈士墓（种植纪念树）。

（三）体验式教学：重走朱毛红军挑粮小道。

（四）音像教学：1. 观看音像教学片《井冈丰碑》；2. 通过学院有线电视观看《科学发展观》、《中国1978—2008》等音像片。

（五）分组研讨：如何弘扬井冈山精神，高质量实施新课程方案，改善高校思想政治理论课教学状况？

（六）参观：1. 学院陈列室；2. 井冈山主峰、龙潭。

2009年第2期全国党史部门负责人培训班教学计划

一、教学目的

充分利用井冈山及周边地区独特的革命历史资源，开展革命传统教育，培养党史干部对新形势下党史工作的理解和做好党史工作的自觉性，提高党史资料征编、党史研究、党史宣传教育、党史重大事件和人物纪念等方面的能力和水平，以充分发挥党史工作以史鉴今、资政育人的作用。

二、培训对象

全国党史部门负责人等，共40人。

三、培训时间

2009年9月2—11日。9月1日报到，12日上午离院。

四、培训方法

坚持理论联系实际，将专题讲授、现场教学和研讨交流相结合，充分发挥教师和学员两个方面的积极性，提高培训实效。

五、教学内容

（一）专题教学：1. 井冈山革命斗争史概述及几个重大问题；2. 中央苏区革命斗争简史及若干问题研究；3. 正确认识两个30年的辩证关系；4. 关于口述史料征集、整理的几个问题；5. 改革开放历史研究的若干问题；6. 党史资料的搜集、考证和利用；7. 有关开展党史人物研究和纪念工作的几个问题；8. 党史二卷编写中的若干问题。

（二）现场教学：1. 井冈山革命烈士陵园；2. 井冈山革命博物馆；3. 茅坪八角楼；4. 黄洋界哨口；5. 大井朱毛旧居；6.小井红军医院；7.小井红军烈士墓（种植纪念树）；8. 兴国苏区干部好作风陈列馆；9. 瑞金“一苏大”、“二苏大”旧址；10. 中央红军长征出发地纪念馆；11.长征第一山——云石山。

（三）体验式教学：重走朱毛红军挑粮小道。

（四）音像教学：1. 观看音像教学片《井冈丰碑》、《瑞京奠基》；2. 通过学院有线电视观看《中国工农红军》、《破冰》、《沧桑巨变——新中国六十年大事纪要》、《居安思危——苏共亡党的历史教训》等音像片。

（五）激情教学：唱革命歌曲。

（六）分组研讨：1. 新形势下如何做好党史工作？ 2.交流培训体会与收获。

（七）教学演出：音乐舞蹈史诗《井冈山》。

（八）参观：井冈山主峰、龙潭。

第9期正厅局级领导干部“加强党性修养、坚定理想信念、保持优良作风”专题培训班教学计划

一、教学目的

认真学习贯彻胡锦涛总书记在十七届中央纪委三次全会上的重要讲话精神，深入挖掘井冈山革命历史资源的丰富内涵，深入研究弘扬井冈山精神对领导干部加强党性修养、坚定理想信念、保持优良作风的现实意义，针对当前厅局级领导干部在思想政

治建设上存在的突出问题开展培训。通过培训，教育和引导干部坚持不懈地加强党性修养，始终保持共产党人的政治本色，发扬党的光荣传统和优良作风，树立和坚持正确的事业观、工作观、政绩观，切实做到政治坚定、作风优良、纪律严明、勤政为民、恪尽职守、清正廉洁，以优良作风带领广大党员、群众迎难而上，锐意改革，共克时艰。

二、教学时间

2009年9月5—11日。9月4日报到，12日离院。

三、教学对象

学员对象为中央和国家机关各部委、各人民团体的司局长，省（区、市）党委政府工作部门、法院、检察院、人民团体厅局长等，共39人。

四、教学内容

（一）专题教学：1. 新民主主义革命的基本历程及主要经验；2. 牢记党的宗旨，热情奉献为民；3. 井冈山斗争与井冈山精神；4. 中央苏区与苏区精神；5. 从井冈山道路到中国特色社会主义道路（茅坪八角楼现场讲授）。

（二）现场教学：1. 井冈山革命烈士陵园；2. 井冈山革命博物馆；3.大井朱毛旧居；4.小井红军医院；5. 小井红军烈士墓（种植纪念树）；6. 茅坪八角楼；7.黄洋界哨口。

（三）体验式教学：重走朱毛红军挑粮小道。

（四）音像教学：1. 观看音像教学片《井冈丰碑》和《群体性事件警示录》；2. 通过学院有线电视观看《沧桑巨变——新中国六十年大事纪要》、《居安思危——苏共亡党的历史教训》和《破冰——纪念改革开放30周年》等音像片。

（五）分组研讨：1. 学习胡锦涛总书记在十七届中央纪委三次全会上的重要讲话精神体会交流；2. 领导干部如何弘扬井冈山精神，进一步加强党性修养、坚定理想信念、保持优良作风?

（六）其他教学活动：1. 教学导言；2. 入学教育；3. 唱革命歌曲；4. 教学演出：音乐舞蹈史诗《井冈山》。

（七）参观：井冈山主峰、龙潭。

五、教学方法

充分利用井冈山及周边地区的革命历史资源，综合运用课堂讲授、研讨交流、现场教学、案例分析、音像教学等多种培训方式，充分发挥教师和学员两个方面的积极性，实现教学相长、学学相长，提高培训实效。

六、阅读书目

1.《胡锦涛同志在十七届中央纪委三次全会上的重要讲话》；2.《中国共产党历史二十八讲》；3.《井冈山革命根据地简史》；4.《中央革命根据地简史》；5.《现场教学点讲解词》；6.《毛泽东在江西革命斗争时期著作选编》；7.《毛泽东在中央革命根据地斗争时期的调查文选》；8.《中国共产党人精神研究》；9.《学习井冈山英烈，树立正确的世界观人生观价值观》。

七、学习考核

学员每人撰写2000字左右的党性分析材料。

第5期副厅局级领导干部“加强党性修养、坚定理想信念、保持优良作风”专题培训班教学计划

一、教学目的

认真学习贯彻胡锦涛总书记在十七届中央纪委三次全会上的重要讲话精神，深入挖掘井冈山革命历史资源的丰富内涵，深入研究弘扬井冈山精神对领导干部加强党性修养、坚定理想信念、保持优良作风的现实意义，针对当前厅局级领导干部在思想政治建设上存在的突出问题开展培训。通过培训，教育和引导干部坚持不懈地加强党性修养，始终保持共产党人的政治本色，发扬党的光荣传统和优良作

风，树立和坚持正确的事业观、工作观、政绩观，切实做到政治坚定、作风优良、纪律严明、勤政为民、恪尽职守、清正廉洁，以优良作风带领广大党员、群众迎难而上，锐意改革，共克时艰。

二、教学时间

2009年9月5—11日。9月4日报到，12日离院。

三、教学对象

学员对象为中央和国家机关各部委、各人民团体司局级副职领导干部，省（区、市）党委政府工作部门、法院、检察院、人民团体厅局级副职领导干部，市（地、州、盟）党委政府领导班子成员等，共45人。

四、教学内容

（一）专题教学：1. 新民主主义革命的基本历程及主要经验；2. 牢记党的宗旨，热情奉献为民；3. 井冈山斗争与井冈山精神；4. 中央苏区与苏区精神；5. 从井冈山道路到中国特色社会主义道路（茅坪八角楼现场讲授）。

（二）现场教学：1. 井冈山革命烈士陵园；2. 井冈山革命博物馆；3.大井朱毛旧居；4.小井红军医院；5. 小井红军烈士墓（种植纪念树）；6. 茅坪八角楼；7.黄洋界哨口。

（三）体验式教学：重走朱毛红军挑粮小道。

（四）音像教学：1. 观看音像教学片《井冈丰碑》和《群体性事件警示录》；2. 通过学院有线电视观看《沧桑巨变——新中国六十年大事纪要》、《居安思危——苏共亡党的历史教训》和《破冰——纪念改革开放30周年》等音像片。

（五）分组研讨：1. 学习胡锦涛总书记在十七届中央纪委三次全会上的重要讲话精神体会交流；2. 领导干部如何弘扬井冈山精神，进一步加强党性修养、坚定理想信念、保持优良作风？

（六）其他教学活动：1. 教学导言；2. 入学教育；3. 唱革命歌曲；4. 教学演出：音乐舞蹈史诗《井冈山》。

（七）参观：井冈山主峰、龙潭。

五、教学方法

充分利用井冈山及周边地区的革命历史资源，综合运用课堂讲授、研讨交流、现场教学、案例分析、音像教学等多种培训方式，充分发挥教师和学员两个方面的积极性，实现教学相长、学学相长，提高培训实效。

六、阅读书目

1.《胡锦涛同志在十七届中央纪委三次全会上的重要讲话》；2.《中国共产党历史二十八讲》；3.《井冈山革命根据地简史》；4.《中央革命根据地简史》；5.《现场教学点讲解词》；6.《毛泽东在江西革命斗争时期著作选编》；7.《毛泽东在中央革命根据地斗争时期的调查文选》；8.《中国共产党人精神研究》；9.《学习井冈山英烈，树立正确的世界观人生观价值观》。

七、学习考核

学员每人撰写2000字左右的党性分析材料。

中管企业和金融机构领导人员“加强党性修养、坚定理想信念、保持优良作风”专题培训班教学计划

一、教学目的

认真学习贯彻胡锦涛总书记在十七届中央纪委三次全会上的重要讲话精神，深入挖掘井冈山革命历史资源的丰富内涵，深入研究弘扬井冈山精神对领导干部加强党性修养、坚定理想信念、保持优良作风的现实意义，针对当前厅局级领导干部在思想政治建设上存在的突出问题开展培训。通过培训，教育和引导干部坚持不懈地加强党性修养，始终保持共产党人的政治本色，发扬党的光荣传统和优良作风，树立和坚持正确的事业观、工作观、政绩观，切实

做到政治坚定、作风优良、纪律严明、勤政为民、恪尽职守、清正廉洁，以优良作风带领广大党员、群众迎难而上，锐意改革，共克时艰。

二、教学时间

2009年9月5—11日。9月4日报到，12日离院。

三、教学对象

中管企业和金融机构领导班子副职等，共31人。

四、教学内容

（一）专题教学：1. 新民主主义革命的基本历程及主要经验；2. 牢记党的宗旨，热情奉献为民；3. 井冈山斗争与井冈山精神；4. 我国的经济形势和社会发展；5. 从井冈山道路到中国特色社会主义道路（茅坪八角楼现场讲授）。

（二）现场教学：1. 井冈山革命烈士陵园；2. 井冈山革命博物馆；3.大井朱毛旧居；4.小井红军医院；5. 小井红军烈士墓（种植纪念树）；6. 茅坪八角楼；7.黄洋界哨口；8.茨坪毛泽东旧居。

（三）体验式教学：重走朱毛红军挑粮小道。

（四）音像教学：1. 观看音像教学片《井冈丰碑》；2. 通过学院有线电视观看《沧桑巨变——新中国六十年大事纪要》《居安思危——苏共亡党的历史教训》和《破冰——纪念改革开放30周年》等音像片。

（五）分组研讨：1. 学习胡锦涛总书记在十七届中央纪委三次全会上的重要讲话精神体会交流；2. 领导干部如何弘扬井冈山精神，进一步加强党性修养、坚定理想信念、保持优良作风？

（六）其他教学活动：1. 教学导言；2. 入学教育；3. 唱革命歌曲；4. 教学演出：音乐舞蹈史诗《井冈山》。

（七）参观：井冈山主峰、龙潭。

五、教学方法

充分利用井冈山及周边地区的革命历史资源，综合运用课堂讲授、研讨交流、现场教学、案例分析、音像教学等多种培训方式，充分发挥教师和学员两个方面的积极性，实现教学相长、学学相长，提高培训实效。

六、阅读书目

1.《胡锦涛同志在十七届中央纪委三次全会上的重要讲话》；2.《中国共产党历史二十八讲》；3.《井冈山革命根据地简史》；4.《中央革命根据地简史》；5.《现场教学点讲解词》；6.《毛泽东在江西革命斗争时期著作选编》；7.《毛泽东在中央革命根据地斗争时期的调查文选》；8.《中国共产党人精神研究》；9.《学习井冈山英烈，树立正确的世界观人生观价值观》。

七、学习考核

学员每人撰写2000字左右的党性分析材料。

第10期正厅局级领导干部"加强党性修养、坚定理想信念、保持优良作风"专题培训班教学计划

一、教学目的

认真学习贯彻胡锦涛总书记在十七届中央纪委三次全会上的重要讲话精神，深入挖掘井冈山革命历史资源的丰富内涵，深入研究弘扬井冈山精神对领导干部加强党性修养、坚定理想信念、保持优良作风的现实意义，针对当前厅局级领导干部在思想政治建设上存在的突出问题开展培训。通过培训，教育和引导干部坚持不懈地加强党性修养，始终保持共产党人的政治本色，发扬党的光荣传统和优良作风，树立和坚持正确的事业观、工作观、政绩观，切实做到政治坚定、作风优良、纪律严明、勤政为民、恪尽职守、清正廉洁，以优良作风带领广大党员、群众迎难而上，锐意改革，共克时艰。

二、教学时间

2009年9月16—22日。9月15日报到,23日离院。

三、教学对象

学员对象为中央和国家机关各部委、各人民团体的司局长,省(区、市)党委政府工作部门、法院、检察院、人民团体厅局长等,共38人。

四、教学内容

(一)专题教学:1. 新民主主义革命的基本历程及主要经验;2. 与领导干部漫谈做人做事做官;3. 井冈山斗争与井冈山精神;4. 中央苏区与苏区精神;5. 从井冈山道路到中国特色社会主义道路(茅坪八角楼现场讲授)。

(二)现场教学:1. 井冈山革命烈士陵园;2. 井冈山革命博物馆;3.大井朱毛旧居;4.小井红军医院;5. 小井红军烈士墓(种植纪念树);6. 茅坪八角楼;7.黄洋界哨口。

(三)体验式教学:重走朱毛红军挑粮小道。

(四)音像教学:1. 观看音像教学片《井冈丰碑》和《群体性事件警示录》;2. 通过学院有线电视观看《沧桑巨变——新中国六十年大事纪要》、《居安思危——苏共亡党的历史教训》和《辉煌 60年——共和国纪事》等音像片。

(五)分组研讨:1. 学习胡锦涛总书记在十七届中央纪委三次全会上的重要讲话精神体会交流;2. 领导干部如何弘扬井冈山精神,进一步加强党性修养、坚定理想信念、保持优良作风?

(六)其他教学活动:1. 教学导言;2. 入学教育;3.唱革命歌曲。

(七)参观:井冈山主峰、龙潭。

五、教学方法

充分利用井冈山及周边地区的革命历史资源,综合运用课堂讲授、研讨交流、现场教学、案例分析、音像教学等多种培训方式,充分发挥教师和学员两个方面的积极性,实现教学相长、学学相长,提高培训实效。

六、阅读书目

1.《胡锦涛同志在十七届中央纪委三次全会上的重要讲话》;2.《中国共产党历史二十八讲》;3.《井冈山革命根据地简史》;4.《中央革命根据地简史》;5.《现场教学点讲解词》;6.《毛泽东在江西革命斗争时期著作选编》;7.《毛泽东在中央革命根据地斗争时期的调查文选》;8.《中国共产党人精神研究》;9.《学习井冈山英烈,树立正确的世界观人生观价值观》。

七、学习考核

学员每人撰写2000字左右的党性分析材料。

第6期副厅局级领导干部“加强党性修养、坚定理想信念、保持优良作风”专题培训班教学计划

一、教学目的

认真学习贯彻胡锦涛总书记在十七届中央纪委三次全会上的重要讲话精神,深入挖掘井冈山革命历史资源的丰富内涵,深入研究弘扬井冈山精神对领导干部加强党性修养、坚定理想信念、保持优良作风的现实意义,针对当前厅局级领导干部在思想政治建设上存在的突出问题开展培训。通过培训,教育和引导干部坚持不懈地加强党性修养,始终保持共产党人的政治本色,发扬党的光荣传统和优良作风,树立和坚持正确的事业观、工作观、政绩观,切实做到政治坚定、作风优良、纪律严明、勤政为民、恪尽职守、清正廉洁,以优良作风带领广大党员、群众迎难而上,锐意改革,共克时艰。

二、教学时间

2009年9月16—22日。9月15日报到,23日离院。

三、教学对象

学员对象为中央和国家机关各部委、各人民团

体司局级副职领导干部，省（区、市）党委政府工作部门、法院、检察院、人民团体厅局级副职领导干部，市（地、州、盟）党委政府领导班子成员，共44人。

四、教学内容

（一）专题教学：1. 新民主主义革命的基本历程及主要经验；2. 与领导干部漫谈做人做事做官；3. 井冈山斗争与井冈山精神；4. 中央苏区与苏区精神；5. 从井冈山道路到中国特色社会主义道路（茅坪八角楼现场讲授）。

（二）现场教学：1. 井冈山革命烈士陵园；2. 井冈山革命博物馆；3.大井朱毛旧居；4.小井红军医院；5. 小井红军烈士墓（种植纪念树）；6. 茅坪八角楼；7.黄洋界哨口。

（三）体验式教学：重走朱毛红军挑粮小道。

（四）音像教学：1. 观看音像教学片《井冈丰碑》和《群体性事件警示录》；2. 通过学院有线电视观看《沧桑巨变——新中国六十年大事纪要》、《居安思危——苏共亡党的历史教训》和《辉煌 60 年——共和国纪事》等音像片。

（五）分组研讨：1. 学习胡锦涛总书记在十七届中央纪委三次全会上的重要讲话精神体会交流；2. 领导干部如何弘扬井冈山精神，进一步加强党性修养、坚定理想信念、保持优良作风？

（六）其他教学活动：1. 教学导言；2. 入学教育；3.唱革命歌曲。

（七）参观：井冈山主峰、龙潭。

五、教学方法

充分利用井冈山及周边地区的革命历史资源，综合运用课堂讲授、研讨交流、现场教学、案例分析、音像教学等多种培训方式，充分发挥教师和学员两个方面的积极性，实现教学相长、学学相长，提高培训实效。

六、阅读书目

1.《胡锦涛同志在十七届中央纪委三次全会上的重要讲话》；2.《中国共产党历史二十八讲》；3.《井冈山革命根据地简史》；4.《中央革命根据地简史》；5.《现场教学点讲解词》；6.《毛泽东在江西革命斗争时期著作选编》；7.《毛泽东在中央革命根据地斗争时期的调查文选》；8.《中国共产党人精神研究》；9.《学习井冈山英烈，树立正确的世界观人生观价值观》。

七、学习考核

学员每人撰写2000字左右的党性分析材料。

第11期正厅局级领导干部“加强党性修养、坚定理想信念、保持优良作风”专题培训班教学计划

一、教学目的

以中国特色社会主义理论为指导，学习贯彻党的十七大和十七届四中全会精神，树立和落实科学发展观，利用井冈山独特的革命历史资源，教育和引导学员继承和发扬井冈山革命斗争时期共产党人的党性、党风和党纪方面的优良传统，打上井冈山精神的“烙印”，进一步加强思想政治建设和作风建设，加强党性修养，坚定中国特色社会主义的理想信念，增强立党为公、执政为民的宗旨意识，保持党同人民群众血肉联系，增强组织纪律性，永葆共产党人的本色，发扬党的光荣传统和优良作风，树立和坚持正确的事业观、工作观、政绩观，切实做到政治坚定、作风优良、纪律严明、勤政为民、恪尽职守、清正廉洁，以优良作风带领广大党员、群众迎难而上，锐意改革，共克时艰。

二、教学时间

2009年10月12—25日。10月11日报到，26日离院。

三、教学对象

学员对象为中央和国家机关各部委司局级领导

干部，省（区、市）党委政府工作部门厅局级领导干部，市（地、州、盟）党委政府领导班子成员等，共46人。

四、教学内容

（一）专题教学：1. 十七届四中全会精神专题辅导；2. 新民主主义革命及其历史经验；3. 井冈山斗争与井冈山精神；4. 共产党的纪律是铁的纪律（荆竹山雷打石现场讲授）；5. 中央苏区与苏区干部好作风；6. 井冈山与中央苏区时期毛泽东的调查研究及启示；7. 从井冈山道路到中国特色社会主义道路（茅坪八角楼现场讲授）；8. 增强党性，搞好党风，做合格领导者。

（二）现场教学：1. 井冈山革命烈士陵园；2. 井冈山革命博物馆；3. 茨坪毛泽东旧居；4. 大井朱毛旧居；5. 小井红军医院；6. 小井红军烈士墓（种植纪念树）；7. 茅坪八角楼；8. 黄洋界哨口；9. 兴国苏区干部好作风陈列馆、将军馆、毛泽东作长冈乡调查纪念馆；10. 中央红军长征出发地纪念馆、长征第一山（云石山）；11. 瑞金“一苏大”、“二苏大”旧址。

（三）体验式教学：1. 重走朱毛红军挑粮小道；2. 自做红军餐（荆竹山雷打石）。

（四）社会实践教学：1. 兴国县领导围绕“兴国的历史与现在”主题进行教学；2. 考察程水村社会主义新农村建设、长冈村入户调查。

（五）音像教学：1. 观看《井冈丰碑》、《瑞京奠基》、《群体性事件警示录》等音像教学片；2. 通过学院有线电视观看《加强和改进新形势下党的建设：十七届四中全会〈决定〉的重大意义》、《天职》等音像片。

（六）学员论坛（2 次）：学习贯彻十七届四中全会精神，弘扬党的优良传统和作风，推动本地区本部门科学发展。

（七）分组研讨：学习十七届四中全会精神体会交流。

（八）其他教学活动：1. 教学导言；2. 入学教育；3. 唱革命歌曲；4. 教学演出：音乐舞蹈史诗《井冈山》、“兴国山歌”专题晚会；5. 自学。

（九）参观：龙潭。

五、教学方法

充分利用井冈山及周边地区的革命历史资源，综合运用课堂讲授、研讨交流、现场教学、案例分析、音像教学等多种培训方式，充分发挥教师和学员两个方面的积极性，实现教学相长、学学相长，提高培训实效。

六、阅读书目

1.《胡锦涛同志在十七届中央纪委三次全会上的重要讲话》；2. 中国共产党十七届四中全会文件；3.《中国共产党历史二十八讲》；4.《井冈山革命根据地简史》；5.《中央革命根据地简史》；6.《现场教学点讲解词》；7.《毛泽东在江西革命斗争时期著作选编》；8.《毛泽东在中央革命根据地斗争时期的调查文选》；9.《中国共产党人精神研究》；10.《学习井冈山英烈，树立正确的世界观人生观价值观》。

七、学习考核

学员每人撰写2000字左右的党性分析材料。

第7期副厅局级领导干部“加强党性修养、坚定理想信念、保持优良作风”专题培训班教学计划

一、教学目的

以中国特色社会主义理论为指导，学习贯彻党的十七大和十七届四中全会精神，树立和落实科学发展观，利用井冈山独特的革命历史资源，教育和引导学员继承和发扬井冈山革命斗争时期共产党人的党性、党风和党纪方面的优良传统，打上井冈山精神的“烙印”，进一步加强思想政治建设和作风建设，

加强党性修养,坚定中国特色社会主义的理想信念,增强立党为公、执政为民的宗旨意识,保持党同人民群众血肉联系,增强组织纪律性,永葆共产党人的本色,发扬党的光荣传统和优良作风,树立和坚持正确的事业观、工作观、政绩观,切实做到政治坚定、作风优良、纪律严明、勤政为民、恪尽职守、清正廉洁,以优良作风带领广大党员、群众迎难而上,锐意改革,共克时艰。

二、教学时间

2009年10月12—25日。10月11日报到,26日离院。

三、教学对象

学员对象为中央和国家机关各部委司局级副职领导干部,省(区、市)党委政府工作部门厅局级副职领导干部,市(地、州、盟)党委政府领导班子成员等,共48人。

四、教学内容

(一)专题教学:1. 十七届四中全会精神专题辅导;2. 新民主主义革命及其历史经验;3. 井冈山斗争与井冈山精神;4. 共产党的纪律是铁的纪律(荆竹山雷打石现场讲授);5. 中央苏区与苏区干部好作风;6. 井冈山与中央苏区时期毛泽东的调查研究及启示;7. 从井冈山道路到中国特色社会主义道路(茅坪八角楼现场讲授);8. 增强党性,搞好党风,做合格领导者。

(二)现场教学:1. 井冈山革命烈士陵园;2. 井冈山革命博物馆;3. 茨坪毛泽东旧居;4. 大井朱毛旧居;5. 小井红军医院;6. 小井红军烈士墓(种植纪念树);7. 茅坪八角楼;8. 黄洋界哨口;9. 兴国苏区干部好作风陈列馆、将军馆、毛泽东作长冈乡调查纪念馆;10. 中央红军长征出发地纪念馆、长征第一山(云石山);11.瑞金"一苏大"、"二苏大"旧址。

(三)体验式教学:1. 重走朱毛红军挑粮小道;2.自做红军餐(荆竹山雷打石)。

(四)社会实践教学:1.兴国县领导围绕"兴国的历史与现在"主题进行教学;2.考察程水村社会主义新农村建设、长冈村入户调查。

(五)音像教学:1.观看《井冈丰碑》、《瑞京奠基》、《群体性事件警示录》等音像教学片;2.通过学院有线电视观看《加强和改进新形势下党的建设:十七届四中全会〈决定〉的重大意义》、《天职》等音像片。

(六)学员论坛(2次):学习贯彻十七届四中全会精神,弘扬党的优良传统和作风,推动本地区本部门科学发展。

(七)分组研讨;学习十七届四中全会精神体会交流。

(八)其他教学活动:1.教学导言;2.入学教育;3.唱革命歌曲;4.教学演出:音乐舞蹈史诗《井冈山》、"兴国山歌"专题晚会;5.自学。

(九)参观:龙潭。

五、教学方法

充分利用井冈山及周边地区的革命历史资源,综合运用课堂讲授、研讨交流、现场教学、案例分析、音像教学等多种培训方式,充分发挥教师和学员两个方面的积极性,实现教学相长、学学相长,提高培训实效。

六、阅读书目

1.《胡锦涛同志在十七届中央纪委三次全会上的重要讲话》;2.中国共产党十七届四中全会文件;3.《中国共产党历史二十八讲》;4.《井冈山革命根据地简史》;5.《中央革命根据地简史》;6.《现场教学点讲解词》;7.《毛泽东在江西革命斗争时期著作选编》;8.《毛泽东在中央革命根据地斗争时期的调查文选》;9.《中国共产党人精神研究》;10.《学习井冈山英烈,树立正确的世界观人生观价值观》。

七、学习考核

学员每人撰写2000字左右的党性分析材料。

第4期高级专家理论研究班教学计划

一、教学目的

认真学习贯彻党的十七届四中全会精神，学习党的光辉历史和优良传统，听取专家意见建议，密切与专家的联系。通过培训，使学员进一步树立和落实科学发展观，提高思想理论水平，不断增强责任感和使命感。

二、教学时间

2009年10月22—31日。10月21日报到，31日下午离院。

三、教学对象

中央联系的专家50人。

四、教学方法

坚持理论联系实际，充分利用井冈山及周边地区的革命历史资源，以现场教学和体验式教学为主体，将课堂讲授、现场体验、学员论坛、研讨交流相结合，充分发挥学员资源优势，促进教学相长、学学相长，提高培训实效。

五、教学内容

（一）专题教学：1. 十七届四中全会精神辅导报告；2. 井冈山斗争与井冈山精神；3. 中央苏区简史及若干问题研究；4. 中国共产党的优良传统及现实启示。

（二）现场教学：1. 井冈山革命烈士陵园；2. 井冈山革命博物馆；3. 茨坪毛泽东旧居；4. 大井朱毛旧居；5. 小井红军医院；6. 小井红军烈士墓（种植纪念树）；7. 茅坪八角楼；8. 黄洋界哨口；9. 兴国苏区干部好作风陈列馆；10. 瑞金中华苏维埃临时中央政府旧址群；11. 中央红军长征出发地纪念馆、长征第一山。

（三）分组讨论：学习十七届四中全会精神体会交流。

（四）学员论坛：人才队伍建设与创新人才培养。

（五）音像教学：1. 观看音像教学片《井冈丰碑》《瑞京奠基》；2. 通过学院有线电视观看《沧桑巨变——新中国六十年大事纪要》《天职》《伟大的历程》等音像片。

（六）唱革命歌曲。

（七）体验式教学：重走朱毛红军挑粮小道。

（八）参观：井冈山主峰、龙潭。

（九）学习小结。

第12期正厅局级领导干部“加强党性修养、坚定理想信念、保持优良作风”专题培训班教学计划

一、教学目的

认真学习党的十七大和十七届四中全会精神，深入贯彻胡锦涛总书记在十七届中央纪委三次全会上的重要讲话精神，深入挖掘井冈山革命历史资源的丰富内涵，深入研究弘扬井冈山精神对领导干部加强党性修养、坚定理想信念、保持优良作风的现实意义，针对当前厅局级领导干部在思想政治建设上存在的突出问题开展培训。通过培训，教育和引导干部坚持不懈地加强党性修养，始终保持共产党人的政治本色，发扬党的光荣传统和优良作风，树立和坚持正确的事业观、工作观、政绩观，切实做到政治坚定、作风优良、纪律严明、勤政为民、恪尽职守、清正廉洁，以优良作风带领广大党员、群众迎难而上，锐意改革，共克时艰。

二、教学时间

2009年11月9—15日。8日报到，16日离院。

三、教学对象

学员对象为中央和国家机关各部委、各人民

团体司局级领导干部，省（区、市）党委政府工作部门、法院、检察院、人民团体厅局级领导干部，市（地、州、盟）党委政府领导班子成员，共40人。

四、教学内容

（一）专题教学：1. 新民主主义革命及其历史经验；2. 中国共产党的优良传统及现实启示；3. 井冈山斗争与井冈山精神；4. 中央苏区与苏区精神；5. 从井冈山道路到中国特色社会主义道路（茅坪八角楼现场讲授）。

（二）现场教学：1. 井冈山革命烈士陵园；2. 井冈山革命博物馆；3.大井朱毛旧居；4.小井红军医院；5. 小井红军烈士墓（种植纪念树）；6. 茅坪八角楼；7.黄洋界哨口。

（三）体验式教学：重走朱毛红军挑粮小道。

（四）音像教学：1.《井冈丰碑》；2.《群体性事件警示录》；3. 通过学院有线电视频道观看《破冰——纪念改革开放30周年》、《居安思危——苏共亡党的历史教训》等音像片。

（五）分组研讨：1. 学习十七届四中全会和胡锦涛总书记在十七届中央纪委三次全会上的重要讲话精神体会交流；2. 领导干部如何弘扬井冈山精神，进一步加强党性修养、坚定理想信念、保持优良作风？

（六）其他教学活动：1. 教学导言；2. 入学教育；3. 唱革命歌曲；4. 教学演出：音乐舞蹈史诗《井冈山》。

（七）参观：井冈山主峰、龙潭。

五、教学方法

充分利用井冈山及周边地区的革命历史资源，综合运用课堂讲授、研讨交流、现场教学、案例分析、音像教学等多种培训方式，充分发挥教师和学员两个方面的积极性，实现教学相长、学学相长，提高培训实效。

六、阅读书目

1.《中共中央关于加强和改进新形势下党的建设若干重大问题的决定》；2.《胡锦涛同志在十七届中央纪委三次全会上的重要讲话》；3.《中国共产党历史二十八讲》；4.《井冈山革命根据地简史》；5.《中央革命根据地简史》；6.《现场教学点讲解词》；7.《毛泽东在江西革命斗争时期著作选编》；8.《毛泽东在中央革命根据地斗争时期的调查文选》；9.《中国共产党人精神研究》；10.《学习井冈山英烈，树立正确的世界观人生观价值观》。

七、学习考核

学员每人撰写2000字左右的党性分析材料。

第8期副厅局级领导干部"加强党性修养、坚定理想信念、保持优良作风"专题培训班教学计划

一、教学目的

认真学习党的十七大和十七届四中全会精神，深入贯彻胡锦涛总书记在十七届中央纪委三次全会上的重要讲话精神，深入挖掘井冈山革命历史资源的丰富内涵，深入研究弘扬井冈山精神对领导干部加强党性修养、坚定理想信念、保持优良作风的现实意义，针对当前厅局级领导干部在思想政治建设上存在的突出问题开展培训。通过培训，教育和引导干部坚持不懈地加强党性修养，始终保持共产党人的政治本色，发扬党的光荣传统和优良作风，树立和坚持正确的事业观、工作观、政绩观，切实做到政治坚定、作风优良、纪律严明、勤政为民、恪尽职守、清正廉洁，以优良作风带领广大党员、群众迎难而上，锐意改革，共克时艰。

二、教学时间

2009年11月9—15日。8日报到，16日离院。

三、教学对象

学员对象为中央和国家机关各部委、各人民团

体司局级副职领导干部，省（区、市）党委政府工作部门、法院、检察院、人民团体厅局级副职领导干部，市（地、州、盟）党委政府领导班子成员，共 46 人。

四、教学内容

（一）专题教学：1. 新民主主义革命及其历史经验；2. 中国共产党的优良传统及现实启示；3. 井冈山斗争与井冈山精神；4. 中央苏区与苏区精神；5. 从井冈山道路到中国特色社会主义道路（茅坪八角楼现场讲授）。

（二）现场教学：1. 井冈山革命烈士陵园；2. 井冈山革命博物馆；3.大井朱毛旧居；4.小井红军医院；5. 小井红军烈士墓（种植纪念树）；6. 茅坪八角楼；7.黄洋界哨口。

（三）体验式教学：重走朱毛红军挑粮小道。

（四）音像教学：1.《井冈丰碑》；2.《群体性事件警示录》；3. 通过学院有线电视频道观看《破冰——纪念改革开放 30 周年》《居安思危——苏共亡党的历史教训》等音像片。

（五）分组研讨：1. 学习十七届四中全会和胡锦涛总书记在十七届中央纪委三次全会上的重要讲话精神体会交流；2. 领导干部如何弘扬井冈山精神，进一步加强党性修养、坚定理想信念、保持优良作风？

（六）其他教学活动：1. 教学导言；2. 入学教育；3. 唱革命歌曲；4. 教学演出：音乐舞蹈史诗《井冈山》。

（七）参观：井冈山主峰、龙潭。

五、教学方法

充分利用井冈山及周边地区的革命历史资源，综合运用课堂讲授、研讨交流、现场教学、案例分析、音像教学等多种培训方式，充分发挥教师和学员两个方面的积极性，实现教学相长、学学相长，提高培训实效。

六、阅读书目

1.《中共中央关于加强和改进新形势下党的建设若干重大问题的决定》；2.《胡锦涛同志在十七届中央纪委三次全会上的重要讲话》；3.《中国共产党历史二十八讲》；4.《井冈山革命根据地简史》；5.《中央革命根据地简史》；6.《现场教学点讲解词》；7.《毛泽东在江西革命斗争时期著作选编》；8.《毛泽东在中央革命根据地斗争时期的调查文选》；9.《中国共产党人精神研究》；10.《学习井冈山英烈，树立正确的世界观人生观价值观》。

七、学习考核

学员每人撰写2000字左右的党性分析材料。

中管高校领导干部“加强党性修养、坚定理想信念、保持优良作风”专题培训班教学计划

一、教学目的

认真学习党的十七大和十七届四中全会精神，深入贯彻胡锦涛总书记在十七届中央纪委三次全会上的重要讲话精神，深入挖掘井冈山革命历史资源的丰富内涵，深入研究弘扬井冈山精神对领导干部加强党性修养、坚定理想信念、保持优良作风的现实意义，加强中管高校领导干部党性锻炼和作风养成。通过培训，使他们进一步提高思想政治素质，增强政治意识、政权意识和责任意识，以坚强的党性和优良的作风保证科学发展观的贯彻落实，推进高水平大学建设。

二、教学时间

2009 年 11 月 9—15 日。8 日报到，16 日离院。

三、教学对象

中管高校领导班子副职，共38人。

四、教学内容

（一）专题教学：1. 新民主主义革命及其历史经验；2. 中国共产党的优良传统及现实启示；3. 井冈山斗争与井冈山精神；4. 中央苏区与苏区精神；5. 从井冈山道路到中国特色社会主义道路（茅坪八角楼现场讲授）。

（二）现场教学：1. 井冈山革命烈士陵园；2. 井冈山革命博物馆；3.大井朱毛旧居；4.小井红军医院；5. 小井红军烈士墓（种植纪念树）；6. 茅坪八角楼；7.黄洋界哨口。

（三）体验式教学：重走朱毛红军挑粮小道。

（四）音像教学：1.《井冈丰碑》；2.《群体性事件警示录》；3. 通过学院有线电视频道观看《破冰——纪念改革开放 30 周年》《居安思危——苏共亡党的历史教训》等音像。

（五）分组研讨：1. 学习十七届四中全会和胡锦涛总书记在十七届中央纪委三次全会上的重要讲话精神体会交流；2. 领导干部如何弘扬井冈山精神，进一步加强党性修养、坚定理想信念、保持优良作风？

（六）其他教学活动：1. 教学导言；2. 入学教育；3. 唱革命歌曲；4. 教学演出：音乐舞蹈史诗《井冈山》。

（七）参观：井冈山主峰、龙潭。

五、教学方法

充分利用井冈山及周边地区的革命历史资源，综合运用课堂讲授、研讨交流、现场教学、案例分析、音像教学等多种培训方式，充分发挥教师和学员两个方面的积极性，实现教学相长、学学相长，提高培训实效。

六、阅读书目

1.《中共中央关于加强和改进新形势下党的建设若干重大问题的决定》；2.《胡锦涛同志在十七届中央纪委三次全会上的重要讲话》；3.《中国共产党历史二十八讲》；4.《井冈山革命根据地简史》；5.《中央革命根据地简史》；6.《现场教学点讲解词》；7.《毛泽东在江西革命斗争时期著作选编》；8.《毛泽东在中央革命根据地斗争时期的调查文选》；9.《中国共产党人精神研究》；10.《学习井冈山英烈，树立正确的世界观人生观价值观》。

七、学习考核

学员每人撰写2000字左右的党性分析材料。

第68期专设班（第29、30期中央部委所属高校哲学社会科学教研骨干研修班）教学计划

一、教学目的

以邓小平理论和“三个代表”重要思想为指导，认真学习党的十七大精神，树立和落实科学发展观，依托井冈山及周边地区丰富独特的革命历史资源，进行革命传统教育。通过培训，使学员贯彻党的十七大精神的自觉性、坚定性进一步增强，理想信念进一步坚定，切实提高思想政治素质，增强政治意识、大局意识和责任意识。

二、培训对象

第 29、30 期中央部委所属高校哲学社会科学教研骨干研修班学员等，83 人。

三、培训时间

2009 年 9 月 17—24 日。17 日报到并教学，25 日上午离院。

四、培训方法

坚持理论联系实际，充分利用井冈山及周边地区的革命历史资源和区位优势，以现场教学和体验式教学为主体，结合研讨交流，充分发挥教师和学员两个方面的积极性，提高培训实效。

五、教学内容

（一）专题教学：1. 井冈山革命斗争史概述及几

个重大问题；2. 中央苏区革命斗争简史及若干问题研究；3.井冈山精神的时代价值。

（二）现场教学：1. 井冈山革命烈士陵园；2. 茨坪毛泽东旧居；3. 井冈山革命博物馆；4. 三湾改编旧址；5. 井冈山会师纪念馆（龙江书院）；6. 茅坪八角楼；7. 黄洋界哨口；8. 大井朱毛旧居；9. 小井红军医院；10.小井红军烈士墓。

（三）体验式教学：重走朱毛红军挑粮小道。

（四）音像教学：1. 观看音像教学片《井冈丰碑》、《瑞京奠基》；2. 通过学院有线电视观看《沧桑巨变——新中国六十年大事纪要》、《居安思危——苏共亡党的历史教训》和《辉煌 60 年——共和国纪事》等音像片。

（五）激情教学：唱革命歌曲。

（六）分组研讨：如何弘扬井冈山精神，高质量实施新课程方案，改善高校思想政治理论课教学状况？

（七）参观：1. 学院陈列室；2. 井冈山主峰、龙潭。

第69期专设班（国防大学联合战役参谋培训班）教学计划

一、教学目的

以中国特色社会主义理论体系为指导，学习贯彻党的十七大和十七届四中全会精神，树立和落实科学发展观，围绕“继承光荣传统，坚定理想信念，履行我军新使命”这个主题，结合井冈山及周边地区的革命旧居旧址进行现场教学，使学员通过缅怀革命先辈业绩、体验井冈山精神，进一步坚定理想信念，增强永葆人民军队的性质、本色和作风的自觉性。

二、教学时间

学制8天，教学时间为2009年10月10—18日。10日早上乘Z65次列车7:25到达南昌，学员在南昌下车后，上午到南昌八一广场、八一南昌起义纪念馆进行现场教学，并参观滕王阁，下午乘车到学院。

三、教学对象

国防大学联合战役参谋班学员等，98人。

四、教学方法

充分利用井冈山及周边地区的革命历史资源，把课堂讲授、现场体验、社会实践有机结合起来，灵活运用启发式教学、案例分析、双向交流等多种教学手段，充分发挥教师和学员两个方面的积极性，实现教学相长、学学相长。

五、教学内容

（一）专题教学：1. 井冈山革命斗争史概述及几个重大问题；2. 中央苏区革命斗争简史及若干问题研究。

（二）现场教学：1. 南昌八一起义纪念馆、八一广场；2.井冈山革命烈士陵园；3.井冈山革命博物馆；4. 茨坪毛泽东旧居；5. 三湾改编旧址；6. 大井朱毛旧居；7. 小井红军医院；8. 小井红军烈士墓（种植纪念树）；9. 井冈山会师纪念馆（龙江书院）；10. 茅坪八角楼；11. 黄洋界哨口；12. 兴国苏区干部好作风陈列馆、将军馆；13. 瑞金中华苏维埃共和国临时中央政府旧址群；14. 中央红军长征出发地纪念馆、长征第一山（云石山）。

（三）体验式教学：重走朱毛红军挑粮小道。

（四）音像教学：1. 观看《井冈丰碑》、《瑞京奠基》等音像教学片；2. 通过学院有线电视观看《军旗从这里升起》、《居安思危——“颜色革命”警示录》、《凝聚民族精神，克难兴邦》、《忧患意识不可少》等音像片。

（五）其他教学活动：1. 唱革命歌曲；2. 教学演出：音乐舞蹈史诗《井冈山》；3.看电影。

第70期专设班（中央党校第27期中青年干部培训一班）教学计划

一、教学目的

以中国特色社会主义理论为指导，认真学习党的十七大和十七届四中精神，树立和落实科学发展观，依托井冈山及周边地区丰富独特的革命历史资源，进行革命传统教育和党性锻炼。要求学员在参观井冈山及周边地区的革命旧居旧址、缅怀革命先辈业绩、体验井冈山精神的基础上，着眼于强化执政意识，提高党的执政能力和执政水平，按照“实事求是、与时俱进、艰苦奋斗、执政为民”的办学要求，联系个人思想和工作实际，对自己的党性状况和工作作风进行剖析，查找存在的突出问题，总结经验教训，进一步明确努力方向和改进措施；从党内的实际状况出发，思考如何保持党的先进性、纯洁性和增强党的创造力、凝聚力、战斗力；面对新形势、新任务、新要求，思考如何进一步提高党的执政能力和执政水平。

二、教学时间

2009年11月1—9日，共9天。11月1日下午报到，9日下午离院。

三、教学对象

中央党校第27期中青年干部培训一班2个支部学员等，54人。

四、教学方法

充分利用井冈山及周边地区的革命历史资源，把课堂讲授、现场体验有机结合起来，灵活运用启发式教学、音像教学、双向交流等多种教学手段，充分发挥教师和学员两个方面的积极性，实现教学相长、学学相长。

五、教学内容

（一）专题教学：1. 井冈山斗争及井冈山精神；2. 中央苏区革命斗争简史及若干问题研究；3. 毛泽东农村调查的理论与实践；4. 延安整风与马克思主义中国化。

（二）现场教学：1. 井冈山革命烈士陵园；2. 井冈山革命博物馆；3. 小井红军医院；4. 小井红军烈士墓（种植纪念树）；5. 茅坪八角楼；6. 黄洋界哨口；7. 兴国苏区干部好作风陈列馆；8. 瑞金中华苏维埃共和国临时中央政府旧址群；9. 于都中央红军长征出发地纪念馆；10. 长征第一山——云石山。

（三）体验式教学：重走朱毛红军挑粮小道。

（四）音像教学：1. 观看音像教学片《井冈丰碑》、《瑞京奠基》；2. 通过学院有线电视频道观看《共和国之魂》、《我们的国歌》和《军旗从这里升起》等音像片。

（五）其他教学活动：1. 参观龙潭；2. 唱革命歌曲；3. 党性分析（一天）；4. 教学导言。

第71期专设班（2009年第5、6期高校思想政治理论课骨干教师研修班）教学计划

一、教学目的

以中国特色社会主义理论和“三个代表”重要思想为指导，全面落实科学发展观，依托井冈山及周边地区丰富独特的革命历史资源和区位优势，进行革命传统教育。通过学习考察，使研修学员理想信念进一步坚定，切实增强政治意识、大局意识和责任意识，提高思想政治理论课教学水平。

二、培训对象

2009年高校思想政治理论课骨干教师（第5、6期）研修班学员，100人。

三、培训时间

2009年12月12—18日。12日报到，18日下午

离校。

四、培训方法

坚持理论联系实际，充分利用井冈山及周边地区的革命历史资源和区位优势，以现场教学和体验式教学为主体，结合研讨交流，充分发挥教师和学员两个方面的积极性，提高学习考察实效。

五、教学内容

（一）专题教学：1. 井冈山革命斗争史概述及几个重大问题；2. 中央苏区革命斗争简史及若干问题研究。

（二）现场教学：1. 井冈山革命烈士陵园；2. 井冈山革命博物馆、茨坪毛泽东旧居；3. 三湾改编旧址、朱毛会师纪念馆；4. 茅坪八角楼、黄洋界哨口；5. 大井朱毛旧居、小井红军医院、小井红军烈士墓。

（三）体验式教学：重走朱毛红军挑粮小道。

（四）音像教学：观看《井冈丰碑》。

（五）唱革命歌曲。

（六）分组研讨：如何弘扬井冈山精神，高质量实施新课程方案，改善高校思想政治理论课教学状况？

（七）参观井冈山主峰、龙潭。

（罗勇供稿）

六、学员工作

（一）综　述

2009年，学院学员工作认真贯彻落实十七届四中全会精神和李源潮在三所干部学院春、秋季开学典礼上的讲话精神，勤奋敬业，扎实工作，安全、有序、顺畅、圆满地完成全年的培训任务。一是培训总量实现历史性突破。全年学院完成112期班次的组织培训实施工作，同比增加38期班次，增长52%，其中独立设置班37期、专设班14期、委托班61期。全年共培训学员5563人，其中主体班2651人，委托班2912人，同比各增加1786人、766人、1020人，分别增长48.44%、40.6%、56.70%。二是培训主题更加鲜明。根据中央要求，围绕“加强党性修养、坚定理想信念、保持优良作风”这个专题，全年举办2期中管高校领导干部专题研究班、1期中管企业和金融机构领导人员班、1期中国驻外使节班、20期正副厅局级领导干部专题培训班，占全年培训班次的21.62%和学员总数的19.60%，主题更加突出鲜明。三是受训班次规格高。全年学院举办建院以来第1期独立设置的省部级干部“弘扬井冈山精神，坚定理想信念”专题研究班和高校主要领导“加强党性修养、坚定理想信念、保持优良作风”专题研讨班等两期省部班，举办20期正、副司局级干部“加强党性修养、坚定理想信念、保持优良作风”专题培训班。委托班的学员层次也远远高于以往，以县处级以上干部为主。四是培训工作量成倍增加。由于班次的增加，加上都是短班，培训的工作量也成倍增加。培训部13位同志带班达234人次、人均18次、人均带班169.2天，同比分别增长42.7%、37.2%、29.0%。带班期数和带班天数最多的同志，全年共带班23期、213天。五是受训学员满意度高。全年51期主体班次，学员对组织员（联络员）的总体评价均在97分以上，其中第10期正厅局级领导干部、中管高校领导干部和中国驻外使节“加强党性修养、坚定理想信念、保持优良作风”专题培训班等12个班次的学员对组织员（联络员）的总体评价满意度达100%。组织员（联络员）的精心组织、严格管理和热情服务得到组织部门、相关调学单位和学员的高度评价和一致认可。六是培训任务圆满顺畅完成。2009年培训班次、培训学员数量、培训任务均大幅增加，在学院的科学安排和精心组织下，各项工作进行有条不紊，均安全、圆满、有序完成。

（二）学员管理

【概述】 2009 年，学院坚持严格管理与热情服务并重的原则，进一步加强学员培训期间的学习与生活管理。按照办班的 75 个环节进行有效的教学组织，特别加强外请教师专题教学组织和井冈山市外教学组织；进一步加强学员管理制度建设，制定《关于进一步加强学风建设的若干规定》并写进学员手册；高度重视学员安全工作并细化到具体的行车安全、教学安全、饮食安全、健身安全等多个方面；注重组织员（联络员）服务意识的培养，正确处理严格管理与热情服务度的关系，既为学员创造良好的学习环境和舒适的生活环境，又让学员紧张、有序、高效地完成学习任务并达到良好的培训效果。

【教学组织实施】 一是加强现场教学与体验式教学的组织实施。组织员（联络员）按照准军事化管理与流程管理要求，依据教学组织的规范动作组织现场教学与体验式教学，为教学质量和效果的提高提供重要保证。组织员（联络员）全程参与教学活动，积极引导学员参与、投入到教学活动中。二是对专题教学、分组研讨、学员论坛提出新要求。要求组织员（联络员）全程参加专题教学，特别要组织好外请教师的专题教学活动；精心安排好学员论坛、分组研讨，积极参与到每个组的讨论中去，真正做到教学相长、学学相长。三是加强在井冈山市外教学活动的组织与实施。第 1 期省部级干部“弘扬井冈山精神，坚定理想信念”专题研究班等重要班次增加井冈山市外教学活动，比如吉安市社会实践教学，兴国、于都、瑞金和南昌的现场教学，以及到农村开展入户调查等，组织员（联络员）主动参与、精心组织，引导学员就理论和现实的一些重大问题进行认真思考，理论联系实际，使学员学有所思、学有所感、学有所悟。四是加强学员之间的交流引导。要求组织员（联络员）多与学员交流，积极回答学员提出的各种问题，充分扮演好隐形教师的角色，促进教学效果。针对厅局级领导干部专题培训班人员多、内容多、时间短，学员反映同学之间交流的机会太少，7 天下来很多同组的同学相互叫不出名字的情况，组织员（联络员）积极做一些增加学员之间交流机会的尝试。在每期厅级班开班式后增加一次班会，让每个学员作自我介绍，增加一次分组研讨，让大家多一次交流思想的机会；在每次外出教学时，尽量让不同组际间的学员交叉坐车，分组研讨时让两个组在一起，而且每次组合不同，从而增加学员相互熟悉和思想交流的机会。适当引导不同班次学员之间的交流。如上大课时，尽量让两个班的学员交叉坐在一起，增进彼此之间的交流与了解。

【加强学风建设】 根据中央组织部和学院的要求，始终把从严治院、严格管理作为加强学风建设的一贯要求。一是完善制度建设。制定《关于进一步加强学风建设的若干规定》等制度并写进学员手册。二是严格学员纪律要求。在学员进入学院学习第一时间内，就把学院的有关纪律要求简明扼要地告知学员，要求学员进入学院尽快实现角色转换，遵守学院的规章制度。三是严格学员生活管理。尽量在学员入院后的最早时间内召开班会，做好动员，充分发挥班委（支部）自我管理的作用，引导学员自我管理，调动大家的积极性，效果很明显。全年没有发生一起安全事故，也没有发生学员醉酒事件。四是严格学员考核。要求独立设置班的学员都要撰写 2000 字以上的党性分析材料，对学员进行考核，填写学员考核登记表，评定学员考核等次，并交学员单位组织人事部门存档。

【注重培训安全】 高度重视安全工作，从学员踏上学院的接站车，到学员平安返回单位，组织员（联络员）都始终把安全放在第一位，不敢有丝毫松懈。一是教学安全。重走朱毛红军挑粮小道是学院的精品体验式教学课程，几乎是每个班都要开的必修课，但也是教学风险最大的课程。每次都要求组织员认真开好动员会，让身体有特殊情况的学员尽量不全程参加。提前联系医生、担架队，并要求班委安排几名相对年轻的学员和组织员（联络员）一起充当“收容队员”。在行进的过程中，组织员（联络员）仔细观察学员的身体状况，确保万无一失。二是行车安全。学院的很多教学活动都是在户外，学院被称为“车轮上的学院”，行车安全至关重要，特别是因车辆紧张，经常用大巴载学员到黄洋界和大小井等教学点教学，组织员（联络员）时时提醒司机注意控制车速，不疲劳驾车，确保行车安全。三是饮食安全。要求学员尽量不外出用餐，注意饮食卫生，提醒学员少喝酒，以免醉酒。四是做好安全保障。全年为主体班学员及带班工作人员办理保险卡2845张，为委托班学员发放保险卡2756张。

【做好学员服务】 随着班次设置的变化，带班组织员的工作量也成倍地增加，组织员（联络员）细化带班各项工作，进一步提升带班水平。一是加强制度建设。对75个带班环节进行调整、充实和细化，要求组织员（联络员）必须牢记每一个带班环节。二是严格带班程序。要求组织员（联络员）既严格按照教学流程组织教学，同时又根据现场即时的情况，灵活地应对各种突发情况，确保整个教学环节无缝衔接。三是激发服务热情。做到既严格管理，又热情服务。组织员在拿到学员名单后，尽快熟悉学员的信息资料，独立设置班要求在学员入院前熟记每一个人的姓名、职务，争取在最短的时间内记住每一位学员，能对号入座，从而在组织管理上获得学员信任，赢得主动。要求组织员要主动关心学员的生活，尤其对生病的学员，及时联系医生和车辆，保证学员及时得到治疗。四是高度重视接送站工作。提前做好接送站方案，调度安排好接送站车辆，重要班次要求组织员要亲自接送站，确保每一个学员都能平平安安地来，平平安安地回。五是做好学员信息的及时反馈。主动与学员沟通，及时将学员的一些意见建议反馈给相关职能部门，以改进工作，提高学员满意度。如针对井冈山雨天比较多，衣服不好晒，不容易干的情况，学院在学员楼楼顶安装了简易晒衣棚，在一定程度上缓解了学员晒衣难的问题。

（三）学籍管理

【概述】 2009 年，学院进一步规范有序地做好学员学籍管理工作。主体班次存档表格共计 2273 份，同比增长 55.47%，其中独立设置班《学员考核登记表》1201 份、专设班《学员培训登记卡》1072 份。邮寄《学员考核登记表》1170 份，制作学员通讯录 2030 份，打印支部（班委）学习总结 51 份，摘录学员学习心得体会 28 份。全年办理学员结业证 4484份，同比增长79.15%，其中独立设置班1524份、专设班269份、委托班2691份。主体班次的支部（班委）学习总结，独立设置班的学员通讯录、学员学习心得体会摘录实行电子存档。

【加强学员档案管理】 随着班次的日益增多，学员档案管理更需进一步规范。2009 年，为了进一步规范学员档案管理，要求组织员（联络员）熟悉学员档案入库的程序和环节，对不同类型的班次分别作出不同的归档要求。独立设置班要求将学员手册、学员考核登记表、学员个人学习小结（纸质版或电子版）、学员通讯录、学员名单和结业证号、支部学习小结、学员学习心得体会摘录、小组研讨记录本、感谢信等 9 种材料整理归档；专设班要求将学员手册、学员学籍登记卡、学员名单和结业证号、学员通讯录、支部学习小结、小组研讨记录本等 6 种材料整理归档。

【编制学员培训成果总结汇编】 2009 年学院举办建院以来第 1 期独立设置的省部级干部“弘扬井冈山精神，坚定理想信念”专题研究班，部分省（区、市）、中央和国家机关部委的省部级干部共 24 人参加专题研究班并取得丰硕的学习成果。学院编制《第 1 期省部级干部“弘扬井冈山精神，坚定理想信念”专题研究班学习成果汇编》，《汇编》包含学员学习李源潮春季班报告体会、学员论坛一（《学习科学发展观，领导科学发展的工作体会与经验交流》）、学员论坛二（《弘扬井冈山精神，坚定理想信念》）、个人学习小结等方面的学习成果。

（四）组织员队伍建设

【概述】 为了提升组织员（联络员）的综合素质，实现教学组织和学员管理工作规范化、科学化，学院始终注重多形式、多渠道、多角度对组织员（联络员）进行锻造和培训，不断加强组织员（联络员）队伍建设。一是开展深入学习实践科学发展观活动。组织全体组织员（联络员）深入学习科学发展观，做好笔记和心得体会，引导和鼓励大家多读原著原文，把握精神实质，并自觉运用科学发展观指导实际工作。二是加强对业务知识的学习研究。引导工作人员自觉加强对党的创新理论的学习，加强对党史、党建理论以及井冈山革命斗争史和中央苏区史的学习与研究，加强对干部教育培训理论的学习，进一步提升组织员（联络员）队伍的素质，增强工作人员的工作责任感和事业心，牢固树立“忠诚、责任、激情、奉献”的核心价值观，展示中井院人良好的精神面貌和工作作风。三是加强交流、培训与学习。积极安排组织员（联络员）赴中国延安干部学院和西安政治学院，及北京相关培训机构学习培训，学习部队军事化管理经验和严谨的工作作风，以及兄弟院校在干部教育培训和学员管理方面好的做法和经验，让工作人员开阔视野，增长见识。四是引导组织员（联络员）加强自学。要求大家利用带班的间隙时间，多学习多研究，掌握了解省情市情，积极回应学员提出的各种问题，争取做一个“问不倒”的人。五是深入研究掌握带班工作规律。多次召开全体带班工作人员会议，结合办班实际，总结经验，查找问题，把握规律。通过深入分析研究省部班、中青班、厅局长班、县委书记县长班、港澳班、企业经营管理者班、军队班、高校教师班等不同班次学员的特点，总结带班工作经验，初步掌握不同班次的带班工作规律，使带班工作逐步走向规范化科学化。

（李清平撰稿）

★资料★

2009年部分学员学习心得体会摘录

西藏自治区政协副主席、西藏自治区总工会主席央金：党性是每个共产党员应有的良好思想道德和无私奉献的精神。尤其是党员领导干部在任何时候都要注重党性锻炼，不断增强党性观念，树立正确的人生观、价值观和权力观，在改造客观世界的同时注意改造主观世界，最根本的是要树立立党为公、执政为民的思想；加强学习，不断提高自身的综合素质，树立大局意识、责任意识和忧患意识，不断增强政治敏锐性和政治鉴别力，时刻保持清醒的头脑，在政治上、思想上、行动上自觉地与党中央保持高度一致；时刻牢记全心全意为人民服务的宗旨，做到权为民所有用、情为民所系、利为民所谋，堂堂正正做人、踏踏实实做事、清清白白做官。

黑龙江省委常委、组织部部长龙新南：井冈山是中国革命的摇篮。70 多年前，在艰苦卓绝的井冈山斗争中，我们党形成了“坚定信念、艰苦奋斗，实事求是、敢闯新路，依靠群众、勇于胜利”的井冈山精神，为中国革命播撒了燎原火种，成为我们党的宝贵精神财富。这次井冈山之行，涤荡了我的心灵，净化了我的灵魂，升华了我的思想。作为一名从井冈山革命老区走出去的党员干部，我深知革命的胜利来之不易，改革开放 30 年取得的巨大成就来之不易，深感肩负的责任之重大，道路之艰辛。我将以这次学习为新的起点，继承和发扬井冈山精神，在本职工作岗位上不断做出新的成绩。

贵州省政协副主席、致公党贵州省委主委谢晓尧：在这次学习中，我们聆听了李源潮部长的报告、学院知名教授的讲课，并怀着无限崇敬的心情，先后瞻仰了黄洋界、大井毛主席旧居、小井红军医院、红军造币厂、井冈山革命博物馆等多处革命旧址，通过看图片展览、拜谒烈士陵墓、吃红军餐和走红军走过的山路来亲身体会当年红军生活的艰难，了解中国革命胜利的来之不易，坚定了走中国特色社会主义道路的理想信念。井冈山精神作为中国共产党从一个革命党发展成为一个执政党的初创核心精神，一直以来都是值得我们学习和发扬的。正如江泽民同志说的那样：“中国革命的胜利离不开井冈山精神，实行改革开放，建设有中国特色社会主义，同样需要发扬井冈山精神。”井冈山精神的形成其实也经历过一个较长的过程。首先是经过了一个长期的酝酿，继而初具雏形而得到确立，最后又经过进一步的发展、完善而最终形成的。

中华全国供销合作总社理事会副主任、党组成员顾国新：当前全球经济正因美国金融危机遭受极大冲击，出现了衰退、下滑、停滞等问题。我国经济也未能避免冲击，经济发展面临很大的压力和挑战。今年是新世纪以来经济“最困难的一年”，党中央、国务院提出了“三保”（保增长、保民生、保稳定）的应对策略和发展目标。井冈山精神的实质以及由此产生的理想信念与目前抗击金融危机所提出的“三保”战略，实际上是高度一致的。我认为，在当前形势下，大力弘扬井冈山精神确实具有十分突出的现实意义。

新疆生产建设兵团副政委、政法委书记王继亮：虽然只有短短的两周时间，学院以丰富多样的教学方式，精心安排了非常充实的学习内容，充分利用井冈山及周边地区的革命历史资源，安排了井冈山革命烈士陵园等12个现场教学点和瑞金、吉安等社会实践教学点，组织了6个专题教学和4次学员论坛、研讨，观看了《井冈丰碑》《瑞京奠基》等音像教学片和音乐舞蹈史诗《井冈山》的教学演出，组织学唱革命歌曲、体育活动和井冈山市菖蒲古村考察等，丰富了学员活动。本次培训把现场体验、课堂讲授、讨论交流有机结合起来，使学员在短期内得到了大量的亲身体验和深刻的思想启迪。

中国科协书记处书记、党组成员、第十一届全国人大常委冯长根：井冈山雕塑园中革命前辈的群像在阳光下是那样的安详，林荫中小井红军医院和小井红军墓是那样的安静，然而，我们的心灵是无比的震撼。作为解放后出生的一代，我们都接受过革命传统教育。我们憎恨旧社会，我们憎恨三座大山，我们憎恨国民党反动派。和父辈一样，我们热爱自己的祖国，热爱党，热爱人民军队，热爱人民。今天我们明白，这仅仅是故事的一半。到了井冈山，我们听到了一个更为完整的故事。井冈山的故事告诉我们，理想信念才是革命传统教育的核心内容。井冈山之行，把"爱憎教育"升华到了"理想信念教育"。今天，旧社会成了历史，三座大山成了历史，国民党反动派的统治成了历史。今天，井冈山的斗争也已成了光荣的历史。只有革命的理想信念伴随着革命走进了新中国，走进了全体党员的心中，走进了青年一代的心中。理想信念永远是我们大海航行中的灯塔。

北京市国资委监事会主席李加里：短短7天的井冈山学习是我参加的时间最短的干部培训之一，但是印象极深，效果非常好。开始让我来学习还感到自己已经58岁了，来学习也没什么意义了，现在还真希望这样的干部培训能多来几次，多受几次革命传统教育，让自己能永葆革命青春。在烈士陵园、在讲解员的生动讲解声中、在八角楼上，我常感慨万千，甚至热泪盈眶，唱完革命歌曲的晚上也是夜不能寐，总想用相机记录下全部的过程，回去以后还能时常地回忆和追思这段不平凡的革命历程，不断地汲取精神力量。

新疆生产建设兵团党委组织部副部长、人事局副局长蒋英明：学院运用井冈山独特的教学资源，以专题教学、现场教学、体验式教学和音像教学等多种教学形式，对我们进行革命传统教育，培训内容丰富，使我对井冈山精神有了更深刻的理解。通过学习培训，我受益匪浅，灵魂受到触动，精神得到洗礼，思想得到升华，党性修养进一步增强，理想信念进一步坚定。

中央组织部干部五局副局长石军：短短的一周时间，在学院的精心安排下，我们通过专题教学，观看《井冈丰碑》、参观井冈山革命博物馆、到井冈山革命烈士陵园敬献花圈、祭扫小井红军烈士墓、冒雨重走朱毛红军挑粮小道、到茅坪八角楼和黄洋界哨口等地现场教学，比较系统地、立体地了解了井冈山革命斗争的历史，领会了中国共产党优良传统的重要内涵和历史根源。科学的课程设计和新颖的教学内容，使我填补了理论知识的空白点，澄清了过去对党史认识上存在的似是而非的一知半解。我第一次对"精神"有了一个全新的认识。"精"和"神"是人性在极端困苦的环境中的升华和凝练，是潜在的意志、坚定的理想和信念的集中体现。和平时期，我们远离了艰苦的环境，淡漠了生存的威胁，"精神"似乎也深"藏"不露，更缺乏对精神的正确认识。人是要有精神的，作为一个以民族复兴为使命的政党，作为一个肩负执政使命的共产党领导干部，如果没有意识到我们事业的艰巨性，如果不了解群众的疾苦和外来的威胁，仅在象牙塔内和玻璃房中，自是难以启发出其“精神”并发扬光大。

中国商用飞机有限责任公司副总经理、党委委员吴光辉：在井冈山浓厚的红色文化氛围中，通过老师讲课、现场教学、讨论、唱革命歌曲、观看音像教学和音乐舞蹈史诗等多种形式的学习培训，更全面地了解“坚定信念、艰苦奋斗，实事求是、敢闯新路，依靠群众、勇于胜利”的井冈山精神，尤其是在井冈山烈士陵园老师的现场教学和观看音乐舞蹈史诗《井冈山》中革命先辈抛头颅、洒热血的英勇事迹时，不禁热泪盈眶，深深地为革命先烈所打动，经受了一次灵魂深处的洗礼和升华。充分认识到中国革命的胜利离不开井冈山精神，实行改革开放，建设中国特色社会主义，同样需要发扬井冈山精神。我作为国家重大科技专项大型客机实施主体中国商飞公司的党委委员、副总经理和总设计师，要带领全体参研人员团结拼搏、积极进取、攻坚克难，保证大型客机项目研制的各项工作顺利进行。学习只有短短的一周时间，但收获很大，我将把学习的收获带到今后的工作中，不断焕发进取精神，保持越是困难越向前的气概和攻坚克难促发展的劲头，在应对挑战中赢得新机遇，在破解难题中实现新发展，以钢铁般的意志和百折不挠的精神，大力推进国家重大科技专项C919大型客机项目研制工作，为实现让中国的大型客机早日翱翔蓝天而努力。

南开大学副校长佟家栋：这次对井冈山精神的学习和重温使自己受到很多启发和教育，也受到某种程度的震撼。首先，只有坚持将国外举办大学教育的成功经验与中国发展中国家的实际密切结合，才能将我们的高等教育搞好；只有坚持民主集中制原则，才能在高校发展的重大问题上作出正确的决策，才能够使我们的工作立于不败之地。其次，高等学校目前频发的腐败现象严重损害了中国共产党的形象，影响我们高等院校，特别是国家重点大学的形象。这种现象频发的实质问题是，在我们还没有建立起完善的监督机制时，我们高等院校已经进入腐败可能频发的领域和工作。有客观问题，但更多的是我们必须建立起相应的制度，特别是我们首先要明确学校在大学硬件建设——基础设施建设和软件建设——高等院校教育规模、质量、服务社会的理念、管理体制、教育规范等政策规定等方面的任务。在我们高等院校反思的同时，也需要社会反思，大学的任务在中国高等教育发展中应该是怎样一个角色。最后，我们在高等教育的发展中，一定要遵循教育规律，在认识和顺应教育规律的前提下，结合中国社会经济发展的需要明确定位，实事求是，确定目标，努力奋斗，为党的教育事业作出自己应有的贡献。

最高人民检察院刑事申诉检察厅副厅长鲜铁可：通过井冈山实地、实景、实例、实情的现场体验式教学，系统学习了新民主主义革命的基本经历及其主要经验。重走朱毛红军挑粮小道后，体会到当年毛泽东、朱德等老一辈无产阶级革命家在井冈山革命斗争中的千辛万苦。到有红军县、烈士县、将军县之称的兴国县和有“红都”之称的瑞金市现场考察，感到中国革命成功来之不易。再次观看《群体性事件警示录》后，更加深刻体会到“水可载舟亦可覆舟”的真理。上了十七届四中全会文件辅导课后，更加感到新时期加强党的建设的重要性。

湖北省人大常委会副秘书长王亚平：七天紧张而富有激情的学习和生活，内容丰富，形式活泼，针对性强，效果好。在学院的精心安排和组织下，我们听讲座、学历史，看展览、访旧址，入陵园、悼英烈，穿上红军服，重走挑粮道，唱革命歌曲，仿佛走进了那段风雨如磐而又激情燃烧的岁月；通过读书思考、研讨交流、现场体验、音像教学等方式，重温革命斗争历史，缅怀先烈丰功伟绩，追寻共和国伟人足迹，走进老区人民生活，我们被先烈坚定的理想信念、澎湃的革命激情、无私的奉献精神所感染，更被老一辈无产阶级革命家和无数英烈用鲜血和生命培育的井冈山精神所激励，深切感到革命胜利来之不易，倍加珍惜今天的幸福生活，从灵魂深处得到了一次洗礼和升华。

中国外文局人民中国杂志社总编辑王众一：为期一周的紧张学习，我得到了太多的收获，就像古人所说，真正是“虚而至，实而往”。课堂教学帮助我重温了井冈山斗争与井冈山精神形成的历史以及其他相关的中国革命史；现场教学使我身临其境地缅怀了革命先烈忠于理想、忘我奉献、奋勇牺牲的伟大精神，学习到了党和人民群众建立与保持血肉联系的思想方法；体验式教学让我仿佛加入到红军队伍中，精神得到了升华。通过学习与交流，党性修养得到加强，理想信念进一步坚定，对如何继承和保持党的优良作风找到了答案。

共青团陕西省委书记卫华：从陕西到江西，从延安到井冈山，是一次重走长征路的学习历程。经过七天紧张而又丰富、生动而不失凝重的学习，使自己对加强党性修养的重要性和必要性有了更加深刻的认识，更进一步坚定了走中国特色社会主义道路的信心，加深了对党的光荣历史的了解，对党的热爱也因了解而更加深沉。

江西省人大法制委员会主任委员沈亚平：这些年，在革命精神和革命传统学习教育活动中，我们比较注重课堂讲课、书本学习等教育方式，说教性、纯理性的东西多。这次在中国井冈山干部学院，接受革命精神和革命传统学习教育别开生面，是一种情景交融的学习，内容和形式统一的学习，亲身体验式的学习，运动中的学习。在这种独特的学习教育中，我们被井冈山红色历史的人物、事件、情景、文物所感染、感悟。在感性和理性的交替中，大家都觉得受到教育的印象深、学习效果好。

铁道部政治部副主任齐文超：这次学习，既是我加强党性修养的一服清醒剂，也是我人生道路上的一个加油站。之所以是清醒剂，是因为通过这次学习，我深切地感受到自己在加强党性修养、坚定理想信念、保持优良作风方面的差距，改变了以往自我感觉良好的想法。清醒地认识到加强党性修养，树立和弘扬优良作风是领导干部必须常修不怠的课程。之所以是加油站，是因为通过在井冈山这个革命摇篮的实地体验，我对当前我们党在艰苦卓绝的环境下，靠理想信念的力量最终取得胜利感同身受，增添了为党的事业奋斗终身的革命激情，产生了不用扬鞭自奋蹄的动力。

人力资源和社会保障部国际合作司司长张亚力：在这里的学习，具有鲜明的井冈山特色，6 次的专题教学，为我们梳理了以井冈山斗争为主线的革命历史脉络；17 次的现场教学，实地实景加上老师们朴直无华且颇具深度的点评，在学员心底产生了震撼；辅以音像教学、体验教学和社会实践，使我们每个学员都对井冈山斗争史和井冈山精神有了新的感悟，对中国革命的历史有了深刻的了解。两周的学习给我们留下了终生难忘的记忆。

内蒙古自治区人口和计划生育委员会主任王苏布道：半个月的学习培训是短暂的，但我的受益却是终生的。难忘那一座座沉默的烈士墓碑诉说着一个个壮烈的故事；难忘那一座座雄伟的纪念塔讲述着一段段永不磨灭的历史；难忘那一件件珍贵的历史文物倾诉着英烈们矢志不渝的光辉业绩。我将带着无比忠诚、责任、激情和奉献回到自己的工作岗位，立党为公，执政为民，努力创造出无愧于时代的工作业绩，以此来告慰长眠在井冈山下的革命烈士。

国家安全部副局长王京运：此次培训时间虽短，但对我触动很大。站在先烈们曾经战斗过的地方，站在烈士墓前，听着老师们充满激情的讲解，了解到先烈们那一段段感人的事迹，真是发聋振聩，触及灵魂，不禁使我陷入沉思。想想当年革命先烈，抛头颅，洒热血，年纪轻轻就献出宝贵生命。他们无怨无悔，前仆后继，用自己血肉之躯铺就中国革命胜利之路，有许多人甚至连姓名都没有留下。面对先烈，想想我们自己，我们不禁深感惭愧。我们有时在工作中碰到小小一点困难就打退堂鼓，有时因为领导或群众一点不理解就泄气，特别是在职级调整、职位变动上总爱斤斤计较，达不到自己要求，工作就不那么努力了，有时甚至撂挑子。此次经过中井院培训，我们今后绝不会再这样了，我们要用井冈山精神激励和鞭策自己，做到有苦不叫，受气不说，长期埋头苦干，把自己分管的工作做好，让领导放心，让群众满意。

中央组织部中国浦东、井冈山、延安干部学院理事会副秘书长董万章：井冈山精神是我们党的根，共产党的事业是棵参天大树，这个根要扎在群众中。根的实质是什么，来源是什么，要研究清楚，这是汲取政治营养的途径。学习中国革命精神一定要寻根。中国井冈山干部学院的每一个现场教学点都是一部可歌可泣的历史教科书，它以视角的冲击力，心灵的震撼力，给学员心灵深处打上烙印。在建设中国特色社会主义，全面贯彻科学发展观中，党员领导干部就是要坚持用井冈山精神武装头脑，指导新的实践。

吉林省委统战部副部长冀生：对于这次培训，我有五个没想到：一是没想到中央组织部这样重视，二是没想到教学内容这样丰富，三是没想到学院管理得这样好，四是没想到时间短而收获大，五是没想到学院创造了这么好的条件。通过学习培训，身临其境感受到井冈山精神，深刻认识到弘扬井冈山精神的现实意义，受到了加强党性修养的教育。

浙江省社科联副主席、党组成员邵清：井冈山的环境艰苦卓绝，红军战士缺粮缺衣缺盐，官兵们连每天五分钱的伙食费也难以保证，却保持着昂扬的斗志，留下来的红色歌谣这样唱道：红米饭，南瓜汤，秋茄子，味道香，餐餐吃得精打光……井冈山的斗争腥风血雨，革命先辈甘于牺牲、视死如归。面对那些曾在井冈山浴血奋斗的先辈，他们的事迹他们的言行，不能不让我感到心灵的震撼，不能不让我心存惭愧。因此，这次到中国井冈山干部学院上好“重温井冈山精神”的大课，是我们进一步坚定理想信念的“加油站”，是砥砺党性修养的“磨刀石”。

东南大学副校长赵启满：自己是一名长期在高校学习工作的党员领导干部，通过这次学习，更加认识到：高等学校是培养社会主义建设者和接班人的重要阵地，我们今天培养的学生素质关系到我们国家明天的前途和命运。苏共亡党的深刻教训给我们敲响了警钟，因此我们必须加强高等学校党的思想政治工作，要动员学校党政干部、学生工作干部、广大教师加强对青年学生进行坚定的共产主义理想信念教育，这是党赋予我们高校的首要政治任务，也是我们高校党员领导干部神圣的责任。要教育好青年学生，首先我们自己要加强党性修养，坚定理想信念，要大力弘扬井冈山精神，要牢固树立中国特色社会主义共同信念和共产主义远大理想，做到任何情况下都坚持理想信念不动摇，革命意志不衰退，以自己的言行影响和促进青年学生健康成长，使毛泽东同志开创的中国革命建设事业能够代代相传。

北京航空航天大学副校长徐惠彬：在世界上最大的发展中国家建设世界一流大学有不少困难。建设怎样的“一流大学”不仅是一个概念化的问题，更是一个现实问题。正如复旦大学杨玉良校长所说的，在革命圣地井冈山来思考这个问题具有十分重要的意义，中国共产党在大革命失败后的特殊时代，走出了一条独特的中国革命道路，形成了实事求是、敢闯新路的井冈山精神，在当前复杂的国际环境下，我们也有信心走出一条建设世界一流大学的新路来。

驻洛杉矶总领事张云：在学习培训的整个过程

中，我的脑海中时常像过电影一样，浮现出井冈山斗争岁月的一幕幕。一次次的触景生情，一次次心灵受到强烈的震撼。我仿佛看到了共和国缔造者们的大智大勇和亲民爱民的伟大风范，看到了无数革命先烈视死如归、英勇就义的光辉形象，看到了广大劳苦大众对党和红军的纯朴情怀。学习井冈山精神，就是要不断加强党性修养。"政治家办外交"、"科学办外交"是我们驻外使节永远奋斗的目标。当今世界形势为中国外交提供了广阔的舞台，我们面临机遇与挑战。我决心把井冈山精神带回去，让总领馆也成为学习和实践井冈山精神的海外阵地，与全体馆员一道，为党的外交事业作出新的贡献！

驻越南大使孙国祥：培训班即将结束，我们将带着震撼心灵的井冈山精神的教育成果返回外交第一线。如何将井冈山精神运用和体现在对外工作上，是我这些天思考最多的。当今世界，形势变化快，各种问题挑战层出不穷，如何应对。我们的外交队伍发展快，年轻有朝气，但缺乏磨炼，如何培养。现在驻外使领馆的工作生活条件都有了很大改善，但如何继续保持艰苦奋斗的优良传统。我想这应是我们此次驻外使节专题培训班的最后落脚点吧。中国外交官常驻国外，面对香风毒草和各种诱惑，最重要的是需要井冈山精神的核心——坚定的理想信念。不管在哪个国家工作，任何时候任何情况下，都要绝对忠于党、忠于国家、忠于人民，要把党的事业和国家的利益时刻放在最高位置。

中国海洋石油总公司副总工程师姜伟：在这次培训和学习过程中，参观了毛主席当年在井冈山创建革命根据地的八角楼，瞻仰了井冈山革命烈士陵园，亲自看到了黄泽界上威震敌军的大炮。对当年英勇的红军战士不畏艰难、不怕艰苦的革命精神，有了深刻的理解。特别是通过学院教授和老师的讲解，对马列主义、毛泽东思想，对井冈山精神有更加深刻的理解和认识。特别是在当前中国改革开放，国有企业面临国际金融危机的挑战，我们如何在党的领导下把握全局、坚定信念，为中国的经济发展和建设作出应有的贡献；为中国共产党在新形势下的发展和健康成长，作出我们应有的贡献。这是我这次学习以后，经常考虑的问题。通过学习有很深切的感受与体会：一、井冈山的精神是中国共产党带领中国人民取得革命斗争胜利的法宝；二、学习井冈山精神是一次心灵的震撼，更是一次思想作风的深刻洗礼；三、要用井冈山敢于斗争、敢闯新路、勇于胜利的精神，指导我们企业的工作。

天津市民委副主任敖立功：参加这期专题培训班学习，我的心情久久不能平静，无时无刻不被井冈山精神深深触动着、震撼着和引领着。学院通过音像教学、现场教学、体验式教学和专家教授的专题教学，答疑解惑，使我重温了井冈山革命斗争的历史，对一些长期争论的问题也有了深刻的认识，对"坚定信念、艰苦奋斗，实事求是、敢闯新路，依靠群众、勇于胜利"的井冈山精神有了更深刻的理解，同时自觉地加强党性修养锻炼，收到了实效。

上海市虹口区委副书记、区长俞北华：从井冈山革命烈士陵园到小井红军烈士墓，从井冈山革命博物馆到大井朱毛旧居，从茅坪八角楼到黄洋界哨口，激烈残酷的革命斗争，革命前辈坚定的信念，革命先烈英勇的壮举，一次次震撼着我的心灵，一次次触发着我的激情，党性得到了锤炼、精神得到了升华。通过学习和培训，我对"坚定信念、艰苦奋斗，实事求是、敢闯新路，依靠群众、勇于胜利"的井冈山精神有了更深刻的认识和感悟。我相信，井冈山精神一定会激励我们始终保持艰苦奋斗的优良作风，一定会激励我们更加坚定信念，牢记宗旨，艰苦奋斗，强化责任，奋发有为，不辱使命。

水利部规划计划司副司长汪安南：短短的培训中，通过专题教学、现场教学、体验式教学、音像教学和分组讨论，充分体验到中国井冈山干部学院"沉稳与激情并重、理性与感性并重、内容与形式并重、单向主导与双向交流并重、自律与他律并重”的教学特色。从中受到了一次深刻而系统的革命传统教育、党性教育与党史教育，全面了解了井冈山精神的基本内容、实质和现实意义，达到了加强党性修养、坚定理想信念、保持优良作风的目的。

云南省文联党组成员、专职副书记黄映玲：学院大量采用实地、实景、实例、实情的现场体验式教学，让学员穿上红军装重走朱毛红军挑粮小道、自做红军餐、开展入户调查……就连学院后山上的亭子、小桥都成了教具，我每每登上“正气亭”、“诚心亭”，走过“修远桥”、“尚贤桥”，都有不一样的感觉。这样的教学方式，使学员在感同身受中、在不知不觉中，感情受到触动、灵魂受到震动，进而影响到思想和行动。

国家人口和计划生育委员会机关服务局局长王海东：在井冈山的培训学习，对我个人来讲，是一次入脑入心的过程、释疑解惑的过程、解放思想的过程、坚定信念的过程。历史和现实让我坚信，中国共产党始终是中国特色社会主义事业的领导核心。作为一名共产党员，我将始终不渝地坚持全心全意为人民服务这一宗旨，不断强化服务意识，以扎扎实实做好本职工作、当好人民公仆的实际行动真正实现这一宗旨。

中央组织部机关事务管理局副局长周瑞玲：来井冈山学习井冈山精神，加深了对锦涛同志讲话精神的理解。井冈山精神使我焕发了激情。开班式上，张泰城副院长要求学员沉稳与激情并重，要沉稳，不要喜形于色。我已近退休年龄，将退出工作岗位，沉稳有余，激情不足。井冈山精神告诉我，我是共产党员，党员是不退休的，党员一生中都要讲政治、重品行、作表率；一生都要加强党性修养，都要有坚定的理想信念，都要保持优良的作风。

黑龙江日报报业集团副总编辑李立华：中国井冈山干部学院的教学充分利用了井冈山的革命圣地资源，创新了过去传统的教学方法，让人耳目一新。我的感觉是，学而轻松，学而难忘，学而受益。课堂教学简练，现场教学生动，体验教学有效。我想，我们的思想工作、干部培训等政治教育，真的应该从中国井冈山干部学院的教学方法中，好好地学些什么。如何用社会主义的核心价值观统领意识形态领域，井冈山精神给我们以启迪，给我们以力量。

中央纪委监察部驻国家质检总局纪检组监察局局长刘双来：这次学习培训时间虽短，但收获颇丰。经过重温井冈山革命斗争历史和胡锦涛总书记在十七届中央纪委三次全会上的重要讲话，不仅被伟大的井冈山精神所感染和激励，使心灵受到了洗礼，意志得到了锻炼，境界得到了升华，而且对新时期加强党性修养、树立和弘扬优良作风的重大意义有了更加深刻的认识，对加强党性修养与作风建设的关系有了更加深刻的理解，对如何弘扬井冈山精神，自觉加强党性修养，带头树立和弘扬优良作风有了更加明确的努力方向。

工业和信息化部消费品工业司副司长王伟：实事求是、敢闯新路是井冈山精神的精髓所在，也是我们今天建设中国特色社会主义道路的极其宝贵的精神财富。学习井冈山精神本身不是目的，目的在于要从伟大的井冈山精神中汲取强大的精神力量，真正做到勇于变革、勇于创新，永不僵化、永不停滞。

江苏省妇联副主席陈芬：虽然 7 天短暂，但是在这里，新颖活泼的教学风格和独具特色的教学模式，让我接受理想信念教育，受益终生。这是心灵受洗礼、意志得锤炼、境界再升华的 7 天，是我重读人生、积极向上、奋勇向前的“加油站”。作为一名副厅局级党员干部，在以后的人生道路上，在以后的工作实践中，我一定立志学习井冈山革命英烈，发扬井冈山革命精神，务必使自己成为坚定的马克思主义者，成为推动发展的务实家，成为服务妇女的贴心人。

内蒙古自治区乌兰察布市人民检察院检察长孙建民：这次培训班虽然短暂，但井冈山给我的激动与震撼是我来井冈山之前无法想象和感受到的。当我重温支撑先烈们英勇不屈的战斗精神后再回顾今天，这“奉献”、“奋斗”都被赋予了新时代崭新的内涵。今天我们虽然不再用身躯去换回和平，但同样可以为建设社会主义挥洒青春和汗水；我们虽然丰衣足食，但扶贫助弱仍是我们不可推卸的责任；我们的作用虽然不如先烈们伟大，但我们幸运地看到了光明，看到了祖国的辉煌前程。我们体会到革命胜利成果来之不易，是许多革命前辈用生命和鲜血换来的，应加倍珍惜。

宁夏回族自治区教育工委书记黄占华：在这7天的学习和生活里，我感同身受地经历了井冈山的红色洗礼：肃立在革命烈士陵园中，我们看到了革命前辈的铮铮铁骨和壮志豪情；奔走在朱毛挑粮小道上，我们深切体会到了无数仁人志士对革命理想的坚定和执著；徘徊在茅坪八角楼的灯光下，我们看到了冲破黎明前黑暗的千缕曙光；还有那雄伟的黄洋界，森严壁垒、众志成城犹如近在眼前。所有这一切，让我再一次深情回顾了打土豪、分田地的光荣岁月，再一次看到了武装割据、扩展政权的星星之火。我们被老一辈无产阶级革命家坚定的理想信念所震撼，被“坚定信念、艰苦奋斗，实事求是、敢闯新路，依靠群众、勇于胜利”的井冈山精神所感染。

山西省贸促会党组书记、会长刘致远：井冈山精神的伟大历史价值不仅在新民主主义革命和社会主义革命时期被实践证实，在今天建设中国特色社会主义新的历史时期仍然具有极其重大的时代价值：建设中国特色社会主义，依然需要坚定理想信念，保持共产党员的先进性；依然需要坚持实事求是的思想路线，拥有敢闯新路、勇于胜利的胆识、气度；仍然需要依靠群众、执政为民，真心实意为群众谋利益；更加需要艰苦奋斗、廉洁奉公、无私奉献，永远保持旺盛的革命精神。

交通部管理干部学院党委书记、副院长庞松：一周的教育培训即将结束，现场教学活动是短暂的，带给我们的思考却是丰富而深刻的。这次教育活动，在党性教育方面达到了“春风化雨，润物无声”的效果。此时此刻，我觉得通过在井冈山的学习，领导干部要牢记“三个知”，做到“三不忘”，即“对组织要知恩图报，对同志要知人善任，对自己要知足常乐”。要“不忘老前辈，永远爱国；不忘老传统，永远爱党；不忘老百姓，永远爱民”。领导干部的个人利益可以有，但要无条件服从国家利益和全局利益，要合法取得利益。在思想上甘于清贫、无私奉献，要淡泊名利、以身作则。今天，我们来到井冈山革命烈士陵园，48000多名英烈在井冈山斗争中献出了自己的宝贵生命，而留下姓名的仅15744人，与这些烈士相比我们有什么利益不可以舍弃呢？再看看江西老区群众现在的生活状况，我们对自己的生活还会有什么不满足呢？

新疆维吾尔自治区巴州党委常委艾仁恰拉：加强党性修养锻炼是提高政治素质的重要手段。作为党员领导干部，只有不断加强党性修养，经过长时间艰苦的自我磨炼、自我改造、自我修养，才能充分发挥先锋模范作用。新疆作为少数民族聚居地区，经济和社会发展的现状以及地理环境的特殊性，更决定了加强党员领导干部党性修养的重要性。对我们长期工作在新疆的同志而言，党性修养的首要内容是增强政治坚定性和政治敏锐性，必须保持高度的政治敏感性，坚持马克思主义国家观，自觉维护祖国统一，全面正确地贯彻执行党的民族宗教政策，这是讲政治的集中体现。

中央组织部干部二局副巡视员袁毅：当前我们一些党员领导干部忽视理论学习，学用脱节，理想信念动摇，宗旨意识淡薄，脱离群众、脱离实际，不讲原则、不负责任，个人主义突出，形式主义、官僚主义严重。针对这些思想根源引发的问题，迫切需要用革命先辈的优良传统和感人事迹，对党员干部开展党性教育，进行潜移默化、润物无声的思想感化。非常需要像中国井冈山干部学院这样，充分利用红色资源和现代化手段打造精品课程，通过情景式、体验式、研究式教学，在每个历史事件、人物、细节中折射出井冈山精神，很有亲和力、感染力，很能鼓舞人、教育人。目前，学院已经开发了87个现场教学点和社会实践教学点、150多门专题教学课程，充分发挥了革命传统教育的基地作用、永葆革命青春的加油站作用、党性锻炼的熔炉作用。

商务部市场运行司司长王炳南：毛泽东等革命先辈们在井冈山斗争时期，工作和生活非常简朴，只有一张床和一张办公桌，穿的是草鞋，吃的是红米饭、南瓜汤。但就是在如此简陋的环境、如此艰苦的条件下，为了实现共产主义、国家富强和民族振兴，他们始终保持革命的乐观主义精神，克服了千难万险，夺取了一个又一个的胜利。我们必须保持这种革命情操和高尚气节，牢记“两个务必”，加强自身修养，弘扬新风正气。要培养自己高尚的情操，正确选择个人爱好，慎交友、多读书、少应酬，把个人的价值体现在报效祖国、服务商务事业发展上来。

国家发改委体改司副司长王强：这次专题培训，为我们加强党性修养和作风建设提供了难得的机会。对我们保持共产党员的政治本色，发挥党的优良作风很有益处。我一定要筑牢拒腐防变的思想道德防线，增强党性、改进作风，推动转变不适应科学发展观的思想观念，坚持用邓小平理论、“三个代表”重要思想和科学发展观武装头脑，指导实践。把学习理论与改造世界观结合起来，与实际工作结合进来，增强党员意识和组织意识，增强荣誉感和使命感，做一个优秀的共产党员。

河南省委组织部常务副部长臧安民：我体会，加强党性修养、自我完善提高有两个关键要素，一是人性；二是党性。人性是基础，党性是升华；人性是生物机能和文化背景的凝聚，党性是政党理念和人文环境的结晶。中华民族的传统美德，使中国人身上闪烁着善良、善意、善举、善待的人性光芒；马克思主义中国化的成果，使具有中国特色的中国共产党的党性彰显出立党为公、以人为本、解放思想、实事求是、与时俱进的光辉。加强党性锻炼，必须以人性的自我完善为基础。有了宽容善良、诚信执著、坚忍不拔、善待他人的人性，才能有信念坚定、克己奉公、忠诚可靠、廉政为民的党性升华。我们作为社会人，要不断进行自我完善，追求人生的完美；我们作为共产党人，要不断加强党性修养，追求党性的升华。

中国工商行政管理学会秘书长于法昌：为政重在立德，立德先要修身。无论古今中外，做官都必先做人，做人都必先修身。每个干部要不断加强个人道德修养，真正成为思想纯洁、品行端正的示范者；爱岗敬业、敢于负责的力行者；明礼诚信、遵纪守法的先行者；生活正派、情趣健康的引领者。因此，要始终坚守自己的精神家园，做到“内安于心，外安于目”。社会再变，灵魂不能浮躁；诱惑再多，步子不能乱套。

国家发改委经济贸易司副司长耿书海：坚定的理想信念，是井冈山军民坚持斗争、争取胜利的力量源泉，是中国革命能够取得成功的关键，也是井冈山精神的灵魂。学习弘扬井冈山精神，核心就要坚定理想信念。只有这样，才能经得起生与死、公与私、胜利与失败、重大政治风浪和复杂局面的考验，才能在改革开放条件下，抵挡住金钱、名利、美色、奢华的诱惑，才能保持共产党人的志向和气节，坚定政治立场和方向，把党的事业推向前进。

国务院机关事务管理局办公室主任李金芳：第一次到中国井冈山干部学院学习，学习方式与中央党校有很大不同，这里突出了现场教学，对我们非常适合，重在理解。学习过程中，边学习，边思考，边升华。学习中看到了老一辈革命家的居住条件，想到现在的办公设备、楼房；看到毛主席、朱总司令吃饭的地方，想到现在的业务接待；看到老一辈走的山路，就想到现在的豪华业务用车。把保持党的优良作风，作为我们这个班的主要课题，非常重要。在来之前，我查了一些资料、数据，对比一下，感到如果不弘扬党的优良作风，对于推动我们事业发展是很不利的。必须加强作风建设，发扬党的优良传统。

浙江省外事侨务办公室副主任、党组成员顾建新：井冈山革命时期，人民群众敢于用自己的生命保护革命，重要的原因就是党的领袖、干部、战士能带头艰苦奋斗，并与人民群众有盐同咸，无盐同淡。面对今天复杂多变的国际形势和艰巨繁重的国内改革发展任务，胡锦涛总书记曾指出，要保持经济平稳较快发展，保持社会和谐稳定，各级领导干部一定要树立和弘扬良好的作风。艰苦奋斗是我党的一贯作风，全面落实科学发展观，必须从中国社会主义初级阶段的国情出发，大力发扬艰苦奋斗、勤俭节约的作风。与群众同甘共苦，理应成为领导干部崇尚的风气，这也是我们目前共克时艰的信心和力量源泉。自律就是要把党性原则要求内化为自己的情感、意志和行为。

河北省南水北调办公室主任袁福：坚持艰苦奋斗，保持优良传统和作风。这次学习最大的收获也就在于发扬这种精神，从思想上能做到，不追求奢华生活，耐得住寂寞、守得住清贫、抗得住诱惑、经得起考验。自觉抵制拜金主义、享乐主义、极端个人主义的侵蚀，自觉拒腐防变，保持清正廉洁，自重、自省、自警、自励，从小节做起，防微杜渐，谨记“贪欲如火，不遏则燎原；淫欲如水，不遏则滔天”这一古训，时时处处严格约束自己，永远保持共产党人的政治本色。

贵州省委政法委副书记王海萍：井冈山的红色政权能够存在，离不了当地人民群众的支持，群众路线是井冈山斗争的三大法宝之一。井冈山的历史告诉我们，共产党人要为人民谋利益，人民群众才会真心实意的跟党走。在今天，密切联系群众并不仅仅表现为到基层走走看看，从巩固执政之基的角度来看，重要的是要解决好在重大决策问题上听取民意、集中民智、考虑民情的问题，不搞政绩工程、形象工程，多为老百姓做实事；密切联系群众还要解决好亲近群众、取信于民的问题。在培训班，重唱“三大纪律八项注意”感受很深，“八项注意”的第一条就是说话态度要和气，尊重群众不要耍骄傲，这一点恰是我们很多机关没有做好的方面，所谓门难进、脸难看，伤害了人民群众的感情，所以密切联系群众应该从点点滴滴的事情做起。

中国侨联办公厅副主任张岩：通过在井冈山干部学院短短的一周学习，我深刻认识到自己的差距和弱点。回去后，首先，要提醒自己做到“慎微”，也就是防微杜渐，坚决抵制腐朽没落思想观念和生活方式的侵蚀，只有这样才能树立正确的世界观；其次，提醒自己做到“慎行”，也就是克己慎行，不沉溺于灯红酒绿，流连于声色犬马，以使自己保持正确的人生观；再次，提醒自己做到“慎交”，也就是择善而交，和人民群众交朋友、同基层干部交朋友、同先进模范交朋友、同专家学者交朋友，促使自己形成正确的价值观；最后，提醒自己做到“慎独”，也就是工作时间和业余时间一个样，有监督和没监督一个样，树立正确的权力观、地位观、利益观，切实对得起党和人民赋予自己的职责。

外交部培训中心副主任詹晓波：井冈山斗争告诉我们，在困境乃至危机面前，唯有艰苦奋斗、敢于斗争，才能有战胜困难的决心，才能在困境中看到光明的前途。当前，随着我国综合国力的不断增强和国际地位的不断提高，外交工作任务日益繁重和复杂，机遇前所未有，挑战也前所未有。西方国家和敌对势力加紧对我们进行遏制，从各个方面挤压我们的发展空间，中国的和平崛起注定不会是一个一帆风顺的过程。作为驻外使节，坚持艰苦奋斗、开拓进取，就是要时刻保持高昂的斗志，坚定地捍卫国家的主权、发展和安全利益，为国家的发展创造有利的国际环境；就是要学习革命前辈“敌军围困千万重，我自岿然不动”的英雄气概，勇于战胜各种困难和挑战；就是要保持勤俭朴素、淡泊名利的共产党员本色，工作中率先垂范，生活中严于律己，带领馆员为外交事业而艰苦奋斗。

上海市民防办公室主任、党组书记刘南山：重走朱毛红军挑粮小路，我仿佛看到了当年红军在极端困苦的条件下，不畏困难、艰苦奋斗的情景，从而进一步增强了在新形势下保持艰苦奋斗优良传统的紧迫性和自觉性。学习井冈山精神，我深切地感到，要完成好党和人民赋予我们的民防工作职责，必须要继承和发扬井冈山艰苦奋斗的革命精神，切实做到条件好了奢侈浪费不能长，环境变了勤俭节约不能丢，励精图治、埋头苦干，为保障城市安全扎扎实实做好各项工作。

国务院港澳事务办公室法律司司长黄柳权：我觉得，作为党员领导干部，仅仅意识到全心全意为人民服务的优良作风决不能丢是远远不够的。我们这一层级的领导，有职有权，承上启下，要多做实事，少喊口号，要努力成为各自领域的专家，只有这样才能知道人民的利益所在。

广西壮族自治区百色市委副书记黄志伟：弘扬井冈山精神，关键在干部，我党的这支干部队伍，就应该像这次给我们上课的全国优秀共产党员、全国劳动模范、全国道德模范的吴天祥同志那样，做政治上的明白人、经济上的清白人、作风上的正派人、学习上的带头人、讲真话办事实的老实人、老百姓的贴心人！

司法部司法鉴定管理局副局长胡占山：井冈山革命英烈的事迹，对我们如何加强自身的廉政建设有极大的启示。作为后来人，要汲取他们身上蕴藏着的巨大精神财富，努力改造自己的主观世界，切实加强自身的廉政建设。学习他们视党和人民利益高于一切的精神，牢固树立立党为公、执政为民的意识，正确对待权力、地位和个人利益，夯实思想防线。学习他们的严于律己、克己奉公的精神，严格执行党风廉政建设纪律，自觉做廉洁从政的模范。

福建省直机关工委副书记蔡传华：始终坚持清政廉洁，耐得住寂寞，守得住清贫，善交友，抗诱惑，培养健康兴趣，这也是一个党员领导干部基本的要求。腐败不遏制，必将导致整个党的机体腐化。井冈山时期党的领袖以身作则，党员领导干部身先士卒，官兵同吃同住同劳动，官兵一样薪水，一样伙食五分钱，朱德扁担的例子就很能说明问题，官兵同甘共苦。清廉之风产生向心力，造就了根据地的扩大，队伍的壮大，让中国革命看到了希望。倘若不是这样，党员领导干部想的是个人享受，必然疏远了群众，群众就不会跟着你。

中央对外联络部非洲局局长曹白隽：这次培训对我个人来说，既是一次难得的机会，也是一次十分难忘的经历。我想，重温当年红军的艰苦生活，并不是要我们放弃现在舒适方便的生活，再过一种苦行僧般的生活，而是要在思想上养成简朴的生活习惯，放弃奢华和大手大脚、铺张浪费的生活习惯，大力提倡自力更生、艰苦奋斗的精神。

国务院机关事务管理局房地产管理司副司长王延秋：发扬艰苦奋斗、廉洁自律的精神应是对现阶段领导干部的基本要求。毛泽东同志一根灯芯的故事、朱德同志身为红军军长亲自挑粮上井冈山的故事，这体现了老一辈共产党人在井冈山就广为流传的榜样作用。现阶段，我们的生活水平有了很大的提高，作为中央国家机关的工作人员，主动节水、节电、节油，节约办公经费，自觉遵守“两办”关于严格国内和国外、境外公务活动的通知，调动周围同志一道把艰苦奋斗精神落实在我们的实际工作中。坚持廉洁自律，才能自觉做到权为民所用、情为民所系、利为民所谋。在我们所从事的各项工作中应时刻绷紧廉洁自律这根弦，公开公正，取信于民。

外交部机关党委常务副书记马克卿：我们感受井冈山精神，不能感动一阵子，而要牢记一辈子。要不管风吹浪打，始终坚定理想信念，坚持为人民服务的宗旨，永葆艰苦奋斗的优良作风。作为外交战线的党员，这就是对党、对人民的绝对忠诚，时刻把党的命运、国家的前途、人民的利益放在心坎上，坚定维护国家的主权、安全和发展利益；就是时时处处以党的事业为重，不计个人得失，在任何时候，任何条件下，都要与党中央保持一致；就是能经受住国内外各种复杂环境的考验，始终站稳立场，严守纪律。

中国纪检监察报社社长李本刚：我们今天学习井冈山精神，就是要在建设中国特色社会主义的伟大实践中坚定理想信念，加强党性修养，继承和发展党的优良传统和作风，经受改革开放、社会主义市场经济和长期执政的考验，为党和人民建功立业。一方面要按照党章和廉洁自律各项规定严格要求自己，廉洁从政；另一方面要正确履行职责，多为人民群众办实事、办好事。具体来说要过好六关：坚定信念，过好政治关；接受监督，过好权力关；力戒贪欲，过好金钱关；坚持原则，过好交友关；提高修养，过好生活关；严格要求，过好家庭关。

山东省证监局局长徐铁：井冈山时期革命先辈面临的考验主要是威武不能屈，贫贱不能移，而我们今天面临的考验主要是富贵不能淫。现在各种诱惑太多，权、钱、色、名等不一而足。我们除了坚定理想信念外，保持艰苦奋斗精神、力戒骄奢之风应是增强党性的题中应有之义，古今中外没有身为骄奢淫逸者而能坚持原则和操守的。特别是证券领域，监管对象多是亿万富翁，监管措施往往涉及几亿几十亿甚至上百亿利益，每时每刻都面临考验。要做到拒腐蚀、永不沾，在个人主观修养上就必须养成艰苦奋斗的作风，培养高尚情操。

山东省人民检察院副检察长、党组成员王建：这次来到中国井冈山干部学院培训给我的教育最深刻，收获也是最大的。通过专题教学、参观、体验，特别是现场教学，老师们用他们声情并茂的灵活教学方式，从一个个侧面出发，深入浅出地把井冈山斗争、井冈山精神讲解得出神入化，使我感到耳目一新，体会深刻，极易接受。井冈山独特而又丰富的教学资源是得天独厚的，而极富特色的各种教学方法和形式与内容相统一的表现手段，极富张力，更是给我的视觉、听觉等各个感官以强烈的刺激、冲击。快节奏、大容量、高频率的一系列革命先辈们的英雄事迹和他们艰苦奋斗永不退却的革命意志的呈现，无时无刻不深深感染着我。特别是当我看到曾志同志那块小小的石碑和简单的“魂归井冈　红军老战士曾志”几个字时，已被感动得热泪盈眶了。井冈山斗争、井冈山精神、井冈山经验、苏区干部好作风等一系列革命史实，已深深地铭刻在我的心中，并为之而感受到强烈的震动和震撼！

福建省三明学院院长、党委副书记郑建岚：以毛泽东为代表的中国共产党人在中国大革命失败后引兵井冈山。在井冈山斗争两年零四个月的时间里，壮烈牺牲的烈士英名录有1.5万多人，还有3万多名没有留下姓名的革命烈士。他们是中华民族的优秀儿女，为了国家独立和人民解放，流尽了最后一滴鲜血。井冈山英烈们惊天地泣鬼神的事迹在我的内心产生了强烈的震撼。学院的第一堂课是现场教学，到井冈山革命烈士陵园敬献花圈，学习井冈山英烈忠于理想、无私奉献的精神。在听到卢德铭、王尔琢、张子清等紧紧跟随毛泽东来到井冈山的先烈们英勇牺牲的过程时，排着整齐队伍的同学们情不自禁地流下眼泪。在整队踏上通往吊唁大厅的台阶过程中，没有其他任何声音，只有全体同学整齐的脚步声。这种没有口令下异常整齐的脚步声表达的是我们对革命先烈的崇敬，是对我们党有一大批如此忠诚而信念坚定的优秀干部而感到自豪和骄傲。有人说，一个党员不了解党的历史，就不是一个合格的党员。参加这次培训，在现场看到了中国共产党的优秀儿女，为民族和劳苦大众的利益，冒着随时都有杀头的危险投奔革命，在被敌人抓捕后宁死不屈，始终忠诚于党，在我心灵产生了强烈震撼。

国土资源部执法监察局局长李建勤：在中国960万平方公里的大地上，耸立着各种各样的山，有"世界屋脊"之称的喜马拉雅山，有享有"五岳"美誉的泰山、华山、恒山、嵩山、衡山，也有以宗教闻名的五台山、普陀山、峨眉山、九华山，而唯独有这样一座特别的山，以"历史红"名传天下，成为"天下第一山"。这就是井冈山。在这里，新建了一所特别的学校——中国井冈山干部学院，它以一种特别的体验式、现场教学式的方式，让学员身临其境，从体验中感悟。

金秋十月，井冈山竹海苍茫，层林尽染，来自中央和地方机关的46名正厅局级干部满怀崇敬之情迈进了中国井冈山干部学院，参加"加强党性修养、坚定理想信念、保持优良作风"专题培训。学员们追寻着历史的足迹，凭吊先烈，倘徉在大井、小井、茅坪、叶坪、"一苏大"、"二苏大"等一个个旧址，登上黄洋界哨口，走进兴国将军园、井冈山革命博物馆，聆听讲解员述说当年的故事，诵读着伟人诗词，穿上红军服，重走朱毛红军挑粮小道；走村入户，实地访民……短短的两周时间，学员们感同身受，思想受到了震撼，心灵得到了净化，精神得到了升华，意志得到了锤炼。

上海工程技术大学校长汪泓：这次专题培训班的学习，我们以独特的宽广视野学习研究了井冈山精神，通过学院独特的教学模式和教学方法，使我们领悟到井冈山精神的巨大魅力和精神冲击力。学院针对党的领导干部，以独特的资源优势，将历史与现实、理论与实际、内容与形式、自律与他律、激情与理性有机统一起来，丰富和深化了党性、党风、党纪的教育内涵，获得了独特的教育效果。这次专题培训班的学习将革命传统、基本国情、革命激情等高度融合起来，它使我深刻地认识到：井冈山精神是我们党的传家宝，是信仰、信念、作风教育的精神宝库。

国家工商总局行政学院常务副院长田云鹏：这次学习，我更加深刻地体会到，我们党之所以能取得革命斗争的胜利，靠的就是坚定的理想信念，就是与人民群众的血肉联系，就是艰苦奋斗、廉洁奉献的精神，就是实事求是、敢闯新路的胆识，这就是井冈山精神，也是我党的先进性与民族精神相结合的当代具有原创意义的中华民族精神。我们现在所处的时代与井冈山斗争时期相比，在党情、国情和世情等各方面都已发生了深刻的变化，我们党已经取得了革命斗争的胜利，已经取得了执政60年和领导改革开放30年的辉煌成就，党员所面对的形势和责任也已经与革命战争年代迥然不同，但相同的是离不开井冈山精神，当代更需要大力弘扬井冈山精神。

全国政协文史和学习委员会办公室（九局）主任（局长）陈爱非：两周的学习是实实在在的，是沉甸甸的。特别值得一提的是中国井冈山干部学院的教学安排十分合理科学。学院充分利用和挖掘井冈山独特的革命资源、红色资源，结合新时期党员领导干部的实际情况，有针对性地进行教育，通过专题教学、现场教学、体验式教学、社会实践教学、音像教学、小组研讨、学员论坛以及学唱革命歌曲等教学方法，构成了一个生动的、立体的教学模式，真正让学员在丰富多彩的教学活动中学理论、学思想、学作风，实现了教学相长、学学相长。这样的教学方法也十分值得我在从事政协委员的学习培训、文史系统干部的学习培训时进行学习和参考。

浙江省卫生厅厅长、党组书记杨敬："保持优良作风"，是这次培训的第三个要求。在长期的革命斗争和执政工作中，我们党积累了许多优良的作风，如何保持和发扬这些优良作风，是在新形势下对现代共产党人的重大考验，是对党能否长期保持先进性、巩固执政地位的重大考验。在日常工作中，我能重视求真务实，虽然能想方设法多到基层、多了解基层卫生人员的想法和要求。但毋庸置疑，随着交通工具和条件的发达，随着信息技术的进步，我们可以在几小时内到达过去需半天、一天甚至更长时间才能到达的农村，我们可以获得海量的信息。但实际上，我们与群众心的距离可能会更远，我们获得的信息往往是皮毛和非真实的。与毛泽东等先辈们穿草鞋、打灯笼进户下田搞调研相比，我们现在是坐车下乡一阵风，看的是经过挑选的符合“胃口”的典型，听的是经过组织的、统一过口径的“意见”和“建议”，一些决策是在自以为了解基层情况的基础上通过拍脑袋而形成的。毛泽东 70 多年前在长冈乡调查时批评过的一些作风问题，在今天以新的表现形式还不同程度地存在。“苏区干部好作风，自带干粮去办公，日着草鞋干革命，夜打灯笼访贫农”这首 80 多年前苏区群众的歌声不能在我们这一代成为绝唱。艰苦奋斗、联系群众、实事求是等共产党的优良作风，是党在 80 多年的历程中，在领导群众闹革命、搞建设中，通过实践而总结出来的，它是群众呼声与党员义务高度结合的体现，是党的先进性与为人民服务宗旨紧密融合的体现。物质条件改善了、工作环境优越了，不是放弃这些作风的理由，而是对我们如何发扬光大这些作风的考验。能否经得住这种考验，就意味着我们能否继续保持先进性、能否继续得到群众的拥护、能否继续巩固执政地位。“水能载舟亦能覆舟”，只有始终坚持和发扬同人民群众同甘共苦的优良作风，坚持和发扬不畏艰险、奋力拼搏、克己奉公、甘于奉献的革命精神，才能永葆党性不变，才能永远得到群众的拥护，才能永远不脱离群众。

广东省委党校外语教研部副主任谢青：2009 年 7 月 1 日至 14 日，我非常荣幸地参加了中国井冈山干部学院第 5 期骨干教师培训班的学习。学院优美的自然环境、完善的硬件设施、科学的教学管理、雄厚的师资力量、独特的教学方式、周到的后勤服务、融洽的学习氛围给我留下了良好而深刻的印象。通过学院为我们精心设置的专题教学、激情教学、体验式教学、现场教学等多元化模式的课程学习，我的观念得到了更新，思路得到了开阔；达到了思想上清醒、政治上坚定的目的，夯实了政治理论基础；进一步了解了井冈山革命根据地和中央苏区的历史，充分领悟了井冈山精神，坚定了共产主义信念；学员之间的互相交流与学习使我受到了很大的启发，为今后更切实有效地开展工作奠定了基础。这次学习对我来说，是一笔宝贵的财富，是一次难忘的经历。

甘肃省委党校经济学教研部主任、教授刘进军：15 天紧张有序的学习培训有很大收获，可以说是震撼极大、感悟颇深、感触和启发颇多。首先，极大的心灵震撼和洗礼。灵感是水，信念是金。理想信念是最大的财富和直面人生、应对挫折、突破逆境的核心力量，决定着人生和事业的高度。信念在，精神在，事业成。重温井冈山革命历史，缅怀死难先烈，领悟井冈山精神及其时代价值，倍感理想信念的重要。其次，感悟颇深。以理想信念和国情教育为培训重点的中国井冈山干部学院，把现代成人培训的最新理念和方法与理想信念教育巧妙结合运用于干部培训，适合干部学习特点，开创了干部培训教育的新路子，是新时期干部教育培训规律和方式的重要探索，有重要理论研究和实践借鉴价值，值得推广运用。最后，感触和启发颇多。先进的培训理念和精心的教学设计，高端的责任管理，良好的基础条件，优质的后勤服务和行政保障，高水平的师资力量是学院在众多培训机构中独具特色、优势凸显的重要保障。通过本次学习，对搞好干部教育培训的重要性、紧迫性和面临的机遇及对策思路挑战有了全新的认知。学习结束后将认真梳理和研究中国井冈山干部学院的培训经验，借鉴其在理想信念、世界观、人生观教育和现代成人培训理念和方法运用方面的有益探索，为本省和本单位干部教育培训的改革创新提出对策建议。

中央编办电子政务中心主任伏宁：在七天的学习生活中，我深切地体会到：党中央从推进中国特色社会主义伟大事业和党的建设新的伟大工程全局出发，加强干部教育培训，努力提高干部队伍的素质，的确是一项重大的战略举措；中编办、中央组织部高度重视这次“机构编制管理创新专题培训班”，使我们参训干部受到了一次很好的教育；中井院实事求是、与时俱进、艰苦奋斗、执政为民的办学要求对培训机构编制部门的干部同样适用，效果很好；培训中的教学理念很有特点，教学方法很有成效；学院领导有力、组织有方。七天的学习培训，时间虽短，但收获很大，主要有以下五点：一是坚定了理想信念，二是增强了创新意识，三是促进了对行政管理体制改革和机构编制管理的深入思考，四是进一步强化了自身素质，五是增进了与机构编制部门干部之间的了解、沟通和友谊。大家朝夕相处，或谈理想信念，或谈业务工作，或谈生活情趣，十分和谐融洽。

中央编办一司副司长邹锡明：我们这一代人，过去对井冈山革命斗争、井冈山精神并不陌生：小学时就读过《朱德的扁担》，稍大时从《星火燎原》丛书中又了解到井冈山斗争许多英雄的事迹，以后通过学习中共党史认识到井冈山斗争开辟了以农村包围城市、武装夺取政权的中国式的革命道路。但过去基本上是从书本上了解井冈山，而这一次亲身来到井冈山，通过多次专题教学和现场教学，更加深切地感受到 80 多年前以毛泽东同志为首的共产党人是如何在艰苦卓绝的环境下，带领红军和农民群众不怕牺牲、战胜敌人，创建了中国革命的第一块根据地——井冈山革命根据地，而且更加深刻地认识井冈山精神的历史和现实价值，认识到它所体现出的“坚定信念、敢闯新路、依靠群众”等精神内核，是如何构成了中国共产党人革命精神的源头，成为维系中国过去和现在、历史和未来的精神血脉。这对于我们今天进一步学习、继承和发扬井冈山精神，贯彻落实科学发展观，继续推进建设中国特色社会主义事业、全面建设小康社会具有重要的现实意义和深远的历史意义。

中央编办三司副巡视员兼三处处长李民生：短暂的学习生活就要结束了，回顾难忘的学习生活，激动的心情久久难以平静。课堂讲述与现场教学并举，理论修养与实践体验并茂，体现了中国井冈山干部学院的鲜明特色；周密的教学安排，严明的组织纪律，凸显了学院教学与管理的高超水准。七天的学习，我不仅收获了书本知识，而且收获了精神财富，不仅提升了思想修养，而且更加坚定了为共产主义奋斗终生的理想和信念。特别是通过对“坚定信念、艰苦奋斗，实事求是、敢闯新路，依靠群众、勇于胜利”井冈山精神的学习、理解和思考，使我的思想得到了升华，心灵得到了洗涤，灵魂得到了净化。通过瞻仰革命先烈，重走朱毛红军挑粮小道，倍增了我对老一辈无产阶级革命家的朴素感情，倍增了我作为一名中国共产党党员的自豪感和责任感。井冈山精神将是我的精神支柱，激励着我为党的事业奋斗终生。

中央编办行政管理体制改革司副司长郭沛：这次七天短暂培训的收获良多，主要有三点。一要增强敢闯新路的意识。井冈山革命最重要的贡献是破除了教条主义的影响，将马列主义原理与中国革命实践相结合，创造性地走出了一条独特的中国革命之路。我们要继续学习井冈山革命敢闯新路、创新思维的勇气和精神，并将之运用到工作当中。在工作中，敢于创新、善于创新、加快创新，创造性地开展工作，提出新的工作思路、管理方法，提高工作质量和效率。二要正确对待困难挫折，善于克服困难挫折。井冈山革命的一个突出特点是条件极端艰苦、困难挫折丛生。面对严峻形势，以毛泽东为代表的共产党人正确对待并解决了各种问题和困难。我们要发扬井冈山正确对待困难挫折善于克服困难挫折的大无畏精神，自觉运用到工作生活当中，不怕困难，克服困难，并在克服困难的过程中锻炼和增强自身的意志品质。三要继承革命传统，廉洁奉公。在新的历史时期，继承发扬革命优良传统，自觉加强党性修养，是关系党的执政能力和战斗力的重大问题。我们必须继续发扬革命传统，必须清醒地认识到肩负任务的艰巨性和复杂性，必须清醒地看到工作中存在的困难和风险，必须保持艰苦奋斗、廉洁奉公、严于自律的思想观念，必须保持求真务实、埋头苦干、创新求变的工作作风，为党的建设、社会各项建设贡献自己的力量，取得更大的成绩。

辽宁省委党史研究室主任王意恒：见过教学管理，没见过这样管理的，把每一天，每次活动，每一堂课程都安排得如此细致；见过课程设计，没见过这样设计的，让人身临其境，又有理论上的升华；见过服务周到，没见过这样周到的，老师、工作人员热情服务让我们难以忘怀；见过革命激情，没见过这样的激情，学习实践中让我们唤醒了久违了的那种冲动，继承革命传统，争取更大光荣。

北京市朝阳区委党史办公室副主任祁凤山：十天的培训班虽然时间较短但收获巨大，参加培训班体会最深的有三点。第一，党史工作者要担当起资政育人的历史使命，必须首先受教育，不断提高党性觉悟，以便更好地坚持党史工作的正确方向，把握党史工作的正确原则；第二，党史工作者经常到革命老区走一走、看一看，亲身体验老区的革命实践，不仅是提高党史工作者思想政治素质的需要，而且是提高业务能力和水平的重要途径；第三，定期举办培训班，及时总结交流情况，是提高地方党史工作水平的有效方法。

吉林省辽源市委党史研究室主任李刚：增加了知识，开拓了视野。在短暂的学习过程中，无论是工作理论上，还是工作实践上，都有很大的收获，认为这种培训的方式非常切合实际，事半功倍，掌握了工作方法，释疑了工作难题，注意了工作重点，明确了工作方向，感到视野开阔了，知识增加了，为今后的工作打下了坚实的基础。

中国文联演艺中心主任、国家一级演员郁均剑：在当今国泰民安的祥和盛世中，如何学习已经过去了80多年的井冈山精神，是我接到要来参加此次第四期高级专家理论研究班通知时一直在思考的问题。没有料到的是，通过这短短十天来的系统学习，不仅了解了井冈山革命根据地的基本概况，也了解了井冈山的斗争和井冈山的精神。在深入学习、深刻体会、深度融化“坚定信念、艰苦奋斗，实事求是、敢闯新路，依靠群众、勇于胜利”的井冈山精神的精髓、灵魂、本质、根本的过程中，使我受益匪浅。

最高人民法院研究室主任胡云腾：在举国上下认真学习贯彻十七届四中全会精神之际，中国井冈山干部学院举办第四期高级专家理论研究班，十分有意义。因为四中全会精神与井冈山精神，虽然时间上相距80余年，发生的时代与社会背景完全不同，但二者在本质、任务和内涵等方面，具有内在的一致性。可以说，四中全会精神总结的六条基本经验，每一个都能在井冈山精神中找到源头，无不与井冈山精神一脉相承，是对井冈山精神的弘扬与发展，把井冈山精神与四中全会精神结合起来学习，能够对“两个精神”理解、把握得更加全面、更加深刻、更加准确。这次学习的时间虽然不长，学习的课程虽然不多，但是，学习的收获很大，尤其是现场教学，犹如身临其境与革命先烈和老一辈革命家零距离接触，心灵受到极大感动和洗礼，理论深入、史料翔实的专题讲座，让人对井冈山精神的形成、发展、本质和特点，有了更加清晰、深刻的认识，确实感到收获很大。

求是杂志社副总编辑、编审夏伟东：这次能到中国井冈山干部学院来参加第四期高级专家理论研究班，感到很荣幸，我十分珍惜组织上提供的这次宝贵的学习机会。第一，遵守纪律，集中精力。第二，服从安排，尽力所为。第三，认真听课，潜心研究。我感到在三个方面的收获最大：第一，对党的十七届四中全会精神有了更深入、更全面、更具体、更生动的认识和把握。第二，对加强党的建设的重大意义有了更深入、更全面、更具体、更生动的认识和把握。第三，对党中央从思想政治上关怀知识分子的方针和政策，深切感激，深受教育，深表拥护。采取在井冈山和延安干部学院定期举办高级专家理论研讨班的方式，把理论研究和现场体验教学结合起来，是从思想政治上关怀知识分子的一个十分有力的抓手，其潜移默化、春雨润物的作用，不可低估。2005 年 10 月我来过井冈山，但那次是来参观，时间有限，接触的东西、思考的问题都不够丰富和深入。这次来井冈山大不一样了，这次不是走马观花，而是集中时间潜心学习研究，特别是把学习研究党的十七届四中全会精神，同学习研究井冈山精神紧密结合起来，同比较系统地思考党的建设的理论和现实问题紧密结合起来，从而在理论水平、党性修养和精神境界上，都获得了一次新的提高、新的洗礼和新的升华。

广州大学校长、教授庚建设：这次培训学习，我不仅对井冈山革命战争这段历史有了更深入、更清晰的了解，更为重要的是对井冈山精神有了更深刻的认识和领悟，使自己在思想上、认识上、行动上都取得了很大的收获。对于井冈山精神，我们不仅要认真学习、好好领悟，更重要的是需要在实际工作当中去实践，去弘扬。作为一名党一手培养起来的专家学者，我已担任高校领导职务多年，自 2003 年年底担任广州大学校长，通过不断的学习，我进一步增强了党性修养，坚定了理想信念，并有效地指导了实践工作。回顾广州大学近年来的办学，我们之所以在短短几年实现了快速发展，很重要的做法正是秉承了井冈山精神中的“实事求是、敢闯新路”的可贵经验，在坚持实事求是的基础上，勇于改革创新，不断取得办学的跨越式发展。实践证明，只有坚持实事求是，不断改革创新，才能把我们的事业全面推向新的胜利。作为校长，今后我还要继续学习好、领会好和发扬好井冈山精神，要用井冈山精神指导好自己的实践工作，更好地配合好学校党委，组织带领好广州大学的全体师生员工，发扬艰苦奋斗的优良传统，开阔视野，创新发展，争取更好地谱写学校事业发展的新篇章。

吉林大学副校长吴振武：共产党员的党性修养，关键在于自己的不断学习与世界观的提升。从毛泽东到胡锦涛，党的领导人都号召党员同志，特别是党员领导干部要认真读书，并身体力行。然而，我们总是以工作忙、忌形式主义为由，忽视读书。我个人虽然因当教师的关系，不至于不读书，甚至读书量还不少，但真正认真读马列原著却不多，用马克思主义指导具体工作的理论探索更谈不上。这次在井冈山学习，了解到毛泽东同志当年在那样艰苦繁忙的环境下，写成了《中国的红色政权为什么能够存在？》、《井冈山的斗争》等光辉著作，实在是我们理论学习与探索的榜样。处在今天社会急剧变化的时代，我们不仅要像老一辈无产阶级革命家那样“活到老，学到老”，更要不断改造和提升我们的世界观。北京大学老校长陆平同志曾经说过：“大学领导要有省委书记的水平、支部书记的作风。”我以为要真正做到这一点，唯有不断学习提高自己。

清华大学党委副书记、纪委书记韩景阳：艰苦奋斗是井冈山精神的突出体现。井冈山斗争时期的环境和条件是极其艰苦的。敌人的多次“进剿”、“会剿”，山区的缺医少药，穿衣吃饭也都面临很大的困难，但他们不畏困苦，自力更生，红米饭、南瓜汤，长期见不到肉，但仍坚持训练打胜仗，他们把稻草比做“金丝被”，革命乐观主义精神令人感动。建设小井医院资金不够，官兵们从每天 5 分钱的伙食费中挤钱捐献出来，建成了自己的红军医院。当时红军官兵平等，无论伙夫还是军长，生活待遇都是相同的，这也是红军士气高涨、极具战斗力的重要基础。今天，我们的工作、生活环境得到了极大的改善，条件有了翻天覆地的巨变，但艰苦奋斗的精神却不能忘、不能丢，而且应该继续发扬。学习期间，我们参加体验式教学，重走了朱毛红军挑粮小道，我们一身轻装，只走了当年挑粮小道的一小部分，已经是气喘吁吁，累得不行，而当年红军还要挑着粮食一路上山，特别是朱老总已经 40 多岁了，仍然带头挑粮上山，战士们劝说不成，就几次藏起了扁担，朱总司令于是在扁担上写了“朱德扁担，不准乱拿”，坚持挑粮上山，这种精神令我深深敬佩。艰苦奋斗是一种精神，也是一种习惯，在当前形势下，生活工作条件好了，但艰苦奋斗的精神却应该继续发扬，切不可贪图安逸享受，我们更要很好地学习井冈山时期那种艰苦奋斗的精神，要把革命的好传统继承过来，并传承下去。

上海交通大学党委副书记徐飞：这次参加中国井冈山干部学院举办的中管高校领导干部专题培训班，使我领悟到井冈山精神的巨大魅力和灵魂冲击力。井冈山斗争波澜壮阔、艰苦卓绝，井冈山斗争时期和中央苏区时期所留下的大量史料、史迹，以及毛泽东等老一辈无产阶级革命家的著作、文献和诗篇等，为党性、信念、作风教育提供了极其丰富和鲜活生动的资源。环环相扣、丝丝入扣的精细服务和准军事化的严格管理，给人印象深刻；专题式、体验式、研究式的教学方式深受欢迎。教员、讲解员真挚的感情、澎湃的激情深深地感染和感动着我，专家学者深邃的思想和透彻的分析大大开阔了我的眼界，提升了我的认识。而每一次参加现场教学都成为我的一次思想洗礼和灵魂净化，和学员之间的交流沟通亦使我受益匪浅。

山东大学副校长樊丽明：通过听取专题报告、参加现场教学、体验式教学、音像教学、认真自学、学唱红歌、小组研讨等环节，情感上深受感染，心灵上深受震撼，思想上深受教育，收获颇丰。我深感，此次到井冈山革命根据地实地学习，作为一名党员，这是一次充满期待的寻根之旅，更是一次学习历史、铭记历史的生动具体的党史教育之旅；作为一名党员干部，这是一次系统学习毛泽东、朱德等老一辈无产阶级革命家引领造就的“坚定信念、艰苦奋斗，实事求是、敢闯新路，依靠群众、勇于胜利”的井冈山精神，切身体会他们的雄才大略、革命情怀、高尚品格和个人魅力的实地培训，也是一次激励为党的教育事业努力工作的干劲和热情的及时“充电”。

四川大学常务副校长李光宪：我们要向井冈山的先烈学习，加强党性修养，树立正确的人生观、价值观。井冈山斗争先后牺牲了 5 万多先烈，留下姓名的只有 15000 多人，他们当中有不少人出生于富裕家庭，出国留学，受过很好教育，但是他们为了理想和信念甘愿放弃个人的一切，为革命付出了自己的生命。一些幸存下来的老一辈革命家在革命成功后仍念念不忘战斗过的土地和流血牺牲的同志。曾志同志去世后将自己的骨灰送回井冈山，埋在当年曾工作的小井红军医院旁。她的墓碑是如此简朴，稍不留意就会走过。站在她的墓前，想想他们的付出和贡献，再看看眼前的情景，真是感慨万千。什么是共产党人的人生观价值观，共产党员应该追求什么，井冈山的先辈给我们作出了最好的回答。我们后人特别是领导干部没有理由不以他们为榜样，加强党性修养，坚定理想信念，确立为党和人民的事业奉献一切的思想境界，否则怎能算真正的共产党人。

同济大学副校长蒋昌俊：一周的井冈山精神学

习，是一次心灵的震撼，也是一次精神的升华。在黄洋界上，朗读了毛泽东同志的重要诗篇，豪情满怀；在大井朱毛旧居，学习到毛泽东勤于学习、勇于探索的理论品质；在小井红军医院，感受了革命先辈艰苦奋斗的优良作风；在“重走朱毛红军挑粮小道”，感受到先辈们打江山的不易；在学院教学楼里观看了各类教育片，感到新时期党建工作的重要性。一次次现场教学和体验式教学，使我们的心灵受到震撼，思想得到洗礼，灵魂得到净化。通过这次学习，更加深刻认识到加强党性修养和作风养成的重要性，进一步提高了继承和发扬井冈山精神的自觉性，切实增强了以坚强党性和优良作风推进高校科学发展的使命感。

中央组织部人才工作局副局长宋永华：坚定信念、矢志不移是井冈山精神的灵魂。井冈山根据地军民正是凭借坚定不移的共产主义理想和革命必胜的信念，克服了一个又一个困难，战胜了一批又一批敌人，取得了一次又一次反“进剿”、“会剿”的胜利。回顾我党在后来历次重大胜利中，特别是苏联解体、苏共亡党的国际形势下，我党领导全国各族人民坚定共产主义信念，走中国特色社会主义道路，成功地取得了世界公认的中国改革开放的伟大成就。如果说十个月前，我是怀着一颗爱国之心和对祖国社会主义建设充满信心回到自己的祖国工作，那么这次井冈山之行则更加坚定了我的共产主义信念和为之奋斗的决心和信心。

（李清平供稿）

★资料★

2009年主体班次学员名录

第1期省部级干部“弘扬井冈山精神，坚定理想信念”专题研究班

姓　名	学　号	姓　名	学　号	姓　名	学　号	姓　名	学　号
张晓明	A20091001001	胡亚枫	A20091001007	张常韧	A20091001013	钱　锋	A20091001019
央　金	A20091001002	顾国新	A20091001008	罗　兰	A20091001014	刘新文	A20091001020
张立勇	A20091001003	王继亮	A20091001009	张　柏	A20091001015	李　捷	A20091001021
龙新南	A20091001004	谢晓尧	A20091001010	冯长根	A20091001016	任茂东	A20091001022
马　利	A20091001005	朱龙生	A20091001011	徐松南	A20091001017	于　平	A20091001023
王雅安	A20091001006	刘雅琴	A20091001012	肖兴威	A20091001018	李宏塔	A20091001024

第1期正厅局级领导干部“加强党性修养、坚定理想信念、保持优良作风”专题培训班

姓　名	结业证号	姓　名	结业证号	姓　名	结业证号	姓　名	结业证号
庞　松	A20090101001	张　金	A20090101014	李家模	A20090101027	顾瑜芳	A20090101040
冀　生	A20090101002	郭艳姿	A20090101015	巩　新	A20090101028	史继善	A20090101041
王金亮	A20090101003	张奎明	A20090101016	朱小林	A20090101029	张庆善	A20090101042
邢家瑞	A20090101004	张渝田	A20090101017	覃传辉	A20090101030	郭恒明	A20090101043
张育文	A20090101005	赵洪顺	A20090101018	郭瑞廷	A20090101031	张冬科	A20090101044
龚强华	A20090101006	杨志民	A20090101019	沈敏光	A20090101032	李鲁会	A20090101045
陶嘉庆	A20090101007	贾　科	A20090101020	辛拴明	A20090101033	尹　欣	A20090101046
钱恒义	A20090101008	房庆方	A20090101021	张伊兴	A20090101034	孙泽兵	A20090101047
田联刚	A20090101009	刘淑坤	A20090101022	周　伟	A20090101035	刘晓刚	A20090101048
李　成	A20090101010	李金芳	A20090101023	刘山青	A20090101036	赵文波	A20090101049
王　华	A20090101011	相金科	A20090101024	赵景之	A20090101037	王建明	A20090101050
李　超	A20090101012	张　翼	A20090101025	董万章	A20090101038		
赵崇捷	A20090101013	董志毅	A20090101026	谭嘉林	A20090101039		

第1期副厅局级领导干部“加强党性修养、坚定理想信念、保持优良作风”专题培训班

姓　名	结业证号	姓　名	结业证号	姓　名	结业证号	姓　名	结业证号
史建泉	A20090102001	林贻影	A20090102014	张　璐	A20090102027	刘建禄	A20090102040
史双胜	A20090102002	安建华	A20090102015	杨永安	A20090102028	喻小广	A20090102041
王延秋	A20090102003	李从民	A20090102016	邵　清	A20090102029	李京峄	A20090102042
黄绍华	A20090102004	胡建华	A20090102017	张宗云	A20090102030	张正军	A20090102043
吐尔逊汗·沙布尔	A20090102005	胥　健	A20090102018	覃信刚	A20090102031	王松敏	A20090102044
庄少勤	A20090102006	谭世勋	A20090102019	阮健弘	A20090102032	周连华	A20090102045
蒋　强	A20090102007	张少龙	A20090102020	杨永平	A20090102033	顾建新	A20090102046
何淑贤	A20090102008	罗黔英	A20090102021	郭先魁	A20090102034	顾立群	A20090102047
潘云东	A20090102009	杨学锋	A20090102022	李春林	A20090102035	马秀山	A20090102048
任广伟	A20090102010	武翠兰	A20090102023	姜德志	A20090102036	孔繁弘	A20090102049
袁海尧	A20090102011	艾仁恰拉	A20090102024	杜克琳	A20090102037	袁继明	A20090102050
王新平	A20090102012	丁小鸣	A20090102025	吴向东	A20090102038		
王丽竹	A20090102013	李渡江	A20090102026	毛三元	A20090102039		

2009年第1期全国党史部门负责人培训班

姓　名	结业证号	姓　名	结业证号	姓　名	结业证号	姓　名	结业证号
张小佳	A20090601001	陈庆来	A20090601011	陈海亮	A20090601021	马万里	A20090601031
杨玉堂	A20090601002	黄耀河	A20090601012	鲁　颖	A20090601022	夏和朋	A20090601032
陈亦工	A20090601003	陈　玫	A20090601013	崔桂林	A20090601023	周少玲	A20090601033
周求良	A20090601004	尹福瑛	A20090601014	李晨玉	A20090601024	梁俊杰	A20090601034
吴得民	A20090601005	张　莹	A20090601015	张运秋	A20090601025	李奇勇	A20090601035
应细飞	A20090601006	向开义	A20090601016	肖俊英	A20090601026	徐传英	A20090601036
李开全	A20090601007	张世华	A20090601017	韦思军	A20090601027	陈纯英	A20090601037
李勇武	A20090601008	王贵庄	A20090601018	陈国裕	A20090601028	罗心福	A20090601038
姚佩莲	A20090601009	罗世居	A20090601019	杨　林	A20090601029	饶彦久	A20090601039
唐筱菊	A20090601010	刘利萍	A20090601020	班永杰	A20090601030	王树林	A20090601040

第2期正厅局级领导干部“加强党性修养、坚定理想信念、保持优良作风”专题培训班

姓　名	结业证号	姓　名	结业证号	姓　名	结业证号	姓　名	结业证号
顾建国	A20090103001	李尚宽	A20090103012	张放鸣	A20090103023	王慧芬	A20090103034
章剑华	A20090103002	张丽娟	A20090103013	金东翔	A20090103024	龚秀松	A20090103035
王占生	A20090103003	冯　潮	A20090103014	李新增	A20090103025	马天荣	A20090103036
侯建英	A20090103004	崔晓凯	A20090103015	郝佩祥	A20090103026	李　裴	A20090103037
王丽华	A20090103005	吕兴胜	A20090103016	高景远	A20090103027	武士国	A20090103038
高颖照	A20090103006	齐文超	A20090103017	侯效岐	A20090103028	庞金华	A20090103039
部海镭	A20090103007	张阳升	A20090103018	王大方	A20090103029	彭　抗	A20090103040
马洪真	A20090103008	卢占文	A20090103019	黄　鹤	A20090103030	曲宏明	A20090103041
高继宏	A20090103009	夏纪慧	A20090103020	何建中	A20090103031	黄安生	A20090103042
刘志会	A20090103010	蒋　浦	A20090103021	徐宝君	A20090103032		
孙　杰	A20090103011	李锐锋	A20090103022	邓海华	A20090103033		

第2期副厅局级领导干部“加强党性修养、坚定理想信念、保持优良作风”专题培训班

姓　名	结业证号	姓　名	结业证号	姓　名	结业证号	姓　名	结业证号
顾宝根	A20090104001	刘延龙	A20090104013	王建平	A20090104025	王素珍	A20090104037
伊爱华	A20090104002	张　军	A20090104014	王春全	A20090104026	牛治军	A20090104038
韩全永	A20090104003	张象麟	A20090104015	王保华	A20090104027	孔玉华	A20090104039
刘仰良	A20090104004	陈湘生	A20090104016	李跃珍	A20090104028	牟可光	A20090104040
李文运	A20090104005	周　虹	A20090104017	敖立功	A20090104029	李建平	A20090104041
马晓兰	A20090104006	张幸福	A20090104018	李　新	A20090104030	戴建营	A20090104042

续表

姓　名	结业证号	姓　名	结业证号	姓　名	结业证号	姓　名	结业证号
覃祖祥	A20090104007	柏仇勇	A20090104019	汪沪平	A20090104031	王　明	A20090104043
彭华彰	A20090104008	郑岚萍	A20090104020	李青华	A20090104032	吴宇雄	A20090104044
王新哲	A20090104009	毛学军	A20090104021	白和平	A20090104033	云丹次仁	A20090104045
李立华	A20090104010	陆仲星	A20090104022	孙　平	A20090104034	杨晓榆	A20090104046
胡延新	A20090104011	曹润青	A20090104023	朱　文	A20090104035	帅　京	A20090104047
任　浩	A20090104012	张　清	A20090104024	马永贵	A20090104036	郑世钧	A20090104048

第3期正厅局级领导干部“加强党性修养、坚定理想信念、保持优良作风”专题培训班

姓　名	结业证号	姓　名	结业证号	姓　名	结业证号	姓　名	结业证号
王海东	A20090105001	林仁芳	A20090105013	孙鉴奇	A20090105025	杨希文	A20090105037
薛　云	A20090105002	蒋希伟	A20090105014	王荣宝	A20090105026	郭永辉	A20090105038
唐树钰	A20090105003	赵学谦	A20090105015	李乃胜	A20090105027	石松江	A20090105039
岩　庄	A20090105004	陈如军	A20090105016	冯有恩	A20090105028	麦正华	A20090105040
牟广丰	A20090105005	李欣欣	A20090105017	蒋学基	A20090105029	包志敏	A20090105041
俞北华	A20090105006	田建国	A20090105018	徐文秀	A20090105030	李加里	A20090105042
朱　华	A20090105007	冀运希	A20090105019	聂生奎	A20090105031	王小平	A20090105043
陈　武	A20090105008	王信芳	A20090105020	王铁鹏	A20090105032	刘伟忠	A20090105044
丁贵桥	A20090105009	杨占林	A20090105021	何增科	A20090105033	罗茂乡	A20090105045
马俊岩	A20090105010	胡金旗	A20090105022	张永祥	A20090105034	徐向红	A20090105046
周福成	A20090105011	艾学峰	A20090105023	熊胜祥	A20090105035	蔡毅治	A20090105047
武志雄	A20090105012	李洪刚	A20090105024	孙树林	A20090105036		

第3期副厅局级领导干部“加强党性修养、坚定理想信念、保持优良作风”专题培训班

姓　名	结业证号	姓　名	结业证号	姓　名	结业证号	姓　名	结业证号
张毓华	A20090106001	孙　斌	A20090106015	房绍坤	A20090106029	宋云河	A20090106043
刘贵锋	A20090106002	顿世新	A20090106016	侯　燕	A20090106030	张浩明	A20090106044
韩洪冰	A20090106003	赵松峰	A20090106017	俞　涛	A20090106031	云宗元	A20090106045
吕凤强	A20090106004	刘华军	A20090106018	张华中	A20090106032	张训华	A20090106046
王亚平	A20090106005	杨晋京	A20090106019	王芳宁	A20090106033	张跃华	A20090106047
黄秀英	A20090106006	张国强	A20090106020	周省时	A20090106034	周继军	A20090106048
刘十庆	A20090106007	王福太	A20090106021	韩　宾	A20090106035	司庆伟	A20090106049
王淑芳	A20090106008	马明兰	A20090106022	王　云	A20090106036	阮国平	A20090106050
王　强	A20090106009	宋　祎	A20090106023	周　峰	A20090106037	郑　洁	A20090106051
刘　健	A20090106010	卢美松	A20090106024	孙喜华	A20090106038	廖加强	A20090106052

续表

姓　名	结业证号	姓　名	结业证号	姓　名	结业证号	姓　名	结业证号
冯春梅	A20090106011	王炳怀	A20090106025	侯明森	A20090106039	廖小军	A20090106053
侯京民	A20090106012	张　岩	A20090106026	于　荔	A20090106040		
林晓峰	A20090106013	王大为	A20090106027	应柏平	A20090106041		
兰　军	A20090106014	董凯建	A20090106028	吴运芬	A20090106042		

第4期正厅局级领导干部“加强党性修养、坚定理想信念、保持优良作风”专题培训班

姓　名	结业证号	姓　名	结业证号	姓　名	结业证号	姓　名	结业证号
江　冰	A20090107001	吴瀚飞	A20090107014	扈万泰	A20090107027	谷继承	A20090107040
王殿昌	A20090107002	丛国庆	A20090107015	陈国明	A20090107028	王立平	A20090107041
刘传旺	A20090107003	王立丰	A20090107016	高秀英	A20090107029	张晓慧	A20090107042
吴沛良	A20090107004	王众一	A20090107017	王正升	A20090107030	冯玉华	A20090107043
冯晓丽	A20090107005	赵希伟	A20090107018	张守华	A20090107031	李援朝	A20090107044
张国斌	A20090107006	侯海生	A20090107019	莫显国	A20090107032	姚　平	A20090107045
戴玉虎	A20090107007	杨滇利	A20090107020	陈连福	A20090107033	孙良龙	A20090107046
吴　浩	A20090107008	薄喜如	A20090107021	谭　陆	A20090107034	陈　伟	A20090107047
臧安民	A20090107009	徐　莽	A20090107022	张春昉	A20090107035	周瑞玲	A20090107048
程志毅	A20090107010	李　萍	A20090107023	孟原生	A20090107036	耿开昌	A20090107049
马占平	A20090107011	杨　斌	A20090107024	蒋益民	A20090107037	周　舒	A20090107050
唐会忠	A20090107012	冯记春	A20090107025	黄汉金	A20090107038		
潘春良	A20090107013	王金陵	A20090107026	黄亚洲	A20090107039		

第4期副厅局级领导干部“加强党性修养、坚定理想信念、保持优良作风”专题培训班

姓　名	结业证号	姓　名	结业证号	姓　名	结业证号	姓　名	结业证号
管　涛	A20090108001	张克文	A20090108013	徐铁鞠	A20090108025	骆文清	A20090108037
张军利	A20090108002	李宗林	A20090108014	陈　芬	A20090108026	泽达吉	A20090108038
田效录	A20090108003	戴　杰	A20090108015	王章好	A20090108027	王惠存	A20090108039
张金豹	A20090108004	张恩水	A20090108016	张连云	A20090108028	马军杰	A20090108040
曹于东	A20090108005	徐　莹	A20090108017	刘　宏	A20090108029	董育中	A20090108041
李　琛	A20090108006	严承高	A20090108018	刘继国	A20090108030	曹国庆	A20090108042
王东琦	A20090108007	赵国臣	A20090108019	蒋云国	A20090108031	马自学	A20090108043
曾国兴	A20090108008	狄俊霞	A20090108020	李欣然	A20090108032	高志明	A20090108044
石　坚	A20090108009	姚建平	A20090108021	毛劲松	A20090108033	王庆朔	A20090108045
冯　焰	A20090108010	栾成杰	A20090108022	张　勇	A20090108034	孟　钢	A20090108046
钟文泽	A20090108011	邱培声	A20090108023	王永红	A20090108035	武桂林	A20090108047
刘小琴	A20090108012	程建国	A20090108024	方仕平	A20090108036	何一凡	A20090108048

公务员管理业务研讨班

姓　名	结业证号	姓　名	结业证号	姓　名	结业证号	姓　名	结业证号
闫志强	A20090701001	梁文懋	A20090701018	程文茂	A20090701035	姜　勇	A20090701052
王　斌	A20090701002	韦爱柳	A20090701019	洛　旦	A20090701036	辜　喜	A20090701053
郭韡华	A20090701003	魏丽莎	A20090701020	王彩琴	A20090701037	唐　玮	A20090701054
马　红	A20090701004	陈　治	A20090701021	孙光明	A20090701038	丁天海	A20090701055
陈　志	A20090701005	赵立新	A20090701022	樊建国	A20090701039	张　希	A20090701056
符铁虎	A20090701006	富宏鹏	A20090701023	王育本	A20090701040	魏洪涛	A20090701057
杨光润	A20090701007	张雅丰	A20090701024	张士伟	A20090701041	刘丽军	A20090701058
薛亚军	A20090701008	黄仰辉	A20090701025	倪兴鸣	A20090701042	李　媛	A20090701059
杨忠强	A20090701009	张　杰	A20090701026	李宇孝	A20090701043	薛胜利	A20090701060
景晓峰	A20090701010	董　权	A20090701027	刘国栋	A20090701044	王炳森	A20090701061
卢　骅	A20090701011	熊　俊	A20090701028	刘海鹏	A20090701045	宿　彦	A20090701062
钱全杏	A20090701012	梅仕城	A20090701029	安吉智	A20090701046	张艾兵	A20090701063
陈平狮	A20090701013	李永才	A20090701030	董汉波	A20090701047	郑德军	A20090701064
陈文成	A20090701014	杨　凌	A20090701031	陈华辉	A20090701048	王小权	A20090701065
方正根	A20090701015	张　勇	A20090701032	陈　乐	A20090701049		
李　晋	A20090701016	王建成	A20090701033	李　江	A20090701050		
姜秀云	A20090701017	陆新勇	A20090701034	徐苏东	A20090701051		

第12期全国老干部局局长轮训班

姓　名	结业证号	姓　名	结业证号	姓　名	结业证号	姓　名	结业证号
崔玉华	A20090702001	杨玉巧	A20090702021	顾汉萍	A20090702041	李　树	A20090702061
张增良	A20090702002	陈守信	A20090702022	应海浪	A20090702042	詹福稳	A20090702062
郭世卿	A20090702003	于国廷	A20090702023	龚友明	A20090702043	吕怀亭	A20090702063
徐国铭	A20090702004	王　红	A20090702024	杨一万	A20090702044	王丹杰	A20090702064
李修建	A20090702005	常世雄	A20090702025	丁秋玉	A20090702045	廖光秋	A20090702065
金　勇	A20090702006	张成军	A20090702026	石国文	A20090702046	熊士淳	A20090702066
王　格	A20090702007	赵红军	A20090702027	戎吉川	A20090702047	马忠华	A20090702067
罗　卡	A20090702008	王永松	A20090702028	施均美	A20090702048	孙永华	A20090702068
汤维钧	A20090702009	李万春	A20090702029	张　敏	A20090702049	李合启	A20090702069
赵满明	A20090702010	凌正康	A20090702030	赵文玉	A20090702050	徐　泓	A20090702070
朱耀民	A20090702011	徐　涛	A20090702031	肖　波	A20090702051	姚世刚	A20090702071
王建平	A20090702012	原　柯	A20090702032	夏俊双	A20090702052	谢燕玲	A20090702072
张　剑	A20090702013	张国立	A20090702033	安全德	A20090702053	杨景姝	A20090702073
左曙刚	A20090702014	高来发	A20090702034	梁锲夫	A20090702054	周子良	A20090702074

续表

姓 名	结业证号	姓 名	结业证号	姓 名	结业证号	姓 名	结业证号
郑燕军	A20090702015	王 隽	A20090702035	刘 健	A20090702055	王书强	A20090702075
史丽荣	A20090702016	康增录	A20090702036	许凤楼	A20090702056	郑会林	A20090702076
曲木林古	A20090702017	张 普	A20090702037	刘志明	A20090702057	楼道京	A20090702077
王国英	A20090702018	苏秀华	A20090702038	杨万涛	A20090702058	陈 媛	A20090702078
万建一	A20090702019	张秋萍	A20090702039	陆 军	A20090702059	韩艳丽	A20090702079
杨 军	A20090702020	沈 英	A20090702040	蔡向东	A20090702060		

第5期正厅局级领导干部“加强党性修养、坚定理想信念、保持优良作风”专题培训班

姓 名	结业证号	姓 名	结业证号	姓 名	结业证号	姓 名	结业证号
谢连平	A20090109001	刘学虎	A20090109013	李永春	A20090109025	王建玲	A20090109037
陆俊华	A20090109002	刘世德	A20090109014	王中信	A20090109026	孙新军	A20090109038
肖 欣	A20090109003	张 忠	A20090109015	王长和	A20090109027	白 洁	A20090109039
陈卫军	A20090109004	刘 鑫	A20090109016	徐正国	A20090109028	阮英梓	A20090109040
徐彦军	A20090109005	虞丽娟	A20090109017	张金康	A20090109029	胡伟平	A20090109041
王 欣	A20090109006	李晓明	A20090109018	白 波	A20090109030	杨昌明	A20090109042
薛 彪	A20090109007	唐 凯	A20090109019	蒋 勤	A20090109031	马学军	A20090109043
乔正孝	A20090109008	张金桑	A20090109020	侯碧波	A20090109032	高 云	A20090109044
周 義	A20090109009	何大清	A20090109021	赵风楼	A20090109033	路志强	A20090109045
王韩民	A20090109010	邓良鲜	A20090109022	韩湘景	A20090109034	洪建新	A20090109046
蒋 健	A20090109011	朱建义	A20090109023	楼小东	A20090109035		
刘双来	A20090109012	陈启刚	A20090109024	张 荣	A20090109036		

第6期正厅局级领导干部“加强党性修养、坚定理想信念、保持优良作风”专题培训班

姓 名	结业证号	姓 名	结业证号	姓 名	结业证号	姓 名	结业证号
靳道强	A20090110001	程传如	A20090110013	李本刚	A20090110025	蔺晓刚	A20090110037
黄占华	A20090110002	郭汝齐	A20090110014	龚晓宽	A20090110026	侯树根	A20090110038
李必挥	A20090110003	陈双全	A20090110015	张清奎	A20090110027	滕宏伟	A20090110039
王登齐	A20090110004	曾衍德	A20090110016	胡 克	A20090110028	俸 兰	A20090110040
曹光文	A20090110005	侯秀娟	A20090110017	王文海	A20090110029	赵长青	A20090110041
赵淑华	A20090110006	肖刚强	A20090110018	包玉梅	A20090110030	刘能元	A20090110042
张连如	A20090110007	刘杰华	A20090110019	赵宝江	A20090110031	马湘贤	A20090110043
卢献匾	A20090110008	吴建国	A20090110020	李现武	A20090110032	谢 斌	A20090110044
张晓天	A20090110009	陶 凯	A20090110021	马燕合	A20090110033	张 莉	A20090110045
刘致远	A20090110010	曹白隽	A20090110022	唐庆宁	A20090110034		
马 林	A20090110011	宋寒拓	A20090110023	王 俐	A20090110035		
吴奇修	A20090110012	金启建	A20090110024	陆新元	A20090110036		

第7期正厅局级领导干部“加强党性修养、坚定理想信念、保持优良作风”专题培训班

姓　名	结业证号	姓　名	结业证号	姓　名	结业证号	姓　名	结业证号
田　野	A20090111001	杨盘生	A20090111012	侯英民	A20090111023	刘南山	A20090111034
陈宗文	A20090111002	石　军	A20090111013	扈文建	A20090111024	张　坚	A20090111035
李冀东	A20090111003	杨　林	A20090111014	姜光子	A20090111025	王明珠	A20090111036
朱明德	A20090111004	舒　展	A20090111015	金长征	A20090111026	汪　瀚	A20090111037
吕　虹	A20090111005	王振江	A20090111016	韦国富	A20090111027	徐秋跃	A20090111038
崔　巍	A20090111006	姜榕兴	A20090111017	张枝林	A20090111028	邴　正	A20090111039
于法昌	A20090111007	孙　雷	A20090111018	李定达	A20090111029	石永强	A20090111040
涂文涛	A20090111008	刘永泽	A20090111019	廖　鸿	A20090111030	刘作明	A20090111041
邢本秀	A20090111009	岳素花	A20090111020	张学俭	A20090111031	田　丰	A20090111042
武志忠	A20090111010	刘永欣	A20090111021	童凤华	A20090111032	卫　华	A20090111043
施妈麟	A20090111011	王鸿翼	A20090111022	陈和平	A20090111033		

第8期正厅局级领导干部“加强党性修养、坚定理想信念、保持优良作风”专题培训班

姓　名	结业证号	姓　名	结业证号	姓　名	结业证号	姓　名	结业证号
金忠理	A20090112001	徐　铁	A20090112011	杨　钧	A20090112021	王海萍	A20090112031
杨国文	A20090112002	洪俊岭	A20090112012	刘　钢	A20090112022	李　丰	A20090112032
李　森	A20090112003	王俊明	A20090112013	崔海容	A20090112023	孙法臣	A20090112033
朱宪生	A20090112004	王早生	A20090112014	赵明鹏	A20090112024	曹爱华	A20090112034
夏祖相	A20090112005	高红姝	A20090112015	刘成旭	A20090112025	高克勤	A20090112035
苏朝光	A20090112006	卢有治	A20090112016	潘玉兰	A20090112026	杨江有	A20090112036
汪景宁	A20090112007	王泽洪	A20090112017	高　枫	A20090112027	付　伟	A20090112037
马秉虎	A20090112008	吴志雄	A20090112018	郭林茂	A20090112028	戴肖峰	A20090112038
刘成斌	A20090112009	王晓岚	A20090112019	肖新明	A20090112029	李富林	A20090112039
钟际跃	A20090112010	李福明	A20090112020	杨　琳	A20090112030		

第5期骨干教师培训班

姓　名	结业证号	姓　名	结业证号	姓　名	结业证号	姓　名	结业证号
谢　青	A20090605001	王　晔	A20090605010	赵晓红	A20090605019	何　军	A20090605028
于　军	A20090605002	叶敏华	A20090605011	臧宏刚	A20090605020	张丽娟	A20090605029
孙笑冰	A20090605003	吴　珍	A20090605012	霍毅斌	A20090605021	梁太波	A20090605030
王行伟	A20090605004	张绍鸿	A20090605013	熊邦国	A20090605022	王白娇	A20090605031
李　慧	A20090605005	周学馨	A20090605014	王淑贤	A20090605023	张国亭	A20090605032
李宗尧	A20090605006	王　健	A20090605015	林存华	A20090605024	王雪虹	A20090605033
景　枫	A20090605007	任　英	A20090605016	仁增旺姆	A20090605025	郎晓东	A20090605034
闵罗琅	A20090605008	梁　雪	A20090605017	张晓丽	A20090605026	王爱英	A20090605035
刘进军	A20090605009	来丽梅	A20090605018	吴晓民	A20090605027	牛建宏	A20090605036

中国驻外使节“加强党性修养、坚定理想信念、保持优良作风”专题培训班

姓　名	结业证号	姓　名	结业证号	姓　名	结业证号	姓　名	结业证号
章均赛	A20090703001	崔惠欣	A20090703010	常　毅	A20090703019	孙国祥	A20090703028
谢杭生	A20090703002	卢沙野	A20090703011	严小敏	A20090703020	吴连起	A20090703029
吴　恳	A20090703003	李赤一	A20090703012	于文哲	A20090703021	张　拓	A20090703030
刘志明	A20090703004	屈生武	A20090703013	董春风	A20090703022	刘文信	A20090703031
曾　钢	A20090703005	张利民	A20090703014	杨春光	A20090703023	郁红阳	A20090703032
刘焕兴	A20090703006	唐国强	A20090703015	庄树新	A20090703024	罗小光	A20090703033
赵荣宪	A20090703007	程国平	A20090703016	林松添	A20090703025	蔡润国	A20090703034
智昭林	A20090703008	张　军	A20090703017	刘碧伟	A20090703026	刘维萍	A20090703035
李志国	A20090703009	刘增文	A20090703018	张　云	A20090703027	贾文平	A20090703036

中央编办机构编制管理创新专题培训班

姓　名	结业证号	姓　名	结业证号	姓　名	结业证号	姓　名	结业证号
浦生林	A20090704001	李中亚	A20090704011	郭　沛	A20090704021	牛占华	A20090704031
孔祥敬	A20090704002	张荣梅	A20090704012	罗昌平	A20090704022	孙　强	A20090704032
马　云	A20090704003	李辉凤	A20090704013	韩　肃	A20090704023	伏　宁	A20090704033
李　勇	A20090704004	王延文	A20090704014	杨　俊	A20090704024	郭晋明	A20090704034
宋趁祥	A20090704005	李世春	A20090704015	马　茹	A20090704025	邢志华	A20090704035
梁　远	A20090704006	李民生	A20090704016	田金城	A20090704026	李宇志	A20090704036
李志红	A20090704007	焦连合	A20090704017	李清林	A20090704027	唐　进	A20090704037
张　林	A20090704008	张　忠	A20090704018	袁志红	A20090704028	文红莲	A20090704038
王伟峰	A20090704009	周家新	A20090704019	马谢林	A20090704029	郭廷科	A20090704039
郭建平	A20090704010	郑才法	A20090704020	王　军	A20090704030	邹锡明	A20090704040

高校主要领导干部“加强党性修养、坚定理想信念、保持优良作风”专题研讨班

姓　名	结业证号	姓　名	结业证号	姓　名	结业证号	姓　名	结业证号
钟秉林	A20091002001	程天权	A20091002016	张　杰	A20091002031	瞿振元	A20091002046
许　武	A20091002002	马德秀	A20091002017	秦绍德	A20091002032	怀进鹏	A20091002047
郑南宁	A20091002003	杨玉良	A20091002018	柯炳生	A20091002033	叶金福	A20091002048
郭大成	A20091002004	王建华	A20091002019	杜玉波	A20091002034	杨　卫	A20091002049
姜澄宇	A20091002005	胡海岩	A20091002020	王树国	A20091002035	杨泉明	A20091002050
张　曦	A20091002006	王树权	A20091002021	洪银兴	A20091002036	龚　克	A20091002051
谢和平	A20091002007	陈　骏	A20091002022	饶子和	A20091002037	郑德涛	A20091002052
刘建平	A20091002008	薛进文	A20091002023	李　健	A20091002038	展　涛	A20091002053

续表

姓　名	结业证号	姓　名	结业证号	姓　名	结业证号	姓　名	结业证号
黄达人	A20091002009	顾海良	A20091002024	孙武学	A20091002039	路　钢	A20091002054
陈德文	A20091002010	张光强	A20091002025	胡凌云	A20091002040	朱崇实	A20091002055
徐显明	A20091002011	李培根	A20091002026	裴　钢	A20091002041	周家伦	A20091002056
朱之文	A20091002012	朱正昌	A20091002027	高文兵	A20091002042	欧进萍	A20091002057
黄伯云	A20091002013	易　红	A20091002028	张德祥	A20091002043	李晓红	A20091002058
欧可平	A20091002014	王寒松	A20091002029	周绪红	A20091002044		
顾秉林	A20091002015	胡和平	A20091002030	刘川生	A20091002045		

2009年第2期全国党史部门负责人培训班

姓　名	结业证号	姓　名	结业证号	姓　名	结业证号	姓　名	结业证号
祁凤山	A20090602001	史春明	A20090602011	杨永丽	A20090602021	那顺乌力塔	A20090602031
臧铁姝	A20090602002	李　刚	A20090602012	王意恒	A20090602022	李茂辉	A20090602032
陈俊华	A20090602003	陈跃峰	A20090602013	唐旻红	A20090602023	晏资明	A20090602033
高双春	A20090602004	黄良芬	A20090602014	张耀龙	A20090602024	李秀业	A20090602034
陈兆强	A20090602005	梁宗华	A20090602015	潘均茹	A20090602025	陈宪宇	A20090602035
林　明	A20090602006	刘竹影	A20090602016	聂菊平	A20090602026	宋星火	A20090602036
邱　凌	A20090602007	杨胜友	A20090602017	王志新	A20090602027	魏宗福	A20090602037
王炳虎	A20090602008	蒙汉明	A20090602018	殷秉旺	A20090602028	黎锦宝	A20090602038
肖志咸	A20090602009	董　芯	A20090602019	姚　鸿	A20090602029	樊　锐	A20090602039
刘怀望	A20090602010	薛加彬	A20090602020	杨　斌	A20090602030	薛　承	A20090602040

中管企业和金融机构领导人员“加强党性修养、坚定理想信念、保持优良作风”专题培训班

姓　名	结业证号	姓　名	结业证号	姓　名	结业证号	姓　名	结业证号
吴光辉	A20090401001	胡　洪	A20090401009	李正茂	A20090401017	杨海滨	A20090401025
方小榕	A20090401002	宗庆生	A20090401010	徐占斌	A20090401018	邹正平	A20090401026
刘卫星	A20090401003	李学明	A20090401011	于亚利	A20090401019	张　林	A20090401027
张　威	A20090401004	黄　伟	A20090401012	孙文健	A20090401020	吕华祥	A20090401028
刘江波	A20090401005	石　巍	A20090401013	陈　明	A20090401021	姜　伟	A20090401029
于文星	A20090401006	丁　强	A20090401014	袁　洁	A20090401022	沈满堂	A20090401030
陈国钢	A20090401007	刘锦章	A20090401015	宫　杰	A20090401023	唐复平	A20090401031
宋　宁	A20090401008	王　岭	A20090401016	刘才明	A20090401024		

第9期正厅局级领导干部“加强党性修养、坚定理想信念、保持优良作风”专题培训班

姓　名	结业证号	姓　名	结业证号	姓　名	结业证号	姓　名	结业证号
邓修明	A20090113001	穆怀朋	A20090113011	梁　明	A20090113021	仉兴玉	A20090113031
金永辉	A20090113002	王炳南	A20090113012	陈　芳	A20090113022	杨建新	A20090113032
邓保南	A20090113003	马　欣	A20090113013	潘福仁	A20090113023	杨光民	A20090113033
刘功臣	A20090113004	袁　福	A20090113014	薛良燕	A20090113024	马建中	A20090113034
谷彦芬	A20090113005	吴金亮	A20090113015	史明德	A20090113025	杨润广	A20090113035
窦庆峰	A20090113006	彭志国	A20090113016	夏鸣九	A20090113026	赵国明	A20090113036
刘　斌	A20090113007	白煜章	A20090113017	徐国华	A20090113027	侯世忠	A20090113037
李向平	A20090113008	徐建国	A20090113018	路笃盛	A20090113028	陈文杰	A20090113038
朱宽胜	A20090113009	吴大伟	A20090113019	普日哇	A20090113029	扈双龙	A20090113039
陈国庆	A20090113010	孟　龙	A20090113020	李颖津	A20090113030		

第5期副厅局级领导干部“加强党性修养、坚定理想信念、保持优良作风”专题培训班

姓　名	结业证号	姓　名	结业证号	姓　名	结业证号	姓　名	结业证号
黄正富	A20090114001	靳　民	A20090114013	汤翠英	A20090114025	王志强	A20090114037
耿书海	A20090114002	邓桂明	A20090114014	旭　江	A20090114026	刘宝英	A20090114038
蔡传华	A20090114003	王靖华	A20090114015	肖万民	A20090114027	范万廷	A20090114039
汤雅西	A20090114004	王　忠	A20090114016	王希俊	A20090114028	霍连明	A20090114040
胡小平	A20090114005	陈艳茹	A20090114017	热合满·达吾提	A20090114029	马爱宁	A20090114041
徐　明	A20090114006	董得良	A20090114018	李小润	A20090114030	刘剑津	A20090114042
朱小芹	A20090114007	梅连学	A20090114019	李海俊	A20090114031	邢小江	A20090114043
司家军	A20090114008	魏黎耕	A20090114020	尹树田	A20090114032	黄宏达	A20090114044
李广镇	A20090114009	李余涛	A20090114021	胡　平	A20090114033	高绪文	A20090114045
张家顺	A20090114010	王　进	A20090114022	段丹星	A20090114034		
孙建民	A20090114011	秦　宇	A20090114023	张才方	A20090114035		
杨汝涛	A20090114012	廉　凯	A20090114024	朱京生	A20090114036		

第10期正厅局级领导干部“加强党性修养、坚定理想信念、保持优良作风”专题培训班

姓　名	结业证号	姓　名	结业证号	姓　名	结业证号	姓　名	结业证号
王卫东	A20090115001	周院生	A20090115011	张国隆	A20090115021	赵颖奇	A20090115031
刘世军	A20090115002	邵宏伟	A20090115012	罗玉林	A20090115022	王晓明	A20090115032
黄华宽	A20090115003	张崇慧	A20090115013	武皓丽	A20090115023	黄柳权	A20090115033
姚正先	A20090115004	邹志强	A20090115014	姚高宽	A20090115024	唐全国	A20090115034
赵保平	A20090115005	朱维繁	A20090115015	陈燕平	A20090115025	沈亚平	A20090115035
周克勤	A20090115006	杨春燕	A20090115016	张卫东	A20090115026	龙平平	A20090115036
金星华	A20090115007	马克卿	A20090115017	李碧川	A20090115027	刘孝华	A20090115037
何任叔	A20090115008	周凤鸣	A20090115018	薛文石	A20090115028	汪　俊	A20090115038
万超岐	A20090115009	徐山瀑	A20090115019	陈秋华	A20090115029		
贾红邦	A20090115010	倪　鲁	A20090115020	王禄维	A20090115030		

第6期副厅局级领导干部“加强党性修养、坚定理想信念、保持优良作风”专题培训班

姓　名	结业证号	姓　名	结业证号	姓　名	结业证号	姓　名	结业证号
陈　威	A20090116001	贺　勇	A20090116012	丁巨胜	A20090116023	冯　征	A20090116034
王京运	A20090116002	刘德权	A20090116013	袁　辉	A20090116024	丁　明	A20090116035
于红霞	A20090116003	郑建国	A20090116014	沈　阳	A20090116025	陈　刚	A20090116036
刘公殿	A20090116004	王瑞平	A20090116015	陈映红	A20090116026	杜存顺	A20090116037
马新华	A20090116005	胡海燕	A20090116016	肖　磊	A20090116027	蒋英明	A20090116038
王乃学	A20090116006	李志培	A20090116017	尹汾海	A20090116028	米国庆	A20090116039
戴　蕴	A20090116007	艾一平	A20090116018	谭大双	A20090116029	曹儒国	A20090116040
汪安南	A20090116008	廖体忠	A20090116019	李秀林	A20090116030	秦　省	A20090116041
徐光明	A20090116009	陈静文	A20090116020	王建中	A20090116031	宋寅安	A20090116042
张书义	A20090116010	王光强	A20090116021	魏景洲	A20090116032	赵吉林	A20090116043
张桂兰	A20090116011	李雪南	A20090116022	魏洪涛	A20090116033		

第11期正厅局级领导干部“加强党性修养、坚定理想信念、保持优良作风”专题培训班

姓　名	结业证号	姓　名	结业证号	姓　名	结业证号	姓　名	结业证号
张小雷	A20090117001	郑建岚	A20090117013	刘保威	A20090117025	田云鹏	A20090117037
呼尔查	A20090117002	李建勤	A20090117014	汪　泓	A20090117026	陈爱菲	A20090117038
张亚力	A20090117003	王苏布道	A20090117015	刘群心	A20090117027	廖正伟	A20090117039
陆　星	A20090117004	何源满	A20090117016	敖　然	A20090117028	林文杰	A20090117040
许向东	A20090117005	张国钧	A20090117017	王玉英	A20090117029	周丽琼	A20090117041
王金兰	A20090117006	常晓村	A20090117018	曾省权	A20090117030	卢连大	A20090117042

续表

姓　名	结业证号	姓　名	结业证号	姓　名	结业证号	姓　名	结业证号
李惠钦	A20090117007	何云霞	A20090117019	张　健	A20090117031	刘选民	A20090117043
王　建	A20090117008	陆解人	A20090117020	汪道胜	A20090117032	杨　敬	A20090117044
李　理	A20090117009	吾买尔江·米孜艾合买提	A20090117021	吴志坚	A20090117033	方　雄	A20090117045
赵全洲	A20090117010	柳应华	A20090117022	武国堂	A20090117034	周　荣	A20090117046
和润培	A20090117011	王海忠	A20090117023	王晓明	A20090117035		
陈华杰	A20090117012	安铁军	A20090117024	朱学庆	A20090117036		

第7期副厅局级领导干部“加强党性修养、坚定理想信念、保持优良作风”专题培训班

姓　名	结业证号	姓　名	结业证号	姓　名	结业证号	姓　名	结业证号
李明伟	A20090118001	翁立新	A20090118013	刘黎波	A20090118025	刘红亮	A20090118037
刘　敏	A20090118002	颜江瑛	A20090118014	史继山	A20090118026	黄　晖	A20090118038
胡　斌	A20090118003	余胜伟	A20090118015	李雅芳	A20090118027	顾雪飞	A20090118039
张树中	A20090118004	郝卫平	A20090118016	何明俊	A20090118028	王　野	A20090118040
刘尚华	A20090118005	李海锋	A20090118017	邓光联	A20090118029	袁会鉴	A20090118041
马国樑	A20090118006	李保存	A20090118018	俞　滨	A20090118030	窦万贵	A20090118042
黄映玲	A20090118007	赵立群	A20090118019	宋　健	A20090118031	李国继	A20090118043
鲜铁可	A20090118008	赵奎元	A20090118020	陈　骏	A20090118032	黄知正	A20090118044
王世忠	A20090118009	陈　宴	A20090118021	杨景明	A20090118033	王世农	A20090118045
张海顺	A20090118010	智　勇	A20090118022	符卫国	A20090118034	张磊时	A20090118046
杜世源	A20090118011	张　希	A20090118023	李学明	A20090118035	江效东	A20090118047
陈茂生	A20090118012	崔凤军	A20090118024	杨江龙	A20090118036	袁　毅	A20090118048

第4期高级专家理论研究班

姓　名	结业证号	姓　名	结业证号	姓　名	结业证号	姓　名	结业证号
鲁重美	A20090501001	牛西午	A20090501014	张　泽	A20090501027	刘幸偕	A20090501040
吴永琪	A20090501002	刘培硕	A20090501015	王　素	A20090501028	于金明	A20090501041
郭进考	A20090501003	高建平	A20090501016	班士良	A20090501029	周泽扬	A20090501042
郑治祥	A20090501004	刘思峰	A20090501017	李志农	A20090501030	郭新志	A20090501043
王清印	A20090501005	张立彬	A20090501018	夏伟东	A20090501031	吴玉霞	A20090501044
郁钧剑	A20090501006	胡云腾	A20090501019	庾建设	A20090501032	罗必良	A20090501045
王建业	A20090501007	曲　星	A20090501020	孙翔宇	A20090501033	潘成胜	A20090501046
王金南	A20090501008	田金洲	A20090501021	陈士林	A20090501034	沈中阳	A20090501047
肖龙旭	A20090501009	刘国道	A20090501022	杨继红	A20090501035	刘成林	A20090501048
郑　咏	A20090501010	王双飞	A20090501023	胡岳华	A20090501036	奚正平	A20090501049
曲　仲	A20090501011	廖维林	A20090501024	苏永地	A20090501037	张慧芳	A20090501050
李　星	A20090501012	郄秀书	A20090501025	刘　恒	A20090501038		
何向阳	A20090501013	张之源	A20090501026	李惠斌	A20090501039		

第12期正厅局级领导干部“加强党性修养、坚定理想信念、保持优良作风”专题培训班

姓　名	结业证号	姓　名	结业证号	姓　名	结业证号	姓　名	结业证号
张恩亮	A20090119001	张铁锁	A20090119011	郝志远	A20090119021	汪连利	A20090119031
梁建强	A20090119002	姚　成	A20090119012	宋铁栋	A20090119022	李建新	A20090119032
李小新	A20090119003	戴晨京	A20090119013	齐卫平	A20090119023	陈绍彬	A20090119033
雷晓路	A20090119004	朱菊芳	A20090119014	孔圣根	A20090119024	赵　庆	A20090119034
王新堂	A20090119005	王英利	A20090119015	张健敏	A20090119025	刘　斌	A20090119035
赵　宏	A20090119006	庄　穆	A20090119016	汪晓微	A20090119026	杨忠诚	A20090119036
刘　浩	A20090119007	张金锋	A20090119017	邓季达	A20090119027	李维勇	A20090119037
李　峰	A20090119008	董光峰	A20090119018	刘政豪	A20090119028	肖红林	A20090119038
魏晓光	A20090119009	孙建新	A20090119019	黄孝忠	A20090119029	王河山	A20090119039
袁庆杰	A20090119010	胡才修	A20090119020	范志斌	A20090119030	崔　岚	A20090119040

第8期副厅局级领导干部“加强党性修养、坚定理想信念、保持优良作风”专题培训班

姓　名	结业证号	姓　名	结业证号	姓　名	结业证号	姓　名	结业证号
高　岩	A20090120001	路　伟	A20090120013	斯勤夫	A20090120025	王　伟	A20090120037
赵　涛	A20090120002	王国麟	A20090120014	斯淙曜	A20090120026	史跃进	A20090120038
陶　海	A20090120003	胡占山	A20090120015	段大波	A20090120027	聂振平	A20090120039
钟金根	A20090120004	郭长义	A20090120016	王秀荣	A20090120028	陈　愉	A20090120040
秦桂兰	A20090120005	张玉成	A20090120017	吴学华	A20090120029	王君玲	A20090120041
王雁宾	A20090120006	曹坤华	A20090120018	孔玉龙	A20090120030	孙若信	A20090120042
赵桂芳	A20090120007	宋　蓓	A20090120019	高嘉勇	A20090120031	潘　云	A20090120043
张文晖	A20090120008	刘后盛	A20090120020	金正德	A20090120032	车安宁	A20090120044
孔　强	A20090120009	林　强	A20090120021	陈　熵	A20090120033	林路征	A20090120045
黄志伟	A20090120010	董希德	A20090120022	刘同国	A20090120034	洪克良	A20090120046
曾祥永	A20090120011	罗舒泽	A20090120023	冠武江	A20090120035		
贺裕民	A20090120012	许　维	A20090120024	马彦生	A20090120036		

中管高校领导干部“加强党性修养、坚定理想信念、保持优良作风”专题培训班

姓　名	结业证号	姓　名	结业证号	姓　名	结业证号	姓　名	结业证号
褚　健	A20090502001	段献忠	A20090502011	徐　飞	A20090502021	窦贤康	A20090502031
肖铁岩	A20090502002	吴振武	A20090502012	樊丽明	A20090502022	薛浣白	A20090502032
韩景阳	A20090502003	关乃佳	A20090502013	胥效文	A20090502023	马寅生	A20090502033
陈国凤	A20090502004	陈晓漫	A20090502014	桂永浩	A20090502024	冯亚青	A20090502034
张淑林	A20090502005	黄健柏	A20090502015	喻世友	A20090502025	杨景昆	A20090502035

续表

姓　名	结业证号	姓　名	结业证号	姓　名	结业证号	姓　名	结业证号
佟家栋	A20090502006	潘　毅	A20090502016	李光宪	A20090502026	侯光明	A20090502036
闫剑群	A20090502007	陈光巨	A20090502017	甘　晖	A20090502027	蒋昌俊	A20090502037
郭　大	A20090502008	郭东明	A20090502018	李志义	A20090502028	赵启满	A20090502038
徐惠彬	A20090502009	杨贤金	A20090502019	李志刚	A20090502029		
侯绪伦	A20090502010	宋永华	A20090502020	谢红星	A20090502030		

第58期专设班（第25、26期中央部委所属高校哲学社会科学教学科研骨干研修班）

姓　名	结业证号	姓　名	结业证号	姓　名	结业证号	姓　名	结业证号
阿地力·哈力克	B20090758001	胡玉冰	B20090758023	沈立岩	B20090758045	罗卫东	B20090758067
鲍海波	B20090758002	胡正强	B20090758024	施晓光	B20090758046	马福运	B20090758068
陈　曦	B20090758003	金　平	B20090758025	田土城	B20090758047	马岳勇	B20090758069
陈志恒	B20090758004	金春雨	B20090758026	万美容	B20090758048	苗幽燕	B20090758070
程曼丽	B20090758005	顾东辉	B20090758027	王　蓓	B20090758049	臧　军	B20090758071
迟　菲	B20090758006	孔庆东	B20090758028	王　健	B20090758050	张　宪	B20090758072
傅剑秋	B20090758007	李　岩	B20090758029	王　丽	B20090758051	张　勇	B20090758073
党　宁	B20090758008	李克强	B20090758030	王　耀	B20090758052	张慧智	B20090758074
董天策	B20090758009	李明军	B20090758031	王立军	B20090758053	张俊鸿	B20090758075
杜艳华	B20090758010	李明良	B20090758032	王立业	B20090758054	张瑞才	B20090758076
范继超	B20090758011	李玉璧	B20090758033	王仕佐	B20090758055	张雪梅	B20090758077
高　钢	B20090758012	刘　畅	B20090758034	王延吾	B20090758056	张志敏	B20090758078
高　兰	B20090758013	刘　杰	B20090758035	王志章	B20090758057	张梓太	B20090758079
霍　巍	B20090758014	谢家智	B20090758036	韦日平	B20090758058	赵　萌	B20090758080
郭　成	B20090758015	杨　琳	B20090758037	卫绒娥	B20090758059	赵建伟	B20090758081
郭　敏	B20090758016	杨成钢	B20090758038	魏　建	B20090758060	郑　晔	B20090758082
侯广章	B20090758017	杨梅枝	B20090758039	魏　琳	B20090758061	周春宇	B20090758083
韩丛耀	B20090758018	杨明天	B20090758040	温永红	B20090758062	朱　岩	B20090758084
何小莲	B20090758019	尹　霞	B20090758041	夏顺忠	B20090758063	朱文华	B20090758085
侯　勇	B20090758020	尹吉男	B20090758042	刘尚荣	B20090758064	朱振山	B20090758086
邢文祥	B20090758021	牛正兰	B20090758043	刘树蕙	B20090758065		
郭建昌	B20090758022	彭　兰	B20090758044	刘泽亮	B20090758066		

第59期专设班（国防大学2008级博士、硕士研究生班）

姓　名	结业证号	姓　名	结业证号	姓　名	结业证号	姓　名	结业证号
薛彦绪	B20090659001	洪良波	B20090659027	李云飞	B20090659053	华贵良	B20090659079
姜汉宾	B20090659002	孙彦良	B20090659028	段洪波	B20090659054	刘　建	B20090659080
方昱钢	B20090659003	张　凯	B20090659029	王冬双	B20090659055	张　军	B20090659081
徐文敏	B20090659004	许　林	B20090659030	陈富国	B20090659056	付宏宇	B20090659082
王宏德	B20090659005	邢　伟	B20090659031	路　慧	B20090659057	张树忠	B20090659083
文若鹏	B20090659006	石红聚	B20090659032	赵志峰	B20090659058	封志远	B20090659084
薛黎光	B20090659007	史国枫	B20090659033	刘祖煌	B20090659059	樊建军	B20090659085
武忠礼	B20090659008	雷　雪	B20090659034	王　铁	B20090659060	杜富祥	B20090659086
何祖德	B20090659009	黄昆仑	B20090659035	于海涛	B20090659061	郭雁鸣	B20090659087
徐　博	B20090659010	颜　旭	B20090659036	王小波	B20090659062	谌民航	B20090659088
李德木	B20090659011	陈晓静	B20090659037	段进昌	B20090659063	吴　科	B20090659089
薛贵峰	B20090659012	刘振华	B20090659038	闫德东	B20090659064	李　猛	B20090659090
杨　成	B20090659013	刘振浩	B20090659039	赵晓东	B20090659065	朱连杰	B20090659091
刘　丹	B20090659014	丁　耀	B20090659040	张兆东	B20090659066	赵　明	B20090659092
李　煜	B20090659015	刘继忠	B20090659041	温　睿	B20090659067	汤洪建	B20090659093
贾道金	B20090659016	刘志兵	B20090659042	王　飞	B20090659068	庄瑞霞	B20090659094
王宁平	B20090659017	张　芳	B20090659043	王　峥	B20090659069	陈　鹏	B20090659095
刘靖安	B20090659018	张方阁	B20090659044	董振保	B20090659070	程　波	B20090659096
蒋佩君	B20090659019	范志明	B20090659045	李国益	B20090659071	易　涛	B20090659097
倪兴勇	B20090659020	曲延军	B20090659046	孟凡亮	B20090659072	王俊锋	B20090659098
严　江	B20090659021	郭永斌	B20090659047	吴振兴	B20090659073	裴　飞	B20090659099
王富军	B20090659022	张　勇	B20090659048	刘胜辉	B20090659074	胡旭亮	B20090659100
王永刚	B20090659023	蒋康华	B20090659049	卢　飞	B20090659075	刘德涵	B20090659101
张少军	B20090659024	杨　静	B20090659050	李善东	B20090659076		
贺　飞	B20090659025	王海利	B20090659051	韩小璐	B20090659077		
史树合	B20090659026	景志歌	B20090659052	王泽芳	B20090659078		

第60期专设班（第27、28期中央部委所属高校哲学社会科学教学科研骨干研修班）

姓　名	结业证号	姓　名	结业证号	姓　名	结业证号	姓　名	结业证号
古世平	B20090760001	李桂花	B20090760022	南东风	B20090760043	张　法	B20090760064
满开宏	B20090760002	李建军	B20090760023	宁一中	B20090760044	肖　甦	B20090760065
车效梅	B20090760003	王益明	B20090760024	张传斌	B20090760045	张而立	B20090760066
韩中义	B20090760004	李晓峰	B20090760025	齐爱民	B20090760046	杨凤城	B20090760067
刘秀萍	B20090760005	斯钦孟和	B20090760026	李旭明	B20090760047	朴日勋	B20090760068
陈志勇	B20090760006	刘先春	B20090760027	沈亚生	B20090760048	杨光斌	B20090760069
邓晓丹	B20090760007	林志扬	B20090760028	陈爱华	B20090760049	叶陈刚	B20090760070
董千里	B20090760008	刘　焯	B20090760029	史桂芳	B20090760050	应　奇	B20090760071
段光达	B20090760009	鲁晓波	B20090760030	宋联江	B20090760051	于志刚	B20090760072
段文斌	B20090760010	刘　伟	B20090760031	孙　蕾	B20090760052	吴敏英	B20090760073
樊志辉	B20090760011	刘　扬	B20090760032	孙勇萍	B20090760053	张　进	B20090760074
范翠红	B20090760012	刘传广	B20090760033	孙振东	B20090760054	张　锐	B20090760075
高红樱	B20090760013	李正栓	B20090760034	王思明	B20090760055	杨保军	B20090760076
陈　通	B20090760014	刘培合	B20090760035	王克强	B20090760056	双　山	B20090760077
龚建平	B20090760015	高家伟	B20090760036	王桂兰	B20090760057	张焕君	B20090760078
白　玲	B20090760016	刘秀华	B20090760037	王光照	B20090760058	张举玺	B20090760079
韩立达	B20090760017	刘　伟	B20090760038	王桂艳	B20090760059	张巨成	B20090760080
戴宏伟	B20090760018	杨国荣	B20090760039	王景义	B20090760060	张天祥	B20090760081
靳俊喜	B20090760019	罗小东	B20090760040	王　建	B20090760061	郑瑞峰	B20090760082
鞠连和	B20090760020	刘玉峰	B20090760041	李军林	B20090760062	钟小敏	B20090760083
赖谦进	B20090760021	孟蓬生	B20090760042	夏友富	B20090760063	周贤安	B20090760084

第61期专设班（国家行政学院公务员任职培训班）

姓　名	结业证号	姓　名	结业证号	姓　名	结业证号	姓　名	结业证号
张智军	B20090561001	孙万勇	B20090561016	高守良	B20090561031	樊英利	B20090561046
姚晓晴	B20090561002	张新建	B20090561017	马寅国	B20090561032	刘忠诚	B20090561047
白应贤	B20090561003	卢　希	B20090561018	史景方	B20090561033	江建民	B20090561048
白宝玉	B20090561004	王华宁	B20090561019	李灵巧	B20090561034	扎西达娃	B20090561049
滑玉珍	B20090561005	陈先达	B20090561020	杨百瑾	B20090561035	张青民	B20090561050
于界平	B20090561006	温国贵	B20090561021	孙宽平	B20090561036	石冠耿	B20090561051
谢玉妮	B20090561007	赵明辉	B20090561022	程学斌	B20090561037	胡公赞	B20090561052
王建平	B20090561008	龚繁荣	B20090561023	丁　琳	B20090561038	张德山	B20090561053
王志宗	B20090561009	郭彦全	B20090561024	乔安涛	B20090561039	徐茂盛	B20090561054
谢　璞	B20090561010	刘长根	B20090561025	张　康	B20090561040	赫崇成	B20090561055
郭凤平	B20090561011	黄　河	B20090561026	边燕生	B20090561041	韩　凌	B20090561056
白顺江	B20090561012	郈　展	B20090561027	彭小平	B20090561042	何相华	B20090561057
达楞塔	B20090561013	邵世伟	B20090561028	傅国文	B20090561043	黄新华	B20090561058
阎　勤	B20090561014	刘　峰	B20090561029	李秀才	B20090561044		
赵泽良	B20090561015	苗前军	B20090561030	徐镇绥	B20090561045		

第62期专设班（中央党校中青年干部培训一班）

姓　名	结业证号	姓　名	结业证号	姓　名	结业证号	姓　名	结业证号
刘晔华	B20090262001	丁小强	B20090262019	徐思伟	B20090262037	吴晓光	B20090262055
牛伟宏	B20090262002	洪碧玲	B20090262020	吴玉才	B20090262038	陈彩虹	B20090262056
王良友	B20090262003	陈绿平	B20090262021	金小桃	B20090262039	卫彦明	B20090262057
崔芝崑	B20090262004	胡存智	B20090262022	孙康敏	B20090262040	赵　峡	B20090262058
拉　巴	B20090262005	董建岳	B20090262023	安胜利	B20090262041	江　山	B20090262059
赵立申	B20090262006	屈　强	B20090262024	魏小东	B20090262042	张百新	B20090262060
张建华	B20090262007	段丽元	B20090262025	宋先平	B20090262043	袁宗祥	B20090262061
聂瑞平	B20090262008	奚国华	B20090262026	刘华学	B20090262044	陈　飞	B20090262062
于万源	B20090262009	祝卫东	B20090262027	李金冬	B20090262045	邓建军	B20090262063
刘　伟	B20090262010	柳　地	B20090262028	康　捷	B20090262046	姚瑞坤	B20090262064
王志宏	B20090262011	张　杰	B20090262029	王占甫	B20090262047	杨子强	B20090262065
谢焕忠	B20090262012	蔡华相	B20090262030	缪蒂生	B20090262048	韩永进	B20090262066
姜国文	B20090262013	刘　运	B20090262031	王会民	B20090262049	沈　骥	B20090262067
辛保安	B20090262014	胡金木	B20090262032	张荣顺	B20090262050	翁祖亮	B20090262068
肖殷洪	B20090262015	蒲增繁	B20090262033	郭珺明	B20090262051	陈吉宁	B20090262069
钟志华	B20090262016	高体玙	B20090262034	张　华	B20090262052	褚　波	B20090262070
赵英民	B20090262017	赵争平	B20090262035	孙爱军	B20090262053	张英健	B20090262071
赵子忠	B20090262018	张令平	B20090262036	袁家军	B20090262054		

第63期专设班（南京政治学院政治工作研究班）

姓　名	结业证号	姓　名	结业证号	姓　名	结业证号	姓　名	结业证号
华相锋	B20090863001	张　涌	B20090863007	尹洪斌	B20090863013	袁孝和	B20090863019
莫国民	B20090863002	张雅军	B20090863008	尹　杨	B20090863014	李增华	B20090863020
李益荣	B20090863003	王　平	B20090863009	吴剑华	B20090863015	诸春华	B20090863021
钱金建	B20090863004	饶成勇	B20090863010	许凤元	B20090863016		
赵　戈	B20090863005	肖可法	B20090863011	任通元	B20090863017		
周　宇	B20090863006	李方明	B20090863012	曹万山	B20090863018		

第64期专设班（西安政治学院政治工作研究班）

姓　名	结业证号	姓　名	结业证号	姓　名	结业证号	姓　名	结业证号
刘广平	B20090864001	关志昌	B20090864009	曹祖明	B20090864017	何元茂	B20090864025
刘惟云	B20090864002	王洪斌	B20090864010	李保忠	B20090864018	陈学平	B20090864026
谢守忠	B20090864003	曹润德	B20090864011	程　远	B20090864019	宋晓鲁	B20090864027
陈　辉	B20090864004	宫　云	B20090864012	徐志雄	B20090864020	刘新强	B20090864028
李建海	B20090864005	魏世春	B20090864013	杜学军	B20090864021	李自飞	B20090864029
胡建平	B20090864006	陶大鹏	B20090864014	徐　帆	B20090864022	武军仓	B20090864030
高文山	B20090864007	谢恩友	B20090864015	郭光远	B20090864023	徐　虹	B20090864031
吕运成	B20090864008	王　京	B20090864016	钱均鹏	B20090864024	张新军	B20090864032

第65期专设班（2009年第1、2期高校思想政治理论课骨干教师研修班）

姓　名	结业证号	姓　名	结业证号	姓　名	结业证号	姓　名	结业证号
胡　光	B20090765001	罗美云	B20090765025	李学清	B20090765049	赵　丽	B20090765073
赵新居	B20090765002	张　涓	B20090765026	于　静	B20090765050	杨　倩	B20090765074
倪志安	B20090765003	沈国玲	B20090765027	王燕晓	B20090765051	范力军	B20090765075
彭红胜	B20090765004	侯伦广	B20090765028	申晶晶	B20090765052	胡晓红	B20090765076
曹印双	B20090765005	陈红桂	B20090765029	黄金艳	B20090765053	王　芹	B20090765077
洪亚非	B20090765006	王冬青	B20090765030	马　栋	B20090765054	靳玉军	B20090765078
潘义宁	B20090765007	张贵星	B20090765031	王　枚	B20090765055	宣世贵	B20090765079
张　峰	B20090765008	王　慰	B20090765032	邱立波	B20090765056	姚永利	B20090765080
王　斌	B20090765009	刘　彬	B20090765033	刁　洁	B20090765057	濮恒学	B20090765081
孟凡现	B20090765010	宋成鑫	B20090765034	蓝华生	B20090765058	范兆兰	B20090765082
陈　晶	B20090765011	林　晶	B20090765035	张志荣	B20090765059	额尔敦	B20090765083
孙文营	B20090765012	李　琤	B20090765036	谢　军	B20090765060	亚里坤·买买提亚尔	B20090765084
李家芝	B20090765013	吕　进	B20090765037	李书萍	B20090765061	钟　花	B20090765085
金建伟	B20090765014	朱颖原	B20090765038	丁　科	B20090765062	韩丽纮	B20090765086
周建平	B20090765015	方玉媚	B20090765039	廖　嵘	B20090765063	王　霞	B20090765087
张　阳	B20090765016	刘国琪	B20090765040	姜宪明	B20090765064	余　敏	B20090765088
王聚芹	B20090765017	赵宝义	B20090765041	宋兵波	B20090765065	李晓燕	B20090765089
张晓红	B20090765018	连　宇	B20090765042	张雪莲	B20090765066	赵新国	B20090765090
张玉新	B20090765019	朱桂芳	B20090765043	刘　然	B20090765067	陶　健	B20090765091
李富君	B20090765020	乔文娟	B20090765044	李香善	B20090765068	段莉敏	B20090765092
徐淑贞	B20090765021	殷旭辉	B20090765045	袁　香	B20090765069	冯爱红	B20090765093
张巧俊	B20090765022	包红梅	B20090765046	张　晔	B20090765070		
尚九玉	B20090765023	王　强	B20090765047	崔淑萍	B20090765071		
张科豪	B20090765024	卫芳菊	B20090765048	黄建铨	B20090765072		

第66期专设班（中央党校中青年干部培训二班）

姓　名	结业证号	姓　名	结业证号	姓　名	结业证号	姓　名	结业证号
李耀强	B20090266001	张八五	B20090266027	宋京雁	B20090266053	郭亨孝	B20090266079
王成胜	B20090266002	黄生林	B20090266028	王建军	B20090266054	周石平	B20090266080
张家权	B20090266003	滕中平	B20090266029	郭玉福	B20090266055	原永胜	B20090266081
张英焕	B20090266004	严弟勇	B20090266030	高　嵌	B20090266056	华　清	B20090266082
王嘉毅	B20090266005	来　鹤	B20090266031	李　昊	B20090266057	黄迪南	B20090266083
曹兵武	B20090266006	游　钧	B20090266032	盖文启	B20090266058	卢淳杰	B20090266084
姜永刚	B20090266007	王智永	B20090266033	葛晓燕	B20090266059	徐姗娜	B20090266085
吐逊江·艾力	B20090266008	李玲蔚	B20090266034	焦国栋	B20090266060	谢　彪	B20090266086
穆红玉	B20090266009	胡一丁	B20090266035	余惠平	B20090266061	陈庆立	B20090266087
徐国骏	B20090266010	高世军	B20090266036	张志刚	B20090266062	胡　斌	B20090266088
孟宪东	B20090266011	施维雄	B20090266037	邱国栋	B20090266063	李晓东	B20090266089
詹丰兴	B20090266012	任振鹤	B20090266038	谢瑾瑜	B20090266064	陈法春	B20090266090
叶　青	B20090266013	张长河	B20090266039	杨有贤	B20090266065	王自力	B20090266091
王世彤	B20090266014	尹宝虎	B20090266040	袁亚彬	B20090266066	袁灼琼	B20090266092
刘国洪	B20090266015	叶玉江	B20090266041	戴亚平	B20090266067	李东兴	B20090266093
乔方利	B20090266016	樊江波	B20090266042	袁　华	B20090266068	李雪松	B20090266094
刘懋洲	B20090266017	马宇骏	B20090266043	金洪钧	B20090266069	杨文志	B20090266095
吴　捷	B20090266018	张黄元	B20090266044	温树忠	B20090266070	王理平	B20090266096
王　军	B20090266019	王学东	B20090266045	李沐欣	B20090266071	赵　平	B20090266097
马　扬	B20090266020	程　光	B20090266046	刘新民	B20090266072	李小平	B20090266098
张汉平	B20090266021	朱　军	B20090266047	徐启方	B20090266073	占　勇	B20090266099
曹国英	B20090266022	张晓辉	B20090266048	宣宇才	B20090266074	庄建武	B20090266100
郑希友	B20090266023	宣　勇	B20090266049	朱小良	B20090266075	罗毅芳	B20090266101
董石桂	B20090266024	付爱琴	B20090266050	杨　军	B20090266076		
迟丽华	B20090266025	陈奋健	B20090266051	于晶霞	B20090266077		
张慧星	B20090266026	陈善荣	B20090266052	姚文明	B20090266078		

第67期专设班（2009年第3、4期高校思想政治理论课骨干教师研修班）

姓　名	结业证号	姓　名	结业证号	姓　名	结业证号	姓　名	结业证号
曾　狄	B20090767001	刘晓哲	B20090767024	里光年	B20090767047	张洪英	B20090767070
任新民	B20090767002	冉绵惠	B20090767025	张立艳	B20090767048	次　吉	B20090767071
吴丽兵	B20090767003	张功耀	B20090767026	魏　萍	B20090767049	沈　沛	B20090767072
蔡文学	B20090767004	于　霞	B20090767027	曹建军	B20090767050	若娴·阿不力孜	B20090767073
熊宗哲	B20090767005	吕　志	B20090767028	王　君	B20090767051	李庆卫	B20090767074
张光军	B20090767006	史方倩	B20090767029	王明芳	B20090767052	张　勤	B20090767075
黎　荔	B20090767007	何奥龙	B20090767030	宗成峰	B20090767053	任玉霞	B20090767076
刘　铮	B20090767008	舒智君	B20090767031	何　苗	B20090767054	孙冬梅	B20090767077
周松青	B20090767009	杨建洲	B20090767032	荆　磊	B20090767055	王永生	B20090767078
张振华	B20090767010	张运所	B20090767033	田　芯	B20090767056	林国明	B20090767079
张顺铃	B20090767011	吴　炎	B20090767034	高汉峰	B20090767057	许　瑛	B20090767080
王新婷	B20090767012	彭拴莲	B20090767035	解晓燕	B20090767058	李少华	B20090767081
佟丽娟	B20090767013	宋　真	B20090767036	柏贞尧	B20090767059	徐　瑾	B20090767082
钱伟量	B20090767014	宁德业	B20090767037	周树辉	B20090767060	赵国友	B20090767083
翟媛丽	B20090767015	温　丽	B20090767038	丁晓蕾	B20090767061	吕彩云	B20090767084
刘怀光	B20090767016	丁社教	B20090767039	何章银	B20090767062	班志刚	B20090767085
罗克全	B20090767017	陆于宏	B20090767040	范映渊	B20090767063	亢　升	B20090767086
李艳霞	B20090767018	陈剑敏	B20090767041	范　婷	B20090767064	李葆珍	B20090767087
杨建华	B20090767019	张　琼	B20090767042	梁金贵	B20090767065	曾　兵	B20090767088
陈　旭	B20090767020	邵明英	B20090767043	王　溪	B20090767066	袁志明	B20090767089
齐向梅	B20090767021	杨桂宏	B20090767044	徐　莉	B20090767067		
王国领	B20090767022	张宝霞	B20090767045	王　毅	B20090767068		
潘银良	B20090767023	周淑玲	B20090767046	张捐社	B20090767069		

第68期专设班（第29、30期中央部委所属高校哲学社会科学教学科研骨干研修班）

姓　名	结业证号	姓　名	结业证号	姓　名	结业证号	姓　名	结业证号
巴赫提·沙依托夫	B20090768001	黎　风	B20090768022	罗新民	B20090768043	辛绍军	B20090768064
安　东	B20090768002	乔晓光	B20090768023	秦凤鸣	B20090768044	张明国	B20090768065
章一平	B20090768003	李爱琴	B20090768024	李丽霞	B20090768045	吴桂珍	B20090768066
奥其尔巴特	B20090768004	李安增	B20090768025	马新民	B20090768046	谢晓娟	B20090768067
杨国安	B20090768005	魏成龙	B20090768026	唐　忠	B20090768047	杨　斌	B20090768068
白晓丽	B20090768006	李　波	B20090768027	卢代富	B20090768048	陈汉文	B20090768069
白建武	B20090768007	李佑新	B20090768028	申娜娜	B20090768049	尤红斌	B20090768070
范德广	B20090768008	李永辉	B20090768029	商红日	B20090768050	张桂春	B20090768071
高民政	B20090768009	刘　杰	B20090768030	田桂民	B20090768051	张周志	B20090768072
江海燕	B20090768010	刘成富	B20090768031	史继刚	B20090768052	张天虹	B20090768073
刘淑媛	B20090768011	栗　丹	B20090768032	曲如晓	B20090768053	张志忠	B20090768074
成养信	B20090768012	李硕豪	B20090768033	王林聪	B20090768054	徐延辉	B20090768075
盖笑松	B20090768013	李永贤	B20090768034	乔卫东	B20090768055	张　洁	B20090768076
何克亮	B20090768014	刘卫东	B20090768035	魏　锦	B20090768056	朱汉城	B20090768077
吉永宏	B20090768015	刘敬东	B20090768036	王伟民	B20090768057	朱启臻	B20090768078
雷　明	B20090768016	刘正光	B20090768037	王令金	B20090768058	安维复	B20090768079
华建宝	B20090768017	朱建平	B20090768038	温　勇	B20090768059	周仁来	B20090768080
黄京华	B20090768018	刘庆昌	B20090768039	吴　勇	B20090768060	程相占	B20090768081
郭丹彤	B20090768019	刘仁文	B20090768040	李　放	B20090768061	刘亚军	B20090768082
顾红亮	B20090768020	刘中民	B20090768041	王　卓	B20090768062	章爱先	B20090768083
李　刚	B20090768021	卢洪涛	B20090768042	杨志清	B20090768063		

第69期专设班（国防大学联合战役参谋培训班）

姓　名	结业证号	姓　名	结业证号	姓　名	结业证号	姓　名	结业证号
郭俊波	B20090669001	潘海波	B20090669026	童光江	B20090669051	陈　谦	B20090669076
王伟力	B20090669002	于　航	B20090669027	刘云波	B20090669052	朱连敬	B20090669077
齐洪涛	B20090669003	张祁龙	B20090669028	胡龙虎	B20090669053	孙广庆	B20090669078
李延华	B20090669004	阮永昌	B20090669029	张法宏	B20090669054	周三鹏	B20090669079
雷金合	B20090669005	周　鹤	B20090669030	王　江	B20090669055	毛宝春	B20090669080
康　伟	B20090669006	华工厂	B20090669031	王　兴	B20090669056	王　伟	B20090669081
周　远	B20090669007	余　萌	B20090669032	应国源	B20090669057	肖国胜	B20090669082
杨俊光	B20090669008	韩　翔	B20090669033	李练军	B20090669058	曲立华	B20090669083
张　杰	B20090669009	郑　永	B20090669034	段建飞	B20090669059	刘汉甲	B20090669084
裴义群	B20090669010	赵海涛	B20090669035	韦　义	B20090669060	吴　进	B20090669085
原永红	B20090669011	邢平平	B20090669036	朱军正	B20090669061	马　里	B20090669086
刘玉东	B20090669012	张新中	B20090669037	彭建平	B20090669062	张炳红	B20090669087
孙业修	B20090669013	师　兴	B20090669038	张亚波	B20090669063	邱海平	B20090669088
田　硕	B20090669014	吕建强	B20090669039	张丹阳	B20090669064	乔晋龙	B20090669089
曹延国	B20090669015	徐发东	B20090669040	王志利	B20090669065	马　林	B20090669090
姜赞明	B20090669016	熊　军	B20090669041	韩永发	B20090669066	张学军	B20090669091
杨福洲	B20090669017	李红军	B20090669042	车定洋	B20090669067	林　迪	B20090669092
焦德欣	B20090669018	张伟连	B20090669043	刘武勤	B20090669068	孙　光	B20090669093
苗　晟	B20090669019	唐得胜	B20090669044	刘　炜	B20090669069	杨　民	B20090669094
石　岩	B20090669020	邵建刚	B20090669045	贺宜华	B20090669070	刘凌云	B20090669095
康　超	B20090669021	石文雷	B20090669046	温苏刚	B20090669071	于永兴	B20090669096
涂首龙	B20090669022	孙彦亭	B20090669047	马海杰	B20090669072	李金华	B20090669097
王树千	B20090669023	王荣臣	B20090669048	寿柏铭	B20090669073	王小乐	B20090669098
王永红	B20090669024	赵　伟	B20090669049	丁　军	B20090669074		
杨云峰	B20090669025	田树勋	B20090669050	谭叶松	B20090669075		

第70期专设班（中央党校第27期中青年干部培训一班）

姓　名	结业证号	姓　名	结业证号	姓　名	结业证号	姓　名	结业证号
张晓东	B20090270001	孔昌生	B20090270015	黄宪起	B20090270029	郝贵诚	B20090270043
杨克勤	B20090270002	王祥明	B20090270016	李玉海	B20090270030	邓建玲	B20090270044
陈惠丰	B20090270003	熊　梦	B20090270017	王　谦	B20090270031	余龙文	B20090270045
田国立	B20090270004	文利民	B20090270018	卢景波	B20090270032	王卫星	B20090270046
黄国波	B20090270005	陈怀鹏	B20090270019	赵　欢	B20090270033	张健伟	B20090270047
李忠武	B20090270006	张钧安	B20090270020	徐王莹	B20090270034	魏　锁	B20090270048
倪邦文	B20090270007	李任芷	B20090270021	徐建瑛	B20090270035	刘　强	B20090270049
徐　聪	B20090270008	李　康	B20090270022	相里斌	B20090270036	乔永清	B20090270050
王承文	B20090270009	王兰民	B20090270023	田　民	B20090270037	庄文武	B20090270051
苏　力	B20090270010	于康震	B20090270024	王来柱	B20090270038	端义宏	B20090270052
黄　平	B20090270011	迟京涛	B20090270025	袁光宇	B20090270039	方江山	B20090270053
鲍建安	B20090270012	吴　浩	B20090270026	王　宁	B20090270040	刘卫东	B20090270054
谭　琳	B20090270013	章建华	B20090270027	王常松	B20090270041		
黄　辉	B20090270014	王恒勤	B20090270028	冯志斌	B20090270042		

第71期专设班（2009年第5、6期高校思想政治理论课骨干教师研修班）

姓　名	结业证号	姓　名	结业证号	姓　名	结业证号	姓　名	结业证号
张才国	B20090771001	周芳玉	B20090771027	滕建华	B20090771053	朴晋康	B20090771079
王海滨	B20090771002	廉　清	B20090771028	张德鹏	B20090771054	崔艳明	B20090771080
彭付芝	B20090771003	张荣华	B20090771029	王　军	B20090771055	张华梅	B20090771081
吴春莺	B20090771004	雷巧玲	B20090771030	屈　宏	B20090771056	孙念超	B20090771082
程　立	B20090771005	杨志平	B20090771031	顾　雷	B20090771057	刘兰英	B20090771083
杨美让	B20090771006	王金磊	B20090771032	顾令仪	B20090771058	王　霞	B20090771084
赵　莉	B20090771007	曹洪滔	B20090771033	江春鸣	B20090771059	王春玺	B20090771085
雷　鉴	B20090771008	宋艳萍	B20090771034	刘吕红	B20090771060	武艳敏	B20090771086
刘福会	B20090771009	陈　钊	B20090771035	郃哈斯其木格	B20090771061	段凤龙	B20090771087
胡云峰	B20090771010	高宏强	B20090771036	张朝晖	B20090771062	尹　斌	B20090771088
赵　静	B20090771011	岳新凤	B20090771037	徐继增	B20090771063	颜杰峰	B20090771089
吴　筱	B20090771012	詹义清	B20090771038	李　怡	B20090771064	王　亮	B20090771090
魏毅敏	B20090771013	蒋　杰	B20090771039	李海英	B20090771065	杨沐喜	B20090771091
李香喜	B20090771014	刘亚建	B20090771040	桂　翔	B20090771066	张婧文	B20090771092
陈晓晖	B20090771015	马玉英	B20090771041	金桂兰	B20090771067	郭风平	B20090771093
陈鹏联	B20090771016	吴　玲	B20090771042	田守业	B20090771068	李文爽	B20090771094
江　沁	B20090771017	刘　洁	B20090771043	金钟哲	B20090771069	刘武根	B20090771095

续表

姓　名	结业证号	姓　名	结业证号	姓　名	结业证号	姓　名	结业证号
余　琼	B20090771018	哈战荣	B20090771044	梁建军	B20090771070	焦一强	B20090771096
袁庆辉	B20090771019	许　婕	B20090771045	赵　璐	B20090771071	庄紫园	B20090771097
韩爱叶	B20090771020	刘　霞	B20090771046	李恭忠	B20090771072	孙秀芳	B20090771098
任素琴	B20090771021	樊　荣	B20090771047	郑　纳	B20090771073	张　杰	B20090771099
吴守蓉	B20090771022	商存慧	B20090771048	倪宪章	B20090771074	王　晓	B20090771100
李　茜	B20090771023	陈乐香	B20090771049	王久高	B20090771075	许建平	B20090771101
吴玉红	B20090771024	傅夏仙	B20090771050	赵建利	B20090771076	吴雅思	B20090771102
许　嘉	B20090771025	石红梅	B20090771051	黄进华	B20090771077	高　辉	B20090771103
陈际华	B20090771026	赵　亮	B20090771052	尹世尤	B20090771078		

（李清平供稿）

七、科　　研

（一）综　述

学院科研工作按照中央领导关于“中国井冈山干部学院要建设成为在党史、党建和基本国情教育领域具有领先水平的科研基地”的要求，以改革创新的精神，积极探索，规范管理，准确把握学院科研工作的特点与规律，突出学科建设这个重点，稳步推进教学科研一体化建设，更好地实现为教学、管理服务，充分发挥在教学和管理中的基础性、先导性作用，呈现出不断创新、稳步推进的良好态势。一是科研方向清晰明确。教研人员围绕学院功能定位，结合全面建设小康社会、加强党的执政能力建设和先进性建设等重大理论和现实问题，在深入挖掘井冈山及其周边地区丰富的革命历史资源的基础上，着力加强对党的历史经验以及基本国情、新形势下继承和发扬党的优良传统的研究，率先在井冈山革命史、井冈山精神、井冈山革命根据地和中央苏区执政经验、中部欠发达地区经济社会发展、干部教育培训规律等方面的研究上取得突破。二是科研管理规范有序。加强科研管理体制机制创新，实施以课题为中心的科研管理体制，提高科研工作效率，改变科研人员各自为战的分散状态，强化学院的主导地位，保证科研资源的优化配置。建立良性的科研工作激励机制，增强科研工作活力。加强科研成果的档案管理，实现成果管理数字化。三是科研投入逐年加大。从2005年学院设立院级课题开始，课题立项数量逐年增多，2005—2008年分别为31、46、68、126项，2009年院级课题立项139项。与此相适应，课题经费也逐年增加，2009年院级课题经费369万元，为国家级课题配套经费投入12万元，省级课题配套经费投入4万元。

（二）学科建设

【概述】 2009年，学院确立以学科建设为总抓手，全面推动教学科研工作的思路，提出了提高学术水平，形成教学和科研的良性互动机制，打造一支政治强、业务精、素质良，年龄、职称、学历结构合理的学术梯队，形成学科优势的学科建设要求。党史、党建、领导学、国情研究四个重点建设学科根据上述要求，加大学科建设力度，学院学科建设呈现出新的特点。一是学科方向基本明确。党史、党建、领导学、国情研究四个重点学科坚持“有所为有所不为”的基本原则，都确定了各自的学术研究方向。党史学科确定大革命时期、井冈山斗争时期、中央苏区时期、长征时期四个研究方向；党建学科确定井冈山革命根据地党的建设研究、中央苏区时期党的建设研究、党的重大战略思想研究、新时期党的建设新的伟大工程研究四个研究方向；领导学学科确定领导哲学、领导教育、领导主体、领导力四个学术研究方向；国情研究学科确定的建设方向是从政治学、经济学、社会学、生态与环境学等视角观察研究中国国情。二是学术梯队初步建立。四个重点学科都根据本学科组成员的学术背景及研究基础，确定了一名带头人、一名负责人和各研究方向的召集人，每个研究方向都确定两至三名学科骨干，初步形成一支拥有一定数量、具有博士、硕士等较高学历，具有合理的年龄结构、职称结构和学历结构并保持相对稳定的学术梯队。党史学科组共有成员20人，其中教授6人、副教授2人、讲师6人。党建学科组共有成员25人，其中教授4人、副教授3人、讲师3人。领导学学科组共有32名成员，其中教授3人、副教授1人。国情研究学科组共有成员29人，其中教授7人、副教授3人。三是学术氛围逐步浓厚。学院通过“走出去、请进来”的方法，加强与国内外的学术交流，广泛吸纳国内外相关学科研究的最新成果。2009年，每个学科组均派出成员参与国内外同领域的学术交流与合作，共有19人次参加相关学科的重要学术会议。另外，还两次聘请国内外知名专家来学院作学术报告。

【完善学科建设制度】 为从总体上规范和推进学科建设的长远发展，学院制定下发《关于进一步推进学科建设的意见》、《学科建设经费管理办法（试行）》等文件。为了提高教学科研质量和教师的教学科研能力，促进学科建设发展，学院每年给每个学科投入一定数额的学科建设经费。学科建设经费作为专项建设资金，专门用于学科建设的活动开支。对学科建设经费的开支范围、开支项目、开支比例和监督管理等作了详尽的规定。

【张友南参加“毛泽东与新中国”学术研讨会】

9月10—11日，“毛泽东与新中国”学术研讨会暨中国中共文献研究会毛泽东思想生平研究分会成立大会在湖南长沙召开。全国人大常委会原副委员长王汉斌，中央文献研究室主任、中国中共文献研究会会长冷溶，湖南省委书记、省人大常委会主任张春贤，中央文献研究室原主任、毛泽东思想生平研究分会名誉会长逄先知出席大会并讲话。学院副院长、教授张友南代表学院出席大会并在会上发言。教学科研部教授匡胜、陈胜华、赖宏参加会议。来自中央文献研究室、中央党史研究室、中央党校、中国军事科学研究院及各相关单位的200多名代表参加会议。

中国中共文献研究会毛泽东思想生平研究分会由全国人大常委会原副委员长王汉斌、布赫、顾秀莲，中央军委原副主席张震任荣誉顾问，中央文献研究室原主任逄先知任名誉会长，中央文献研究室副主任李捷任会长。在第一次理事会议上，张友南、匡胜当选为常务理事，陈胜华、赖宏当选为理事。

【周金堂参加中央组织部重点课题成果交流和研讨会】 9月16—20日，学院副院长、教授周金堂到湖北省武汉市参加中央组织部2009年重点课题——“防止和克服‘官本位’对干部队伍建设消极影响问题研究”课题成果交流和研讨会。会议由中央组织部党建研究所主办，湖北省委组织部、武汉市委组织部协办。

会上，周金堂就学院课题组承担的子课题“新形势下在干部队伍建设中防止和克服‘官本位’的总体思路和主要措施”的研究情况作交流发言，并对其他子课题的研究成果发表交流意见。

【周金堂参加中国中共文献研究会朱德思想生

平研究分会成立大会】 11 月 30 日，中国中共文献研究会朱德思想生平研究分会在北京召开成立大会。全国人大常委会原副委员长顾秀莲，总后勤部原部长王克，国家体育总局原局长伍绍祖出席，学院副院长周金堂及教学科研部有关同志参加成立大会。

在成立大会上，全体代表审议并表决通过《中国中共文献研究会朱德生平思想研究分会章程（草案）》，选举产生第一届理事会领导成员，中央文献研究室副主任李捷当选为会长，学院副院长周金堂当选为副会长。会后，周金堂主持“朱德与中国革命和建设”学术研讨会。

（三）科研管理

【概述】 学院科研工作形成了以课题项目研究为导向，以科研激励机制为保证的科研管理模式。按照“教学出题目、科研做文章、成果进课堂”的要求，注重课题研究的可行性、前瞻性、实效性，注重科研成果的教学转化，坚持以学科建设为龙头，以学科方向为标杆，引导全院工作人员围绕教学搞科研、围绕学院功能定位搞科研、围绕教学出特色搞科研、围绕学科方向搞科研、围绕新的教学体系构建搞科研，力求在重大理论和现实问题研究上取得新的成果，在提高科研成果质量上取得新的进展，在科研成果转化上取得新的成效。同时，通过加强科研成果的奖励导向，引导学院工作人员在科研上出精品，多在《人民日报》《光明日报》等权威报纸、CSSCI 期刊和全国中文核心期刊等期刊上发表文章，多在国家级出版社出专著，不断提升科研成果的质量和层次。

2009 年，学院科研成果呈现出总量扩大、质量提升的良好态势，共出版著作 18 部，公开发表论文 352 篇，其中在《人民日报》（理论版）等权威刊物上发表学术文章 13 篇，在 CSSCI 期刊上发表 39 篇，在中文核心期刊上发表 42 篇，在人文核心期刊上发表 3 篇，中国人民大学报刊复印资料中心全文转载 4 篇，《新华文摘》摘要刊登 2 篇，其他省级以上刊物发表 249 篇。

【完善科研管理制度】 为进一步推进学院科研管理工作的制度化、规范化和科学化，在广泛调研和多方听取教研人员意见建议的基础上，学院修订完善了《学术委员会章程》《学术委员会院外委员管理办法》《学术活动管理办法》《科研经费管理办法》《科研项目管理办法》《科研成果奖励办法》、《学术文库资助出版办法》和《科研档案管理制度》等 8 项科研规章制度。

【学院课题立项】 5 月 6 日，学院学术委员会召开 2009 年度第二次会议，对 2009 年院级课题申报首次进行匿名评审，以无记名投票方式进行评议表决；经 5 月 8 日院务委员会研究，决定对《土地革命战争时期农村根据地研究》等 139 个 2009 年度院级课题予以立项资助。这 139 个课题中，重大项目 4 项，重点项目 16 项，课程开发 15 项，案例开发 9 项，一般 47 项，现场教学点新主题开发 20 项，工作对策研究 28 项。

【科研合作】 经充分协商，学院决定与中央文献研究室共同立项，以组成课题组开展科研联合攻关的形式，合作研究《毛泽东、朱德与井冈山》课题。课题总策划、主编由中央文献研究室主任冷溶、学院常务副院长李小三共同担任。中央文献研究室课题组成员由熊华源、王纪一、单劲松组成，熊华源负责；学院课题组成员由张友南、匡胜、肖居孝、陈胜华、朱荣兰、黄仲芳组成，张友南负责。

课题的最终成果为编著成书，由前言、综述、专题、文献、回忆录、后记等部分组成，30 万字左右。课题组成员每人至少完成一个专题；中央文献研究室课题组成员负责文献和回忆录的收集整理，前言、综述、后记等部分由学院课题组成员负责完成。

课题经费10万元，中央文献研究室负担4万元，学院负担6万元。

（四）学报建设

【概述】 围绕学院的功能定位，学报注重理论联系实际，刊载高质量的理论研究文章和对策性报告，为党的干部教育培训工作和中国特色社会主义建设事业服务。以学科建设为中心设置中国特色社会主义理论体系研究、井冈山革命根据地与中央苏区研究、中共党史研究、党建研究、领导学研究、国情研究、干部教育培训研究、学员论坛等常设专栏，设有高端论坛、和谐社会研究、中部发展研究、公共管理研究、学术动态等非常设专栏。主要读者对象为党政领导干部，社会科学院所、高等院校、军事院校的师生及研究人员，党政军企等部门的政策研究人员，社会理论工作者和有理论兴趣的各界人士。

2009 年，学报共出版 6 期，刊出文章 131 篇，其中刊出各类基金资助论文30篇，平均每期5篇，占刊发论文总数的 22%；刊发国家级基金论文 13 篇，占刊发论文总数的 10%。转载转引率稳步提升，全年有 10 篇论文被人民大学报刊复印资料中心全文复印，99 篇文章被标题索引，1 篇被《新华文摘》全文转载，1 篇被《新华文摘》摘登观点，1 篇被《高校学报文摘》转载。学报转载率在全国 149 家政治行政学院学报中列第12位。

2008 年初，院刊编辑室根据学院“精心打造学院学报平台”的要求，制定《中国井冈山干部学院学报创名刊工程实施方案》，启动了学报的创名刊工程，这是学报创刊以来的重大举措。2009 年，学报以“特色立刊”为重点，继续推进名刊工程的各项工作，将名刊工程作为课题进行深入研究，取得初步的研究成果，为名刊工程建设提供理论和方法指导。

【围绕中心开设专栏】 2009 年是新中国成立 60 周年，按照胡锦涛“要牢固树立大局意识，始终把围绕中心、服务大局作为党校工作必须遵循的根本要求”，学报开设“纪念新中国成立 60 周年”专栏，刊发石仲泉、庞仁芝等多位知名专家学者的文章。中共十七届四中全会召开后，学报开设“学习贯彻党的十七届四中全会精神”专栏，刊发吴江、贺善侃等知名专家学者的文章。“学员论坛”栏目围绕学院不同时期培训的重点确立不同的主题，配合学院的培训工作，提高学员对学报的关注度，扩大学报的影响力。

【服务学院科研工作】 学报坚持服务学院的教学科研工作，配合学院的四个重点学科建设，设置四个重点专栏，并保持其连续性，保证一定的载文量，四个重点学科专栏的载文率占学报总载文量的近50%。学报对学院教师稿件适当倾斜，并特别重视培养年轻教师，学院教师来稿的刊用率达60%以上，比外来稿件高出 40%。全年共刊发学院教师稿件 28 篇，占学报总载文量的 20%，其中课题项目稿件12篇。

【推进印刷发行工作】 学报坚持内容与形式完美结合的原则，在狠抓编辑质量的同时，不断提高印刷装订质量。学报编辑部将 5 月份确定为印刷质量监督检查月，实行印刷装订流程全程监督，并在承印单位江西师大印刷厂召开印刷质量现场会，找出容易出问题的关键环节，形成规范的制度；将 9 月份确定为发行宣传月，通过邮寄发行征订单及在新闻媒体刊载发行征订广告，扩大学报的影响力。截至年底，学报征订发行量比上年增长一倍。

【全国党刊联合采访团来学院考察】 9月16日，“共和国摇篮展风采”全国党刊联合采访团一行 40 余人到学院参观考察。学院副院长、《中国井冈山干部学院学报》主编张友南接待采访团。

张友南向来宾介绍学院的创办历程、功能定位、培训对象以及办学特色等有关情况。学院教学科研部和学报有关负责人介绍《中国井冈山干部学院学报》的创办以及发展情况。

（肖居孝撰稿）

★资料★

2009年科研成果统计表

著作类				
成果名称	出版社	出版时间	完成情况	作　者
从政之要900句	中央编译出版社	2009.2	独著	李小三
现代领导哲学思维	研究出版社	2009.3	主编	李小三等
中央革命根据地简史	江西人民出版社	2009.3	主编	李小三
伟大的历程，光辉的业绩——改革开放30年党的建设与发展研究	中央文献出版社	2009.9	合著	周金堂等
井冈山斗争时期党的建设研究	中央文献出版社	2009.9	合著	周金堂等
思想远行的印记	中央文献出版社	2009.9	独著	周金堂
井冈山斗争时期人物传	中央文献出版社	2009.6	编著	黄仲芳
井冈山道路及其理论贡献研究	中央文献出版社	2009.6	独著	刘付春
综合现代化——知识经济和全球化背景下的国家发展战略	江西人民出版社	2009.5	独著	宋留清
悠悠井冈情——老红军、井冈山管理局首任局长袁林口述实录	中央文献出版社	2009.1	参编三人第二	文尚卿
追赶太阳的足迹	中央文献出版社	2009.7	独著	牛保良
成功领导者的12种气质	中央党校出版社	2009.1	独著	吴黎宏

论文类				
成果名称	报刊名称（课题）	刊登时间（期数）	本人完成情况	作　者
千方百计拓宽渠道　努力增加农民收入	经济日报（理论版）	2009.1.5	独撰	李小三
深入学习实践科学发展观　推动学院工作全面发展	中国井冈山干部学院学报	2009.1	独撰	李小三
坚持科学发展　突出办学特色	中直党建	2009.1	独撰	李小三
学习毛泽东军队管理思想　提升企业管理水平	党史文苑	2009.2	独撰	李小三
建立健全用人失察责任追究制度	中国人事报	2009.2.11	独撰	李小三
弘扬井冈山精神　努力促进经济平稳较快发展	经济日报（理论版）	2009.3.17	独撰	李小三
切莫忽视历史修养	党政论坛	2009.3	独撰	李小三
坚守共产党人的精神家园	江西社会科学	2009.3	独撰	李小三
学习井冈山英烈,加强党性修养和党风党纪建设	中国井冈山干部学院学报	2009.3	独撰	李小三
井冈山斗争与人民军队建设及其启示	党史文苑	2009.5	独撰	李小三
深入挖掘和充分运用独特的教学资源　精心打造以党性党风党纪教育为核心的“井冈模式”	中国井冈山干部学院学报	2009.5	独撰	李小三
解读井冈山精神	当代江西	2009.7	独撰	李小三
树立和弘扬良好作风　切实加强领导干部党性修养	今日中国论坛	2009.7	独撰	李小三
井冈山时期共产党人的党性党风党纪	党建研究	2009.7	独撰	李小三
优秀领导干部是怎样造就的	领导科学	2009.7	独撰	李小三
井冈山斗争与人民军队建设及其启示	人大书报资料中心《中国共产党》全文转载	2009.9	独撰	李小三
学习毛泽东等老一辈无产阶级革命家的世界观和方法论	党史文苑	2009.10（下）	独撰	李小三
领导干部如何实现可持续发展	领导科学	2009.11（上）	独撰	李小三
优秀领导干部是怎样造就的	当代江西	2009.11	独撰	李小三
“井冈模式”:党性党风党纪教育的探索与思考	中直党建	2009.11	独撰	李小三
把井冈山精神贯穿于干部教育培训的始终	求是	2009.23	独撰	李小三
论江西在区域经济合作中的空间扩展	求实	2009.1	两人第一	张泰城
当代世界与社会主义	新华文摘（摘要）	2009.2	两人第一	张泰城
论红色资源在当代中国公民教育中的价值	求实	2009.4	两人第一	张泰城
高校课程改革与大学生素质的提高	国家教育行政学院学报	2009.4	两人第一	张泰城
旅游公共服务建设中地方政府行为分析	中州学刊	2009.4	两人第一	张泰城
吉泰工业走廊:改善江西空间经济结构的战略选择	江西社会科学	2009.7	两人第一	张泰城

续表

论文类				
成果名称	报刊名称（课题）	刊登时间（期数）	本人完成情况	作　者
论红色资源在当代中国公民教育中的价值	人大书报资料中心《思想政治教育》全文转载	2009.7	两人第一	张泰城
议建设服务型县乡政府	中国人口报	2009.1.16	独撰	周金堂
县域经济发展的机遇与挑战	光明日报（理论版）	2009.2.24	独撰	周金堂
论改革开放伟大事业与党的建设新的伟大工程	人大书报资料中心《中国共产党》全文转载	2009.2	独撰	周金堂
统筹城乡发展的趋势与面临的挑战	学习与研究	2009.3	独撰	周金堂
改革开放30年来党的理论创新的基本经验	求实	2009.3	独撰	周金堂
改革开放三十年党的理论创新启示	岭南学刊	2009.3	独撰	周金堂
谈党性修养与作风养成	党建研究	2009.3	独撰	周金堂
全面贯彻落实科学发展观　推动干部教育培训事业新发展	中共珠海市委党校学报	2009.4	独撰	周金堂
论井冈山斗争时期党的建设的历史经验及时代价值	中国井冈山干部学院学报	2009.5	独撰	周金堂
县域经济:“五化”挑战下的抉择	瞭望中国	2009.6	独撰	周金堂
党性修养是永葆党的先进性的重要保证	人民日报（理论版）	2009.8.26	独撰	周金堂
改革开放三十年党的理论创新启示	人大书报资料中心《中国共产党》论文索引	2009.8	独撰	周金堂
论党的领导与科学发展	中直党建	2009.9	独撰	周金堂
党的理论创新的丰硕成果和基本经验	全国党的建设研究会课题成果	2009.2	合撰	周金堂
试论改革开放30年来党的理论创新的主要做法及基本经验	中直机关工委“改革开放30年·党的建设”征文	2009.3	独撰	周金堂
实施《条例》促发展　加强培训求实效	新世纪党务工作全书	2009.3	独撰	周金堂
改革开放30年来党的理论创新的丰硕成果和基本经验	中共中央组织部课题成果	2009.3	合撰	周金堂
井冈山斗争时期党的基层民主建设探析	中国井冈山干部学院学报	2009.2	合撰	张友南
用井冈山独特资源对领导干部进行党性党风党纪教育	中国井冈山干部学院学报	2009.5	独撰	张友南
井冈山精神的时代价值	求实	2009.12	独撰	张友南

续表

论文类				
成果名称	报刊名称（课题）	刊登时间（期数）	本人完成情况	作　者
深入调查研究　把握科学发展的主动权	实践（思想理论版）	2009.4	独撰	黄样兴
服务型政府建设理念探析	沧桑	2009.2	合撰	肖华孝　肖小明
非政府组织：服务型政府建构中的一个新话题	出国与就业	2009.3	合撰	肖华孝　肖小明
秘书人员必须拥有阳光心态	黑龙江史志	2009.18	合撰	肖华孝　王　敏
全面贯彻落实科学发展观　大力推进学院后勤保障体系建设	高校后勤研究	2009.3	合撰	唐小平 欧阳月明
干部教育培训要有效利用社会资源——以中国井冈山干部学院为例	党政论坛	2009.7	独撰	唐小平
依法治党科学内涵及内在结构初论	传承	2009.7（下）	合撰	刘诗河　甘　倩
论中国共产党依法治国的实现路径	社科论坛	2009.7（二）	合撰	刘诗河　王　敏
发挥远程教育在干部培训中的作用	继续教育研究	2009.2	独撰	甘乐平
毛泽东调查研究理论的方法论思想对干部教育培训的启示	理论导报	2009.4	合撰	甘乐平　陆元兵 操家齐　黄红梅
农村党员干部远程教育中存在的问题及对策	农业图书情报学刊	2009.3	合撰	甘乐平　肖小华
简析网络布线管理应注意的问题	经营管理者	2009.6	独撰	吴圣才
干部院校弱电管理的社会化问题探讨——以中国井冈山干部学院为例	改革与开放	2009.9（下）	独撰	吴圣才
浅析三层交换技术	科技传播	2009.9（上）	独撰	吴圣才
新时期领导干部的信息素养刍议	现代经济信息	2009.9	独撰	吴圣才
井冈山红色文化及其对根据地建设的历史作用	中国井冈山干部学院学报	2009.3	独撰	兰晓程
中国井冈山干部学院团队建设思考	总裁	2009.9	合撰	兰晓程　吴圣才
电子政务与政府管理创新	中国经贸	2009.8	独撰	黄红梅
建立乡镇电子政务系统的思考	大众商务	2009.11（下）	独撰	黄红梅
智能建筑安全管理的简要探讨	智能建筑	2009.6	独撰	胡硕兵
公务员与中国中间阶层	管理观察	2009.2	独撰	陆元兵
中国农民与中国中间阶层	党政干部学刊	2009.5	独撰	陆元兵
新加坡的水	人民日报（国际副刊）	2009.8.24	独撰	陆元兵
兰花馨香　国之兴旺	人民日报（国际副刊）	2009.9.18	独撰	陆元兵
论图书馆信息资源配置	农业图书情报学刊	2009.5	独撰	张　弛
民生视阈下群体事件的应对之道	理论导报	2009.10	合撰	朱全秀　肖良材
按需施教原则在中央苏区教育工作中的运用	文教资料	2009.5	独撰	熊轶欣
单位驻外机构思想政治工作的五个必须	赤子	2009.8	独撰	熊轶欣
井冈山时期党的教育工作的经验与启示	学理论	2009.8（中）	独撰	熊轶欣

续表

论文类				
成果名称	报刊名称（课题）	刊登时间（期数）	本人完成情况	作　者
毛泽东在井冈山时期的军事教育思想与实践	福建党史月刊	2009.7（下）	独撰	熊轶欣
注重“四要四忌”　提高督查工作水平	办公室业务	2009.7	独撰	刘爱生
论中国企业破产管理人选任制度的完善	经济研究导刊	2009.28	独撰	刘爱生
“高配”书记与“考”官难题	人民论坛	2009.11（下）	独撰	刘爱生
论井冈山精神对推动经济稳定回升的启示意义	福建党史月刊	2009.22	独撰	刘爱生
马克思主义法学中国化与当代中国法制现代化	传承	2009.4	合撰	王　敏　宋留清
把握特点和规律　不断提升新型干部学院秘书工作水平	办公室业务	2009.9	独撰	付书龙
略谈翻动档案与档案保护	兰台世界	2009.11（上）	独撰	江小华
拓展训练在干部教育培训中的应用研究	中国井冈山干部学院学报	2009.3	独撰	柯　华
我国现行督导机构设置中的问题及对策	大庆师范学院学报	2009.1	独撰	肖小华
加强教师队伍建设，迎接干部教育新挑战	理论学习与探索	2009.3	独撰	肖小华
井冈山斗争时期我党是如何赢得民心的	中共云南省委党校学报	2009.3	合撰	肖小华　魏清源
拓宽领导干部理想信念教育的途径	党政干部论坛	2009.5	独撰	肖小华
宛希先被错杀的前前后后	世纪桥（纪实版）	2009.5	独撰	肖小华
从项英之死谈对领导干部身边工作人员的管理	领导科学报	2009.3.23	独撰	肖小华
干部的党性教育要勇于创新	中共珠海市委党校学报	2009.2	独撰	肖小华
浅谈干部教育中的教学督导策略	成人教育	2009.5	独撰	肖小华
干部教育培训机构要加大品牌班次建设力度	成人教育	2009.4	独撰	肖小华
品牌班次建设是当前干部培训机构应对竞争的策略选择	大连干部学刊	2009.7	独撰	肖小华
妥善处理干部教育中的若干关系	探求	2009.3	独撰	肖小华
一个不该被历史遗忘的革命英烈——刘士奇	世纪桥（纪实版）	2009.7	独撰	肖小华
充分发挥音像教学在革命传统教育中的作用	辽宁行政学院学报	2009.10	独撰	肖小华
不可忽视教育公平的起点	教书育人	2009.9	独撰	肖小华
干部教育中的“学习专业户”现象不容忽视	党政干部论坛	2009.9	独撰	肖小华
中央苏区思想政治教育的实践及经验	理论月刊	2009.10	独撰	肖小华
郭沫若与井冈山	世纪桥（纪实版）	2009.10（下）	独撰	肖小华
“三管齐下”解决干部教育中的学风问题	中共珠海市委党校学报	2009.5	独撰	肖小华
妥善处理干部教育中的若干关系	人大书报资料中心《中国共产党》论文索引	2009.10	独撰	肖小华
根据学员学习特点　开展干部教育工作	成人教育	2009.11	独撰	肖小华

续表

论文类				
成果名称	报刊名称（课题）	刊登时间（期数）	本人完成情况	作　者
干部培训中党性教育的经验及其创新	人大书报资料中心《中国共产党》论文索引	2009.4	独撰	肖小华
干部的党性教育要勇于创新	人大书报资料中心《中国共产党》论文索引	2009.8	独撰	肖小华
略论基层领导干部的农村社会管理能力	黑龙江生态工程职业学院学报	2009.1	独撰	肖扬伟
基层领导干部须具备的几种能力	江西青年职业学院学报	2009.3	独撰	肖扬伟
坚持科学发展观　推进政府管理体制	社科纵横	2009.1	独撰	肖扬伟
建立健全激励机制是提高干部培训教育水平的关键	中共银川市委党校学报	2009.6	独撰	肖扬伟
关于建立干部培训激励机制的思考	西安社会科学	2009.3	独撰	肖扬伟
新加坡公共部门领导人才培训的启示	领导科学	2009.1	独撰	屈　亚
美国“重塑政府”行政改革的启示	领导科学	2009.5	独撰	屈　亚
农村公共危机管理的现状分析和对策研究	经营管理者	2009.2	独撰	郭勇平
井冈山根据地与东固根据地比较研究	福建党史月刊	2009.2	独撰	朱荣兰
井冈山根据地的军校毕业生研究	福建党史月刊	2009.8	独撰	朱荣兰
关于学风问题的调查	中国科教创新导刊	2009.1	独撰	张　哲
关于学风问题的思考	中国科教创新导刊	2009.2	独撰	张　哲
领导干部要重视学风问题	紫光阁	2009.7	独撰	张　哲
试述闽赣苏区的历史地位和突出贡献	党史文苑	2009.2（下）	两人第一	张鹏华
浅谈闽赣苏区丢失的教训及其给后人的启示	党史文苑	2009.3（下）	两人第一	张鹏华
中部地区新农村建设中的人力资源开发研究	农家之友	2009.7（中）	独撰	刘小毛
关于当前农民工应对就业困境的对策探讨	山东省农业管理干部学院学报	2009.4	独撰	刘小毛
干部教育培训加强学员管理应注重五个结合	网络财富	2009.7	独撰	刘小毛
规范农村土地流转　保护农民合法权益	改革与开放	2009.5	合撰	黄金文　熊吉陵
三湾改编:民主实践的典范	党史文苑	2009.5	两人第一	黄金文
试论干部教育教学过程中主客体关系的动态性	成人教育	2009.6	独撰	李清平
以科学发展观为指导　提升干部教育培训质量	科教文汇	2009.9	独撰	李清平
试论30年来党的理论创新的主要成果	求实	2009.6	独撰	王国梁
试论三十年来党的理论创新的主要成果	人大书报资料中心《中国共产党》论文索引	2009.9	独撰	王国梁
推进领导干部自我和谐发展	中国井冈山干部学院学报	2009.2	合撰	汪建新

续表

论文类				
成果名称	报刊名称（课题）	刊登时间（期数）	本人完成情况	作　者
领导干部自我和谐简要探讨	云南行政学院学报	2009.3	合撰	汪建新　胡硕兵
浅议对外交流工作中如何实现有效沟通	出国与就业	2009.6	独撰	刘　柳
由满意度调查看中国政府行政过程中的公众参与式政府绩效评价现状	管理观察	2009.8	合撰	刘　柳　戴向阳
模糊综合评判法在干部教育培训评估中的应用	学习月刊	2009.6	两人第一	陈　琦
基于顾客满意度的干部教育培训绩效评估	甘肃理论学刊	2009.7	两人第一	陈　琦
拓展红色资源　创新教育模式	中国井冈山干部学院学报	2009.1	合撰	匡　胜　陈胜华
提升干部院校现场教学水平的思考——以中国井冈山干部学院为例	中国井冈山干部学院学报	2009.3	独撰	匡　胜
中共党产来龙去脉	党史博采	2009.4	独撰	肖居孝
略论湘赣边三年游击战争及其现实意义	中国井冈山干部学院学报	2009.4	独撰	肖居孝
略论湘赣边三年游击战争的基本历程及重要地位	党史博采	2009.7	独撰	肖居孝
金融危机背景下我国中小企业创新战略的思考	求实	2009.10	独撰	肖居孝
论新农村建设中公共政策介入的重要作用	出国与就业	2009.1	独撰	肖小明
新农村建设中公共政策文化拒斥的对策思考	科技信息	2009.8	独撰	肖小明
大规模培训干部背景下兼职教师队伍建设的思考	中国井冈山干部学院学报	2009.4	独撰	肖小明
论新农村建设中公共政策的介入	桂海论丛	2009.4	独撰	肖小明
大规模培训干部背景下兼职教师队伍建设的思考	人大书报资料中心《中国共产党》论文索引	2009.11	独撰	肖小明
我国公务员实绩考核的现状分析	出国与就业	2009.3	独撰	李建良
以正确的政绩观为指导　创新干部考核方法	中国科技教育	2009.5	独撰	李建良
以科学发展观为指导创新公务员实绩考核体系	中国商界	2009.4	独撰	李建良
充分发挥兼职教师“传帮带”作用的思考	出国与就业	2009.6	独撰	李建良
关于党建学科建设若干问题的思考	教育前沿	2009.2	独撰	赖　宏
以改革创新精神坚持民主集中制	人大书报资料中心《中国共产党》论文索引	2009.2	合撰	赖　宏
党的民主集中制建设30年成就与启示（中国延安干部学院学报）	人大书报资料中心《中国共产党》论文索引	2009.2	独撰	赖　宏
新形势下深化干部人事制度改革的新探索——湖南选人用人机制创新引出的思考	中国人事报	2009.8.12	独撰	赖　宏
毛泽东对井冈山时期艰苦奋斗作风的解读及其时代意义	中国井冈山干部学院学报	2009.5	独撰	赖　宏

续表

论文类				
成果名称	报刊名称（课题）	刊登时间（期数）	本人完成情况	作　者
试论战争视野下党对民主执政的尝试——以井冈山、中央革命根据地为例	毛泽东思想研究	2009.1	独撰	刘付春
井冈山时期的制度建党思想及其延伸	湖湘论坛	2009.1	独撰	刘付春
论21世纪之初文化保守主义思潮的新嬗变	广西师范大学学报（哲社科版）	2009.1	独撰	刘付春
土地革命时期毛泽东土地所有权思想探析	安徽农业科学	2009.15	独撰	刘付春
注重力量整合是人民战争以少胜多的一条重要经验——以井冈山黄洋界保卫战为例	福建党史月刊	2009.12	独撰	刘付春
论井冈山时期的建党思想及其延伸	中共四川省委党校学报	2009.3	独撰	刘付春
延安精神与党的理想信念	辽宁行政学院学报	2009.4	独撰	刘付春
历史转折中的毛泽东、张闻天、周恩来（书评）	人民日报	2009.4.7	独撰	黄少群
毛泽东在中央苏区时期受到排挤之后	党的文献	2009.3	独撰	黄少群
毛泽东“一次被开除出党，三次被赶出红军”是怎么回事？	足迹	2009.2	独撰	黄少群
历史的合力——评余伯流教授新著《历史转折中的毛泽东、张闻天、周恩来》	学习时报	2009.6.15	独撰	黄少群
进京赶考去——开国前夕的一段轶事	中国井冈山干部学院学报	2009.4	合撰	黄少群　张　弛　罗庆宏
中央苏区红军反“围剿”胜利的非凡韬略	中国井冈山干部学院学报	2009.1	独撰	余伯流
毛泽东与铜鼓	百年潮	2009.1	三人第一	余伯流
中国抗战时期三大名战之一的万家岭大捷	党史文苑	2009.2	独撰	余伯流
西路军的悲壮历程始末	军事历史研究	2009.1	独撰	余伯流
古有文天祥　今有方志敏——方志敏与文天祥比较研究	党史文苑	2009.8	独撰	余伯流
胡锦涛三论井冈山精神	江西社会科学	2009.7	独撰	余伯流
共产国际、联共（布）指导中国苏维埃运动的功过	中共党史资料	2009.2	独撰	余伯流
改革开放与中国特色民主政治发展	福建党史月刊	2009.1	两人第一	刘浩林
中国特色社会主义政治发展道路的历史逻辑与发展指向	江西社会科学	2009.9	两人第二	刘浩林
积极推进和扩大有序的公民政治参与	理论前沿	2009.1	独撰	宋留清
中华民族精神的几个特征	科学社会主义	2009.1	独撰	宋留清
论知识经济的发展对现代化的影响	现代商贸工业	2009.9	两人第一	宋留清
浅析邓小平的现代化方法论	企业技术开发	2009.5	独撰	宋留清

续表

论文类				
成果名称	报刊名称（课题）	刊登时间（期数）	本人完成情况	作　者
尊重党员主体地位与发展党内民主	理论探索	2009.1	独撰	李春耕
科学发展观丰富了社会主义意识形态理论	人大书报资料中心《思想政治教育》论文索引	2009.1	独撰	李春耕
论加强和改进党政机关的作风建设	传承	2009.2	独撰	李春耕
在新农村建设中加强农村党员队伍建设的意义与对策建议	中国学术交流月刊	2009.4	独撰	李春耕
试论新农村建设必须注重的几个关键问题	山东农业管理干部学院学报	2009.3	独撰	李春耕
马克思主义中国化与大众化的关系	光明日报（理论版）	2009.6.16	独撰	李春耕
井冈山斗争时期的党纪建设及其启示	中国井冈山干部学院学报	2009.4	独撰	李春耕
改革开放以来公有制理论的发展	新东方	2009.7	独撰	李春耕
加强党性党风党纪教育的宝贵精神财富	学习时报	2009.10.12	独撰	李春耕
尊重党员主体地位与发展党内民主	人大书报资料中心《中国共产党》论文索引	2009.4	独撰	李春耕
井冈山和中央苏区时期领导者的经济建设思想精髓	中国经贸	2009.5	独撰	蒋寒迪
《我的长征》之艺术特色评析	电影评介	2009.4	独撰	蒋寒迪
中央苏区时期领导者领导经济建设的方法与启示	消费导刊	2009.7	独撰	蒋寒迪
论领导者科学决策的路径选择	中国经贸	2009.8	独撰	蒋寒迪
经济决策对领导者经济素养的要求	中外企业家	2009.4	独撰	蒋寒迪
从中央苏区时期的经济建设看毛泽东的领导方法	中外企业家	2009.5	独撰	蒋寒迪
论领导干部的“三宽”素质的培养	大连干部学刊	2009.10	独撰	蒋寒迪
提高领导干部经济决策水平的途径	辽宁行政学院学报	2009.10	合撰	蒋寒迪　雷　霆
生态伦理的内涵及时代价值	光明日报（理论版）	2009.12.6	独撰	蒋寒迪
弱者何以能制胜	新华文摘（摘要）	2009.3	独撰	杨少华
不对称战略的演进与挑战	国际论坛	2009.2	独撰	杨少华
从管理学视角看井冈山斗争时期的士兵委员会制度	中国井冈山干部学院学报	2009.5	独撰	杨少华
浅析城乡一体化发展的实现途径	农业经济	2009.4	独撰	文尚卿
井冈山斗争时期我党防止两极分化构建平等和谐社会关系的举措及启示	党史文苑	2009.4	独撰	文尚卿
中小企业金融创新策略探讨	企业经济	2009.6	独撰	文尚卿
关于旅游产业发展的几点思考	中国市场	2009.8	独撰	文尚卿

续表

论文类				
成果名称	报刊名称（课题）	刊登时间（期数）	本人完成情况	作　者
弘扬井冈山精神　促进中部科学发展	学理论	2009.10（中）	独撰	文尚卿
把握发展趋势　加快旅游产业发展	当代旅游	2009.7	独撰	文尚卿
浅析中国农村土地制度变革的价值取向	经济研究导刊	2009.27	独撰	文尚卿
改革开放以来我国农村发展的光辉历程及其辉煌成就	全国商情理论研究	2009.11.18	独撰	文尚卿
顾客满意度、企业营销战略与社会福利变化分析	商业研究	2009.4	独撰	熊吉陵
中小企业的营销渠道变革及其管理策略	市场营销导刊	2009.1	两人第一	熊吉陵
我国初次分配不公原因及对策研究	党史博采	2009.4	独撰	匡小明
我国初次分配不公平的成因及对策	中国市场	2009.3	独撰	匡小明
建立健全我国地方债券制度的若干思考	中国井冈山干部学院学报	2009.4	独撰	匡小明
党的革命精神的最初孕育	石油政工研究	2009.1	独撰	魏清源
井冈山：中国革命精神之源	石油政工研究	2009.2	独撰	魏清源
紧密结合新的时代要求弘扬井冈山精神——学习胡锦涛同志论述井冈山精神的思考	中国井冈山干部学院学报	2009.4	独撰	魏清源
苏区精神永放光芒	石油政工研究	2009.3	独撰	魏清源
传承革命精神　推进伟大事业	学习月刊	2009.9	独撰	魏清源
陈云关于干部思想建设的重要建树	江西青年职业学院学报	2009.1	独撰	牛保良
三十年后重温邓小平干部年轻化思想的重要性	传承	2009.2	独撰	牛保良
党校干部学院教学科研工作中的几个问题	中国教育与发展	2009.3	独撰	牛保良
改革开放新时期邓小平的致富思想	消费导刊	2009.3	合撰	牛保良　池　祯
试述中央苏区查田运动（党史文苑）	人大书报资料中心《中国共产党》论文索引	2009.1	合撰	牛保良
如何在科学发展观视野下构建政府绩效评估体系	出国与就业	2009.4	独撰	戴向阳
加强政治沟通　促进农村基层组织建设	党政论坛	2009.5	合撰	戴向阳　刘　柳
构建制度性政治沟通机制的思路	领导科学	2009.8（中）	独撰	戴向阳
浅析干部学院科研工作的几个特性	理论导报	2009.9	独撰	戴向阳
基于消费生态化视角下的资源环境解困路径	当代财经	2009.9	独撰	廖才茂
产业结构优化升级：保增长与可持续发展的关键	中国井冈山干部学院学报	2009.6	独撰	廖才茂
论在干部培训中加强法律教育	学理论	2009.8（上）	独撰	徐国栋
加强个人品德建设的时代价值和基本路径	中国延安干部学院学报	2009.1	独撰	王　舴
从“三院”创办看干部教育培训创新	中国人事报	2009.1.7	独撰	贺喜灿

续表

论文类				
成果名称	报刊名称（课题）	刊登时间（期数）	本人完成情况	作　者
阮梅：新视角关注农村留守儿童	光明日报	2009.2.14	独撰	贺喜灿
领导干部要谨防“糊涂症”	领导科学	2009.1	独撰	贺喜灿
人力资本提升对农民长效增收的影响及对策	求实	2009.4	两人第一	贺喜灿
中部地区农民人力资本投资与收入增长的实证分析	江西社会科学	2009.4	两人第一	贺喜灿
把握好构建和谐领导班子的关键点	领导科学	2009.4	独撰	贺喜灿
论农村公共服务人员的能力建设	东岳论丛	2009.3	独撰	贺喜灿
农村公共服务人员要提高六个方面的能力	中国人才	2009.4	独撰	贺喜灿
公共培训：农村人力资源开发的基础工程	中国特色社会主义研究	2009.3	独撰	贺喜灿
努力提高组工干部公信力	中国人事报	2009.7.22	独撰	贺喜灿
效率型领导和情感型领导的特质及任用策略	领导科学	2009.1	独撰	王乐平
构建新世纪的用才战略	党政干部论坛	2009.3	独撰	王乐平
干部培训院校构建教师竞争激励机制研究	改革与开放	2009.9（下）	合撰	王乐平　颜清阳
浅论中华苏维埃时期的干部任用政策	党史研究与教学	2009.4	独撰	王乐平
当代西方社会主义思潮述评	人民日报（理论版）	2009.11.6	独撰	王乐平
浅谈干部培训院校教师考核评价机制创新	大科技	2009.11	合撰	王乐平　颜清阳
江西林权改革对社会主义新农村建设的启示	中国经贸	2009.3	两人第一	颜清阳
林权改革是推进山区新农村建设的有效途径——江西的经验与启示	理论导报	2009.4	合撰	颜清阳　邬美娣
莫把自己比上绝路	中华魂	2009.1	独撰	吴黎宏
领导干部应多读些古籍	中国纪检监察报	2009.4.4	独撰	吴黎宏
领导干部立德的途径	党政论坛	2009.6	独撰	吴黎宏
论儒家生态伦理观及其启示	党史文苑	2009.7	独撰	吴黎宏
修身贵在养气	党员干部之友	2009.4	独撰	吴黎宏
浅论儒家生态伦理思想及其启示	理论导报	2009.6.	独撰	吴黎宏
守住寂寞　耐得喧嚣	实践	2009.9	独撰	吴黎宏
常读古籍益处多	中国政协	2009.6	独撰	吴黎宏
谨防“井中葫芦”现象	光明日报	2009.1.3	独撰	朱文鸿
根治干部“浮躁症”	中国人事报	2009.1.14	独撰	朱文鸿
为政重“三问”	光明日报(理论版)	2009.5.5	独撰	朱文鸿
立德须重小节	秘书	2009.1	独撰	朱文鸿
关于加强农村文化建设的几点建议	光华时报	2009.1.27	独撰	朱文鸿
不折腾：一个重要方面是科学决策	中国改革报	2009.1.20	独撰	朱文鸿

续表

论文类				
成果名称	报刊名称（课题）	刊登时间（期数）	本人完成情况	作　者
把三问作为决策的基础	领导科学	2009.7	独撰	朱文鸿
谨防感情冷漠症	云南日报	2009.3.3	独撰	朱文鸿
官为何越来越难当	党政论坛	2009.3	独撰	朱文鸿
力戒思想懒惰倾向	光华时报	2009.4.21	独撰	朱文鸿
制度闲话	秘书	2009.4	独撰	朱文鸿
问责不能简单等同事后处理	人民日报（理论版）	2009.6.5	独撰	朱文鸿
破除群众厌烦的“政绩冲动症”	中国改革报	2009.5.11	独撰	朱文鸿
“为官”切忌“麻木不仁”	人力资源开发	2009.6	独撰	朱文鸿
用人要有大胸襟	中国人才	2009.8.	独撰	朱文鸿
联系群众怎么“联”	人民日报（理论版）	2009.7.22	独撰	朱文鸿
正确看待“官位”	中国政协	2009.7	独撰	朱文鸿
开拓创新铸伟业	江西日报	2009.9.14	独撰	朱文鸿
官为什么不好当了	人大书报资料中心《中国共产党》全文转载	2009.7	独撰	朱文鸿
组工干部应努力践行“三真”	领导科学报	2009.8.31	独撰	朱文鸿
脱离群众:执政党的致命伤	改革内参	2009.23	独撰	朱文鸿
常怀忧党之心	党建研究	2009.12	独撰	朱文鸿
心系群众谋发展	江西日报	2009.10.19	独撰	朱文鸿
思想贵在创新	中国政协	2009.10	独撰	朱文鸿
纪检干部应自觉增强抵御诱惑的能力	领导科学报	2009.10.12	独撰	朱文鸿
拓宽联系群众的“面”	人民日报（理论版）	2009.11.19	独撰	朱文鸿
警钟长鸣与警钟常鸣	人民日报（理论版）	2009.12.22	独撰	朱文鸿
行政问责制重在增强责任意识	人才开发	2009.8	独撰	朱文鸿
领导干部要善于从群众中汲取智慧	中国改革报	2009.11.30	独撰	朱文鸿
防止“纸上政绩工程”	中国改革报	2009.12.7	独撰	朱文鸿
决策贵在利长远	党员干部之友	2009.10	独撰	朱文鸿
“正转副”领导干部的“三变”、“三看”、“三位”	领导科学报	2009.3.2	独撰	杨　帆
如何消除老部下变成新上级的尴尬	领导科学	2009.2	独撰	杨　帆
考察材料要有立体感	领导科学报	2009.3.20	独撰	杨　帆
领导干部要正确对待网络监督	陕西党校报	2009.4.10	独撰	杨　帆
应对下级冒犯的禁忌与方法（上）	领导科学报	2009.6.15	独撰	杨　帆
科学发展观与农村经济合作组织党建工作创新	攀登	2009.3	独撰	杨　帆
把好五道关　做到最坚决	中国人事报	2009.6.24	独撰	杨　帆
对待网络监督不要染上“网络过敏症”	党政干部论坛	2009.6	独撰	杨　帆

续表

论文类				
成果名称	报刊名称（课题）	刊登时间（期数）	本人完成情况	作　者
科学发展观视野下农村经济合作组织党建工作创新研究	中共青岛市委党校学报	2009.6	独撰	杨　帆
“老实人不吃亏”改变政治生态	人民论坛	2009.9	独撰	杨　帆
应对下级冒犯的策略	领导科学	2009.8	独撰	杨　帆
如何建立考察谈话共语机制	辽宁党校报	2009.7.15	独撰	杨　帆
科学发展观与农村经济合作组织党建工作创新	人大书报资料中心《中国共产党》论文索引	2009.9	独撰	杨　帆
年轻干部成功协调的障碍性因素及对策分析	领导科学报	2009.12.7	独撰	杨　帆

（肖居孝、戴向阳供稿）

八、对外交流与培训开发

（一）综　述

2009 年，学院对外交流与培训开发工作以党的十七大、十七届四中全会精神为指导，紧密围绕学院中心工作，不断总结对外交流与培训开发工作经验，把学习实践科学发展观落实到对外交流与培训开发工作的始终。出国（境）考察、培训和来访接待各项工作更加规范有序。举办首次赴新加坡培训团组，积累境外培训经验，为今后学院干部出国培训奠定良好基础。按照合理调度、突出重点、兼顾一般、确保质量、提升效益的工作思路，认真衔接，周密计划，认真做好培训开发工作。对外交流与培训开发工作取得喜人成绩，呈现良好发展态势。

（二）对外交流

【概述】 学院对外交流工作紧紧围绕“特色立院，创新兴院，人才强院”的战略要求，压缩一般性出访，突出重点，强调实效，提高培训管理类团组比例，探索外事出访为国际化办学服务途径。全年度学院共组织2批28人次赴国（境）外考察、培训，接待国（境）外党、政、军干部考察、访问团 7 批 77 人次。学院对外影响逐步扩大，向“国内独具特色，国际上有影响的新型干部学院”的发展目标稳步迈进。

【李小三率团赴欧洲三国开展干部教育培训交流】 11月 15—26 日，常务副院长李小三率干部教育培训交流团访问瑞士、丹麦、芬兰三国，代表团先后考察瑞士洛桑管理学院、瑞士西北应用科技大学管理学院、弗里堡高等管理学院、丹麦行政管理学院等高级公务员培训机构，就干部教育培训、合作办学、互派访问学者及科研等方面与相应机构负责人进行交流，重点了解三国公务员培训历史与现状、公务员培训制度与法律，以及受访机构公务员培训体制与机制、管理和运行、培训方法和培训评估等问题。代表团参观瑞士联合银行集团总部和诺基亚公司总部后，与两总部高层主管就员工培训和人力资源管理等问题交流座谈。访问期间，代表团还拜访了中国驻瑞士、丹麦、芬兰大使馆和驻瑞士苏黎世总领馆。中国驻瑞士大使董津义夫妇、驻丹麦大使谢杭生、驻芬兰大使黄兴、驻瑞士苏黎世总领事李晓驷等接待代表团一行。

【周金堂率团赴新加坡培训】 7月18—31日，副院长周金堂率24名教师和管理人员赴新加坡公共服务学院进行“领导力培训与开发”专题培训。新加坡公共服务学院院长杨汉忠主持欢迎仪式，并参加研究班结班式。培训期间，研究班成员听取现代培训理念与培训需求调研、新加坡公共服务制度、领导力培训与开发等专题课，拜访新加坡总理公署公共服务署、新加坡贪污调查局、人民行动党总部、南洋理工大学、新加坡国立大学李光耀政策学院、中国驻新加坡大使馆，并观摩国会议员接见选民。培训结束前，研究班各小组就公共服务学院办学特色、新加坡制度与文化、新加坡政党建设与社区建设等方面进行专题汇报发言，并撰写培训心得和体会。常务副院长李小三在学院赴新加坡“领导力培训与开发”专题研究班考察报告上作出批示：“25名工作人员赴新加坡学习培训，创意好，组织好，效果好。开眼界、长见识、增素质是工作人员队伍建设中永远的题中应有之义，学院应继续探索这方面的实现途径。”

【张友南赴英国剑桥大学培训】 10月17日至11月1日，副院长张友南参加由中央组织部、国家环境保护部主办的“新型工业化与生态文明建设专题研究班”，赴英国剑桥大学学习培训。专题研究班主要是研讨新型工业化背景下全球生态环境面临的挑战及生态文明建设，系统地了解世界发达国家在低碳经济方面的现状，总结工业化对空气、水质与生物圈的影响及经验教训，探讨可持续发展、气候变化与新型绿色经济的发展观念与手段。

【美国乔治敦大学考察团到学院考察】 3月6日，美国乔治敦大学校长约翰·德吉奥亚一行9人，在中国人民对外友好协会和江西省外事侨务办公室有关负责人陪同下，到学院考察并座谈。副院长周金堂接待考察团一行，并向考察团介绍学院的基本情况和办学特色。约翰·德吉奥亚介绍乔治敦大学的发展历程及近年来与中方合作举办培训项目的成果。宾主双方均表达了今后加强沟通、密切合作的良好愿望，并就合作方式与内容进行了磋商。

【巴勒斯坦民族解放运动“法塔赫”干部考察团到学院考察】 4月11日，以“法塔赫”财务局局长拉提布·哈桑·海迪布（Ratib H.S.Hdaib）为团长的巴勒斯坦民族解放运动“法塔赫”干部考察团一行8人，在中央对外联络部和江西省外事侨务办公室有关负责人陪同下，到学院考察并座谈。副院长周金堂向考察团介绍学院的创建历程、管理体制和办学特色等有关情况。考察团团长拉提布·哈桑·海迪布介绍巴勒斯坦民族解放运动“法塔赫”组织以及考察团成员的有关情况。考察团成员就中国共产党的干部教育培训、妇女干部培训、教学计划与组织实施及后勤管理等问题进行了提问。双方友好交流了相关情况。

【国防大学防务学院外军高级军官访问团到学院考察】 5月18日，国防大学防务学院副院长蔡长杰率该院第23期防务研究法语班28名外军高级军官，到学院考察并座谈。常务副院长李小三出席座谈会并致辞，副院长周金堂主持座谈会，对外交流与培训开发部、办公厅、教务部、培训部、教学科研部有关人员参加座谈。外军高级军官们围绕井冈山革命斗争、当今全球化发展形势对学院办学的影响及学院的办学特色等提问交流。

【“共和国之旅——井冈山专列团”到学院考察】 9月5日，香港各界“共和国之旅——井冈山专列团”一行130余人在名誉团长杨孙西、团长王惠贞等率领下到学院参观考察。常务副院长李小三、副院长周金堂接待专列团一行。李小三向来宾简要介绍了学院的创办历程、功能定位、培训对象及班次、办学特色等有关情况。学院教学科研部教授陈胜华为专列团成员作了题为“井冈山斗争与井冈山精神”的专题讲座。专列团与学院互赠纪念品。“共和国之旅——井冈山专列团”是由九龙各界庆祝新中国成立60周年活动筹委会主办，香港各界为庆祝祖国60华诞而举办的大型活动之一。

【李小三接受日本广播协会（NHK）专访】 9月9日，常务副院长李小三接受日本广播协会（NHK）中国总局编导柳田真显先生的专访。在专访中，李小三就三所干部学院创建背景、学院培训理念、教学内容、教学形式、办学成果以及新时期党员干部基本素质要求、如何保持中国共产党的优良作风等回答记者提问。为增进日本国民对华的认识和理解，应中央对外联络部邀请，日本广播协会（NHK）拟在中华人民共和国建国60周年之际，拍摄“大学生村官”和“中国共产党年轻干部培训”两部专题片。经中央组织部、中央对外宣传办公室批准同意，日本广播协会摄制组在中央对外联络部有关人员陪同下，于9月5—10日到学院采访拍摄。之后“中国共产党年轻干部培训”专题片在日本国内播出，取得较好的社会反响。

【也门全国人民大会干部考察团到学院考察】 10月26日，以全国人大总务委员、组织监察和财务检查部部长叶海亚·穆罕默德·沙米（Yahya M.Al-Shami）为团长的也门全国人民大会干部考察团一行11人，在中央对外联络部和江西省外事侨务办公室有关负责人陪同下，到学院考察。副院长周金堂接待考察团一行，向考察团介绍学院的发展历程、管理体制和办学特色等有关情况。双方就学院培训对象、培训内容、教学计划与学员管理及师资队伍建设等问题进行交流。

【澳门特区政府行政暨公职局访问团到学院访问】 10月28—30日，中华人民共和国澳门特别行政区政府行政暨公职局局长朱伟干一行6人，在中央人民政府驻澳门特别行政区联络办公室有关负责人陪同下到学院访问交流。访问团一行旨在考察、了解学院在干部教育培训方面的做法和经验，促进友好交流与合作。29日上午，常务副院长李小三、副院长周金堂及相关部门负责人与访问团进行座谈。李小三向访问团介绍学院的创建背景、发展历程、管理体制和办学特色等情况，并回答访问团成员的提问。双方围绕今后培训项目合作形式与内容进行磋商。

【苏丹人民解放运动干部考察团到学院考察】 12月15日，以苏丹南方自治政府主席外事顾问阿尔弗雷德·拉杜·戈尔中将为团长的苏丹人民解放运动干部考察团一行7人，在中央对外联络部和江西省外事侨务办公室有关负责人陪同下到学院考察。副院长周金堂接待考察团一行，并与考察团举行友好座谈交流。戈尔认为，中国井冈山干部学院是一所独具特色的教育培训机构，希望未来苏丹人民解放运动组织的干部能有机会到学院参加培训。

【对外宣传】 收集、整理学院赴新加坡首个专题培训团组培训学习总结报告、课题研究报告及团组成员培训心得体会共30篇近10万字，收录照片16幅，编印《领导力培训与开发专题研究班成果汇编》。设计印刷《学院宣传彩页（中英文版）》，在英文网站增设“时政要闻”栏目，在网上干部学院增设“外文资料库”栏目，转载相关国内外重大时政新闻和重要外文政治性学习材料，为加强对外宣传力度，扩大学院影响打好基础。

（三）培训开发

【概述】 学院培训开发工作按照规模适度、突出重点、兼顾一般、确保质量、提升效益的工作思路，认真衔接、周密计划、深挖潜力，全年共举办委托班次61期，培训学员2912人，创历年培训班次、培训人数新高，取得良好的社会效益和经济效益，为学院

"到2009年底累计培训班次超过400期,培训学员突破20000人"目标任务的顺利完成作出积极贡献。进一步完善培训开发项目管理员制度,引入AB角制度,提升培训开发工作制度化、科学化水平;对培训开发工作形成的新经验及时总结,不断充实完善《培训开发工作手册》。

【举办中国通信服务股份有限公司培训班】 5月5—10日,学院举办中国通信服务股份有限公司培训班,中国通信服务股份有限公司属于学院理事单位中国电信集团公司控股的子公司,该培训班是中国电信集团公司系统第一次在学院举办的委托班次。培训班的举办得到中国通信服务股份有限公司的高度重视,公司执行董事、总经理张志勇带班学习。学员认为,井冈山精神对增强今后公司的开拓精神,增强公司的凝聚力有很明显的作用。公司强调要加强与学院的联系和交流,将继续委派管理干部和业务骨干到学院来学习。

【举办国防大学师以上单位党委支部书记轮训班】 5月24—28日,学院举办国防大学师以上单位党委支部书记轮训班。该期轮训班由中央委员、国防大学政委、海军中将童世平带队,参训学员共77人。轮训班紧紧围绕"继承光荣传统,坚定理想信念,履行我军新使命"这个主题,结合井冈山及周边地区丰富的红色教学资源,进行现场教学和体验式教学,使学员通过缅怀革命先辈业绩、体验井冈山精神,进一步坚定理想信念,增强永葆人民军队的本色和作风的自觉性,增强做好新时期国防教育工作的光荣感、责任感和使命感,更好地服务人民军队的革命化、现代化、正规化建设。

【举办香港中文大学工商界人士班】 5月29—31日,香港中文大学工商界人士班在学院举办。27名香港中文大学工商管理硕士毕业校友参加培训。通过革命传统教育、基本国情教育和实地考察,使学员了解内地政治、经济、人文发展的现状和展望,增进对中国近代史的了解。

【举办全国妇联科学发展观专题培训班】 6月8—14日,全国妇联科学发展观专题培训班在学院举办。来自全国各省、市、区妇联的86名妇女发展领导干部参加培训。培训班以科学发展观为统领,通过革命传统教育、党的基本知识教育和基本国情教育,提高妇联领导干部的思想政治素质,增强党性修养,坚定理想信念,加强作风建设,切实发挥党员领导干部在妇女事业发展中的先锋模范作用,在新的历史起点上推动妇女事业科学发展,促进社会和谐。全国妇联党组副书记、副主席、书记处书记孟晓驷全程参与培训。

【举办中国航空工业集团公司领导干部培训班】 6月5—10日,中国航空工业集团公司领导干部培训班在学院举办。51名中国航空工业集团公司司局级领导干部参加培训。培训班以科学发展观为统领,结合井冈山革命传统和中国航空工业的实际,把传统与现代、历史与未来融合在一起,进一步增强中航工业领导干部的理想信念和做好中航工作的光荣感、责任感和使命感,在新的历史起点上推动中航工业的科学发展,为建设强大的现代航空工业提供思想准备和组织保障。中国航空工业集团公司总经理林左鸣参加开班仪式并致辞。

【举办香港纪律部队国情培训班】 7月22—28日,学院举办香港纪律部队国情培训班,参训学员40名。该期培训班侧重对学员进行基本国情教育,帮助学员加深对祖国近现代历史和改革开放进程的了解和认识,增强学员进一步促进香港繁荣稳定的使命感和责任感。培训班结束后,习近平在香港中联办的专报材料上批示,对培训班的工作给予肯定。

【举办"中国芯"工程海外归国人才培训班】 8月13—16日,学院举办第1期"'中国芯'工程海外归国人才培训班",参训学员74人。培训目的是让"星光'中国芯'工程"海外归国人才团队更好地适应国内环境，增强其爱国主义情感和艰苦奋斗精神，进一步做好创新创业工作，同时为建立“国家级海外高层次人才创新创业基地”做好准备。中央政治局委员、中央书记处书记、中央组织部部长、学院院长李源潮对本期培训班高度重视。

【举办重庆市党政干部革命传统教育专题培训班】 11月27日至12月3日，学院举办重庆市第1期党政干部革命传统教育专题培训班，参训学员122人。12月4—10日，学院举办重庆市第2期党政干部革命传统教育专题培训班，参训学员145人。重庆市委对这两期培训班高度重视，中央政治局委员、重庆市委书记薄熙来对此作专门批示。

【编印《中井院委托班次200期成果汇编》】 2004年9月至2009年6月，学院共举办各类委托班次202期，培训学员9277人次。班次数量占学院培训班次总量的56%，培训学员占学院培训学员总量的55%。在学院办学5周年、委托办班突破200期之际，为总结过去，开创未来，由对外交流与培训开发部组织编印《风景这边独好——中井院委托班次200期成果汇编》一书。该书主要内容包括委托班次学员名录、委托班次学员心得体会摘编、委托班次学员合影、委托办学单位给学院的感谢信、培训班总结等。

【组织第1期工作人员赴北京考察活动】 12月25—30日，利用委托办学工作中与相关单位形成的长期友好合作关系，经积极联系和周密策划，组织学院第1期工作人员赴北京开展交流考察活动，考察团共41人，由学院副院长周金堂带队，考察团考察参观了中国石油化工集团公司、中国船舶工业集团公司、中国运载火箭技术研究院等单位，了解培训需求，密切工作联系，提升合作水平，为开展合作交流工作打下良好基础。

（刘柳、周平华撰稿）

★资料★

2009年委托班次统计表

序号	培训班名称	培训人数
1	2009年现场教学点负责人暨点评教师培训班	58
2	重庆市质监系统处级干部培训班	50
3	惠州市大亚湾经济技术开发区干部培训班	48
4	山东省东营市“理想信念”专题培训班	49
5	辽宁省工会干部培训班	47
6	海南省食品药品监督管理局领导干部培训班	44
7	陕西省宝鸡市领导干部培训班	19
8	中国人寿保险股份有限公司党委书记培训班	69
9	中国海洋石油总公司干部学院第2期中青年干部培训班	45
10	中国华能集团公司党校进修班	40
11	中国石油化工集团公司管理干部学院培训班	40
12	广东省委党校2009年春季中青年干部培训班	72
13	中国通信服务股份有限公司培训班	37
14	中国建设银行新任职领导人员培训班	29
15	上海市委办公厅机关系统中青年干部培训班	34
16	国防大学师以上单位党委支部书记轮训班	77
17	香港中文大学工商界人士班	27
18	中国保监会党校局级干部培训班	32
19	中国航空工业集团公司领导干部培训班	51
20	全国妇联科学发展观专题培训班	86
21	中国建设银行党校2009年春季学期干部进修班	30
22	北京市直机关系统党务干部培训班	46
23	中央党校2009年新任职局长、处长培训班	42
24	天津日报报业集团中青年骨干培训班	41
25	教育部机关党校“加强党性教育、坚定理想信念、弘扬优良作风”专题培训班	41
26	人力资源和社会保障部百千万人才工程国家级人选高级研修班	54
27	南京政治学院上海分院教学管理干部集训班	50
28	香港纪律部队国情培训班	40

续表

序 号	培训班名称	培训人数
29	第一期井冈山管理局讲解员接待员培训班	53
30	第二期井冈山管理局讲解员接待员培训班	58
31	河南日报报业集团班	39
32	“中国芯”工程海外归国人才培训班	74
33	昆山市第1期青年干部培训班	60
34	北京市海淀区处级干部培训班	24
35	中山市中青年干部公共行政管理研修班	50
36	昆山市第2期青年干部培训班	52
37	中国建设银行中心城市行行级管理人员培训班	62
38	中粮集团有限公司生化能源事业部管理干部培训班	27
39	中粮集团有限公司生化能源事业部第2期管理干部培训班	41
40	烟台市中青年干部培训班	49
41	广东省委党校2009年第2期中青年干部培训班	48
42	山西省晋中市政法系统高级研修班	42
43	广东省科协2009年干部培训班	35
44	中国华能集团公司党校第12期干部进修班	45
45	上海电力学院培训班	21
46	深圳市委党校2009年中青年干部培训班	27
47	中粮集团有限公司生化能源事业部第3期管理干部培训班	26
48	广东外语外贸大学党务、管理干部培训班	38
49	中石化集团公司第49期党员干部进修班	52
50	广东省直新闻媒体骨干培训班	34
51	河南省质量技术监督局第2期处级领导干部培训班	42
52	中国铝业中州分公司2009年处级干部培训班	44
53	贵州省直单位机关党委书记培训班	36
54	重庆市第1期党政干部革命传统教育专题培训班	122
55	国家邮政局纪检监察暨党建工作培训研讨班	41
56	重庆市第2期党政干部革命传统教育专题培训班	145
57	华东片第二届水库移民政策高级研讨班	50
58	南昌铁路局客运段青年干部培训班	28
59	山西省重点公路工程领导干部廉政教育强化班	57
60	中国井冈山干部学院现场教学点讲解员培训班	74
61	其他班次	18

（周平华供稿）

九、行政后勤

（一）综　述

2009 年，学院行政后勤工作紧紧围绕学院中心工作，狠抓落实，各项工作有所完善、有所提升，实现了“不出错、零事故、有进步”的工作目标，扎实有序地完成全年各项工作任务。

圆满完成各项重大活动的组织、后勤保障等工作。组织完成学院 2009 年春、秋季开学典礼，周永康、刘延东、李源潮等中央领导来学院视察，高校主要领导干部“加强党性修养、坚定理想信念、保持优良作风”专题研讨班，领导干部“加强党性修养、坚定理想信念、保持优良作风”专题培训工作座谈会等重大活动的内外联络、材料起草、会场布置、来宾接待、信息网络、校园美化和安全保卫等工作。

完善制度，规范流程，政务工作高效有序运行。提升公文处理质量，探索电子公文的应用，强化机要值班管理。及时跟踪学院工作动态，编写工作月报、专报和大事记，提高年鉴编辑质量。完善会议组织和工作督查，对会议材料综合建档，对重点工作及时督办、及时反馈。进一步完善各项工作制度和工作流程，提升工作的规范程度和运行效率。

加大新闻宣传力度，进一步提升学院知名度和社会影响力。加强信息调研和重大文稿的起草，开展对策性课题调研，为学院发展提供具有前瞻性的参考思路。加强国内外相关信息的收集、筛选和归纳，为领导决策服务。重视新闻宣传工作，加强与重要新闻单位的联系，拓展宣传渠道。丰富网站、院报内容，增强信息的时效性，加强网站监管。

推行全面预算管理和控制。强化预算管理，加强预算执行监控，提高财务预算的执行控制力。拓宽增收渠道，增强自身造血功能。强化成本意识，控制后勤运行、办公、接待和办班支出。严格财务审计和监督，全面介入学院货物、工程和服务等采购工作具体环节，严格执行国家财经法规、政策和学院财务规章制度，防范各种违规违纪现象发生。

完善设施、突出特色，网络、图书使用效率进一步提高。加快网络系统软硬件建设和运行管理，为教学科研提供安全、快捷的信息技术支持，继续抓实网上干部学院和网站的建设，不断丰富栏目内容。建设优质高效的图书服务窗口。着力在特色和精品上下功夫，加大年鉴和地方志征集力度，优化数字图书馆资源。积极履行弱电社会化管理的监管职能，稳步提升学院弱电系统服务能力。

全面推进后勤保障、管理和服务工作。落实对后勤管理中心监管职责。坚持依法办事，注重宏观把握和微观指导，加强运行成本控制，追求节约与效率的最大平衡。严肃项目采购和工程建设监管纪律。加强固定资产管理，做好货物采购需求分析，规范和严肃货物采购询价竞价制度，提高货物性价比。加强采购工作的审计监督，建立采购统计季报制度。进一步加强工程建设过程监督和作业现场安全管理。抓实推进学院添建工程项目的前期准备和实施工作。严格车队管理，确保万无一失。积极承办全国性大型会议。

规范对外联络和接待服务工作。积极配合学院教学培训和对外联络工作，巩固和深化与省委党校、民航、铁路、接待馆店等相关单位的合作与友谊，规范和优化内部衔接和管理，促进接待服务、对外联络等工作上水平。积极开展联络和调研工作，为学院公务协调、物资采购，以及干部转诊就医等提供有效帮助。建立重要来宾接待档案，进一步规范接待标准，批量采购接待物资，控制接待经费。进一步规范院领导办公室的管理和服务，明确服务内容、工作标准和责任人。

加强安全监管，进一步提高安全防范能力。加强岗位协调联动，抓实应急预案演练和应急队伍培训。建立安全周报制度，提高全员安全防范的意识。重视学院安全指标的统计、分析和积累，增强安全工作的前瞻性和预警性，确保学院安全运行状态的有效控制和信息畅通。做好学院武警上勤工作的协调和管理。全年实现“零案件，零事故”的目标。

（二）文秘工作

【概述】 2009年，学院文秘工作按照运转有序、协调有力、督办有效、服务到位的目标，认真履职，扎实工作，较好地完成各项工作任务。

公文处理规范高效。严格执行来文登记、传阅、催办制度，每月编发来文目录，确保文件传送不漏传、不错传。加快公文流转速度，对需办理的事项及时落实相关办理部门。规范机要阅文管理，严格按阅文范围传阅公文，做到不越级阅文。把好学院印发的公文质量和程序关，对所有印发的文件在印发前都认真核稿，做到发文用语准确、格式规范、无印刷错误。全年共办理院内外公文 646 件、秘密内部刊物996件；制发各类公文164件。

机要保密、档案管理安全有序。加强涉密文件管理，及时清退涉密文件，严禁无关人员翻阅涉密文件，严禁未经批准复印秘密文件。积极和涉密网建设与管理单位进行沟通与协调，组织完成学院计算机密码通信网换装升级。组织有关涉密人员进行保密承诺书签订。根据上级要求，做好 8 个培训班次观看《群体性事件警示录》播放的衔接、保密和管理。严格执行机要和保密工作的有关规定和制度，积极做好明、密电报的“译、传、办”，做到“机密、及时、准确”。严格各类通信设备操作规程，精心管理和维护通信设备，确保密码通信的安全与畅通。全年未出现一起压误、延误电报和失泄密事件。狠抓印章管理，严格用印审批、登记制度。加强档案的保管和利用，规范整理2008年文书档案。

信息督查准确到位。加强内外联络沟通，做好上传下达，及时收集工作情况，定期编排、及时调整《学院近期工作安排》，为领导安排工作提供参考和依据。跟踪学院工作动态，及时收集汇编学院大事记 260 条。编纂出版《中国井冈山干部学院年鉴（2009）》并向学院理事单位寄发，扩大年鉴的影响力。在借鉴往年年鉴编纂经验的基础上，对《中国井冈山干部学院年鉴（2010）》编纂体例、内容等进行调整充实。根据学院制发的《2009 年 3—6 月份工作安排》和《2009 年下半年工作安排》，对学院工作要点执行情况进行半年和年度督查。对 141 条领导批示件进行督办。

会务接待严谨规范。进一步完善重大接待、重要会务的办理工作流程，对重大接待和重要会务活动实行细项分解、责任到人，加强沟通、信息对称，确保重大会务、接待活动不出差错。全年圆满完成周永康、李源潮、刘延东等中央领导来学院视察、高校主要领导干部专题研讨班、领导干部“加强党性修养、坚定理想信念、保持优良作风”专题培训工作座谈会等重大接待活动和会议会务的办理工作。规范捐赠品、宣传品的管理，对学院创办以来接收的捐赠品进行全面清理、分类、编号，并在学院公共场所展示。健全公务接待制度，公务接待水平有明显提高。全年共办理各类会务 34 次，编发会议纪要 12 期。接待来宾292批4288人次，其中国家领导人6人、省部级领导 94 人次，会务接待工作没有出现大的纰漏。

【组织签订保密承诺书】 为提高学院涉密人员保密意识，落实学院涉密人员保密责任，确保国家秘密安全，根据中央组织部、国家保密局、人力资源和社会保障部、国家公务员局《关于组织开展保密承诺书签订工作的通知》（国保发〔2009〕3 号）文件要求，学院认真组织开展保密承诺书签订工作。根据学院领导的批示精神，学院保密办拟定《中国井冈山干部学院组织开展保密承诺书签订工作实施方案》，学院下发《中国井冈山干部学院关于组织开展保密承诺书签订工作的通知》。在签订保密承诺书之前，学院保密办编印、发放《中国井冈山干部学院保密宣传教育材料汇编》，对保密承诺书签订人员进行保密教育，确保有关人员熟悉保密承诺内容，掌握必要的保密知识和技能。此次保密承诺书签订工作共完成签订人数58人次，包括学院副处级以上干部，学院办公厅秘书处、研究室（新闻文化处）工作人员（含临聘人员），学院人力资源部人事处部分工作人员，学院教务部教学规划处工作人员，学院各部门行政秘书，学院领导办公室保洁人员。

【加强文书档案管理和利用】 随着学院办学时间越来越长和办学规模不断扩大，积累的各类文件资料日益增多，查找利用文书档案的工作人员也日趋增加。针对这一情况，6 月份学院印发《关于做好 2008 年度文件材料收集归档工作的通知》，7—11 月，对收集的文件资料进行分类、编目、归档和上架，对历年积累下来的不需归档和没有保存价值的文件资料按规定统一进行销毁。同时，制定借阅、查阅档案单，规范学院工作人员借阅档案手续。

（三）文化宣传与调研

【概述】 2009 年，学院文化宣传与调研工作紧紧围绕学院的中心工作，服务学院科学发展的大局，以“上质量、上层次、上水平”为重点，在材料撰写、专题调研、新闻宣传、文化建设等方面都取得进步。

凝炼学院办学成果，提高材料撰写水平。根据中央对学院工作提出的一系列指示精神，全面、系统地概括和总结学院在办学实践中的好经验、好做法。在撰写材料时，充分发挥集体智慧，切实提高材料的撰写水平，力争充分反映学院办学成果、体现学院院委会的意图。一年来，共撰写总结、汇报、专报、讲话等各类材料90余篇。

加强与新闻媒体的联系，提高外宣工作水平。为了进一步加深社会各界对学院的了解，积极联络、协助相关媒体实事求是地报道学院的办学成果。2009 年，中央电视台《人民日报》等媒体报道学院办学的有关情况 6 次。3 月份，成功组织学院省部班和厅局级班学员代表在人民网与网友进行在线交流。4 月份，新华网“新华视点”栏目报道学院学员缅怀革命先烈的有关情况。9 月,协助日本广播协会（NHK）对学院干部教育培训工作和常务副院长李小三进行专访,第一次面向海外对学院办学情况进行宣传报道,提升学院的知名度和美誉度。

充分运用各种有效手段,积极推进学院文化建设。完成学院电视专题片《光辉的起点》制作工作。组织完成陈列室的改造工程。积极参与学院文化建设方案的调研和起草工作。邀请知名书画家到学院进行主题创作。完成学院宣传品、新年贺卡的设计工作。评选学院 2009 年十件大事。在院报增设“题解井冈山”等栏目,对井冈山革命根据地进行一些深入浅出的解读。全年共出版院报 12 期,编发稿件 250 余篇。做好学院网站和大型电子显示屏的上屏内容编辑、审核工作,共编发稿件600余篇。

【完成专题片《光辉的起点》制作】 为建设学院文化,树立学院品牌,展示学院形象,学院多次与合作单位进行沟通协调,经过近两年的努力,在 9 次修改专题片脚本,5 次修改整个专题片的基础上,12 月底,电视专题片《光辉的起点》制作完成。该片以比较翔实的资料,较为全面地反映了学院发展历程以及办学 5 年来取得的成就。

【组织省部班和厅局级班学员代表在人民网与网友进行在线交流】 3 月 26—28 日,学院组织第 1 期省部级干部“弘扬井冈山精神,坚定理想信念”专题研究班 6 名学员,第 1 期正、副厅局级领导干部“加强党性修养、坚定理想信念、保持优良作风”专题培训班 6 名学员做客人民网·中国共产党新闻网,以“加强党性修养、坚定理想信念、保持优良作风”为题同网友进行在线交流。众多网友纷纷向学员发问,学员代表一一作答。这次网络直播对于提升学员学习效果、增进外界对学院的了解起到很好的促进作用。

【邀请知名书画家到学院进行主题创作】 为进一步推进学院的文化建设,9 月 12—16 日,学院邀请中国艺术研究院副院长高显莉,中国美术家协会中国画艺术委员会主任、中国艺术研究院中国美术创作院院长、教授、博士生导师郭怡琮等 11 名知名画家、书法家到井冈山采风创作,为学院创作 30 余幅书画作品,为学院的文化建设奠定厚实基础,进一步丰富学院文化建设的内容。

【评选学院 2009 年十件大事】 12 月底,在全体教职工积极参与下,学院经过大事推荐、投票评选、评选确定等三个环节,评选出“中国井冈山干部学院 2009 年十件大事”,分别是:（1）中央领导对学院工作高度重视,中央政治局常委、中央政法委书记周永康,中央政治局委员、中央书记处书记、中央组织部部长、学院院长李源潮,中央政治局委员、国务委员刘延东,国务委员、公安部部长孟建柱等党和国家领导人先后视察学院。（2）3 月 20 日,学院举办 2009 年春季开学典礼。3 月 23 日,中央政治局委员、中央书记处书记、中央组织部部长、学院院长李源潮视察学院,作题为“领导干部要与人民群众同甘共苦共克时艰”的主题报告,并与学院领导班子座谈。（3）截至 12 月底,学院自开办以来累计举办各类培训班422期,培训学员20186人,突破2万人次。（4）3 月 3—12 日,常务副院长李小三出席全国政协第十一届二次会议。（5）学院添建工程项目经国家发改委正式批复。（6）2009 年,学院按照中央要求,圆满完成 23 期“加强党性修养、坚定理想信念、保持优良作风”专题班培训任务。其中包括:中管高校领导干部“加强党性修养、坚定理想信念、保持优良作风”专题研讨班,第 1 期省部级干部“弘扬井冈山精神,坚定理想信念”专题研究班,中管高校领导干部“加强党性修养、坚定理想信念、保持优良作风”专题培训班和 20 期正副厅局级领导干部“加强党性修养、坚定理想信念、保持优良作风”专题培训班。（7）学院积极开展文明单位创建活动,2009年再次荣获“江西省直机关文明单位”称号。

（8）7月18—31日，学院组织25名工作人员赴新加坡公共服务学院进行“领导力培训与开发”专题培训。（9）学院精心打造“井冈模式”。切实加强品牌班次建设，精心打造“加强党性修养、坚定理想信念、保持优良作风”专题培训班；切实加强精品课程建设。（10）学院科研工作取得丰硕成果，2009年共出版著作20部，公开发表论文363篇，其中核心期刊82篇，占27%。自学院创建至今，全体工作人员发表论文1381篇，突破1000篇；论著突破63部。四大学科建设工作有序推进。公开出版《让思想启迪未来——中国井冈山干部学院学术成果汇编》（四册），促进学科建设和教学科研工作一体化建设等。

（四）财务预算与管理

【概述】 2009年，学院财务工作紧紧围绕教学科研工作，进一步强化预算核心效应、提升会计基础规范、优化外围工作环境，突出重点、兼顾一般，扎实有效地推进财务管理工作。

强化核心效应，进一步提升预决算管理水平。一是全面梳理，完成2008年财务总结工作。完成学院与后勤管理中心2008年财务结算清理工作；向中央组织部上报学院2008年住房改革支出决算报表、经费收支结余情况、部门财务决算分析报告、财务预算结余资金情况说明；研究制定学院2007年预算执行情况和财务收支情况审计整改措施方案；撰写学院2008年财务分析报告。二是科学谋划，加强学院和后勤管理中心财务票据管理；正式下达学院2009年各部门经费支出预算，全面完成学院2009年度部门预算的“二上二下”工作，进一步规范学院预算管理；做好学院2009年“三项经费”预算压缩工作，积极向中央组织部全面反映学院经费缺口情况，力求恢复学院2010年专项业务费预算。三是紧密衔接，完成各类班次经费补助入账工作。完成2008年度学院计划内班次和教育部高校思想政治骨干教师班经费补助结算工作，积极落实教育部高校哲学社会科学教研骨干研修班和高校思想政治骨干教师研修班培训经费，完成中央组织部2008、2009年高级专家班和2009年全年学院计划内班次培训经费补助结算工作并足额到账。同时，抓好委托班次、承办会务和各类零星收入的组织管理。

完善会计规范，提高财务监管效能。一是精益求精，狠抓日常性工作落实。及时请领财政拨款，编报学院2009年度基本支出及项目支出分月用款计划，确保学院现实支付能力。强化支出管理，规范审核原始凭证和记账凭证；及时通报学院各部门2008年和2009年包干经费管理使用情况；强化个人所得税、住房公积金和公费医疗管理；预报公费医疗费用，发放非定点医院门诊医疗费包干补助，完成学院2008年度公费医疗票据送审、报销工作。二是紧扣环节，加强财务监管。定期与相关处室核对固定资产账目，确保账账相符。积极把好各类政府采购开支项目事前、事中、事后审核关，全年共审核合同114份；做好低值易耗品、中心员工2009—2010年度工服更换采购财务监督和采购申报财务审核工作；协调做好商务中心代销红色宣传品财务洽谈等工作。三是做好年检工作。办理学院2008年度银行账户年检和定期存款撤户及新开户备案登记工作；完成学院事业单位法人登记证、组织机构代码证年检工作；与井冈山财政局协调好学院财政性票据更换事宜。

【接受中央组织部“小金库”专项治理工作检查】 7月12—15日，中央组织部“小金库”专项治理工作检查组通过听取工作汇报、查阅财务资料、询问相关人员、设立举报信箱、公布举报电话等多种形式，对学院“小金库”专项治理工作进行深入系统、认真细致的检查。这次检查对学院进一步规范财务管理，提高国家财政资金使用效率、保障学院健康发展起到积极的促进作用。学院针对理事会秘书处10月12日转来的《关于开展“小金库”专项治理工作重点检查情况的报告》（管报字〔2009〕14号）中提及的学院与“小金库”治理有关的两方面的管理问题制定相关整改措施。

【压缩“三项费用”预算支出】 为认真贯彻《中共中央办公厅国务院办公厅关于党政机关厉行节约若干问题的通知》（中办发〔2009〕11号）的文件精神，在中央组织部的正确指导下，按照《财政部、审计署关于压缩2009年出国费等三项经费预算支出的通知》（财预〔2009〕23号）的要求，学院共压缩2009年度出国费、公务接待费用以及车辆购置及运行费用等三项经费支出预算共计52.22万元。

（五）信息化和图书馆建设

【概述】 2009年，学院信息化和图书馆工作以“完善平台，丰富资源、推广应用”为指导思想，以日常信息服务和重大活动的信息技术保障为重点，提升业务水平，优化服务质量，稳步推进学院的信息与图书管理工作，取得较好的成效。

继续扎实推进网上干部学院和网站建设。在2008年的基础上，调整网上干部学院的栏目名称、结构，使之更加突出井冈山及其周边地区的红色资源。强化网站管理，做好信息更新，全年共上传中文网站信息近500条，保证“零事故、不出错”。对2008年度栏目、部门及个人的投稿情况，进行统计和公示，并对优秀栏目、部门和个人进行表彰和奖励。坚持每周备份数据库，并且分几处保存，确保数据安全。及时申请中国井冈山干部学院·中国和中国井冈山干部学院.cn的中文域名。根据实际需要对网站栏目进行必要的修改和更新，确保英文网站和中央组织部二级专网的正常运行。按时对视频会议系统进行联调，确保视频会议系统保障有力。

突出特色，不断提升图书信息服务水平。一是继续加强“国情研究资料库·全国地方志资料库”的建设，启动第二次面向全国征集地方志的工作。二是扩充图书资源，稳步提高图书的日常服务质量。开设“学院工作人员著作展示专柜”和“学员著作展示专柜”，对学院工作人员著作和部分学员著作进行集中展示，提供教研、管理使用；完成2008年10种馆藏报纸合订本的装订和680册新书、607盒期刊的分类标引；完成2010年图书馆及学院工作人员订阅报刊工作；登记、造册在编工作人员2009年业务用书的配备；续购、更新10种数据库，并邀请超星公司对电子图书和“读秀”检索平台的使用进行培训。三是继续做好专题教学及新闻活动的拍摄工作，全程跟踪，完成省部班和中管高校班教学剪影的拍摄、编辑，46堂专题教学的拍摄、编辑、刻录、格式转换、存档和57次重大活动等拍摄工作。

网络运行、监管常态化，服务质量得到优化。在做好信息产品采购、服务器与系统维护等日常工作的同时，组织完成Windows 2008操作系统采购，升级mysql、php等应用软件平台；瑞星杀毒软件2009升级采购并进行数量扩容；新华08系统暨图书馆触摸屏建设项目；中心机房供电线路改造项目，机房增购PDU与KVM转接线部件；火车票专线建设项目；学院VPN虚拟专用服务项目；数字放映机采购项目等。积极履行弱电社会化管理的监管职能，督促弱电维保部建立维护维修案例库，编制维保手册，定期开展系统排查，做好会场突发故障处理等，稳步提升学院弱电系统服务能力。

【开通新华08系统】 学院与新华社江西分社多次沟通协商，新华社江西分社在2009年春季开学典礼前，免费为学院提供新华 08 系统的安装，并赠送 20 个终端账户。为充分利用该系统的资源，学院在图书馆入口处放置大型触摸屏，在电子阅览室的部分电脑上安装该系统。新华 08 系统的正式开通，在学院国情教育中发挥了重要作用。

【更新部分数据库】 在学院网络版瑞星杀毒软件到期后，学院根据年度预算采购网络版瑞星杀毒软件 2009 版，同时扩大服务器数量的授权，进一步为学院计算机提供查杀病毒服务。将外网网站的操作系统升级到 Windows 2008 企业版，应用平台也相应升级，提高安全性。按计划更新 ADKS 网上报告厅、中经网视频、中国知网 CNKI 数据库、方正年鉴及图书、人民大学复印报刊资料、新华社专供数据库、国研网数据库、人民网数据库和中国宏观经济信息网数据库，将龙源电子期刊更换为博看电子期刊并增加镜像方式，人民网数据库也增加镜像方式。

【采购数字放映系统】 为了解决电影胶片片源少、运输困难、放映准备时间长等问题，进一步为学员及教职员工提供更好的电影放映服务，学院于 10 月份启动数字放映系统采购工作。经过充分的调研及专业人员的现场观看，确定系统设备的关键参数，设计招标方案并委托江西机电设备招标公司招标。该放映系统由工程数字放映机、数字放映服务器、蓝光 DVD、台式计算机和幕布等组成，音频部分与报告厅音控系统相连，可以播放中影数字院线授权的数字电影，蓝光 DVD 光盘与计算机同步播放其他内容。

【面向全国第二次征集地方志】 学院第一次面向全国征集地方志后，“国情研究资料库·全国地方志资料库”得到极大充实。为了进一步做好“两库”的建设，1 月 10 日，学院开始第二次面向全国征集地方志。通过与31个省1762个县（市、区）的联系，共征集到地方志 974 册、年鉴 72 册、地方性资料 93 册。截至年底，馆藏地方志已达 4531 册，县志收藏已覆盖2028个县级行政区域。

【完善火车票专线项目建设】 学院原有至南昌、井冈山火车站的票务专线系统速度缓慢，并且掉线频率高，批量购票需要很长时间，给学员购票带来很大不便。为解决此问题，2009 年，学院与江西电信、南昌火车站、井冈山火车站进行沟通协商，对该票务专线项目进行重大改造，改造后的票务专线系统大大提升出票速度和购票数量，极大地方便学员。

【完善网上干部学院】 为了更好地适应干部教育培训需要，为广大学员提供更多、更优的教学资源，网上干部学院的建设在 2008 年初具规模的基础上，2009 年进一步进行完善。一是通过调整栏目名称、结构，更加突出井冈山及其周边地区的红色资源。调整后的栏目结构更加合理，内容更加丰富，展现形式更加多样。主要由推荐课程、井冈讲座、井冈教法、红色经典、教学剪影、文体健身、学报、院报等模块组成。其中推荐课程、井冈讲座、井冈教法构成网上干部学院核心课程体系。推荐课程和井冈讲座涵盖政治、经济、法律、社会等各个领域的知识，井冈教法展现中国井冈山干部学院现场教学、体验式教学、激情教学、社会实践等独具特色的教学形式。二是充实内容、加大宣传、提升使用。新增“人民英模”等专栏，收集大量新民主主义革命时期及社会主义建设时期涌现的英雄人物的资料。开通“外文资料库”，开辟外文历史文献和视频专栏。上传各类视频资料 400 余场（部、篇），发出网上干部学院学习卡 2820 张。设计、印刷介绍网上干部学院的彩色宣传折页，加大网上干部学院的宣传力度。

（六）后勤保障

【概述】 2009年后勤保障工作继续按照“保障有力、管理高效、服务人性化”的工作目标，全面推进各项后勤保障、管理和服务工作，为学院办学提供坚强有力的后勤保障。

后勤服务委托管理监管工作有力到位，运行平稳。一是切实履行监管职责，着力提高监管效能。督促后勤管理中心做好学院重大接待活动的后勤服务及员工培训工作。全年共组织服务质量评定检查10次，后勤管理中心和弱电维保部月度评定检查平均得分率分别为96.53%、96.73%，整体服务质量达到合同约定的标准。2009年，后勤管理中心共接待学员和来客43444人天次，水电油汽日均消耗量分别比学院下达的控制指标下降24.85%、13.78%、32.71%、17.67%，学员对后勤服务的平均满意率达93.61%。二是及时协调解决后勤运行过程中的实际问题。明确后勤管理中心运行目标奖励方案，并严格按照方案予以奖惩；进一步落实后勤员工的福利待遇，调整部分员工岗位工资标准，按照劳动法为员工办理养老、医疗、工伤、失业、生育保险和住房公积金；更换后勤员工工作制服和后勤员工宿舍床上用品。

政府采购工作进一步规范。坚持采购工作领导小组会议制度，规范后勤管理中心采购工作流程，加强采购计划管理，提高采购工作进度和效率。自行或委托组织车辆GPS监控调度系统、后勤管理中心员工工服、数字放映系统等项目的竞争性谈判。

环境建设有条不紊地展开。围绕建设一座“园林化、生态化、网络化”校园，坚持高要求做好重大活动的环境保障，高质量开展教学点和学员生活配套设施建设，高标准美化、绿化、亮化校园环境。组织实施朱毛红军挑粮小道教学点场地扩建工程、学员楼玻璃晾晒房工程、报告厅中央空调噪声改造工程、学员楼和教学楼低压线路改造工程。督促协调井冈山市有关部门加固维修前往朱毛挑粮小道途中两处受损路段。进一步完善小井学员植树纪念园改造工程。完成李源潮同志种植的桂花树铭牌制作、围栏安装，对桂花树周围的整体风格进行调整，移植部分树木，铺设草皮。邀请井冈山市疾病预防控制中心，对学院住宿、餐饮等场所定期进行卫生监测，为全体教职员工接种甲型H1N1流感疫苗。对北面山界的周界网进行加固。高标准做好学院重大活动的花卉摆放和环境布置工作。

固定资产、车队管理规范安全有序，会议承办成效明显。根据中央组织部的统一部署，认真组织固定资产清查工作。实施车辆GPS监控调度系统，强化驾驶员的安全教育、培训、考核和日常管理。规范教职工用车，理顺审批程序。主动开展对外协调，彻底解决车队11辆小车的历史违章处理和车辆年检问题。1—12月，车队安全行车90.62万公里。利用办班空隙，承办全国部分省（区、市）及副省级市监察厅（局长）南方片会等5个会议。

【进一步规范政府采购】 一是坚持采购工作领导小组会议制度。调整充实采购工作领导小组成员，坚持每个季度召开一次采购工作领导小组会议；坚持采购工作领导小组会前集中申报采购计划，会上集中审议采购计划，会后印发会议纪要，说明采购计划调整情况；明确学院自行组织招标评标劳务费发放办法。二是规范后勤管理中心采购工作流程。制定后勤管理中心采购工作规范，明确日常运行物品采购计划申报办法，建立后勤管理中心采购工作小组会议制度，完善日常运行物品采购工作执行程序。三是提高采购工作进度和效率。严格按照采购计划完成时限，组织实施各项采购项目。一年来，所有采购工作领导小组会议审议和院务委员会通过的采购计划基本按时限要求完成采购，采购工作进度和效率进一步提高。四是采购日常业务进一步加强。加强采购计划管理，严格控制临时采购计划，所有采购计划归口采购办统一编号管理；加强采购统计工作，按季度对学院政府采购情况进行统计，并及时上报统计报表，对学院 2004 年8月份以来的政府采购情况进行全面总结。2009 年，学院组织政府采购项目 210 多批次，签订政府采购合同 122 个，采购金额 865.05 万元，节约财政资金 134.23 万元。

【组织实施固定资产清查】 坚持以资产清查工作为契机，健全管理制度，规范管理流程，加强日常管理，进一步提升固定资产管理水平。一是认真组织实施固定资产清查工作。根据中央组织部的统一部署，9 月初至 10 月底，组织全院性的固定资产清查工作。通过召开动员大会和印发工作方案，明确清查范围、清查内容、时间安排、工作分工、工作要求，基本摸清学院家底。截至 12 月 31 日，学院已入账固定资产总额 4586 万元（不含筹建处移交的固定资产）。二是完善资产管理制度，提高资产管理绩效。全面梳理学院固定资产管理的各项基础信息，以现场实物盘点为依据，对相关信息进行补充、修改；进一步完善固定资产账务信息，做到账实、账卡、账账相符，对资产清查中发现和暴露出的各种问题及管理漏洞，有针对性地研究对策，制定整改措施，修改完善固定资产管理办法。

【推进车队信息化建设】 在多方调研、论证的基础上，2009 年，学院实施车辆 GPS 定位监控项目，运用先进的 GPS（全球卫星定位）技术，利用移动通讯网络平台，构建起定位、监控、调度三位一体的学院车辆 GPS 监控调度系统，实现跟踪定位、简单调度、直观显示、历史记录、实时跟踪、信息查询、轨迹回放、报警、调度、电子地图、数据管理、网上查车、视频抓拍等 19 项功能，车队管理的信息化水平大大提高。

【预防甲型 H1N1 流感】 学院对甲型 H1N1 流感疫情防控做到早部署、早预防。制定《甲型H1N1流感防控工作应急预案》、《关于进一步做好甲型 H1N1 流感防控工作的通知》，提高全院工作人员的防控意识，明确各部门的工作职责；及时组织采购体温计、口罩等防控物品，为每位工作人员配备体温计，免费提供姜汤，做到早预防、早发现；积极与井冈山市疾病预防控制中心协调，加大甲型 H1N1 流感监控力度，为教职员工免费接种甲型 H1N1 流感疫苗。

（七）安全保卫

【概述】 2009 年学院安全保卫工作，紧密联系学院各时期各阶段工作实际，加强治安防范，强化综合治理，督促隐患整改，严格安全管理，注重增强日常工作的科学性和实效性，着力解决影响学院安全稳定的突出问题，连续实现学院安全万无一失的工作目标。

日常保卫工作平稳有序。进一步完善门卫、巡逻、监控联动防范体系，严格执行人员、车辆出入制度，规范门卫查验流程、学院非公务参观管理和外来车辆停放。严格后勤员工政治审查，确保后勤员工政治可靠。学院积极与井冈山市公安局协商，落实各项安全防范措施，采购反恐装备。积极做好弱电公共安全系统的监管和维保工作。更换火灾报警系统消防广播设备，在一号门岗新增升国旗背景音乐系统，处理监控系统、自动报警系统、门禁系统故障 57 处，重新安装监控中心远程监控主机操作系统并更换内存，使主机得到更新、优化和升级。每月定期清理门禁系统组织结构和门禁权限，强化重要班次和重大活动的安全保卫工作。

密切与当地公安、森林防火等职能部门的联系，森林防火工作扎实有效。与井冈山管理局、公安局等单位分别召开森林防火工作协调会和学院周边安全工作协调会议暨寒假春节期间安全工作会议，进一步完善消防、森林防火和公安联防机制。加强学院应急突发事件处置，建立与当地公安部门互通情况信息机制，配合处置井冈山市食品公司宿舍拆迁户等集体上访事件 6 起。规范日常检查工作标准，组织学院处置森林火灾应急小分队、部分保安员开展森林防火业务知识培训、常见火险扑灭演练，提升学院预防和控制森林火灾的能力。开展消防安全大检查，加强安全隐患整改力度，做到责任到人、管理到位。收集可能影响学院安全稳定的信息，编写《不稳定因素排查分析》。

武警驻勤工作协调管理到位。武警正式进驻学院一年以来，学院与部队协调日益顺畅，关系日益融洽。武警在学院大门执勤文明严格，查验规范有序，积极承担学院重大接待和升国旗活动，参与北山烈士陵园教学和公务接待敬献花圈。开展春节、八一建军节等节日走访慰问活动，为驻院武警中队执勤解决工作、学习、生活等后顾之忧，密切军民关系。

【召开森林防火工作协调会议】 3 月 20 日，副院长周金堂主持召开学院与井冈山管理局、井冈山国家级自然保护区管理局、茨坪林场、井冈山风景名胜区管理局、茨坪街办、林业公安局等单位森林防火工作协调会议。听取茨坪林场和林业公安局对 3 月 19 日晚工会宾馆附近烧草木灰积肥引发森林火警的调查情况，认真分析当前学院森林防火工作所面临的形势，并就建立森林防火联防协作机制和清除学院周边森林防火安全隐患进行协商。会议要求相关单位及时消除学院及其周边森林火灾隐患，加大居民违规用火查处力度，彻底杜绝乱烧乱点现象，抓好春节、清明、五一等节假日和高火险时段的防火工作，确保各项制度和措施的落实。

【综治工作扎实有效】 2009 年，学院社会治安综合治理工作紧紧抓住影响学院和谐稳定的源头性、根本性、基础性问题，坚持用发展的眼光、发展的理念、发展的思路分析解决维稳工作中的新情况新问题，把平安建设与推动学院可持续发展紧密结合起来，把综治管理与打造“井冈模式”融为一体，共同推进，共同发展。一是加强社会治安综合治理工作的领导，与各部门签订综治工作责任状，层层落实综治工作责任。二是多次与井冈山市委政法委协调沟通，组织人员到相关单位参观调研，并结合学院实际形成特色鲜明的综治工作网络。三是建立健全治安防范体系和机制，形成多层次、全覆盖的治安防范网络，人防物防技防措施落实到位，杜绝重大治安灾害事故和刑事案件的发生。四是认真开展矛盾排查化解工作，对矛盾纠纷和不稳定因素，努力做到早发现、早报告、早控制、早解决，把矛盾化解在基层，解决在萌芽状态。

（八）添建项目

【概述】 2009 年，学院添建项目的建设，在中央组织部和学院理事会的高度重视下，在国家发改委和江西省发改委的热情帮助下，在学院所在地党委、政府和相关部门的大力支持下，添建项目各项前期准备工作有序推进，为添建项目的正式启动做好充分准备。

调整添建项目建设方案和考察项目管理模式。结合学院办学实际和金叶大厦所处的特殊地理位置，对立项批复的添建项目方案进行调整完善，进一步细化功能布局；推进购买金叶大厦的有关准备工作，制定并上报添建项目工作方案，对添建项目建设主要工作作了安排。先后赴北京、上海、南昌等地政府主管部门、项目单位和代建公司了解工程项目管理模式的基本情况，提出学院添建项目管理模式。

完成添建项目建设用地拆迁安置等相关工作。多次与井冈山市政府、井冈山市公安局协调，完成教职工周转房建设用地拆迁安置工作；与武警吉安支队及井冈山大队协调教职工周转房建设工地进出道路用地等有关事宜；邀请江西省勘察设计研究院专家对教职工周转房地块、综合楼地块、设备房西侧边坡等地进行实地勘察，就两块地的地质情况和土方平整方案作详细分析。

【立项批复】 4月1日，中央直属机关事务管理局根据国家发展和改革委员会（发改投资〔2009〕762 号）文件精神，下发了《关于中国井冈山、延安干部学院添建项目建议书的通知》（中管基〔2009〕30号）。

【成立工作领导小组】 为确保圆满完成学院添建项目建设任务，经江西省委研究，5 月 13 日，江西省委办公厅下发《关于成立中国井冈山干部学院添建项目工作领导小组的通知》（赣办字〔2009〕22号），成立以江西省委副书记、学院第一副院长王宪魁为组长，江西省委常委、常务副省长凌成兴，江西省委常委、组织部长弘强，学院常务副院长李小三等为副组长，江西省委组织部、江西省发展和改革委员会、江西省住房和城乡建设厅、江西省重点工程建设办公室、吉安市委、井冈山市委等单位领导为成员的学院添建项目工作领导小组，负责协调项目建设规划、审批、建设工作，研究处理项目建设重大事项。领导小组下设办公室，负责处理项目建设日常事务，学院副院长周金堂兼任办公室主任。

【金叶大厦划拨】 为了使添建项目不破坏、不影响学院的优美环境和教学秩序，增强学院的发展后劲，有利于学院的长远发展，根据学院教学、管理和后勤保障的实际需要，学院提出购买与学院相邻的金叶大厦，进一步完善学院办学功能。为了使这一设想能够尽快付诸实施，学院一是组织人员多次到金叶大厦摸底调查，了解金叶大厦的工程投资、建筑面积、固定资产价值、功能布局等详细情况。并向井冈山市国有资产管理部门咨询国有资产购买的有关程序和手续办理情况。在此基础上，制定购买改造金叶大厦和添建项目调整方案以及工程项目建设计划。二是就学院购买和改造金叶大厦事宜及时向中央组织部汇报。学院领导除专门到北京向中央组织部汇报情况外，还邀请来院考察调研的中央组织部领导实地察看金叶大厦。学院先后向中央组织部呈报《金叶大厦相关情况汇报》、《购买和改造金叶大厦方案》、《关于购买金叶大厦完善学院办学功能的请示》、《关于购买金叶大厦调整学院添建项目有关情况的说明》等材料。三是积极争取江西省委、省政府重视和有关单位的支持。江西省委、省政府主要领导在听取了学院购买金叶大厦专题汇报后，表示一定要大力支持。学院与金叶大厦的主管部门江西省烟草专卖局进行沟通，江西省烟草专卖局表示大力支持，并建议按有关程序办理。井冈山市委主要领导也明确表示，如果学院购买金叶大厦，井冈山市将为金叶大厦的异地重建在用地上给予优先安排。12月29日，为贯彻落实中央政治局委员、中央书记处书记、中央组织部部长李源潮12月14日关于全国青少年井冈山革命传统教育基地和中国井冈山干部学院添建项目建设的指示精神，共青团中央书记处书记周长奎，江西省委副书记、学院第一副院长王宪魁在井冈山迎宾馆主持召开全国青少年井冈山革命传统教育基地选址和中国井冈山干部学院添建项目现场协调会议。会议明确将金叶大厦划拨给中国井冈山干部学院，有关部门要认真做好相关工作。会议要求江西省烟草专卖局在2010年1月4日前将金叶大厦资产处置方案上报国家烟草专卖局，并在2010年1月15日前办理好相关手续，中国井冈山干部学院添建工程要尽快运作；江西省烟草专卖局购买江西省国土资源厅所属的西苑宾馆用于重建烟草系统干部教育培训中心，江西省国土资源厅在出让过程中提供优惠，双方尽快签订相关协议；吉安市、井冈山市要在烟草系统干部教育培训中心的配套设施建设、江西省国土资源系统干部教育培训中心的重建选址等方面给予支持和帮助，积极推动三方运作尽快落实。

（江小华撰稿）

十、人事工作

（一）综　述

2009 年是学院的干部人事工作进一步规范的一年。干部人事工作以建设高素质的干部队伍为主线，以实施“人才强院”工作为重心，以服务教学为目的，以提高选人用人公信度为目标，以强化人性化管理为基本方向，大力推进干部人事制度改革，成效明显。

学院认真贯彻落实《党政领导干部选拔任用工作条例》和干部人事制度改革文件精神，围绕抓队伍、配班子、强管理的要求，本着“民主、公开、竞争、择优”的原则，坚持德才兼备、以德为先和群众公认、注重实绩的用人导向，积极创新选人、用人、育人的新机制。加强工作人员的培训，提高工作人员的能力与素质，打造一支“特别能吃苦、特别能战斗、特别守纪律、特别讲奉献”的干部队伍。

学院干部人事工作紧紧围绕工作目标和要求，积极探索事业单位干部人事制度改革，不断拓展人才服务领域、创新人才服务手段，加强人力资源部门自身建设，做到常规工作有创新，重点工作有特色，整体工作有突破，形成合力抓落实，干部人事工作取得了新的成效。

（二）干部工作

【概述】 干部工作紧紧抓住人才培养、引进、使用、管理等环节，不断创新工作思路，创新工作举措，建立人才新机制，营造人才新环境，加快人才资源的开发利用，为学院发展提供强有力的智力支持和人才保障，初步形成了一支门类齐全、梯次结构较为合理、精干高效的干部队伍及人才队伍。

认真开展领导干部的选拔任用。做好部分领导干部任职的民主推荐、考察和任命；对任职试用期满的干部进行考察并正式任命；做好部分工作人员非领导职务的晋升；对部分见习期满的公务员确定行政职务。

做好 2009 年度公务员的考录。在中央组织部的领导下，做好 5 个岗位公务员考录工作。向中央组织部上报学院 2010 年度公务员招聘计划。做好 2010 年招聘公务员的网上报名资格审查等事项。加强工作人员的培训，以建设“学习型学院”为目标，以培养一支政治上靠得住、工作上有本事、作风上过得硬的队伍为重点，全面加强干部队伍建设。通过鼓励在职攻读学位、参加培训、出国出境学习考察、跟班学习等方式，提高工作人员的能力和专业素质。

【干部选拔任用】 按照《党政领导干部选拔任用工作条例》的规定，进一步完善选人用人的工作机制，规范选拔任用程序，认真开展部分干部的选拔任用工作。一是做好部分干部的选拔任用。选拔任用部门主任1名、副主任3名、处长2名、副处长2名，主持工作副处长 1 名。任命黄样兴为办公厅主任（副局级，试用期一年）；肖华孝为办公厅副主任；柯华为教务部副主任；程吉生为教学科研部副主任兼教学科研部国情教学研究中心主任，免去其办公厅信息管理处处长、信息中心（图书馆）主任（馆长）职务；刘诗河为办公厅驻南昌联络处处长（试用期一年）；王旭宽为教学科研部领导科学教学研究中心（案例开发处）主任（处长）（试用期一年）；张鹏华为培训部学员工作处副处长（试用期一年）；肖义巡为培训部学籍管理处副处长（试用期一年）；吴圣才为办公厅信息管理处副处长、信息中心（图书馆）副主任（副馆长）（主持工作，试用期一年）。二是做好部分试用期满干部的考察和任职。对任职试用期满的 2 名部门主任和 1 名副处级干部进行考察。任命匡胜为教学科研部（案例发展中心）主任（副局级）；贺喜灿为人力资源部主任（副局级）；甘乐平为办公厅研究室（新闻文化处）副主任（副处长）。三是做好部分干部非领导职务的晋升。对符合任职条件的干部进行民主推荐和考察，有 2 名干部晋升为副调研员、10 名干部晋升为主任科员、3 名干部晋升为副主任科员。教务部教学管理处肖小华、培训部学员工作处刘小毛晋升为副调研员；陆元兵、邬美娣、罗勇、肖扬伟、王可珍、聂金山、刘浩林、徐国栋、何斌、黄金文等 10 名同志晋升为主任科员；甘倩、熊燕军、徐力等 3 名同志晋升为副主任科员。四是做好试用期满公务员的职务认定。对学院 2008 年度新录用的 4 名公务员试用期满进行考核，认定刘爱生、欧阳慧、李清平、陈琦为副主任科员。五是做好部分干部的任职推选等工作。配合中央组织部机关人事局在学院推荐了 2 名全国组织干部学院副院长初步人选（对外交流与培训开发部主任汪建新、培训部主任雷霆），并做好辽宁省面向海内外公开选拔领导干部考察组考察朱全秀、湖北省荆州市委组织部考察汤红兵同志的协助考察和接待工作。

【公务员考录】 2009 年度是学院公务员招考被纳入国家公务员考试的第二年，学院严格按照中央组织部、人力资源和社会保障部、国家公务员局等上级部门的要求，狠抓各个环节的落实，确保公平、公正、公开。主要做好了以下几项工作：一是拟定需求计划，完成网上资格审查。向各部门征求部门工作人员需求计划，确定办公厅研究室（新闻文化处）和后勤保障处、教务部教学管理处、对外交流与培训开发部培训开发处及人力资源部人事处等 5 个岗位各录用一名工作人员的计划。经院委会研究同意后，上报中央组织部审批。在网上对所有报考人员进行资格审查。二是组织面试及体检。制定《2009 年考录公务员面试工作实施方案》，成立面试工作领导小组。组织 16 名面试考官，邀请江西省委组织部公务员处处长方正根、副处长梁文懋同志担任面试考官。根据考生总成绩，按照1∶2的比例，确定 10 名入围人员进入体检及考察范围。严格按照中央规定的体检要求与标准，组织 10 名入围人员赴井冈山市人民医院进行体检。三是进行考察。起草《2009年考录公务员入围人员考察方案》，3月3—10日由10名工作人员组成5个考察组，对参加公务员考试入围的 5 个岗位 8 名考察对象进行考察，分赴四川、山东、江苏、安徽、湖南、江西等 6 个省份，通过采取召开座谈会等方式，从德、能、勤、绩、廉等方面，全面、客观、准确了解考察对象的各方面表现，并认真撰写考察材料。四是做好录取及总结工作。4月9—12日，向院委会进行汇报确定录用人员名单；4月14日，向中央组织部干部一局公务员处汇报学院确定录用的5名公务员名单，并在人力资源和社会保障部、国家公务员局网站上进行公示。5月7日，向中央组织部干部一局公务员处报送《申请录用审核备案的函》、《2009年中央党群机关公务员及工作人员录用表》、《中央国家机关公务员录用备案人员情况表》、《中央党群机关录用公务员及工作人员一览表》、《2009年度学院考录公务员工作总结》等材料。正式录用陈科、贾嘉、唐海英、李明、宗帅等5名同志为学院工作人员。5名录用人员于7月16日正式来学院报到上班。

做好2010年度公务员考录的准备工作。经院务委员会审定后，9月底，向中央组织部上报学院2010年度公务员招聘计划，拟定办公厅研究室（新闻文化处）、财务处、信息管理处（信息中心、图书馆），教务部教学规划处、教学管理处，培训部学员工作处、学籍管理处，对外交流与培训开发部培训开发处，教学科研部办公室、院刊编辑室，人力资源部综合工作处、机关党委办公室等各处室分别录用1名工作人员，共计划录用12名工作人员。10月份，完成2010年招聘公务员的网上报名资格审查工作，共审核1586份报名材料，有1414人符合报名资格条件。

【专职教师招聘】 根据学院统一安排，组织到学院应聘的4位博士进行试讲，对试讲入围人员进行考察，报院务委员会研究后，录用苏州大学的中国近现代史专业博士研究生孙伟，安排在教学科研部党史教学研究中心工作。孙伟于7月16日正式到学院报到上班。

【干部培训】 区别对象，开展各层级干部的培训工作。一是全年共派出七批次人员参加各类专题培训班，分别为11月15—26日，李小三、汪建新、肖华孝参加瑞士、丹麦、芬兰三国干部培训教育交流团；10月17日—11月1日，张友南参加英国剑桥大学的新型工业化与生态文明建设专题研究班；5月13日—7月17日，芦明辉参加中共中央党校的地厅级干部进修班（第52期）；6月29日—7月10日，贺喜灿参加中央组织部全国组织干部学院的组织人事部门领导干部进修班；6月10—12日，柯华参加中央组织部全国组织干部学院的2009年干部教育培训工作者专题研究班等。二是与江西省委组织部联系，将学院的处级干部纳入省委党校举办的处级干部和中青年干部培训班的培训范围，选派林蓉参加江西省委党校的处级干部培训班学习。三是选派部分骨干教师和干部赴国外培训机构参加学习培训。组织学院25名工作人员赴新加坡参加“领导力培训与开发”专题研究班。四是争取中央党校组织部的大力支持，组织赖宏、聂金山等2名专职教师赴中央党校参加“学习贯彻党的十七届四中全会精神专题研究班（地厅班）”为期一个半月的跟班学习。五是资助学院部分工作人员参加学历教育，全年共资助在编工作人员参加学历教育7名，其中在读博士研究生1名、在读硕士研究生6名，资助学费约16.5万元。六是选派部分骨干教师参加专题培训学习。派李春耕参加中国浦东干部学院骨干教师培训班；派文尚卿参加中国延安干部学院骨干教师培训班。七是开展新进工作人员的入院培训和初任培训。7月16—18日，举办为期3天的学院2009年度新录用工作人员培训班，对新进工作人员进行岗前培训，让他们深刻领会党中央创办中国井冈山干部学院的战略意图和胡锦涛同志的贺信精神，认识党中央建设中国井冈山干部学院的重大意义，增强学习的主动性和紧迫性。组织他们赴国家高级公务员培训中心参加由国家公务员局举办的初任培训班。八是何坚、刘柳等2名干部先后赴中央组织部干部教育局跟班学习半年，使学院工作人员赴中央组织部干部教育局跟班学习形成比较固定的机制。九是做好贺文赞参加MPA硕士学习的推荐报名及资格审核等工作。十是组织好学院工作人员外出学习考察。全年组织工作人员外出学习考察共计 176 人（次）。组织学院40多名工作人员赴西安政治学院、中国延安干部学院考察。组织学院2009年度优秀共产党员、2008年度先进工作者赴河北西柏坡等地进行革命传统教育。年底，分两批组织学院全体工作人员赴北京有关部委和央企干部教育培训机构学习考察。

【干部档案管理】 做好干部人事档案日常管理工作，健全档案管理制度，加强档案管理的硬件设施建设，对干部档案实行专人管理，以确保档案管理的科学性和规范性。全面整理审核学院人事档案，审核、鉴定并做好整理移交来档案材料160余人次，补充进档案 150 余人次，提供全院干部任职及有关基本信息统计表5批次，办理档案查询、转递等服务14人次，整理新移交的干部档案6卷，根据新的《干部档案收集归档规定》对干部档案管理的3项制度进行修改和完善，形成正式文件。

（三）人事工作

【概述】 2009 年，人事工作坚持以贯彻科学发展观，落实“以人为本”理念，加强人事管理，服务于学院全体工作人员为统领，积极进取，扎实工作，各项工作都取得了较好成绩，人事管理步入制度化、规范化轨道。

做好事业单位专业技术岗位设置工作。根据人力资源和社会保障部文件精神，依据岗位设置管理的原则，建立岗位管理制度，制定学院事业单位专业技术人员岗位设置管理方案，并上报人力资源和社会保障部审批。

做好中央组织部选派的访问教师、“博士服务团”成员及特聘人员的服务工作。做好中央组织部2008年选派访问教师服务期满考察及欢送，中央组织部2009年选派访问教师的迎接和服务，第九批“博士服务团”成员服务期满考察及欢送，三名特聘教授的续聘及服务等工作。

做好学院干部人事方面的日常事务性工作。抓好干部人事制度建设，提高干部人事工作的制度化、规范化水平。做好工作人员年度考核，专业技术资格评定和专业技术职务聘任，干部人事档案整理，学院高级人才信息库建设，工资、津贴、福利、补助的核定和发放，考勤统计等工作，加强对原井冈山大厦、杜鹃宾馆留用人员的管理和服务。

【专业技术岗位设置】 根据原人事部下发的《事业单位岗位设置管理试行办法》（国人部发〔2006〕70号）和《〈事业单位岗位设置管理试行办法〉实施意见》（国人部发〔2006〕87 号）文件精神，深化学院人事制度改革，建立岗位管理制度，实行对人员的分类管理，做好学院专业技术人员岗位设置管理工作。认真开展调研工作，向中央党校、国家行政学院、中国浦东干部学院和中国延安干部学院等兄弟院校认真学习，1 月、3 月两次派员赴北京参加由中央组织部、人力资源和社会保障部组织的事业单位岗位设置管理工作会议。在此基础上，还就学院的实际情况和困难，多次与人力资源和社会保障部专业技术岗位设置司的分管领导协调，争取学院专业技术人员的岗位设置能够达到较高的比例，人力资源和社会保障部初步同意学院的岗位设置结构比例。制定《中国井冈山干部学院专业技术岗位设置管理方案》，填写《学院事业单位岗位设置现状表》、《学院事业单位岗位设置审核表》，起草《学院事业单位岗位设置管理的情况说明》并于 12 月份上报人力资源和社会保障部审批。

【职称评聘】 广开渠道，做好学院工作人员的职称评聘工作。一是运用深入学习实践科学发展观的成果，解放思想，更新观念，制定《学院专职教师特聘教授的暂行规定》，破格聘任1名深受学员欢迎和社会各界好评的讲师为教授，为其办理相关聘任手续，体现注重公认和向教学一线倾斜的导向。二是认真开展专业技术职务评聘工作。8月份，在认真审核基本条件，严格对学术论文和科研成果及教学质量把关的基础上，对3名申报正高（肖居孝、熊吉陵、蒋寒迪申报教授）、2名申报副高（刘付春申报副教授，朱全秀申报高级经济师）专业技术资格人员的资料进行认真审查，经学院院务委员会研究同意后，报省专业技术资格高评委进行评审。9月份，召开学院党校系列教师中级职称评审委员会，对2位申报中级职称同志的材料进行评审，确认朱荣兰、李建良具备党校系列讲师专业技术资格。对3位申报初级职称同志的资格进行认定，认定戴向阳、刘爱生具备党校系列助教专业技术资格，姚丽具备社会科学系列研究实习员专业技术资格。11月份，召开学院党校系列教师中级职称评审委员会，对新进博士孙伟的专业技术资格进行认定，认定孙伟博士具备党校系列讲师专业技术资格。全年共做好7位同志的职称聘任工作。聘任正高2人，副高4人，中级1人。聘任王旭宽、黄仲芳为教授，匡小明、宋留清、蒋寒迪为副教授，胡硕兵为信息系统项目管理师（副高），孙伟为讲师。三是修订学院专业技术资格评定办法，鼓励行政管理岗位的工作人员在做好本职工作的同时积极参与教学和科研工作，参与教学和科研工作的行政管理岗位人员可以申报相关教学岗位专业技术资格，为学院培养“多栖”人才提供更加广阔的平台。

【工作人员医疗保健】 采取多种措施开展医疗保健工作。一是开通学院副厅级以上干部享受保健待遇工作。争取江西省卫生厅的支持，10—11月，学院10名厅级领导干部到江西省人民医院保健体检。二是在全国爆发甲型H1N1流感疫情时，为确保学院工作人员的健康安全，学院向中央争取到一批甲型H1N1流感疫苗，给学院的工作人员免费注射，主动进行防疫。三是对全体工作人员进行体检。12月中旬，学院分两批组织全体工作人员到井冈山大学附属医院进行体检。四是学院机关党委办公室和学院机关妇委会分别于6月10日、11月17日，两次邀请井冈山市计生服务站的专家到学院为已婚女教职员工实行免费环孕检、生殖健康等项目检查。

【访问教师、“博士服务团”成员、特聘人员服务】 中央组织部选派的访问教师、“博士服务团”成员及学院的特聘人员是学院干部队伍的一支重要力量。从2004年开展此项工作以来，学院领导就非常重视，指定人力资源部专门做好此项工作的服务。一是做好访问教师、“博士服务团”成员服务期满的考察、欢送及总结。3月份做好2008年度中央组织部选派访问教师夏学銮、浦兴祖等2位同志的欢送，举办工作期满座谈会和热烈的欢送仪式。做好2位访问教师在学院工作期满的考察工作，形成考察材料，送达原单位的组织人事部门，并整理归档。做好2008年度中央组织部选派访问教师工作总结，并上报中央组织部干部教育局。12月份做好第九批“博士服务团”成员董立军、李世刚同志服务期满的欢送工作，做好两位同志在学院工作期满的考察工作，并举办了热烈的欢送仪式。派员分别赴中央组织部、江西省委参加“博士服务团”成员总结会。做好第九批“博士服务团”成员工作总结，起草第九批博士服务团工作总结材料及《中国井冈山干部学院“博士服务团”专项人才工作五年综述》，并将总结材料、综述材料及董立军同志先进事迹材料上报到中央组织部人才工作局三处。12月份，做好《博士服务团工作十年纪实》稿件材料的撰写、报送。二是做好新来访问教师的欢迎工作。

4月份做好2009年度中央组织部选派访问教师闫润鱼（来自中国人民大学）、郭渐强（来自湖南大学）等2位新来同志的联系、迎接和服务。做好他们来院之后的食宿、办公及物品领取等方面的沟通、协调及服务。三是做好访问教师、“博士服务团”成员及特聘人员的日常服务。对所有访问教师、“博士服务团”成员及特聘人员做好生日慰问、生活关怀等服务性工作。做好第九批在赣“博士服务团”成员来院学习考察的联系、衔接和接待工作；11月，派员参加中央组织部、团中央联合举办的“博士服务团工作十周年纪念座谈会暨第十批博士服务团培训动员会”。此外，还与学院历年来的挂职挂教人员联系，整理制作了新的挂职挂教人员通讯录，发给学院领导及各部门主任，以供工作联络之用。做好3名特聘人员（余伯流、黄少群、廖才茂）的续聘及其他服务。

【留用人员管理和服务】 做好对23名原井冈山大厦、杜鹃宾馆留用人员的管理和服务。为学院23名留用人员定期办理人事代理有关手续，核查、办理留用人员工资晋档，核算“六金”缴纳、核查岗位等级和工资晋升、核查人事档案有关材料、签订劳动用工合同、办理劳动鉴定等各种事宜，解决留用人员的后顾之忧，充分激发他们的主人翁意识。

（颜清阳撰稿）

★资料★

2009年在编人员基本情况统计表

1.学院领导（共4人）

职务、职称	姓　名	性　别	民　族	文化程度
常务副院长	李小三	男	汉族	研究生
副院长	张泰城	男	汉族	博士
副院长	周金堂	男	汉族	研究生
副院长	张友南	男	汉族	本科

2.办公厅（共30人）

<table>
<tr><th colspan="2">职务、职称</th><th>姓　名</th><th>性　别</th><th>民　族</th><th>文化程度</th></tr>
<tr><td colspan="2">主任</td><td>黄样兴</td><td>男</td><td>汉族</td><td>硕士</td></tr>
<tr><td colspan="2">副主任
兼秘书处处长</td><td>肖华孝</td><td>男</td><td>汉族</td><td>研究生</td></tr>
<tr><td rowspan="6">秘书处</td><td>主任科员</td><td>江小华</td><td>男</td><td>汉族</td><td>本科</td></tr>
<tr><td>主任科员</td><td>付书龙</td><td>男</td><td>汉族</td><td>本科</td></tr>
<tr><td>副主任科员</td><td>熊铁欣</td><td>男</td><td>汉族</td><td>研究生</td></tr>
<tr><td>副主任科员</td><td>王　敏</td><td>女</td><td>汉族</td><td>硕士</td></tr>
<tr><td>副主任科员</td><td>甘　倩</td><td>女</td><td>汉族</td><td>本科</td></tr>
<tr><td>副主任科员</td><td>刘爱生</td><td>男</td><td>汉族</td><td>硕士</td></tr>
<tr><td rowspan="3">研究室
（新闻文化处）</td><td>副主任(副处长)</td><td>甘乐平</td><td>男</td><td>汉族</td><td>本科</td></tr>
<tr><td>主任科员</td><td>陆元兵</td><td>男</td><td>汉族</td><td>硕士</td></tr>
<tr><td></td><td>陈　科</td><td>男</td><td>汉族</td><td>硕士</td></tr>
<tr><td rowspan="4">财务处</td><td>处长</td><td>肖良材</td><td>男</td><td>汉族</td><td>本科</td></tr>
<tr><td>主任科员</td><td>朱全秀</td><td>男</td><td>汉族</td><td>硕士</td></tr>
<tr><td>主任科员</td><td>曾玉华</td><td>男</td><td>汉族</td><td>本科</td></tr>
<tr><td>主任科员</td><td>邬美娣</td><td>女</td><td>汉族</td><td>本科</td></tr>
<tr><td rowspan="6">信息管理处
（信息中心、
图书馆）</td><td>副处长
（副主任、
副馆长）</td><td>吴圣才</td><td>男</td><td>汉族</td><td>硕士</td></tr>
<tr><td>主任科员</td><td>黄红梅</td><td>女</td><td>汉族</td><td>本科</td></tr>
<tr><td>主任科员</td><td>张　弛</td><td>男</td><td>汉族</td><td>硕士</td></tr>
<tr><td>副主任科员</td><td>熊燕军</td><td>男</td><td>汉族</td><td>本科</td></tr>
<tr><td>信息系统项目管理师
（副高）</td><td>胡硕兵</td><td>男</td><td>汉族</td><td>本科</td></tr>
<tr><td>助理工程师</td><td>罗庆宏</td><td>男</td><td>汉族</td><td>硕士</td></tr>
<tr><td rowspan="6">后勤保障处</td><td>处长</td><td>唐小平</td><td>男</td><td>汉族</td><td>本科</td></tr>
<tr><td>副处长、
调研员</td><td>兰晓程</td><td>男</td><td>汉族</td><td>本科</td></tr>
<tr><td>主任科员</td><td>欧阳月明</td><td>男</td><td>汉族</td><td>研究生</td></tr>
<tr><td>副主任科员</td><td>陶　圣</td><td>男</td><td>汉族</td><td>硕士</td></tr>
<tr><td>副主任科员</td><td>徐　力</td><td>男</td><td>汉族</td><td>本科</td></tr>
<tr><td></td><td>贾　嘉</td><td>男</td><td>汉族</td><td>本科</td></tr>
<tr><td>驻南昌联络处</td><td>处长</td><td>刘诗河</td><td>男</td><td>汉族</td><td>硕士</td></tr>
<tr><td rowspan="2">保卫处</td><td>副处长</td><td>周志坚</td><td>男</td><td>汉族</td><td>研究生</td></tr>
<tr><td>副主任科员</td><td>王海明</td><td>男</td><td>汉族</td><td>本科</td></tr>
</table>

3. 教务部（共10人）

职务、职称		姓　名	性　别	民　族	文化程度
主任		芦明辉	男	汉族	研究生
副主任 兼教学规划处处长		柯　华	男	汉族	研究生
教学规划处	主任科员	罗　勇	男	汉族	硕士
	副主任科员	屈　亚	女	汉族	硕士
教学管理处	处长	郭小强	男	汉族	硕士
	副调研员	肖小华	男	汉族	研究生
	主任科员	肖扬伟	男	汉族	硕士
	副主任科员	郭勇平	男	汉族	硕士
	副主任科员	欧阳慧	男	汉族	硕士
		唐海英	男	汉族	硕士

4. 培训部（共13人）

职务、职称		姓　名	性　别	民　族	文化程度
主任		雷　霆	男	汉族	博士
副主任		熊钦和	男	汉族	本科
学员工作处	处长	朱荣兰	男	汉族	硕士
	副处长	张鹏华	男	汉族	研究生
	副调研员	刘小毛	男	汉族	研究生
	副主任科员	王国梁	男	汉族	硕士
	副主任科员	李清平	男	汉族	硕士
学籍管理处	处长	张　哲	男	汉族	本科
	副处长	肖义巡	男	汉族	本科
	主任科员	翁建华	男	汉族	本科
	主任科员	王可珍	女	汉族	硕士
	副主任科员	熊坤敏	男	汉族	研究生
	主任科员	黄金文	男	汉族	本科

5. 对外交流与培训开发部（共9人）

职务、职称		姓　名	性　别	民　族	文化程度
主任		汪建新	男	汉族	博士
对外交流处	处长	林　蓉	女	汉族	硕士
	主任科员	戴华桂	男	汉族	硕士
	副主任科员	刘　柳	女	汉族	硕士

续表

职务、职称		姓　名	性　别	民　族	文化程度
培训开发处	处长	夏美春	男	汉族	本科
	主任科员	尹世康	男	汉族	硕士
	副主任科员	周平华	男	汉族	本科
	副主任科员	陈　琦	女	汉族	硕士
		李　明	男	回族	硕士

6. 教学科研部（案例发展中心）（共26人）

职务、职称		姓　名	性　别	民　族	文化程度
主任		匡　胜	男	汉族	研究生
副主任 兼国情教学研究中心主任		程吉生	男	汉族	博士
办公室	主任	肖居孝	男	汉族	研究生
	主任科员	聂金山	男	汉族	硕士
	副主任科员	肖小明	男	汉族	硕士
	副主任科员	李建良	男	汉族	硕士
党史教学研究中心	主任　教授	陈胜华	男	汉族	本科
	教授	黄仲芳	男	汉族	大专
	讲师	孙　伟	男	汉族	博士
党建教学研究中心（井冈山精神研究中心）	主任　教授	赖　宏	男	汉族	硕士
	讲师	刘付春	男	汉族	博士
	讲师	李春耕	男	汉族	硕士
	副教授	宋留清	男	汉族	博士
领导科学教学研究中心(案例开发处)	主任　教授	王旭宽	男	汉族	本科
	副教授	蒋寒迪	女	汉族	博士
	讲师	杨少华	男	汉族	博士
国情教学研究中心	教授	文尚卿	男	汉族	本科
	副教授	熊吉陵	男	汉族	硕士
	副教授	匡小明	男	汉族	硕士
科研管理处	处长	魏清源	男	汉族	研究生
	主任科员	刘浩林	男	汉族	硕士
	主任科员	牛保良	男	汉族	博士
	主任科员	戴向阳	男	汉族	硕士
院刊编辑室	主任	贺文赞	男	汉族	本科
	主任科员	徐国栋	男	汉族	硕士
	副主任科员	王　舴	男	汉族	硕士

7. 人力资源部（机关党委）（共10人）

职务、职称		姓　名	性　别	民　族	文化程度
人力资源部主任		贺喜灿	男	汉族	本科
综合工作处（机关党委办公室、纪检监察办公室）	处长（主任）	吴黎宏	男	汉族	研究生
	主任科员	何　坚	男	汉族	本科
	主任科员	朱文鸿	男	汉族	本科
	主任科员	何　斌	男	汉族	本科
人事处	处长	王乐平	男	汉族	研究生
	主任科员	姚　丽	女	汉族	本科
	主任科员	颜清阳	男	汉族	硕士
	副主任科员	杨　帆	男	汉族	硕士
		宗　帅	男	汉族	硕士

8. 中央组织部选派的访问教师（共2人）

姓　名	性　别	民　族	文化程度	原单位专业技术职务
闫润鱼	女	汉族	硕士	中国人民大学国际关系学院教授，博士生导师
郭渐强	男	汉族	本科	湖南大学政治与公共关系管理学院行政管理系主任，教授、硕士生导师

9. 学院特聘教授（共3人）

姓　名	性　别	民　族	文化程度	原单位专业技术职务
余伯流	男	汉族	本科	江西省社会科学研究院资深研究员、教授
黄少群	男	汉族	本科	中共中央党校党史部教授
廖才茂	男	汉族	本科	江西财经大学当代财经杂志社常务副社长、副总编、教授

注：截至2009年12月底，在编人员102人，中央组织部选派的访问老师2人，特聘教授及特聘编辑3人。

（姚丽供稿）

十一、机关党的建设和群团工作

（一）综　述

2009 年，学院机关党的建设和群团工作坚持以邓小平理论、“三个代表”重要思想为指导，深入贯彻落实科学发展观，认真学习贯彻党的十七大和十七届四中全会精神，贯彻落实全国、全省机关党的建设工作会议精神，坚持围绕中心、服务大局，以改革创新精神扎实推进机关党的建设，不断增强机关党组织、群团组织的凝聚力和党员战斗力，为推动学院科学发展提供坚实的思想、政治、组织和作风保证。

切实抓好理论武装工作，进一步增强机关党员推动学院科学发展的责任感和使命感。继续创新“井冈论坛”形式，全面启动学院工作人员应知应会知识学习活动，进一步推进学习型学院建设，有力激发全体工作人员学习的积极性、主动性和自觉性，在学院营造浓厚的学术氛围。

不断巩固和扩大深入学习实践科学发展观活动成果，进一步发挥机关党组织在推动学院科学发展中的重要作用。开展深入学习实践科学发展观活动，增强贯彻落实科学发展观的自觉性和坚定性。积极推动机关党建工作的创新，不断提高机关党的工作服务干部教育培训工作的能力和水平。在党员发展、教育、管理，党费收缴、使用和管理，党内统计等日常工作中全面实行精细化管理，细化优化工作流程。加强学员党支部工作管理，以科学的态度探索学员党支部工作管理的规律和特点，做到管理严格、协调主动、服务热情，充分发挥支部在学员中的战斗堡垒作用，有力地促进学员学风建设。创新对党员教学科研骨干的管理机制，激励党员管理人员走向教学科研第一线。

加强机关效能和作风建设，进一步营造推动学院科学发展的良好环境。继续深入开展“讲党性、重品行、作表率，树中井院人新形象”系列活动。加大廉洁自律的监督力度，营造风清气正的良好氛围。抓好反腐倡廉宣传教育。组织全体党员深入学习贯彻十七届中央纪委第三次全会精神，认真抓好党章、党纪条规、国家法律法规教育和思想道德教育，大力宣传勤政廉政典型，开展警示教育。健全管理制度，积极发挥纪检监察室的作用。全年共参与学院项目招标、物资采购、工程验收 16 次，对过程实施有效监督。

大力推进机关精神文明建设，不断巩固和扩大争创文明单位的成果。积极开展省级文明单位创建活动，进一步提升学院良好的对外形象。加强机关思想政治工作，积极促进和谐型学院建设。积极探索思想政治工作新思路、新办法，提高思想政治工作的感召力和渗透力，提高思想政治工作的针对性和实效性，更好地发挥机关党组织凝魂聚气、强本固基的作用。定期开展谈心活动。开展了院领导班子成员之间、院领导与部门负责人、部门负责人与处室负责人及普通工作人员的谈心活动，掌握教职工的思想动态，化解思想情绪，使广大教职工始终保持良好的精神状态和工作热情。进一步完善党内激励、关怀、帮扶机制，做好以“生日送祝福、生病送关怀、困难送温暖、年终送慰问”为主要内容的“温馨四送”工作。2009 年，学院荣获“江西省直机关第六届文明单位”称号。

学院机关党委积极支持工、青、妇等群团组织依照各自的章程独立负责地开展工作，充分发挥工、青、妇组织桥梁纽带作用，开展形式多样的群团活动。积极组织开展节日庆祝活动。按照江西省委组织部和江西省妇联的要求，进一步加强“党建带妇建”工作。围绕省直机关工委的中心工作，积极开展“知识型职工标兵”、“人才标兵”、“巾帼文明岗”、“青年文明号”等争创活动。何斌、郑承斌、后勤管理中心团支部分别被江西省直机关工委授予 2009 年度“江西省直机关优秀共青团干部”、“江西省直机关优秀共青团员”和“江西省直机关五四红旗团支部（总支）创建单位”荣誉称号。拓宽视野，创造条件，积极开展富有特色的文体活动。

认真做好机关日常党务工作，不断提高机关党建科学化水平。积极做好院务委员会民主生活会的征求意见、材料准备、录音整理、抄件上报等事项；组织学院理论学习中心组的学习活动，加强对党支部发展党员工作的指导，严把审查关。加强与省直机关工委有关职能部门的联系，积极参加省直机关工委及有关职能部门召开的会议和组织的活动；认真贯彻落实机关党建工作责任制和党支部书记一岗双责制，进一步健全机关党建工作领导体制和工作机制，加强对支部工作的指导。

（二）机关党的建设

【概述】 2009 年，学院机关党的建设工作坚持为学院中心工作服务，坚持以提高学院办学实力和办学水平为目标，以构建和谐型、创新型、研究型学院为主题，在完成上级党组织任务的同时，结合学院自身实际，努力创新机关党的工作，加强机关党组织自身建设，为学院的健康持续发展提供坚强的思想、组织、政治和作风保证。

注重抓好政治理论学习，加强党的思想政治建设。学院领导和机关党委委员带头撰写学习体会和理论文章，推动学习活动不断深化。同时，各部门、各党支部坚持集体学习和个人自学相结合，通过党支部专题学习会、部门内部讲坛、个人自学等途径，提高学习效果。

努力创新党建工作形式，提高机关党的工作成效。深入开展“讲党性、重品行、作表率，树中井院人新形象”系列活动，进一步加强党员先进性和干部队伍作风建设，不断提高学院办学水平和能力；通过开展七一表彰活动和瞻仰革命旧居旧址活动，加强党员的党性锻炼，增强党性意识。畅通党员干部意见的反映渠道，把握思想脉搏，积极化解矛盾，理顺情绪，注意把解决思想问题与解决实际问题紧密结合起来；积极开展党员谈话和谈心制度，及时掌握全体党员的思想动态，从而掌握思想政治工作的主动权。

加强党内民主建设和党员监督管理，充分发挥机关党组织的战斗堡垒作用。按照党章和有关条例的规定，积极参与党支部民主生活会和有关重要会议，参与对机关干部的考核、奖惩等工作。积极探索扩大党内民主的有效途径和方式，推进机关党务公开，拓宽党员参与民主决策的渠道。认真落实党员权利保障条例，探索建立党内情况通报和重大决策征求意见等制度，有效保障党员的知情权、参与权、监督权、表达权、选举权和被选举权等各项民主权利，营造党内民主讨论环境，形成畅所欲言、生动活泼、团结和谐、充满活力的局面，使党员的主体意识得到进一步增强，主体地位得到进一步尊重，主体作用得到进一步发挥。

突出特色、力求实效，扎实开展深入学习实践科学发展观活动。按照中央、江西省委的部署，结合学院特点，突出实践特色，教育引导广大党员深刻领会科学发展观的时代背景、精神实质、科学内涵和本质要求，统一对推进科学发展的认识，提高领导科学发展的能力，创新落实科学发展的体制机制，解决影响科学发展的突出问题。学院把开展学习实践活动当作推动学院工作的重要机遇和强大动力，紧紧围绕干部教育培训工作如何更好地服务科学发展，坚持更高标准、更严要求，在深入上下功夫，在实效上求突破，坚持“两手抓”，保证“两不误”，达到“两促进”。

【深入学习贯彻党的十七届四中全会精神】 党的十七届四中全会召开后，学院及时组织全体党员深入学习贯彻全会精神，坚持把学习贯彻全会精神与学院的工作实际结合起来，与加强和改进学院机关党的建设工作结合起来。组织以“深入学习贯彻党的十七届四中全会精神”为主题的学院理论学习中心组集中学习，在学院学报、院报开设相关专栏进行报道；下发《关于认真学习贯彻党的十七届四中全会精神的通知》，对学习贯彻全会精神进行全面部署安排；各部门、各党支部坚持集体学习和个人自学相结合，通过支部专题学习会、部门内部讲坛、个人自学等途径，提高学习效果，不断将学习贯彻党的十七届四中全会精神引向深入。

【深入学习实践科学发展观活动】 2009 年，按照江西省委的要求和学院深入学习实践科学发展观活动实施方案的安排，学院继续做好深入学习实践科学发展观活动整改落实阶段和总结测评环节的各项工作，认真制定整改落实方案，集中解决突出问题。对查摆出来的突出问题和需要完善的制度，按轻重缓急和难易程度，分为需要立即改进的问题，需要改进、但条件暂不具备的问题，需要纳入学院长期规划、逐步加以解决的问题，需要作出说明、解释的问题等四类，分别提出整改落实的目标、方式和时限要求，落实责任人和责任部门，使整改落实工作有章可循。在此基础上，学院进一步明确科学发展的工作思路、工作方向和工作方法，通过深入调研、广泛听取群众意见，制定下发《关于进一步“发扬传统、发挥优势、发展特色”，推动学院科学发展的若干意见》和《中国井冈山干部学院 2008—2012 年发展规划》等重要文件，促进学院可持续发展。认真搞好学习实践活动的情况通报，开展群众满意度测评，形成学习实践活动总结报告，召开学习实践活动总结大会，回顾总结学院学习实践活动情况，研究部署进一步推进学院各项事业科学发展、创新发展、和谐发展的重点工作，探索和建立实现学院科学发展的长效机制，使学习实践活动真正取得实效。同时，收集、整理、编辑《学习·实践·探索——中国井冈山干部学院学习实践科学发展观理论文集》，9 月份由江西人民出版社正式出版。

【“讲党性、重品性、作表率，树中井院人新形象”系列活动】 2009 年为“讲党性、重品性、作表率，树中井院人新形象”系列活动“深化拓展年”。学院根据形势任务的发展变化和中央、中央组织部的新部署、新要求，深化和拓展活动内容。3 月 30 日，组织学院各支部党员代表到北山革命烈士陵园开展党日活动。还开展现场教学、向烈士陵园敬献花圈、参观烈士纪念堂等活动。进一步加强十七大精神的学习，全体共产党员积极撰写理论文稿，学院机关党委在6月初编辑印发《中国井冈山干部学院学习十七大精神理论文集》，共收录理论文稿79篇；开展创先争优活动，在七一前夕评选表彰10名优秀共产党员。

【院务委员会理论学习中心组集中学习】 2009年，学院坚持和完善院务委员会理论学习中心组集中学习制度，推进机关学习教育的经常化、制度化和规范化。一年来，围绕党和国家形势任务，结合学院中心工作，先后举行以“学习胡锦涛在纪念党的十一届三中全会召开30周年大会上的讲话”、“学习胡锦涛在十七届中央纪委三次全会上的重要讲话”、“学习贯彻党的十七届四中全会精神”为主题内容的院务委员会中心组集中学习。在学院学报、院报开设相关专栏对学习情况和中心组成员发言内容进行报道。

【“井冈论坛”】 学院坚持不断创新“井冈论坛”形式，拓展论坛内容、深度和广度，切实提高论坛的实效。2009年，围绕党和国家形势任务，根据学院工作需要，先后举办“培养世界眼光，推进科学发展”、“发扬传统、发挥优势、发展特色，推动学院科学发展”、“全球视野下的中国与世界”、“科学发展观与井冈山精神”、“学习井冈英烈，加强党性党风党纪教育”、“访问教师专场学术报告”、“深入挖掘和充分利用独特的教学资源，进一步打造以党性党风党纪教育为核心的‘井冈模式’”、“回首新中国成立60周年光辉历程”、“深入学习贯彻十七届四中全会精神”、“向毛主席学习如何读书”等10期井冈论坛，先后邀请中央党史研究室副主任李忠杰，中央文献研究室副主任李捷、陈晋等名师大家在论坛讲学，营造出浓厚的学术氛围，进一步推动“学习型学院”建设。论坛主题鲜明、内容多元、形式多样，受到学院工作人员的欢迎，已经成为学院学习传达党的方针政策和重大战略思想的平台，成为工作人员进行思想学术交流的重要载体，为提高学院工作人员的业务能力、建设高素质的干部教师队伍发挥了积极作用。

【学院工作人员应知应会知识学习活动】 为促进学院工作人员的理论和业务学习，进一步提高学院工作人员的综合素质，在学院主要领导的倡导下，2009年下半年开始在学院全体工作人员中启动应知应会知识学习活动。6月下发活动方案，7月，开始组织编写《工作人员应知应会知识手册》。各部门根据分工收集、整理与学院日常工作密切相关的党的基本路线方针政策和党的基本知识、法律基本知识、井冈山革命斗争史和中央苏区史及党史基本知识、干部教育培训基本知识、学院基本情况、江西省情和吉安井冈山市情、保密知识、涉外知识、学习型组织建设有关知识等9大类基本知识。最后由学院机关党委统一汇总、编辑成近5万字的《中国井冈山干部学院工作人员应知应会知识手册》，针对学院全体工作人员应该了解和掌握的知识，用鲜活的语言进行深入浅出的回答，观点准确，文字生动，通俗易懂，便于学院全体工作人员学习使用。学院还拟于2010年开展应知应会知识竞赛和测试活动，对工作人员应知应会知识学习情况进行检验。

【文明单位创建活动】 学院在2009年初被江西省直机关工委、江西省直机关文明委联合授予“江西省直机关第五届文明单位”称号的基础上，加大了精神文明创建工作力度，专门成立了精神文明建设工作领导小组，制定并下发了《中国井冈山干部学院创建2008—2009年度“江西省文明单位”工作方案》，对精神文明创建工作进行了细化和落实，认真做好争创省级文明单位的各项工作。学院坚持抓好抓实评选表彰文明岗位、文明职工、巾帼示范岗、创先争优、优秀工作人员等基础性工作，把弘扬井冈山精神同培育学院的核心价值观结合起来，坚持以人为本、开拓创新、提高素质，注意健全制度、完善机制、多管齐下，建设特色鲜明的学院机关文化，培育团结拼搏的团队精神，营造和谐创新的校园氛围，不断提高创建工作的质量，确保学院机关精神文明建设出实效。2010年1月7日，学院被江西省直机关工委、江西省直机关文明委授予“江西省直机关第六届文明单位”称号，并作为“江西省第十二届文明单位”推荐对象上报江西省文明办进行评选。

【“温馨四送”】 2009 年，学院进一步完善党内激励、关怀、帮扶机制，做好以“生日送祝福、生病送关怀、困难送温暖、年终送慰问”为主要内容的“温馨四送”工作。为把好事办好，学院机关党委对“温馨四送”工作实行精细化管理，实施流程化操作，做到“电话提前联系、短信适时发送、果篮亲自上门、卡片精心制作”。全年共为学院 163 名教职工送上生日祝福；为1名工作人员送去结婚贺喜和3名工作人员生子贺喜；看望和慰问生病工作人员 30 多人次；对家庭困难和发生重大变故的工作人员进行了摸底调查，向 18 位困难教职工发放困难帮助金 23400 元，年终向全体工作人员的家属寄发了院务委员会的慰问信和贺年卡。

【七一表彰活动】 7月1日，学院召开七一表彰大会，经过各党支部的民主推荐，机关党委审核，院务委员会审定，对甘乐平、黄红梅、罗勇、雷霆、夏美春、王舴、李建良、何斌、熊绍椿、邓朝阳等 10 名“优秀共产党员”进行了表彰和奖励。8 月 22—28 日，副院长、机关党委书记周金堂带领学院 2009 年度优秀共产党员赴河北西柏坡、秦皇岛等地开展革命传统教育、爱国主义教育和基本国情教育。考察团在西柏坡瞻仰了毛泽东、刘少奇、朱德、周恩来、任弼时、董必武旧居，参观了七届二中全会会址、西柏坡革命纪念馆以及廉政教育纪念馆，深刻领会了以“两个务必”为核心的西柏坡精神。考察团一行还参观了赵州桥、山海关以及北戴河集发生态农业观光园。期间，考察团还与河北省委组织部、秦皇岛市委组织部的负责同志就干部教育培训工作进行交流与沟通。

【党日活动】 3 月 30 日上午，学院机关党委组织学院部分党员到井冈山革命烈士陵园开展以“感受历史，缅怀先烈”为主题的党日活动。学院副院长、机关党委书记周金堂及其他 30 名共产党员参加活动。在烈士陵园，大家听取教学科研部老师黄仲芳的现场讲解，向革命烈士敬献花圈，并参观革命烈士纪念堂。大家表示，要以革命烈士为榜样，继承和发扬党的光荣传统和优良作风，不断加强党性修养，树立正确的事业观、工作观和政绩观，在新的大规模培训干部中建功立业。

【入党积极分子培训】 7 月 17—19 日，学院机关党委举办学院创办以来的第三期入党积极分子培训班，来自学院各党支部、武警中队的 23 名入党积极分子、预备党员和转正未满一年的正式党员参加学习培训。培训班开设《党的理论创新》《共产党员保持先进性，必须始终不断提升“三种能力”》、《终身学习时代》《如何做好发展党员工作》等四堂专题授课；开展到井冈山革命烈士陵园敬献花圈，重温入党誓词，重走朱毛挑粮小道并清理垃圾，举办以“忠诚、责任、激情、奉献”为主题的专题讨论等活动。

（三）群团工作

【概述】 2009 年，学院机关群团工作坚持因地制宜，务求实效，加强机关工青妇群众组织建设，进一步抓好符合院情、富有成效的群众性文体活动。

不断加强机关工青妇组织建设。坚持以党的建设带动和促进群众组织建设，加强对机关群众组织的领导，充分发挥工、青、妇等群众组织在构建和谐学院中的桥梁和纽带作用。鼓励支持机关工、青、妇组织依照各自章程开展工作，充分发挥群众组织在推动科学发展、促进社会和谐中的作用。围绕江西省直机关工委的中心工作，开展“知识型职工标兵”、“人才标兵”、“巾帼文明岗”、“青年文明号”等争创活动。

积极开展富有成效的文体活动。根据江西省直机关工委的安排，结合学院实际，开展适应机关特点、符合教职员工需求的群众性文体活动。进一步做好“党建带妇建”工作，最大限度地把学院广大妇女群众团结在机关党组织的周围；积极开展妇女节、劳动节、青年节、国庆节等节日纪念活动，不断丰富教职工业余文化生活；认真办好学院第二届工作人员运动会，创造条件加强对工作人员的健康培训，促进全体工作人员身心健康。学院群团组织还积极创造条件，周密组织安排，开展富有特色的井冈山市内参观考察系列活动。2009 年，先后三次组织学院全体教职员工赴笔架山开展登山、赴厦坪考察井冈山市新城区建设、参观大峡谷生态景区等活动。大家通过集体外出活动亲近自然、欣赏自然，既陶冶情操、锻炼身体，又增强团队意识。这些活动的开展还使学院工作人员加深了对井冈山市情的了解，丰富了教职员工的业余文化生活，活跃了学院的氛围。

【“庆祝新中国成立 60 周年”系列活动】 为回顾伟大祖国 60 年来取得的辉煌成就，抒发对祖国的无限热爱，国庆期间学院分别举办了“井冈论坛”、“升国旗、唱国歌”仪式、向革命烈士敬献花圈、歌咏比赛等活动，激发广大教职工的爱国热情。9 月 25 日下午，学院举办以“回首新中国成立 60 周年光辉历程”为主题的2009年第8期“井冈论坛”，在论坛中，学院教授陈胜华围绕论坛主题，运用大量翔实的历史资料，针对不同时期党和国家的工作重点，系统总结新中国成立60年来社会主义经济建设、政治建设、文化建设、社会建设以及生态文明建设和党的建设取得的辉煌成就，深入分析中共执政 60 年来的经验启示，引发现场听众的强烈共鸣和认真思考。9 月 28 日清晨，学院全体工作人员举行隆重的“升国旗、唱国歌”仪式。随后，全体工作人员在学院副院长张泰城、周金堂、张友南的带领下，到井冈山革命烈士陵园，向革命烈士敬献花圈。当天上午，学院又举行庆祝中华人民共和国成立 60 周年歌咏比赛，大家怀着对祖国真挚的热爱倾情放歌。经过 90 分钟的精彩比赛，办公厅合唱队获一等奖，驻学院武警中队、教学科研部、后勤管理中心办公室合唱队获二等奖，车队、对外交流与培训开发部、后勤管理中心房务部合唱队获三等奖。

【学院工作人员第2届运动会】 12月21—23日，学院举办第 2 届工作人员运动会。本届运动会共设比赛项目 16 项，分为个人项目、集体项目和特殊群体项目三类，新增4人台球、2人3足跑、慢骑自行车、踏板鞋、插花接力等5个比赛项目，更加突出娱乐性、趣味性和团队协作精神。本次运动会得到广大工作人员的热烈响应，大家踊跃报名参加，参赛总人次达 840 人次，其中男子 575 人次，女子 265 人次。学院机关党委认真做好体育比赛器材采购、运动会开幕式、各项比赛的规则与赛程的制定，以及比赛项目的实施与裁判工作。

【庆祝三八国际妇女节活动】 2009 年三八国际妇女节期间，学院组织系列庆祝活动。结合学院的工作特点，精心组织“走进井冈山，感悟井冈山”主题讲解大赛活动，共有 33 名女教职工报名参赛，经过资格赛、预赛、决赛，最后产生一等奖 1 名、二等奖 2 名、三等奖 3 名、优秀奖 5 名；邀请江西省教育学院教育系教授胡永萍为学院女教职工讲授《青少年心理健康及预防》，帮助女教职工了解青少年心理健康的标准、青少年常见的心理问题及产生的原因和解决方法，提高母亲教育孩子、建设和谐家庭的能力；3月8日上午，学院召开以“发挥女性优势，做和谐学院的积极建设者、科学发展的有力推动者”为主题的庆祝三八国际劳动妇女节座谈会，副院长、机关党委书记周金堂出席座谈会并发表讲话，充分肯定了2008年学院妇女工作取得的成绩，鼓励机关妇委会及全体女教职工继续开拓进取，在促进学院改革与发展中创造新的业绩。

【“慈善一日捐”活动】 12月14日，学院举行“慈善一日捐”活动现场捐赠活动。副院长、机关党委书记周金堂主持。学院广大教职员工踊跃捐款，积极奉献爱心，共捐善款7242元。此活动是为贯彻落实温家宝总理“关于可着手研究建立儿童大病救助制度”的重要批示精神和积极响应江西省直机关工委、省民政厅、省慈善总会为儿童大病救助募集慈善基金的号召，帮助江西省贫困重症患儿解决医疗困难而开展的一次十分有意义的活动。所捐善款由学院机关党委登记造册，统一交江西省慈善总会或汇入江西省慈善总会账户。

（朱文鸿撰稿）

十二、附　　录

（一）领导讲话

在领导干部“加强党性修养、坚定理想信念、保持优良作风”专题培训工作座谈会上的讲话

（2009年8月21日）

江西省委副书记、中国井冈山干部学院第一副院长　王宪魁

我们召开这次座谈会，主要是根据源潮部长对学院的要求，深入学习贯彻胡锦涛总书记在十七届中央纪委三次全会上的重要讲话精神，研究如何进一步挖掘和利用井冈山丰富独特的教育资源，开展好领导干部“加强党性修养、坚定理想信念、保持优良作风”专题培训工作，完成中央交付的光荣任务。

这次会议是经中央组织部同意召开的，中央组织部非常重视。刚才，干教局的领导对办好专题培训讲了很好的意见和要求，我们将认真抓好落实。会议邀请了中国浦东干部学院、中国延安干部学院、全国组织干部学院的同志来进行交流，这对于我们来说是一次难得的学习机会，各位的发言给了我们很多启发。小三、培兴同志分别介绍了中国井冈山干部学院和江西省委党校开展党性党风党纪教育培

训工作的情况，谈了下一步的思路和打算；江西省纪委、省委组织部的同志和学院其他同志也作了很好的发言。我们将充分吸纳大家的意见和建议，进一步抓好专题培训工作。

加强党性修养、坚定理想信念、保持优良作风，关系党的生死存亡和社会主义事业兴衰成败，是我们党对广大党员和干部特别是领导干部的一贯要求。在十七届中央纪委三次全会上，胡锦涛总书记结合世情、国情、党情的新变化，再一次郑重地向领导干部提出了这一要求。他指出："我们必须坚持不懈地加强领导干部党性修养，使各级领导干部始终保持共产党人的政治本色，发扬党的光荣传统和优良作风。这是每个领导干部改造主观世界的终生课题。"3 月 23 日，源潮部长在三所干部学院春季报告会上，作了"领导干部要与人民群众同甘共苦共克时艰"的专题报告，要求我们认真落实好总书记在十七届中央纪委三次全会上的重要讲话精神，根据新的形势和学员特点，积极探索党性和作风教育的有效途径，增强培训的针对性和实效性。当天晚上，源潮部长听取中国井冈山干部学院领导班子汇报后，又专门对中国井冈山干部学院提出，要用共产党人的党性党风党纪教育领导干部。根据总书记的重要讲话精神和源潮部长的要求，上半年中国井冈山干部学院利用井冈山及周边地区丰富独特的教育资源，在主体班次开展了"加强党性修养、坚定理想信念、保持优良作风"专题培训工作，取得了比较好的效果。学员普遍反映，心灵受到洗礼，思想受到震撼，精神得到升华，增强了锤炼党性、保持和发展共产党人先进性的内在动力。实践充分证明，中央关于开展专题培训的决策部署非常及时，很有必要，是完全正确的。

下面，根据中央领导同志的要求和大家的发言，我就中国井冈山干部学院如何进一步挖掘和利用好井冈山丰富独特的教育资源，开展共产党人的党性党风党纪教育，搞好专题培训，谈几点认识和体会，与大家共同交流。

第一，开展专题培训，必须运用好井冈山丰富独特的教育资源

井冈山是中国革命的摇篮。20 世纪 20 年代末，毛泽东、朱德等老一辈无产阶级革命家在井冈山创建了第一个农村革命根据地，点燃了中国革命的星星之火，开始了农村包围城市、武装夺取政权的伟大创举。井冈山革命根据地的建立，是我们党把马克思主义基本原理同中国革命具体实践相结合、创立中国化的马克思主义的伟大开篇。井冈山周边，我们党创下了许多第一，"八一起义"第一枪在南昌打响，第一个全国性红色政权——中华苏维埃临时中央政府在瑞金建立，万里长征第一步也在瑞金迈出，古田会议确立了从思想上建党和政治上建军的伟大纲领，是我党我军建设史上的一个伟大里程碑。毛泽东等老一辈无产阶级革命家在井冈山斗争时期和中央苏区时期，还留下了大量的光辉著作和诗篇。这些史迹、史料以及纪念场所等，是井冈山斗争的历史见证，是井冈山精神的高度凝结，为开展专题培训提供了独特、丰富、鲜活的素材和场景。中央创办中国井冈山干部学院，就是要充分利用井冈山及周边地区的革命历史资源，形成有井冈山特色的独特教学内容和独特教学方式，使之成为培养新时期共产党人的必修课程，发挥对领导干部进行革命传统教育和基本国情教育的基地作用、永葆革命青春的加油站作用、党性锻炼的熔炉作用。近平同志在全国干部教育培训工作会议上，再次强调学院要"加强对领导干部进行党史、党建理论、革命传统和基本国情教育"。

我们要紧紧围绕中央对中国井冈山干部学院的功能定位，在过去工作的基础上，深入挖掘和充分利用好井冈山及周边地区丰富独特的教育资源，更好地担负起专题培训任务。一是推进教学资源系统化。目前我们已经开发了 87 个现场教学点和社会实践教学点、150 多门专题教学课程，下一步需要按照“井冈山斗争史与井冈山精神”、“中国共产党党性锤炼”、“中国共产党优良作风”、“中国共产党铁的纪律”、“当前的形势与任务”五个教学课程模块，进一步整合教育资源，形成完整的教育流程链条，使学员能够全面了解井冈山斗争史，深入学习井冈山时期共产党人的党性党风党纪，坚定中国特色社会主义信念。二是促进教学课程精品化。在7天或14天这样短的时间内进行党性、信念和作风的专题培训，这是一个很高的要求。无论时间长短，哪怕是一个专题，都要把井冈山资源的精髓讲出来。这就必须对井冈山丰富的教育资源进行精心设计，对每一门课程精心打造，对每一堂教学精心组织，使专题培训的每一堂课都成为精品课。我们应当进一步提升现场教学点，使每一个教学点都成为党性锻炼的生动教材，每一次现场教学都成为“一次思想的洗礼”。三是实现教育手段现代化。开展专题培训，运用好井冈山的教育资源，需要根据干部教育和成人教育的特点，在加强理论灌输、教育引导的同时，注重采取现代教育手段，做到潜移默化、点滴养成。我们应当通过情景式、体验式、研究式的教学方式，不断增强培训工作的吸引力、亲和力、震撼力，把当年井冈山共产党人的党性党风党纪的烙印，深刻地打在参加专题培训的党员干部身上。加强网上干部学院建设，运用现代信息技术，延伸培训链，扩大培训面，使来过中国井冈山干部学院的回去可以继续学，没来过的可以在当地学，使井冈山独特丰富的教育资源发挥更大作用。

第二，运用好井冈山丰富独特的教育资源，必须突出把握和传承井冈山精神

让历史告诉现在、让历史启迪未来，这是我们研究历史、学习历史、开展传统教育的一项基本要求。井冈山斗争波澜壮阔、艰苦卓绝，大量的历史事件和历史人物撼天动地、可歌可泣，构成了井冈山斗争史气势恢弘的壮丽画卷，为专题培训提供了极其丰富、极其感人的教学素材，提供了极其宝贵的井冈山精神。

开展专题培训，要运用好这些素材，讲好井冈山斗争史。讲井冈山斗争史，主要是把握和传承井冈山精神，不能为讲史而讲史，要寓理于史，重史实、不戏说，重挖掘、不猎奇，重精神、不表面，真正把井冈山精神讲出来、传下去。一是时刻聚焦井冈山精神。使井冈山精神贯穿于每一个历史事件和历史人物的讲解中，贯穿于每一个细节的挖掘中，突出和把握事件、人物、细节在井冈山精神形成过程中的重要价值，以及对现在的启迪作用。比如，讲三湾改编，要突出党支部建在连上、党的建设的创新，人民军队军魂的形成；讲小井红军医院烈士的事迹，要突出革命先烈为了理想信念不惜抛头颅、洒热血的壮烈情怀；讲毛委员大井访贫、“朱军长送盐”，要突出革命领袖的崇高风范和共产党人的宗旨观念；讲黄洋界保卫战，要突出共产党人的革命英雄主义气概；讲“红米饭、南瓜汤、秋茄子、味好香”，要突出共产党人的革命乐观主义精神，等等。二是牢牢把握井冈山精神的主要内涵。井冈山精神内涵丰富、博大精深，我们既要在每个历史事件、人物、细节的讲解中突出所包含的井冈山精神片断，又要注意从总体上把握井冈山精神的主要内涵和重大意义。比如，把握“革命理想高于天”、为了“主义”不惜牺牲一切的坚定信念，在“苦到了极点”的情况下坚持为理想而战斗的艰苦奋斗精神；把握一切从实际出发，把马克思主义的普遍原理和中国革命的具体实际相结合，实事求是、敢闯新路的理论勇气和实践勇气；把握“关心群众生活”、密切联系群众、“真心实意地为人民谋利益”的优良作风，发动群众保护革命果实，依靠群众以少胜多、以弱胜强、勇于胜利的昂扬锐气。我们的教员应当不断加深对井冈山精神丰富内涵的理解，做到真学、真懂、真信，同时以真挚的感情向学员传播，帮助学员深刻理解和把握井冈山时期共产党人的党性党风党纪。三是紧紧抓住马克思主义中国化这条主线。井冈山斗争时期，毛泽东等老一辈无产阶级革命家，坚持马克思主义基本理论，克服党内盛行的马克思主义教条化、共产国际指示神圣化等错误倾向，根据中国革命实际推进马克思主义中国化，开展了建军、建党、建设人民政权等一系列创造性实践。讲井冈山斗争史，应当结合学习马克思主义基本原理，结合对中国国情的分析，结合学习中国特色社会主义理论体系，使学员从马克思主义发展史的高度，加深对井冈山精神的理解和把握，加深对中国特色社会主义理论体系的理解和把握，自觉运用中国特色社会主义理论体系武装头脑、指导实践、推动工作。

第三，把握和传承井冈山精神，必须结合时代要求加强党性、信念和作风教育

井冈山精神是我们党的传家宝，是信仰、信心、信念、作风教育的精神宝库，是新时期领导干部加强党性修养和作风建设的生动、深刻的教材，永远不能丢掉。同时，对井冈山精神的理解，不能是静止的、凝固的，应该是发展的、与时俱进的。开展专题培训，既要把井冈山精神放在中国革命史的背景中去理解、把握，更要结合时代要求加以深化、实化，围绕推进党的建设新的伟大工程这个总目标，加强领导干部的党性、信念和作风教育，使井冈山精神放射出新的时代光芒。一是结合党的历史方位和历史任务的变化开展培训。从井冈山斗争时期到建设中国特色社会主义历史新时期，我们党从革命党成为执政党，从领导人民夺取政权到领导人民建设国家，党的历史方位和历史任务发生了根本性变化。我们要结合这种变化，加强对学员的理想信念教育，用毛泽东等老一辈革命家坚持“星星之火，可以燎原”的坚定信念，引导学员在复杂多变的国际局势和艰巨繁重的国内改革发展任务面前，坚信只有中国特色社会主义才能发展中国；加强对学员的执政意识、政权意识教育，用井冈山斗争时期我们党创建人民政权的艰难过程教育学员进一步增强忧患意识，认识到党的执政地位不是与生俱来的，也不是一劳永逸的，今天拥有不等于将来拥有，因而倍加珍惜和不断巩固党的执政地位，深思如何为人民掌好权、执好政，自觉增强公仆意识、宗旨观念，发扬不骄不躁、艰苦奋斗的作风。二是结合改革创新的时代精神开展培训。井冈山精神是具有原创意义的民族精神，是中国革命精神之源，与改革创新的时代精神有着内在同一性和继承性，是我们战胜前进道路上各种困难，开创中国特色社会主义事业新局面、夺取全面建设小康社会新胜利的强大动力。加强党性、信念和作风教育，必须把井冈山精神的教育与改革创新的时代精神教育融合起来，邀请新时期英雄模范人物现身说法，引导学员继承井冈山光荣革命传统，大力弘扬改革创新精神，增强改革意识，激发创新热情，使中国井冈山干部学院发挥“永葆革命青春加油站”作用。三是结合干部的思想和工作实际开展培训。当前，领导干部队伍作风状况总的是好的，但也有一些干部在作风上存在着宗旨意识不强、理论与实践脱节、政绩观不正确、纪律观念淡薄等问题。出现这些问题的根本原因，是世界观、人生观、价值观出了偏差。我们要用井冈山斗争时期革命先辈为了劳苦大众利益而不惜牺牲个人一切的感人事迹和崇高品德教育学员，引导学员对照井冈山精神这面“镜子”，认真思考向革命先辈学什么，自觉清扫精神灰尘，始终保持共产党人的政治本色，树立正确的世界观、人生观、价值观，树立正确的事业观、工作观、政绩观，从而沿着正确的人生道路和政治方向健康成长。

第四，加强党性、信念和作风教育，必须落实到推进学习实践科学发展观上来

加强党性、信念和作风教育，必须按照党的政治路线的要求来进行，为党的中心任务服务。科学发展观是我国经济社会发展的重要指导方针，是发展中国特色社会主义必须坚持和贯彻的重大战略思想。用井冈山时期共产党人的党性党风党纪对领导干部进行党性、信念和作风教育，最终的落脚点是教育引导受训干部做到政治坚定、作风优良、纪律严明、勤政为民、恪尽职守、清正廉洁，自觉地学习践行科学发展观，做科学发展观的忠实执行者。一是把党性、信念和作风教育落实到增强学员贯彻落实科学发展观的自觉性和坚定性上来。通过“从井冈山道路到中国特色社会主义道路”等专题教学，讲清讲透井冈山道路是中国革命的正确道路、科学道路、胜利道路，中国特色社会主义道路是实现中华民族伟大复兴的正确道路，科学发展观是指导中国特色社会主义事业发展的科学理论，帮助学员掌握科学发展观的科学内涵、精神实质和根本要求，不断增强贯彻落实科学发展观的自觉性和坚定性。二是把党性、信念和作风教育落实到引导学员树立与科学发展观相适应的思想作风和工作作风上来。通过“学习毛泽东等老一辈革命家的世界观与方法论”等内容的教学，用老一辈革命家坚持用马克思主义的立场、观点、方法分析和解决中国革命具体问题，反对本本主义、一切从实际出发的思想品质教育学员，引导学员始终坚持党的思想路线，紧密结合本地本部门实际创造性地开展工作；用老一辈革命家在开展武装斗争的同时，十分重视经济建设和教育文化事业的领导方略教育学员，使学员认识到，贯彻落实科学发展观，必须提高辩证思维、系统思维能力，做到统筹兼顾，推动经济社会又好又快发展；用老一辈革命家在紧张的战事中，“深刻地注意群众生活的问题，从土地、劳动问题，到柴米油盐问题”的为民情怀教育学员，引导学员坚持以人为本，时刻把群众的安危冷暖挂在心上，妥善处理各种利益关系，促进社会和谐。三是把党性、信念和作风教育落实到坚决贯彻中央的决策部署上来。通过党性党风党纪教育，用井冈山斗争时期任何时候都“保证完成任务”的坚强党性教育学员，增强学员的政治意识和纪律观念；通过形势任务教育，增强学员的责任感和使命感，从而引导学员把思想统一到中央的决策部署上来，以井冈山精神为动力，积极应对国际金融危机，化危为机、危中求进，全力做好保增长、保民生、保稳定各项工作。用学员回到单位后贯彻落实中央决策部署的实际效果，来检验学员党性锻炼的成效，来检验我们干部教育培训工作的成效。

同志们，开展领导干部“加强党性修养、坚定理想信念、保持优良作风”专题培训，是中央关于加强党的建设的一项重要举措，是中央交给我们的光荣任务。中国井冈山干部学院创办不久，开展这项专题培训的时间比较短，在井冈山教育资源的挖掘、井冈山精神的讲解等方面有待进一步深化，提高教学水平和培训效果还有许多工作要做。我们要不断总结完善，不断学习提高，把专题培训工作做得更好，为完成中央提出的干部培训任务、推进党的建设新的伟大工程作出新的更大贡献。

发扬传统　发挥优势　发展特色　推动学院科学发展

——在2009年第2期“井冈论坛”上的讲话

（2009年2月23日）

中国井冈山干部学院常务副院长　李小三

按照惯例，在新学年开始之际，全体工作人员需要集中在一起，共同谋划、讨论、安排好各项工作，并且是运用“井冈论坛”这个载体来进行的，今年也不例外。我们将用一天半的时间来完成。这次论坛的主要内容是认真学习贯彻胡锦涛总书记在十七届中央纪委三次全会上的重要讲话精神和视察江西时的重要讲话精神，以及习近平、李源潮等中央领导同志关于学院办学的一系列指示、批示精神，进一步统一大家的思想，振奋大家的精神，不断发扬井冈山革命传统、发挥学院的办学优势、发展学院自身特色，切实做好2009年的各项工作，从而不断提高办学的能力和水平，不断提高培训质量和培训实效，推动学院科学发展。

过去的一年，我们以学习贯彻党的十七大精神为主线，围绕学院功能定位，在突出学院办学特色上下功夫，各项工作取得了较好的成效。全年共举办73期培训班，培训学员3687人次。其中，主体班次33期1888人次，委托班次40期1799人次。自正式开学办班以来已累计举办各类培训班310期，培训学员14623人次。学员对学院办学质量的评价不断提高，社会反响良好，要求来学院办班的单位越来越多，全年待安排未安排的有113期计5742人。习近平同志1月13日在学院2008年工作总结上批示：“中国井冈山干部学院围绕中心、服务大局、突出特色，为大规模培训干部作出了积极贡献。”

成绩面前，我们不能骄傲自大，更不能忘乎所以。干部教育培训工作永远没有最好，只有更好；干部教育培训工作是一项常做常新的工作，不可能一劳永逸。我们仍然需要不断总结、不断探索、不断开拓创新。2009年，我们面临新的形势，从国际来看，国际金融危机的影响还在加深，尚未见底；从国内来看，2009年是新中国成立60周年，也是应对国际国内重大挑战、推动党和国家事业实现新发展的关键一年；从我们学院自身来看，今年培训的任务相当繁重，不仅培训的人数多，专题班多，而且参训学员的层次也相对更高，并将独立举办省部级领导干部培训班，同时要开始添建工程的施工建设。这些任务要求我们以更加振奋的精神，以更加昂扬的斗志，全面贯彻党的十七大和十七届三中全会精神，认真落实全国干部教育培训工作会议精神以及中央领导同志关于学院发展的一系列指示、批示精神，按照《中国井冈山干部学院发展规划（2008—2012）》，坚持发扬传统、发挥优势、发展特色，创新培训内容、创新培训方式、整合培训资源、加强规范管理，提高办学能力和培训实效，用优异的办学成绩迎接新中国成立60周年。为了切实做好全年的工作，我代表院委会就如何做好“发扬传统、发挥优势、发展特色”工作，推动学院科学发展谈几点意见，请同志们讨论。

一、充分认识“发扬传统、发挥优势、发展特色”的重大意义

2007年11月17日，源潮同志就我们学院深入学习贯彻李长春同志重要指示作出重要批示：“请学院同志认真领会长春同志的重要指示，充分利用井冈山及周边地区的革命历史资源，对干部进行生动的、富有感染力的、寓理于情、寓理于史的革命传统教育和理想信念教育，使之成为井冈山干部学院的特色。”2007年12月30日，源潮同志在三所干部学院工作座谈会上强调指出：“三所干部学院要用独特的资源、独特的内容、独特的形式、独特的视角对干部进行培训，要做中国干部教育培训体制、机制改革的探索者、先行者。”2008年在视察延安干部学院时，源潮同志再次强调指出：“把学院办成我们党在新时期培养干部，尤其是培养领导干部最有名的培训基地，就要发扬传统、发挥优势、发展特色。”仔细体会源潮同志的“发扬传统、发挥优势、发展特色”的要求，我们应该充分认识到，这实质上是对“建设什么样的学院，怎样建设和发展学院”这一基本问题更为深刻的阐述，它进一步丰富了学院的办学思想，我们一定要深刻领会源潮同志的重要讲话精神，并将它贯穿到学院各项工作中，推动学院工作不断迈上新台阶。

第一，发扬传统、发挥优势、发展特色是学院完成中央赋予的神圣使命的需要。我们办学，要始终明白一个道理，那就是中央为什么要创办三所干部学院，为什么要在井冈山创办一所新型国家级干部学院。这个问题弄不明白，学院就办不好、办不出特色。实际上，关于这个问题，胡锦涛总书记在给学院的贺信中已经阐述得很清楚，他指出：“建设三所干部学院，是党的十六大以后，党中央从推进中国特色社会主义伟大事业和党的建设新的伟大工程全局出发作出的一项重大决策。”中央赋予学院的功能定位也十分明确，那就是“进行革命传统教育和基本国情教育的基地、激发广大党员干部永葆革命青春的‘加油站’、提高领导干部素质和本领的熔炉以及开展国际培训交流合作的窗口”。胡锦涛、江泽民、温家宝、曾庆红、李长春、习近平、贺国强、李源潮等中央领导同志也多次对学院办学作出一系列重要指示、批示。无论是中央赋予学院的功能定位，还是中央领导同志的指示批示精神，其中都有一个共同的要求，那就是学院必须充分利用井冈山的革命传统和区位优势，在新的时代条件下，对领导干部进行党的优良传统、党性党风和国情教育，着力增强他们的宗旨观念、政权意识，切实做到立党为公、执政为民。

第二，发扬传统、发挥优势、发展特色是适应大规模培训干部、大幅度提高干部队伍素质的需要。党的十七大以后，我们党启动了新一轮大规模培训干部、大幅度提高干部素质的工作。大规模培训干部，这是量的要求；大幅度提高干部队伍素质，这是质的要求。之所以要启动新一轮大规模干部教育培训工作，主要是由于我国在改革发展进入关键阶段后，呈现出一系列阶段性特征；要解决前进道路上遇到的新的矛盾和问题，就需要大幅度提高干部的执政能力尤其是思想政治素质。胡锦涛总书记在十七届中央纪委三次全会的讲话中指出，当前领导干部队伍作风总的是好的，但一些领导干部作风不正问题仍然突出，必须进一步加强领导干部的党性修养，大力树立和弘扬良好作风。他特别强调，加强领导干部党性修养，树立和弘扬优良作风，要坚持理论和实践相统一，坚持继承光荣传统和弘扬时代精神相统一，坚持加强个人修养和接受教育监督相统一。

今年春节,胡锦涛总书记在与井冈山老区干部、群众过年时强调指出:“井冈山是中国革命的摇篮。80 多年前,我们党在艰苦卓绝的井冈山斗争中铸就了井冈山精神。这是我们的宝贵精神财富。夺取中国革命胜利离不开井冈山精神,建设和发展中国特色社会主义同样需要井冈山精神。在新的历史条件下,我们要始终忠于理想、坚定信念,勇于应对挑战、战胜困难,矢志励精图治、艰苦创业,使井冈山精神始终成为激励广大干部群众为全面建设小康社会、发展中国特色社会主义而不懈奋斗的强大精神力量。”作为一所国家级干部学院,作为坐落在革命摇篮中的干部教育培训的新阵地、新课堂、新学校,学院在大规模培训干部、大幅度提高干部素质的过程当中,应该义不容辞地担当起时代赋予我们的历史重任,努力挖掘和利用井冈山丰富的革命传统教育资源,千方百计利用井冈山精神教育广大领导干部,使井冈山光荣的革命传统在新时期焕发出新的光芒,让它在学员中入脑入心,使他们的党性明显增强,使他们的纪律观念明显增强,使他们的理想信念进一步坚定,使他们的作风进一步优良,使他们能够更加自觉地做到勤政为民、恪尽职守、清正廉洁。

第三,发扬传统、发挥优势、发展特色是学院打造核心竞争力、实现科学发展的需要。经过近 6 年的艰苦努力,学院的各项工作都已步入正轨,广大学员对我们的教学效果和管理水平比较满意。我们之所以能够取得这些成绩,其中一个重要原因是我们从学院创办以来,就一直坚持了“发扬传统、发挥优势、发展特色”的做法。但是,我们也应该看到,我们现在的党校,加上各级行政学院等各类干部教育培训机构,全国就有 3000 多所;国家级的目前也有“一校五院”。此外,一些著名高校也加入了干部教育培训工作的行列。随着干部教育培训改革工作的进一步推进,干部教育培训机构之间的竞争也将日益激烈。作为一所新创办的国家级干部学院,要在众多的干部教育培训机构中脱颖而出,要在当前“一校五院”中站稳自己的脚跟,要在日益激烈的干部培训竞争中永远拥有自己的一席之地,发挥不可替代的独特作用,靠的是什么?靠的仍然是发扬传统、发挥优势、发展特色。只有坚持不懈地发扬传统、发挥优势、发展特色,才能真正做到“风景这边独好”,才能使广大学员、使社会各界深深感受到我们这所学院在整个干部教育培训机构中具有不可替代性,才能使大家一提起革命传统教育、一提起理想信念教育、一提起党性党风教育,就自然而然地想到中国井冈山干部学院。可以说,发扬传统、发挥优势、发展特色,其实就是我们学院的立院之本、强院之路。

二、深刻领会“发扬传统、发挥优势、发展特色”的内涵

要真正做好“发扬传统、发挥优势、发展特色”的各项工作,需要弄清其基本内涵。

关于发扬传统。所谓传统是指世代相传的社会因素。我们党在长期的革命、建设实践中形成了许多优良传统,井冈山精神就集中体现了我们党的优良传统。因此,我们党历来重视井冈山精神的弘扬。1965 年,毛泽东重上井冈山时就告诫人们:“现在日子好过了,井冈山艰苦奋斗精神不要丢了,井冈山的革命传统不要丢了。”1972 年,邓小平到井冈山时说:“井冈山精神是宝贵的,应当发扬。”2001 年,江泽民在视察江西时指出:“井冈山精神最重要的方面,就是坚定信念、艰苦奋斗,实事求是、敢闯新路,依靠群众、勇于胜利。”胡锦涛总书记这次在视察井冈山时再次强调了井冈山精神的重要意义和时代价值。井冈山革命传统尤其是井冈山精神之所以这么重要,关键在于它是我们党在艰苦卓绝的革命斗争中形成的,中国共产党领导中国人民凭借伟大的井冈山精神开辟了中国革命的崭新道路,取得了中国革命的辉煌胜利。不仅如此，井冈山精神还是后来的苏区精神、长征精神、延安精神、西柏坡精神的源头，鼓舞着中国人民不畏艰难困苦，英勇奋斗，最终取得了一个又一个胜利。所以，我们要继续深入研究井冈山革命传统的深刻内涵，尤其要挖掘井冈山精神的时代价值，用以教育广大干部在新的时代条件下，保持高尚的思想情操和优良的工作作风，保持宽广的眼界、宽广的思路和宽广的胸襟，特别是在当前经济发展和群众生产生活困难增多的情况下，要始终忠于理想、坚定信念，勇于应对挑战、战胜困难、励精图治、艰苦创业。

关于发挥优势。所谓优势是指优于别人的地方。优势有先天就具备的，也有后天努力形成的。在目前众多的干部教育培训机构中，我们学院至少具有这么几个比较优势：一是政治优势。包括党中央对学院的高度重视，中央组织部、江西省委对学院强有力的领导，中央和国家机关有关部门、理事会成员单位以及学院所在地党委政府对学院工作的大力支持，等等。二是管理体制优势。学院为中央直属单位，实行理事会领导下的院务委员会负责制，中央组织部负责管理，江西省委负责日常工作，有利于解决学院发展过程各种困难和问题。后勤管理方面也成功实现了社会化，有利于提高服务水平。三是资源优势。学院拥有其他机构无法复制的红色资源和国情教育资源，这个资源优势的基本内涵仍然是井冈山精神、苏区精神和苏区、井冈山优良的革命传统，我们这几年也在挖掘这些资源方面下了功夫，取得了成绩，我们要不断把红色资源优势转化为党员干部理想信念教育、党性锻炼的教学优势。四是组织自身发展阶段的优势。学院班子团结，队伍年轻，风气很正，潜力很大。五是自然环境优势。学院地处井冈山，拥有独特的自然环境，是一个学习、思考、读书、培训的好地方。我们应该继续利用好、发挥好这些优势，真正做到扬优成势，使各项工作更加富于成效。

关于发展特色。所谓特色就是指人无我有的东西。特色就是品牌，特色就是生命力。“特色立院、创新兴院、人才强院”的路子永远不会过时。具体来说，教学内容方面要有特色，即要以党史、党建、领导学、国情研究为基本内容，以革命传统教育尤其是弘扬井冈山精神为主体，侧重干部的理想信念教育、艰苦奋斗教育、忠诚教育、党性教育、世界观方法论的教育；教学形式方面要有特色，即不能仅有很好的课堂教学，还要实行课堂教学、现场教学、社会实践教学三位一体的教学方式；教学管理方面要有特色，即要把职能管理与项目管理有机结合起来，强化学院已经形成的流程化管理、准军事化管理、预案管理、督导管理等多种管理手段；学员管理方面要有特色，即要把热情服务和严格管理有机结合起来，把组织管理与学员自我管理结合起来；教学效果方面要有特色，即学员通过来院培训，不仅仅是知识和能力方面有收获，更重要的是坚定了信念、强化了责任，来过了一次有效果，学过了一次还想学。

三、如何切实做到“发扬传统、发挥优势、发展特色”

发扬传统、发挥优势、发展特色，绝不是一句口号，必须通过实实在在的工作才能体现出来。我认为，认真做好以下几个方面的工作是“发扬传统、发挥优势、发展特色”的根本保障。

培训理念方面，要以党性教育、党性锻炼为核心，围绕中心、服务大局，树立独特的教学理念。即做好历史与现实的结合、理性与激情的结合、内容与形式的结合，以理想信念、艰苦奋斗和党性教育为重点，既要帮助学员找到精神的“根”和人生的“魂”，理想信念更加坚定，宗旨意识进一步牢固，工作作风进一步转变，在“靠得住”上见成效；又要提升能力，特别是在科学判断形势的能力、务实创新能力、调查研究的能力、做群众工作的能力等方面相应提高，在“有本事”方面有突破。

教学资源方面，一是继续挖掘革命传统教育资源。凝炼现有现场教学点的教学主题。不断开发新的现场教学点，从而形成特色更加鲜明、逻辑更加严密的教学资源网络，即在时间上以井冈山、中央苏区为代表的土地革命时期，向前延伸到南昌起义、八七会议、秋收起义及之前的大革命时期，向后延伸到长征时期、抗战时期、解放战争时期，涵盖党的整个革命史。在空间上以井冈山革命根据地六县一山为核心，向周边拓展到中央苏区、湘赣苏区、湘鄂赣苏区、闽浙赣苏区、鄂豫皖苏区等，形成独特的革命传统教学内容。二是继续挖掘基本国情教育资源。坚持开发新的社会实践点与凝练原有社会实践点相结合，努力形成“一条主线、多个主题”的社会实践教学布局，即紧紧围绕贯彻落实科学发展观这一主线，通过对井冈山及周边地区社会实践教学资源的有效整合，形成包括新余市全面贯彻落实科学发展观、积极推进经济社会又好又快发展，萍乡市人与自然和谐发展，吉安市依托工业园区大力推进工业化、城市化，新干县全民创业发展县域经济，吉安县、泰和县建设社会主义新农村，遂川县加强农村基层组织建设等教学主题的社会实践教学基地网络。

课程建设方面，在进一步挖掘和整合独特红色资源基础上，围绕“理想信念”、“艰苦奋斗”、“党性锻炼”等主题开发品牌课程，形成革命传统教育方面四大品牌课程群。一是井冈山道路方面的品牌课程。抓住井冈山革命道路与中国特色社会主义道路一脉相承的内在逻辑，从独特的视角进行中国特色社会主义理论的教育培训，坚定参训干部的理想信念；进一步提升“井冈山革命斗争史概述及几个重大问题”等课程的教学质量。二是井冈山精神方面的品牌课程。通过挖掘井冈山精神在党的先进性建设方面的时代意义和启示，开设“井冈山精神及其时代价值”等课程。三是苏区精神方面的品牌课程。重点挖掘中央苏区干部好作风对新时期干部作风建设的启示，开设“中央苏区斗争简史及若干重大问题”、“中国共产党在中央苏区局部执政的经验”等课程。四是中国革命史方面的品牌课程。开设“新民族主义革命历史及历史经验”、“中国共产党的优良传统和作风”等课程。

同时，认真总结当代中国特别是江西等中部省市在改革开放、科学发展、社会主义新农村建设、社会主义和谐社会建设等方面的经验，进一步开发社会实践教学点，以社会实践课程为主体，形成以现场体察和调研为特色的国情教育课程，如“进村入户——中部地区农村情况调查研究”等课程。在社会实践教学方面，还要把它与井冈山及周边地区的红色资源结合起来，开设“昨天、今天与明天——毛泽东‘兴国调查’（‘寻乌调查’）的再调查”等社会实践课程。

培训方法方面，要进一步探索和完善感染力强的“井冈教法”。按照“寓理于史、寓理于情”的要求，在“情”、“理”、“史”的结合上下功夫，以实现理论与史实相统一、内容与形式相统一、激情与理性相统一，增强培训的生动性、吸引力、感染力。现场教学方面，按照“一次现场教学就是一次精神洗礼”的要求，继续完善和提升“七个一”（即“围绕一个主题、优化一套流程、设计一次活动、开展一次互动、突出一个亮点、进行一次点评、收获一次独特效果”）的现场教学模式，力求在“一点多主题”上有新的突破，进一步凸显现场体验式的教学特色。通过课题研究、观摩教学等方式，对朱毛红军挑粮小道、荆竹山雷打石自做红军餐、井冈山革命烈士陵园、大井朱毛旧居、小井红军烈士墓等初具品牌效应的现场教学课，运用现代教育培训的有关理论对这些课程进行分析和提炼，并把成功经验推广到其他现场教学点。在重点搞好现场体验式教学的基础上，综合运用实践教学、专题教学、案例教学、音像教学、激情教学、隐性教学、拓展训练、情景模拟、革命后代话井冈等多种教学形式,形成立体式的“井冈教法”。

学科建设方面,要紧紧围绕“理想信念”、“艰苦奋斗”、“党性锻炼”等教学培训重点,围绕党史、党建、领导学、国情研究四大学科,精心打造井冈山精神研究中心、学院学报、学院学术前沿报告三个平台,使高质量科研成果体现在教学设计上,及时进入教材、进入课堂;同时加强四大学科之间的相对独立性与联动性的结合。要以对策性课题为突破口,认真总结学院教育培训工作实践经验,着力开展干部教育培训规律、方法的研究,特别是加强对“井冈模式”的研究,把握其科学内涵、实现途径,为发挥学院优势、发展学院特色服务。

教材建设方面,要根据教学需要,整合科研力量,综合开发基本教材、现场教材、音像教材、辅助教材、自学教材、案例教材和备选教材,在修改完善现有各类教材的基础上,抓紧完成《弘扬井冈山精神 坚定理想信念》等基本教材以及《井冈山:中国共产党人永远的精神家园》《毛泽东、朱德与井冈山》等辅助教材的编写工作,制作《革命理想高于天》《苏区干部好作风》《革命纪律个个要牢记》等音像教材,努力形成一套政治观点正确、定位准确合理、内容科学系统、特色优势明显、形式新颖灵活的教材体系。

管理工作方面,要深入研究借鉴我们党各个时期干部教育培训的管理经验,深入总结学院创办以来形成的独特的管理经验,努力学习现代管理经验,不仅要搞好教学管理、科研管理和学员管理,还要搞好人才队伍管理、后勤管理等各个方面的管理工作。要不断健全工作机制,规范工作流程,优化资源配置,努力打造管理品牌、服务品牌,从管理中提高执行力,从管理中提升效益,从管理中增强学院的办学实力。

四、精心做好2009年的八项重点工作

2009 年,学院要以发扬传统、发挥优势、发展特色为主线,紧紧围绕提高办学能力和培训实效来开展工作。

一是要保质保量完成全年的培训任务。2009年,学院举办的主体班次将超过 51 期,培训人数将超过2700人,且学员层次高于往年。委托班次人数力争略高于 2008 年,使学院自创办以来办班期数力争超过 400 期,培训人数力争超过 20000 人。全年的培训任务很重,责任很大,我们要大力弘扬伟大的井冈山精神,做好各自的本职工作,确保培训任务圆满完成。

二是要进一步提高办班水平。在确保各类培训班次运行顺畅、安全的前提条件下,不断改革创新,不断总结提炼,切实提高办班水平,特别是对于省部级干部“弘扬井冈山精神,坚定理想信念”专题研究班、高校主要领导干部培训班、厅局级领导干部“加强党性修养、坚定理想信念、保持优良作风”专题培训班、中青班、高级专家理论研究班以及县委书记县长培训班,要精心谋划、精心组织、出新出彩。同时,要深入探索举办专题班的经验和规律,使“弘扬井冈山精神与坚定理想信念”和“弘扬井冈山精神与加强干部作风建设”等专题研究班成为我们的品牌班次。

三是要进一步加强学风建设。建立健全相关制度,注重从严管理,做到坚持不懈、务求实效。也就是要继续优化教学流程管理、预案管理,继续加强教学督导管理、准军事化管理,出台《中国井冈山干部学院关于进一步加强学风建设严格学员管理的意见》,加强学风建设和学员管理,把学院管理和学员自我管理相结合,把思想教育与制度管理相结合,建立以学员为主,学员、专家、管理部门相结合的“三位一体”的教学评估体系,对学员学习表现、党性锻炼、学习成绩等方面进行全面的、实事求是的考核。

四是要切实做好添建工程的各项工作。学院添建工程是一项很重要的工作，对学院可持续发展至关重要。目前已经进入最后的审批阶段，今年将开工建设。添建工程建设工作要总体把握，有序推进，确保进度、质量、安全、廉洁。要论证、确定学院添建工程项目建设方式及招标方案，搭建添建项目建设管理机构，科学合理摆布学院人员，努力做好添建项目施工期间的各项管理工作，既保障工程施工的顺利进行，又确保教学培训工作的正常开展，真正做到教学培训与施工建设两不误。

五是要聚焦核心，形成核心。核心竞争力的形成依赖于核心课程、核心教材、核心教法、核心学科、核心成果以及骨干教师。核心课程是指具有学院特殊风格、特殊语言、特殊逻辑的课程。要开发中国特色社会主义理论体系教育、革命传统教育、理想信念教育、党性教育、提升领导干部素质与能力教育方面、领导干部国情教育方面的核心课程。要围绕核心课程体系的建设，启动遴选学院骨干教师的工作，力争每门学科都拥有三名左右的骨干教师。核心教法就是指“井冈教法”，要按照“寓理于史、寓理于情”的要求，继续综合运用现场教学、实践教学、专题教学、案例教学、音像教学、激情教学、隐性教学等，使这些教学形式和方法进一步完善提升，增强培训的生动性、吸引力、感染力。此外，还要建设好核心教材、核心学科，最终取得核心成果。

六是要进一步加强人才队伍建设。专职教师队伍建设、培养、管理要有新举措，要建立和完善选拔培养办法，建立轮学制度，破格评聘优秀的专职教师为教授，重点培养井冈山斗争史、井冈山精神、领导学、国情研究方面的教学科研骨干，使他们成为学院的教学科研品牌；完善教师上课竞争制、科研课题招标制，提高教学水平和科研能力；通过出国培训、参加高层次学术交流、与其他培训机构合作等方式，开阔教师视野；加强教学督导管理，及时反馈学员意见和建议，不断改进教学，提高教学水平和教学质量。做好特聘教师的服务和管理工作。同时，要千方百计加强对非教学人员的培养和管理，通过进一步优化工作环境，包括继续营造优美的工作环境、民主的工作氛围、良好的学院文化、良好的学习环境、可持续的个人成长环境，增强全体工作人员的认同感与归宿感。

七是要进一步加强精细化管理。要切实做到事事有方案，件件有落实；要在沟通、协调、和谐等方面有新的进步。要认真总结后勤服务保障社会化、市场化运作的成功经验，不断完善管理模式，理顺管理关系，提高监管科学化、专业化水平，降低管理成本，切实提高服务质量和服务品质，真正做到“保障有力、管理高效、服务人性化”。积极争创省级文明单位，为创建全国文明单位奠定基础。继续加强对“网上干部学院”、“红色资源库”和“基本国情资料库”的建设和管理，更好地服务于教学科研工作。

八是继续认真开展好深入学习实践科学发展观活动。继续按照中央、江西省委的要求和学院深入学习实践科学发展观活动实施方案的安排，认真做好整改落实阶段和总结测评环节的各项工作，切实完善学院教学、科研和管理的相关制度，探索和建立实现学院科学发展的长效机制，巩固和扩大学习实践活动取得的成果，不断把学习实践活动引向深入。

同志们，新的一年要有新的气象。发扬传统、发挥优势、发展特色，推动学院科学发展，需要大家集思广益，希望大家开动脑筋，认真研讨，为学院的发展献计献策。各部门要认真按照“求实、求深、求新、求效”的工作要求，大胆实践，积极探索履行自身职能的新途径、新办法、新机制。学院在新的起点上谋求新的更大的发展，需要大家的共同努力，希望大家在新的一年里继续团结协作，锐意进取，开拓创新，为把学院建成中国共产党领导骨干的理想信念教育和党性教育的重要基地，建成国内独具特色、国际上有影响的新型干部学院作出更大的贡献！

在中国井冈山干部学院深入学习实践科学发展观活动总结大会上的讲话

（2009年3月15日）

中国井冈山干部学院常务副院长　李小三

按照中央和江西省委的统一部署，我院列为第一批开展深入学习实践科学发展观活动单位。在江西省委的高度重视和省委指导检查组的有力指导下，全院上下认真学习贯彻中央和江西省委精神，紧紧围绕干部教育培训工作更好地服务科学发展，坚持更高标准、更严要求，以高度的政治责任感和良好的精神状态，按照《中共中央关于在全党开展深入学习实践科学发展观活动的意见》以及江西省委下发的实施方案要求，精心组织、周密部署、扎实推进，认真做好了学习调研、分析检查、整改落实等三个阶段及总结测评环节的具体工作，圆满完成了学习实践活动的各项工作任务。通过这次学习实践活动，进一步增强了学院工作要更好地为科学发展服务的意识，进一步形成了坚持学院姓党原则、贯彻从严治院方针、加强校风学风建设的浓厚氛围，一些影响和制约学院科学发展的突出问题得到初步解决，学院的重要规章制度和内部管理体制得到健全，学院学习实践科学发展观的能力得到提高。经过群众满意度测评，对学习实践活动的满意率达到100%。下面，我代表院务委员会和学院深入学习实践科学发展观活动领导小组对学院深入学习实践科学发展观活动进行总结，并就巩固和深化学习实践活动成果提几点意见。

一、精心组织实施，学习实践活动扎实开展

五个多月来，学院院务委员会把深入开展学习实践活动作为一项重大政治任务，紧紧围绕党员干部受教育、科学发展上水平、人民群众得实惠，坚持解放思想、注重改革创新，突出实践特色、重在解决问题，贯彻群众路线、带头学习实践，扎实推进各个阶段的工作。每一个关键环节、每一个重要步骤，都召开院务委员会进行研究；每进入一个新的阶段，学院都召开由全体党员参加的转段动员大会，对上一阶段的活动情况进行认真总结，对下一阶段工作进行动员部署，前后衔接，环环相扣。在认真完成中央规定动作的同时，结合学院实际创造自选动作，把学习实践活动不断引向深入。

第一，坚持以解放思想为先导，把加强学习、调查研究贯穿始终，用科学发展观统一思想，凝聚共识。

去年9月中央作出全面部署后，学院院务委员会迅速行动起来，认真传达学习《中共中央关于在全党开展深入学习实践科学发展观活动的意见》和胡锦涛、温家宝、习近平等中央领导同志以及苏荣等江西省委领导的重要讲话精神，把中央部署与学院实际有机结合，强化领导，广泛动员，精心组

织，狠抓落实，力求规定动作完成好，自选动作有创新。

一是坚持突出思想性，把用科学发展观武装头脑贯穿活动始终。贯彻落实科学发展观的自觉性和坚定性，源于对科学发展观的深刻理解和准确把握。我们采取“井冈论坛”、部门讲坛、学术沙龙、专家辅导、系列党课等多种形式，组织全院党员干部认真学习《毛泽东邓小平江泽民论科学发展》《科学发展观重要论述摘编》《深入学习实践科学发展观活动领导干部学习文件选编》等读本和中央印发的规定文件，学习胡锦涛总书记一系列重要讲话和习近平、李源潮等中央领导同志关于学习实践活动的重要批示精神，并把学习与广泛深入开展“讲党性、重品行、作表率，树中井院人新形象”系列活动结合起来，做到真学、真信、真懂、真用，不断深化对科学发展观重大意义、科学内涵、精神实质和根本要求的理解和把握。

二是坚持突出实效性，开展富有学院特色的专题调研活动。根据活动的总体安排，在听取多方意见和反复研究后，学院院务委员会确定了教学、科研、管理、队伍建设及机关党的建设等方面的8个调研课题，由院领导班子成员领题，分别带领有关部门和处室负责人，深入到各部门、各处室和有关培训班及现场教学点、社会实践点，通过学员座谈会、学员论坛、专题研讨会、个别谈心等形式，在学员和工作人员中进行专题调研，通过函调等形式征求兄弟院校和相关部门的意见，多方问计，集思广益，形成了一批有分量的调研成果。2008年10月份以来，院领导在《人民日报》理论版、《党建研究》等权威报刊上发表有关理论调研文章15篇。

三是坚持突出开放性，广泛开展解放思想大讨论。为推动学院的科学发展、持续发展，我们坚持思想解放大讨论要联系实际动真格，以解决问题为目标。针对调研中反映出来的学院领导班子和工作人员“改革创新意识不够强，离真正成为我国干部培训体制机制改革的探索者和先行者还有一定距离”这一突出问题，组织全院上下深入开展解放思想大讨论，引导全体党员特别是党员领导干部把思想从那些违背科学发展观要求的观念、做法和体制机制束缚中解放出来，克服满足现状、因循守旧等思想，开创思想解放新境界，增强贯彻落实科学发展观的自觉性和坚定性。大讨论首先在各部门、各处室展开，党员干部紧密联系工作实际，开动脑筋，畅所欲言，积极建言献策。在这个基础上，学院召开了解放思想主题研讨会，院务委员会成员、各部门负责人分别作了专题发言，大家以对学院高度负责的态度，敢讲真话，提出了许多真知灼见，对学院下一步的发展思路更为明晰。通过解放思想讨论，增强了学院领导班子的创新意识，激发了创新思维，增强了推进学院科学发展的自觉性和坚定性。

第二，坚持走群众路线，广泛听取群众意见，高标准、高质量做好分析检查工作，认真查找群众最关心、最直接、最现实的问题。

群众参与的程度，决定学习实践活动的广度和深度；群众的满意度，是衡量学习实践活动成效的根本标准。我院坚持学习实践活动请群众参与、听群众意见、让群众评价、受群众监督，切实做到听取民意找问题，顺应民意抓改进，依据民意看效果。

一是广泛征求各方面意见，把分析检查建立在深厚的群众基础之上。为切实把问题找准，把原因分析透，把整改措施制定好，在学习调研阶段征求群众意见的基础上，学院领导班子进一步采取多种形式听取方方面面的意见。自2008年11月中旬以来，学院就认真开展征求意见工作。（1）向有关单位寄发《征求意见函》，征求他们对我院学习实践活动的意见和建议；（2）由学院机关党委到各部门采取召开座谈会和个别谈话等形式，征求学院工作人员的意见和建议;(3)学院领导和部门负责人多次召开学员代表座谈会,征求学员的意见和建议;(4)院领导通过个别谈心的方式征求学院工作人员的意见和建议。从征求意见的对象来看,(1)有中央党校、国家行政学院、中国浦东干部学院、中国延安干部学院等兄弟院校;(2)有江西省委组织部、吉安市委、井冈山市委等地方党委和部门;(3)有学习贯彻党的十七届三中全会精神县委书记培训班、县长培训班、国企班等主体班次和有关委托班次的学员代表;(4)有学院各部门的工作人员,包括在编人员、特聘人员、后勤员工;(5)有中央组织部选派来学院帮助工作的访问教师和博士服务团人员。从征求意见的形式来看,有召开座谈会、个别谈话、相互谈心(我先后同 32 人进行了谈心活动)、发征求意见函等形式。在这一过程中,学院共征求到科学发展观方面的意见和建议包括思想观念、薄弱环节、机制体制、干部作风四个方面共15条。

二是坚持结合实际、注重实效,认真开好院务委员会专题民主生活会。院务委员会在广泛听取各方面意见,认真做好准备工作的基础上,召开了以“全面贯彻落实科学发展观,推动学院又好又快发展”为主题的专题民主生活会。民主生活会上,我向院委会成员通报了学院学习实践活动征求意见的情况。与会领导围绕会议主题,结合分工对照分析检查报告发言,认真查找了个人和班子在贯彻落实科学发展观方面存在的突出问题以及党性党风党纪方面群众反映强烈的突出问题,深刻分析原因,互相之间开展了严肃认真的批评与自我批评。会议气氛既严肃认真又融洽和谐,达到了交流思想、增进团结、明确方向、促进工作的目的。各部门也结合实际确定专题民主生活会主题,着重在查问题、查思想、查工作、查作风上下功夫。

三是坚持高标准、严要求,认真撰写学院院务委员会分析检查报告。学院院务委员会对分析检查报告的撰写工作高度重视,进行了认真研究和周密部署,要求在深化认识、找准问题、分析根源、理清思路、明确方向上下功夫,使撰写分析检查报告的过程成为深化对科学发展观的理解、破解影响科学发展的难题、提升科学发展水平的过程。紧密联系实际,在找准问题、明确方向上下功夫。对照科学发展观的要求,主要从以下几个方面查找存在的突出问题:(1)在思想观念上存在的不符合不适应问题;(2)在发展理念、发展思路、发展途径、发展方法上存在的不符合不适应问题;(3)在解决体制机制问题等方面存在的不符合不适应问题;(4)在党性、党风、党纪上存在的不符合不适应问题。院务委员会在查找和分析问题的基础上,进一步明确了贯彻落实科学发展观、促进学院又好又快发展的努力方向:以继续解放思想为先导,把学院工作人员的思想进一步统一到坚持科学发展,把学院办成“国内独具特色、国际上有影响的新型干部学院”的奋斗目标上来;以科学发展观为统领,总体把握,分步实施,促进学院全面协调可持续发展;以提升核心竞争力为根本,走“特色立院、创新兴院、人才强院”之路,继续发扬传统、发挥优势、发展特色。在此基础上,学院院务委员会先后召开专题民主生活会、院务委员会扩大会,对分析检查报告反复研讨和修改完善,在提高分析检查报告质量上下功夫。

四是注重代表性和广泛性,认真组织群众评议。分析检查报告经过几上几下反复征求意见、多次修改完善和学院院务委员会扩大会议讨论后,学院组织了群众评议。学院于2008年12月21日召开了评议大会,学院 10 名处级干部代表、10 名普通党员干部代表、3 名专职教师代表、3 名女干部代表、2 名后勤中心管理人员代表、3 名后勤员工代表、2 名司机代表、3 名学院特聘人员代表、2 名中央组织部选派的访问教师、2 名博士服务团成员共计 40 人参加了会议。会议通报了分析检查报告的起草、修改和完善的情况，群众代表进行了讨论发言，并填写了《分析检查报告评议表》。同时，通过发函的形式，请学院2008年10月举办的中青班、11月举办的县长班和12月举办的国企班的10名学员对院务委员会分析检查报告进行书面评议。群众评议大会和学员书面评论的结果，满意率达100%。

第三，坚持立足实际解决突出问题，着眼长远创新体制机制，促进干部教育培训工作服务科学发展。

开展学习实践活动，重在实践，贵在实践。学院注重把学习的收获、认识的成果转化为谋划科学发展的正确思路、促进科学发展的政策措施、领导科学发展的实际能力，促进干部教育培训工作更好地服务科学发展。

一是注重针对性和可操作性，高质量地制定整改落实方案。学院结合课题调研成果以及分析评议和领导班子分析检查报告中提出的问题，再次对需要解决的突出问题进行了全面系统的梳理，归纳出重点解决的突出问题。在此基础上，高质量地制定了整改落实方案。学院对查摆出来的突出问题和需要完善的制度，按轻重缓急和难易程度，分为需要立即改进的问题，需要改进但条件暂不具备的问题，需要纳入学院长期规划、逐步加以解决的问题，需要作出说明、解释的问题等四类，分别提出整改落实的目标、方式和时限要求，落实了责任人和责任部门，使整改落实工作有章可循。同时，广泛发动学院全体党员围绕制定、落实整改方案，积极建言献策，努力改进工作。

二是注重选准突破口和切入点，集中力量解决好突出问题。学院进一步明确了科学发展的工作思路、工作方向和工作方法，切实解决查找出来的、通过努力能够解决的突出问题。把两个制约学院又好又快发展“瓶颈”性问题（即学院办公及教学设施不足、功能不全；吸引培养名师大家的力度还不够大、办法还不够多）作为重点和切入点，认真深入进行研究，下大力气予以逐步解决。学院领导积极推进添建工程的立项、报批工作，目前已完成添建项目的评估、立项等前期准备工作，并已报中央组织部和国家发改委。中央组织部和国家发改委已组织人员来学院进行实地考察。添建工程在做好相关工作的基础上，争取2009年上半年立项，下半年完成设计并启动项目建设，2010年完成室内外装修及设备的安装调试，2011年工程竣工并交付使用。添建项目完成后，学院的学员、工作人员的居住、办公和文体活动等条件将大有改善。同时，在深入调研、广泛听取群众意见的基础上，制定下发了《关于进一步“发扬传统、发挥优势、发展特色”工作，推动学院科学发展的若干意见》和《中国井冈山干部学院2008—2012年发展规划》等两个重要文件，以促进学院可持续发展。对应当解决但条件暂不具备的问题，将积极创造条件逐步加以解决。

三是注重立足当前和着眼长远，不断完善体制机制。按照科学发展观要求，结合学院实际，研究完善人才队伍建设、教学、科研、管理方面的规章制度并形成长效机制，为学院的科学健康发展提供有力的体制机制保障。学院充分借鉴学习调研成果，充分运用领导班子分析检查报告，认真清理现有的政策和规章制度，切实做好废、改、立的工作。（1）建立健全了人才引进机制、人才选用机制、人才流动机制、科学的考核机制和竞争激励机制，制定下发了《关于专职教师特聘教授的暂行规定》《工作人员参加学历教育有关规定》等六项制度。努力培养一批教学名师和培训大师，着力打造一支“特别能吃苦、特别能战斗、特别守纪律、特别能奉献”的工作人员队伍，提高学院的核心竞争力。（2）修订下发了《科研成果奖励办法》、《科研经费管理办法》、《科研项目管理办法》等八项制度，逐步建立科研课题立项公开、公平、公正竞争机制，促进学院科研工作健康发展，发挥科研在提升干部队伍理论素质、扩大学院影响力方面的作用。

第四，坚持突出重点与全员全程参与相结合，加强组织领导，形成学习实践活动上下互动、整体推进的局面。

开展深入学习实践科学发展观活动，既要突出领导班子和领导干部这个重点，又要让广大党员普遍受教育。学院领导班子成员及部门负责人作为学习实践活动的重点对象，坚持带头学习、带头调研、带头查找问题，努力发挥示范带头的作用。

一是领导带头学习调研和查找问题。院务委员会先后三次集中学习了中发〔2008〕14号文件和胡锦涛、习近平、李源潮等中央领导有关讲话精神；开展以“深入学习实践科学发展观”为主题的学院理论学习中心组集中学习活动，观看科学发展观电教片，交流学习体会，进一步领会科学发展观的重要意义，增强贯彻落实科学发展观的自觉性和坚定性；院领导带头讲党课，我以《坚持科学发展，把学院办成国内独具特色、国际上有影响的新型干部学院》为题，于11月14日给全体党员上了一堂党课。院领导通过院务委员会议、中心组集中学习、工作人员会议、学员座谈会、征文活动等形式，真心实意听取学员、培训派出单位、挂职挂教人员、驻地党政干部等各方面的意见建议，积极开展解放思想大讨论，积极查找不适应不符合科学发展观要求的突出问题，并对问题进行认真的梳理总结。

二是充分发挥广大党员的主体作用。学院在院报、网站开设学习实践活动专栏，编印了22期专题简报，大力宣传科学发展观的科学内涵、精神实质和根本要求，宣传开展学习实践活动的重大意义，宣传学习实践活动中涌现出来的先进典型，在全院上下形成了学习实践科学发展观的热潮。学院建立了群众监督评价制度，将学习实践活动的有关情况及时向群众通报，广泛征求和听取群众意见，充分吸收群众参与，主动接受群众监督。学院学习实践活动领导小组办公室组织阶段性检查，及时了解掌握情况，发现和解决问题，严格把关，确保学习实践活动落到实处。

三是坚持做到“两手抓、两不误、两促进”。学院开展学习实践活动期间正值办班高峰期，工作任务非常繁重，学院领导统筹兼顾，科学安排，一边抓教学工作，一边抓学习实践活动，以学习实践活动促进教学工作，教学效果以及学员满意度不断提升。学习实践活动开展以来，学院紧紧围绕干部教育培训工作如何更好地服务科学发展，坚持更高标准、更严要求，在深入上下功夫，在实效上求突破。学院深入挖掘和不断拓展学院独特的教学资源，进一步开发新的教学点，使教学点布局按照历史的逻辑、现实的需要来配置，形成一个更丰富、更完整的现场教学体系，进一步把独特的资源优势转化为独特的教学内容，形成一批核心课程。在专题教学中，根据学员的不同类别和层次，进行了“一题多教案”、“一题多教师”的尝试，为增强教学的感染力和说服力，邀请了吴仁宝、吴天祥、李国安等人来院授课，他们结合自身的实践和体会，现身说法，取得了良好的教学效果，受到学员的普遍欢迎。在社会实践教学方面，安排体察式的进村入户教学，提高了教学的针对性。探索和完善了情景模拟式的体验教学、互动式的课堂教学、解剖麻雀式的案例教学、协作性的拓展教学、形象化的音像教学、迸发式的激情教学，形成综合效应，增强了培训实效。与此同时，学院广泛运用学院广播、有线电视、车载视频、内部网站等媒体进行“浸润式”教学，使学员在潜移默化中受到教育。学院还适应现代培训发展的新趋势，建设了“网上干部学院”，开展远程教育，使没来过学院的干部能够通过网络在线学习，使来学院学习过的干部能够继续接受井冈山精神教育和党性教育。截至2008年底，学院共举办各类培训班310期，共培训学员14623人。

二、突出实践特色，学习实践活动成效显著

我们在学习实践活动中，紧扣实践深化学习，通过学习推动实践，把深入学习和实践探索贯穿于全过程，取得了明显实效。通过开展学习实践活动，学院广大党员干部加深了对科学发展观的理解，进一步增强了贯彻落实科学发展观的自觉性和坚定性；制约科学发展、群众反映强烈的突出问题，有的得到了初步解决，有的正在解决之中；着眼形成有利于科学发展的长效机制，建立完善了一些务实管用的制度；坚持“两手抓、两不误、两促进”，有力地推动了各项工作。中央和江西省委领导对学院的工作给予了充分肯定，习近平同志2009年1月13日在学院呈报的《中国井冈山干部学院 2008 年工作总结》上批示：“井冈山干部学院围绕中心、服务大局、突出特色，为大规模培训干部作出了积极贡献，希望你们认真贯彻全国干部教育培训工作会议精神，切实做好教学、科研、管理各项工作，圆满完成各项培训任务。”有关新闻媒体报道了学院学习实践活动开展情况。陕西省委党校、黑龙江省委党校还派员专程到我院就如何开展科学发展观活动进行了考察交流。测评结果显示，学院广大党员干部、群众对学习实践活动的满意率为100%。

第一，贯彻落实科学发展观的自觉性和坚定性进一步增强。

广大党员干部通过学习调研和解放思想大讨论，思想深处受到很大触动，理论认识有了新的提高。集中表现在三个方面：

一是对科学发展观的理解越来越深。通过学习实践活动，大家对科学发展观深刻的思想内涵、鲜明的时代特征、深厚的理论渊源、丰富的实践依据、坚实的群众基础，有了更深的理解。大家纷纷表示，科学发展观是发展中国特色社会主义必须坚持和贯彻的重大战略思想，只有全面、系统、准确地理解和掌握科学发展观的科学内涵、精神实质和根本要求，才能真正学懂弄通并自觉运用科学发展观指导工作。

二是责任意识和忧患意识越来越强。在学习实践活动中，大家既看到了贯彻落实科学发展观取得的成绩，也看到了与科学发展观要求不相适应的地方，对当前干部教育培训工作中遇到的许多新情况、新矛盾、新问题有了更加清醒的认识，服务大局、突出特色、大力推进干部教育培训工作改革创新的责任感和紧迫感进一步增强，决心全力以赴发扬传统、发挥优势、发展特色，推动学院又好又快发展。

三是用科学发展观指导实践的氛围越来越浓。开展学习实践活动以来，大家自觉查找、主动转变不符合科学发展观的思想观念、做法作风，做到思考问题以科学发展观为指南，谋划工作以科学发展观为总揽，决策把关以科学发展观为依据，考察实绩以科学发展观为尺度，真正把科学发展观作为工作的指针、行动的指南。

第二，推进学院科学发展的思路进一步完善。

学院院务委员会在学习实践活动中，坚持把科学发展观的根本要求与干部教育培训工作的具体实践结合起来，认真分析当前学院发展的阶段性特征，深入研究关系党的干部教育培训事业发展的全局性、战略性、前瞻性问题，不断丰富和完善科学发展思路。广大党员干部通过学习实践活动，在推进学院科学发展上形成广泛共识。主要表现在以下方面：

一是丰富而独特的红色资源是学院实现持续发展的不竭源泉，也是学院最大的优势所在，应充分发掘其时代价值。当初中央选择在井冈山建设干部学院，一个重要的原因是井冈山在党和国家历史上的独特地位和作用。习近平同志来视察时称赞学院把井冈山这个“革命摇篮变成一个现场教学的大课堂”。我们将继续充分发挥井冈山及周边地区革命传统教育资源丰富的优势，最大限度地开发挖掘教

学内容，将其转化为学院的教学优势。加强对现有教学点的建设，继续深化其教学主题，挖掘其历史价值，赋予其新的时代内涵。进一步开发新的教学点，使教学点布局按照历史的逻辑、现实的需要来配置，形成一个以重大历史事件为“点”，以历史进程脉络为“线”，以不同的革命根据地为“面”，以培训主题的实际需要为“纲”，纵横交错、有机连接的更丰富、更完整的教学资源网络。同时结合老区的新发展、新变化，围绕落实科学发展观、新农村建设、和谐社会建设、城镇化、工业化、科技创新、基层党组织建设等方面的专题开发若干个新的社会实践点，使现场教学的内容更加丰富、更加生动，更有感染力。

二是理想信念教育是学院最大的特色，在学院的发展中应充分利用各种有效形式，锤炼学员的党性。以“坚定信念、艰苦奋斗，实事求是、敢闯新路，依靠群众、勇于胜利”为主要内容的井冈山精神，是共产党人宝贵的精神财富，是我党的光荣革命传统。利用井冈山红色资源进行革命传统和理想信念教育，是学院的重要功能。经过几年的探索与实践，理想信念教育已成为学院的一大特色和亮点。学员普遍反映，参加学院的培训之后，灵魂得到净化，精神得到升华，还有学员感慨“一次井冈行，终生井冈情”。在今后的教学培训工作中，我们将把加强理想信念教育摆在更加突出的位置。继续深入挖掘井冈山及其周边地区丰富的革命传统教育资源，同时融合最新的时代内涵，将井冈山精神结合马克思主义中国化的最新理论成果，结合全党贯彻落实科学发展观的最新实践中所涌现出来典型人物和事迹，让历史融汇现实，让两者交相辉映，体现时代性，增强感染力，提高理想信念教育的效果。

三是改革创新是学院提高办学质量和效益的重要保证，应适应形势任务发展变化的需要，与时俱进创新学院各项工作。中央创办三所干部学院本身就是一个创新，学院从管理体制到教学内容、教学形式，都体现了中央推进干部教育培训体制改革创新的前瞻性思路，学院过去所取得的一些成绩也得益于创新。我们将按照 2008 年召开的全国干部教育培训工作会议和全国党校工作会议的精神，按照中央组织部下发的《关于 2008—2012 年大规模培训干部工作的实施意见》中的原则要求，大胆推进各项工作的改革创新，勇做我国干部培训体制机制改革的探索者和先行者。注重加强培训需求调研，深入研究推动科学发展对干部队伍素质和能力的基本要求，提高培训的针对性；及时更新培训内容，加强对落实科学发展观中的重大理论和现实问题的研究，针对发展、改革中的重点、难点、热点问题，开发特色课程；创新培训方式和手段，提高现有现场教学、体验式教学、激情教学水平的同时，加大案例式教学的开发力度，进一步增强教学的吸引力和感染力。要求学员全体教师和工作人员增强改革创新的自觉性和主动性，积极推进教学、科研、管理的改革创新，使学院工作始终充满生机与活力。

四是建设一支高素质的教师和干部队伍是提高学院办学水平的关键所在，需要始终重视和加强队伍建设。贯彻落实科学发展观，推动学院又好又快地发展，离不开一支高素质的教师和干部队伍。以人为本是科学发展观的核心，办好学院，关键在人。学院将努力按照眼界宽、思路宽、胸襟宽的要求，提高学院领导班子的整体素质。完善竞争、考核、评估、激励机制，充分调动教职工的积极性、创造性。打破常规，大力加强师资队伍建设。创新兼职教师选聘思路，多邀请那些社会影响大、有独特的实践经验、教学效果好的各界人士来学院授课。通过采取各种有效手段，充分调动工作人员的积极性、创造性，努力建设一支理论功底比较扎实、实际工作经验比较丰富、忠诚于党的干部教育事业的教师队伍和管理干部队伍。

第三，保障学院科学发展的体制机制建设进一步加快。

在学习实践活动中，我们认真梳理出制约学院科学发展的长期矛盾，并把解决突出问题同完善体制机制有机结合起来，努力从制度上寻找解决问题的途径和办法。

一是积极推进四大学科建设，加快推进教学科研一体化进程。以党史、党建、领导学、国情研究四大重点学科建设为龙头，以推进重点研究方向为突破口，调动全体工作人员的积极性，鼓励全员参与科研。以教学带科研，科研促教学，形成教学科研的一体化。

二是以实施“三大课题”研究为契机，促进管理水平提升。为尽快形成学院的办学特色，实现学院的发展目标，学院将“中井院品牌战略研究”、“中井院教法中井院风格中井院气象中井院风貌”、“中井院精细化管理研究”三项课题列入学院工作对策类重点课题。由院领导牵头，抽调相关部门精干力量参与研究。经过努力，三大课题已全部完成并结集出版。同时，2008 年立项工作对策类研究课题 28 项，加强了对学院办学特点和规律的研究，促进办学水平的提升。

三是积极探索工作路径，对外交流更加规范有序。认真总结几年来的对外交流工作经验，并在总结的基础上形成规范。制定了《中国井冈山干部学院外事管理工作暂行规定》、《中国井冈山干部学院因公出国（境）团组和人员管理规定》、《中国井冈山干部学院外事经费使用和管理规定》等三项外事制度，编辑《开放的脚步——开展国际培训交流合作成果汇编》等，以进一步推动对外交流工作在更高层次上规范、提升。

四是立足现实谋长远，科学制定学院发展规划。学院根据中央颁发的《干部教育培训工作条例（试行）》、《2006—2010 年全国干部教育培训规划》及中央组织部《关于 2008—2010 年大规模培训干部工作的实施意见》的要求，结合学院实际，组织各部门通力合作，制定了《中国井冈山干部学院发展规划（2008—2012 年）》。提出了学院发展的指导思想、基本原则和总体目标，明确了发展的主要内容和具体措施。

第四，党员干部的党性修养和作风面貌进一步改善。

学习实践活动开展以来，学院各部门领导班子和党员干部认真查找党性党风党纪方面存在的问题和不足，采取了切实可行的具体措施，使得机关的工作作风和党员干部的精神面貌呈现新的变化。

一是政治立场更加坚定。在学习实践活动中，广大党员干部不断加强党性修养，主动转变不符合科学发展观、不符合中央政策要求、不符合群众期望的观念和做法，着力增强宗旨观念，始终同党中央在思想上、政治上、行动上保持高度一致，保证中央各项政策措施的全面贯彻落实。

二是工作作风更加扎实。广大党员干部继续保持学院创办过程中所表现出的良好精神风貌，大力弘扬“坚定信念、艰苦奋斗，实事求是、敢闯新路，依靠群众、勇于胜利”的井冈山精神，努力践行“忠诚、责任、激情、奉献”的学院核心价值观，工作热情高、责任意识强、任务落实快。

三是勤政廉政更加自觉。广大党员干部主动把时间和精力更多地用于理论和业务学习，想大事、办实事、抓落实、促发展。全体工作人员怀着对党的干部教育培训事业的无限忠诚，不断增强工作的责任感、使命感和奉献精神，克服家在外地、两地分居、居住不便等困难，始终保持旺盛的工作激情，忘我工作，无私奉献，全力以赴，争创一流，树立了“特别能吃苦、特别能战斗、特别守纪律、特别讲奉献”的良好形象。

学院学习实践活动取得的成效证明，中央决定在全党开展深入学习实践科学发展观活动的决策是正确的，广大党员干部对学习实践活动是拥护的，对学习实践活动取得的成效是满意的。通过近半年的学习实践活动，我们也获得了一些基本经验。

一是必须坚持加强领导，把上级党组织的检查指导贯穿活动始终。江西省委学习实践活动领导小组及其办公室的正确领导为学院学习实践活动的顺利开展提供了保证。省委第一指导检查组认真履行职责，深入指导，扎实工作，为我院学习实践活动顺利开展并取得较好成效，发挥了十分关键的作用。实践证明，由上级党组织派出指导检查组，指导各单位开展学习实践活动，十分及时，非常必要。以何建辉同志为组长的江西省委第一指导检查组深入开展调查研究，广泛开展谈心活动，在学习实践活动的每个阶段和重要环节，都亲临学院，全方位给予指导，全过程参加院务委员会集中学习、征求意见座谈会和专题民主生活会，并及时给予指导和帮助。他们多次深入学院各部门进行调查研究，协助解决问题，给予强有力指导。他们身上体现出的扎实深厚的政治理论水平、严谨负责的敬业精神和求真务实的工作作风给我们树立了良好的榜样。在此，让我们以热烈的掌声，对省委指导检查组近半年来的辛勤工作和对我院学习实践活动的精心指导表示崇高的敬意和衷心的感谢！

二是必须坚持理论武装，把深化学习、提高认识贯穿活动始终。搞好学习实践活动，党员干部受教育是基础。学习实践活动中，我们把深化学习、提高认识贯穿到学习调研、分析检查、整改落实的各个阶段和各个环节，不断丰富学习形式，创新学习载体，讲求学习效果，不断加深广大党员干部对科学发展观的科学内涵、精神实质和根本要求的理解，把学习实践活动变成统一思想、提高认识的过程。实践证明，广大党员干部只有在用科学发展观武装头脑上下功夫，不断地深化学习，真正使科学发展观在头脑中扎根，形成推动干部教育培训事业科学发展的共识，才能不断增强贯彻落实科学发展观的自觉性和坚定性，才能真正学会运用科学发展观分析解决实际问题，健全完善体制机制，促进学院科学发展。

三是必须坚持实践特色，把解决问题、完善制度贯穿活动始终。实践性是科学发展观的本质特征，解决问题、完善制度是学习实践活动的目标要求。在学习实践活动中，我们着眼党和国家工作大局，结合学院工作实际，围绕“发扬传统、发挥优势、发展特色，推动学院科学发展”这条主线，坚持边学边改、边查边改、集中整改，立足当前着力解决制约学院科学发展的突出问题，放眼长远努力在体制机制创新上实现新突破。实践证明，只有把坚持实践特色、解决突出问题和完善体制机制有机衔接、有效统一起来，加快解决那些影响和制约学院科学发展、群众反映强烈、当前具备整改条件的突出问题，并把解决问题的有效措施和办法以制度的形式固定下来，才能找准学习实践活动的着力点，真正把学习实践活动落到实处。

四是必须坚持探索创新，把提高针对性、增强实效性贯穿活动始终。探索创新是学习实践活动的活力所在。学习实践活动中，我们尊重基层和群众的探索创造，鼓励基层党组织既认真做好规定动作，又积极创造自选动作，引导、鼓励广大党员对干部教育培训工作中的重大理论和实践问题进行深入研究和思考，边学习，边实践，边探索，边总结。实践证明，只有紧密结合学院工作实际和各部门工作特点，围绕推动党的干部教育培训事业科学发展这一主题不断创新活动内容、活动方式和活动载体，切实增强活动的针对性和实效性，才能保证学习实践活动生机勃勃、充满活力。

五是必须坚持群众路线，把发扬民主、开门搞活动贯穿活动始终。贯彻落实科学发展观的实际成效，群众看得最清楚、体会最深刻。学习实践活动中，我们充分发扬民主，密切联系群众，广泛吸收群众参与学习调研、分析检查、整改落实，自觉接受群众监督和评判，体现了服务群众和让群众满意的要求，受到了广大党员干部和群众的好评。实践证明，只有坚持开门搞活动，真正做到听取民意找问题，顺应民意抓整改，依据民意看效果，学习实践活动才有坚实的群众基础，才能保证学习实践活动深入有效地开展，才能把广大党员、群众的发展积极性引导到科学发展上来。

六是必须坚持领导带头，把以身作则、率先垂范贯穿活动始终。学习实践活动中，学院领导干部特别是主要负责同志始终坚持高标准严要求，率先垂范，既站在前台抓活动，又摆正位置受教育，既带头学习调研、带头分析检查、带头整改落实，又联系实际躬身实践、示范引领，在学习实践活动中起到了关键作用。实践证明，领导班子、领导干部在贯彻落实科学发展观中地位重要、责任重大、作用突出，只有紧紧抓住领导班子和领导干部这个重点，真正发挥领导干部的示范带头作用，才能引领和带动其他党员同志积极自觉地开展学习实践活动，确保学习实践活动不走过场。

七是必须坚持统筹兼顾，把两手抓、两促进贯穿活动始终。坚持统筹兼顾，是开展学习实践活动的重要方法和基本要求。学院开展学习实践活动期间正值办班高峰期，工作任务非常繁重，学院领导统筹兼顾，科学安排，一边抓教学工作，一边抓学习实践活动，以学习实践活动促进教学工作，教学效果以及学员满意度不断提升。实践证明，只有坚持两手抓、两不误、两促进，统筹谋划、协调推进，才能做到既把学习实践活动开展得有声有色，又把干部教育培训工作抓得有板有眼，既保证学习实践活动的进度和质量，又提高做好学院教学、科研、管理工作的效率和水平。

八是必须坚持精心组织，把超前谋划、扎实工作贯穿活动始终。为创造性地完成学习实践活动各项任务，学院学习实践活动领导小组及其办公室高度重视，整合力量，精心组织，周密部署，找准工作着力点，全力以赴做好有关工作，促进和保障了学习实践活动各项任务的完成。活动期间，学院学习实践活动领导小组办公室认真履行职责，始终注意做到超前思考、精心谋划，深入研究活动每一阶段、每一环节的安排，认真撰写有关文件、材料，确保活动取得实效。

学院学习实践活动虽然取得了初步成效，但与科学发展观和中央的要求相比还存在一些不足，主要是：各部门在学习实践的深度上存在不平衡的状况；有些问题虽然有了解决的思路，但由于现行管理体制的制约，很难在短期内得到解决；有个别部门查找问题不够深入，整改落实措施不够具体。针对这些问题，我们将进一步研究措施，认真加以解决。

三、明确长远目标，巩固学习实践活动成果

学习实践科学发展观是当前和今后一个时期必须长抓不懈的重大政治任务，要进一步巩固和扩大学习实践活动成果，切实把科学发展观转化为推动科学发展的坚强意志、谋划科学发展的正确思路、领导科学发展的实际能力、促进科学发展的有效措施，进一步推动干部教育培训事业科学发展。下一步，要重点抓好以下几方面工作：

第一，切实加强领导班子和干部队伍建设，坚定不移地加强党性修养，弘扬优良作风。

坚持讲党性、重品行、作表率，按照政治坚定、求真务实、开拓创新、勤政廉政、团结协调的要求，努力把学院领导班子和干部队伍建设成为贯彻落实科学发展观的坚定信仰者、忠诚实践者和积极推动者。一要坚定不移地加强思想政治建设。始终坚持用科学发展观武装头脑，教育引导广大党员干部特别是领导干部牢固树立马克思主义世界观、人生观、价值观，坚持正确的权力观、地位观、利益观，自觉在思想上、行动上与党中央保持高度一致。二要坚定不移地加强党性修养，弘扬优良作风。认真学习贯彻胡锦涛同志在十七届中央纪委三次全会上的重要讲话精神，发扬党的光荣传统和优良作风，树立和坚持正确的事业观、工作观、政绩观。深入开展党性党风党纪教育，增强立党为公、执政为民的宗旨观念，认真解决少数党员干部中存在的理论联系实际不够、作风不够扎实、工作责任心不强等问题，大力发扬勤俭节约、艰苦奋斗的作风，以坚强的党性和优良的作风保证科学发展观的贯彻落实。三要坚定不移地加强干部队伍建设。坚持民主、公开、竞争、择优原则，进一步深化干部人事制度改革，坚持正确的用人导向，完善干部考核评价制度，提高选人用人公信度，努力建设创新型人才队伍，为学院科学发展提供组织和人才保障。四要坚定不移地加强反腐倡廉建设。全面落实党风廉政建设责任制，建立健全惩治和预防腐败体系，加强廉政文化建设，切实加强对党员领导干部的监督，研究制定关口前移、从源头上对重点领域和重点环节实施提前介入的有效措施，着力构建拒腐防变的长效机制。

第二，认真抓好整改落实方案的落实，确保各项措施取得实效。

目前，学院领导班子的深入学习实践科学发展观整改落实方案已经印发各部门，关键是把整改落实方案落到实处。一要高度重视，加强领导。要把整改落实工作摆上重要议事日程，加强对整改落实工作的组织领导和督促检查。学院领导班子的整改落实工作由我负总责，其他院领导按照分工各负其责，相关部门负责具体落实。各部门主要负责同志作为整改落实工作的具体责任人，对有关工作要亲自抓，加大整改落实力度，确保各项任务全面完成。二要加强协调，密切配合。整改落实工作涉及方方面面，有关部门要按照学院院务委员会确定的任务分工，密切配合，形成上下联动、左右互动、通力合作、协调一致的工作格局。牵头部门要切实负起责任，及时组织有关部门认真研究所承担的整改落实任务，进一步细化并实施整改落实方案，及时协调解决工作中遇到的困难和问题。有关部门要积极协助、主动配合，认真负责地完成好职责范围内的整改落实任务。三要真抓实干，集中整改。要紧密结合干部教育培训工作实际，根据问题的轻重缓急和难易程度，把握主要矛盾和矛盾的主要方面，采取有力措施，集中力量解决影响和制约科学发展的突出问题，切实办好几件群众普遍期待的实事好事。四要实事求是，务求实效。坚持量力而行，尽力而为。对于已经具备条件或条件成熟，在学习实践活动期间可以解决的问题和可以出台的政策，要不等不拖，按时完成。对于那些难度较大或需要较长时间才能解决的问题和制定的政策，要积极创造条件，深入调查研究，广泛征求意见，加强沟通协调，逐步加以解决，确保整改落实工作真正经得起实践、群众和历史的检验。五要健全制度，强化监督。建立信息反馈制度，各项整改措施的牵头部门要定期向院务委员会报告解决问题的进展情况。建立公示监督制度，通过工作简报等形式，面向干部群众、面向培训对象，公示解决问题情况，接受群众监督。

第三，建立健全学习实践科学发展观的长效机制，促进学院可持续发展。

贯彻落实科学发展观是一项长期的战略任务，需要持久深入地学习和实践。一要建立健全科学发展观的长效学习机制。要把科学发展观作为党员干部理论学习的长期主题，完善中心组学习、干部培训、党员轮训、自学等各项制度，使学习科学发展观融入到党员干部的日常工作之中，全方位提高党员干部的理论素质和业务水平。二要建立健全贯彻落实科学发展观的领导决策机制。要把这次学习实践活动中形成的深入调查研究、解放思想大讨论、广泛征求意见、群众评议等行之有效、群众欢迎的好做法上升为制度规范，并长期坚持下去。三要建立健全体现科学发展观要求的干部考评机制。要把科学发展观基本要求同广大党员干部的岗位职责结合起来，改进和完善干部考核评价的方式方法，把落实科学发展观的实际成效作为考核干部政绩的根本标准，形成正确的用人导向，引导党员领导干部牢固树立科学发展观以及正确政绩观，切实增强以科学发展观指导工作的自觉性和坚定性。四要建立贯彻落实科学发展观的监督机制。健全完善落实科学发展观各项决策部署的领导责任、督办检查、跟踪问效、行政问责等规章制度，督促解决影响和制约落实科学发展观的深层次矛盾和突出问题，坚决纠正和查处违反科学发展观的行为，确保将促进学院科学发展的各项决策部署不折不扣地落到实处。

第四，及时组织学习实践活动“回头看”，进一步巩固学习实践活动的成果。

按照中央的部署和要求，为进一步巩固学习实践活动的成果，查找不足，弥补差距，学习实践活动结束后，各级党组织要在适当的时候组织开展一次“回头看”。一是回头看学习，继续深化认识。要通过多种形式，仔细检查党员干部是否按要求完成了规定动作，对科学发展观的理解以及运用科学发展观认识和解决实际问题的能力是否有了提高，本着缺什么补什么的原则，及时“补课”，务求学有所获、学以致用。二是回头看问题，深刻剖析原因。在“回头看”中要对查找出的问题进行细化，重点从主观层面深挖存在问题的原因，进一步分析检查对科学发展观的认识和理解是否真正到位，解放思想开拓创新是否真正深入。三是回头看成果，狠抓整改落实。要加强督促检查，加快整改进度，切实做到件件有回答，并将“回头看”与着力推进体制机制创新紧密结合起来，力争早出成果，多出成果。四是回头看作风，强化队伍建设。要组织全体党员干部开展“三查三看”，即查理想信念和宗旨意识，看是否存在信念淡化、不敬业、不求进取的问题；查工作作风，看是否存在办事不踏实、不严谨、拖拉推诿和遇到矛盾绕道走、遇到困难就上交的问题；查工作纪律，看是否存在党纪政纪观念松懈、有章不循、擅离职守、自由散漫的问题。通过“三查三看”进一步强化干部队伍建设，努力打造一支政治坚定、业务精通、作风优良、廉洁勤政的高素质干部队伍。

同志们，深入学习实践科学发展观活动作为集中教育形式即将结束，但对于推进党的建设新的伟大工程来说，则是一项长期的任务，将伴随着建设中国特色社会主义伟大进程持久地深入下去。让我们更加紧密地团结在以胡锦涛同志为总书记的党中央周围，以科学发展观为统领，抓住机遇，应对挑战，锐意进取，开拓创新，为把学院建设成为中国共产党领导骨干的理想信念教育和党性教育的重要基地，国内独具特色、国际上有影响的新型干部学院作出更大的贡献！

在第2期正厅局级和第2期副厅局级领导干部“加强党性修养、坚定理想信念、保持优良作风”专题培训班结班式上的讲话

（2009年4月14日）

中国井冈山干部学院常务副院长　李小三

时间过得很快，为期一周的第2期正厅局级和第2期副厅局级领导干部“加强党性修养、坚定理想信念、保持优良作风”专题培训班的各项培训活动到今天就全部结束了，在同志们即将离开学院，返回各自的岗位之际，我们在这里举行一个简短的结班式，来共同回顾总结我们这两个班的办班情况。

在结班式之前，学院专门召开了学员代表座谈会，认真听取大家对学院教学培训工作的意见和建议。大家对学院的工作给予了很多褒奖，我想，这是对学院的鞭策和鼓励。同时，也提了很多宝贵的意见和建议，这对我们今后办班具有十分重要的参考价值。刚才，我们这两个班的支部书记章剑华同志、彭华彰同志，对全班的学习情况，分别作了一个很好的、很全面的总结。我听后，也很受启发。下面，根据安排，我代表学院作一个简短的发言，主要讲两层意思。第一层意思就是代表学院对本期培训班作一个简单的评估，第二层意思是就井冈山斗争时期的历史经验谈几点个人认识，供同志们参考。

一、对本期培训班的评估

（略）

二、关于井冈山斗争时期的历史经验问题

井冈山是一座革命的山、英雄的山，也被称为“天下第一山”。世界上没有一座山像井冈山那样，与一个政党、一个国家、一个民族有如此紧密之联系。井冈山精神是中国共产党优良革命传统的源头，井冈山道路是马克思主义中国化的伟大开篇。总结井冈山斗争时期的历史经验，我认为主要有以下几条：

（一）实事求是是开创中国特色革命道路的基本前提

井冈山革命的最重要的历史贡献，就是坚持把马克思主义基本原理同中国具体实际结合起来，为中国革命找到了正确道路。毛泽东等老一辈无产阶级革命家开辟的井冈山道路，是马克思主义与中国革命具体实际相结合的道路。毛泽东同志在秋收起义失败后，改变原定计划，引兵井冈，从此点燃了革命的星星之火，开始了马克思主义理论与中国实际相结合的第一次历史性飞跃，开创了一条农村包围城市，最后夺取全国政权的新道路。井冈山道路是马克思主义中国化的开篇之作，可以肯定地说，如果

当时从本本出发，从上级的指示出发，就不会有井冈山道路。

在井冈山革命斗争之前，世界上大体上有两种革命模式：一种是巴黎公社模式，即在中心城市发动工人进行武装暴动，像周恩来等革命者在上海发动的三次武装起义就是借鉴这种模式；另一种模式是俄国十月革命的模式，利用现有军队推翻现有政权，像南昌起义以及后来的广州起义就是仿效这种模式。事实说明这两条道路并不符合中国国情。实践证明，毛泽东的思路是完全正确的。

大家今天在学习理论、回顾历史、现场体验的基础上，也应该紧密联系党和国家的大局，紧密联系本地区、本部门、本单位的实际，紧密联系个人的思想实际，深入思考、积极研讨，真正把理论上的提高转化为认识世界、改造世界的实际本领。

（二）坚定的理想信念是始终保持革命斗志的根本动力

坚定信念是井冈山精神的灵魂。当年井冈山斗争的星星之火终成燎原之势，靠的就是共产党人对革命前途的坚定信念和不懈追求。理想对于一个人，对于一个政党、一个民族、一个事业都是至关重要的。信念如灯，没有信念的人，是干不成任何事情的。当时毛泽东等老一辈无产阶级革命家上井冈山，不是为了当绿林好汉，不是为了大碗喝酒、大块吃肉、大秤分金而来，他们是为理想而来、为主义而来。他们身在井冈，却心系全国，时刻关注国家的前途、民族的命运、百姓的祸福。在黄洋界，毛泽东问战士看到了哪里，战士回答，看到了大陇、看到了宁冈。毛泽东说，我们在这里不但要看到大陇、宁冈，而且要看到湖南、看到全中国。正因为有着如此坚定的信念和必胜的信心，所以面对数倍于红军的敌人，面对革命队伍出现的忧虑和彷徨及“红旗到底打得多久”的悲观情绪，毛泽东相继写下了《中国的红色政权为什么能够存在？》、《井冈山的斗争》、《星星之火，可以燎原》等光辉著作，以科学的理论教育官兵，以坚定的信念鼓舞军民，努力消除红军和党内的悲观情绪，他以诗一样的语言，满怀激情地预言，革命高潮“快要”到来，“它是站在海岸遥望海中已经看得见桅杆尖头了的一只航船，它是立于高山之巅远看东方已见光芒四射喷薄欲出的一轮朝日，它是躁动于母腹中的快要成熟了的一个婴儿。”在当时四面白色势力重重包围之中，在敌我力量巨大悬殊之下，老一辈革命家能有这样的信念、这样的思想、这样的目光，令人折服。这就是理想的力量、信念的力量。

历史经验证明，面对困难和挑战，信心是战胜危机的力量源泉，越是在困难的时候越要坚定信心。目前，国际金融危机仍未见底，对我国经济的不利影响还在不断加深。我们既要增强忧患意识，更要增强机遇意识，坚定战胜危机、赢得挑战的信心和决心。

（三）紧紧依靠群众、密切联系群众、切实维护人民群众的根本利益是党得到群众拥护的根本原因

在井冈山革命斗争时期，我们党坚定依靠群众、宣传群众、组织群众、武装群众，始终与人民群众血肉相连、同甘共苦，切实维护群众利益，极大地激发了人民群众投身革命的热情。首先，注重解决人民群众最关心、最现实的问题。毛泽东主持制定了中国共产党领导下第一部土地法《井冈山土地法》，实行正确的土地政策，分到田地的农民发自内心地喊出了“共产党万岁”。第二，与人民群众同甘共苦。朱德军长与群众“有盐同咸，无盐同淡”，在当地传为佳话。第三，遵守群众纪律、维护群众利益。制定了“三大纪律，六项注意”，不扰民，帮人民群众解决具体困难，深得人民群众拥护。第四，宣传发动群众，从思想上解放人民群众。从历史遗迹中我们可以看到，井冈山时期，我们党高度重视对人民群众的宣传发动工作。

今天，依靠群众仍然是我们应对危机、战胜困难的重要保证。要按照胡锦涛同志“越是困难时刻，越要高度关注民生”的重要指示，把保障和改善民生作为扩内需、保增长的出发点和落脚点，促进社会和谐稳定。

（四）重视民主建设是团结广大士兵群众、瓦解敌军的有力武器

秋收起义部队中的军官大多都是从旧军队过来的，残存的旧军阀主义习气较为严重，随意打骂士兵的现象经常发生，秋收起义前军官每顿饭都是四菜一汤，士兵则是粗茶淡饭，官兵待遇极不平等。这种不平等的待遇在士兵中形成了逆反心理，使官兵之间分成了截然不同的两个阵营，这种情形直接影响了官兵之间的团结和部队的战斗力。针对当时部队中存在的军阀主义作风严重的问题，毛泽东在军队内实行民主主义。实行民主主义的具体表现是设立了士兵委员会。三湾改编后，红军连以上都设立了士兵委员会。士兵委员会的任务主要有五项：一是参加军队管理；二是维持红军纪律；三是监督军队经济；四是作群众运动；五是作士兵政治教育工作。

自从实行了民主制度，士兵的利益得到了保障，士兵的革命热情大大地激发起来，士兵有了当家作主的感觉，对部队建设的责任感也明显加强了。部队中出现了一种官兵一致、上下平等的新型官兵关系。对于投诚的国民党部队和俘虏兵，影响更大。毛泽东在向中央汇报说：“尤其是新来的俘虏兵，他们感觉国民党军队和我们军队是两个世界。他们虽然感觉红军的物质生活不如白军，但是精神得到了解放。同样一个兵，昨天在敌军不勇敢，今天在红军很勇敢，就是民主主义的影响。红军像一个火炉，俘虏兵过来马上就熔化了。”“红军的物质生活如此菲薄，战斗如此频繁，仍能维持不敝，除党的作用外，就是靠实行军队内的民主主义。”这是毛泽东总结井冈山斗争历史经验的一个重要论断。

我们要有效应对国际金融危机，更要注意广泛发扬民主，集中群众智慧，发现和总结基层的实践创造。更好地坚持民主集中制，调动班子每个成员的积极性，发挥大家的聪明才智。认真听取从事实际工作同志和专家学者的意见，不搞“闭门造车”和“拍脑袋”决策。坚持在学习实践活动中创造的问政于民、问计于民、问需于民的办法，鼓励和支持基层积极探索，总结推广群众创造的应对危机的好经验。通过发扬民主的办法调动各种积极因素，形成群策群力、共渡难关的生动局面。

（五）艰苦奋斗、百折不挠是井冈山英烈战胜各种艰难困苦的法宝

井冈山斗争时期的条件相当艰苦，这不仅表现在战争的激烈与残酷上，还表现在自然环境和生活条件的恶劣上。首先是吃饭难，红米饭、南瓜汤不是每顿都有，战士们的希望是“打倒资本家，天天吃南瓜”。其次是缺衣被，冬天许多士兵还是穿两层单衣。再次是食盐、药材等日用必需品奇缺。使得井冈山军民不仅面临着战场上流血牺牲的考验，还面临着日常生活中被冻死、饿死、困死的考验，可以说是“苦到了极度”。但是，井冈山革命英烈对此毫无畏惧，“好在苦惯了。而且什么人都一样苦。”“从军长到伙夫，除粮食外（军长的粮食要比伙夫少）一律吃五分钱的伙食。”红军将士同甘苦、共患难，以超人意志战胜了不可想象的生命折磨。实现了“边界红旗始终不倒”。

艰苦奋斗是井冈山精神的重要内容，也是我们的传家宝。我们党靠艰苦奋斗起家，我们的事业靠艰苦奋斗发展壮大。与井冈山斗争时期相比，今天的物质条件已是天壤之别，但我们搞建设需要大量投入，促发展需要大量投入，需要用钱的地方还很多，特别是在当前面临金融危机的情况下，保增长、

保民生、保稳定，保持经济平稳较快发展，任务艰巨而繁重，我们没有任何理由大手大脚、奢侈浪费，必须牢固树立过紧日子的观念，继续保持艰苦奋斗的作风。

通过这短短一周的学习，相信大家从历史中得到了很多新的感悟，新的启迪，新的收获，这也是我们所希望看到的。

同志们，要谈的东西还有很多，大家回去后可以静下心来仔细体会，对自己会很有帮助。有人说过，一次井冈行，终身井冈情。我想我们也是一种情分，希望同志们今后继续关注学院的发展，多提意见和建议，帮助我们提高。也有人说过这样一句话，上井冈山伟大，下井冈山也伟大，这里面充满辩证法。不上井冈山革命力量得不到壮大，不下井冈山，就始终是一个绿林好汉，就不可能走向全中国，走向天安门，建立新政权。我想把这句话送给大家。祝愿同志们带着责任走，带着使命走，带着激情走，带着力量走，在未来的工作中，取得更大的成就。为我们的党，为我们的国家，作出更大的贡献！

在2009年度新进工作人员培训班结班式上的讲话

（2009年7月19日）

中国井冈山干部学院常务副院长　李小三

欢迎大家为了党的干部教育培训事业来到学院工作。按照学院的惯例，所有新进工作人员到学院工作都要进行岗前培训。这是十分必要和十分有益的。学院对这次培训非常重视，学院领导和人力资源部的同志为此做了大量工作。

三天的培训，大家听取了周金堂副院长和各部门负责同志对学院基本情况、部门职能的介绍，学习了学院相关制度，对学院的功能定位、发展方向等情况有个初步的了解。刚才听了六位同志的发言，觉得非常好，大家谈得很认真、很真诚，认识很到位，凸显了这次培训的效果。各部门的负责同志分别给大家提出了一些要求和希望，张友南副院长语重心长地给大家提了五点要求，讲得很好，希望大家好好体会。下面我谈点自己的看法。

一、充分认识办班的重要意义，全面了解学院的情况

学院为什么要举办新进工作人员培训班？我认为有三个方面的原因：

1. 这是学院干部队伍建设的一项重要的常规工作。学院办学时间不是很长，但是从 2004 年开始，每年都有一到两批工作人员入院，有的年份多些，二三十个人，有的年份少些，几个人，但是不管人多还是人少，都会举办新进工作人员培训班，这是学院干部队伍建设的一项重要的常规工作。通过培训，有助于大家尽快了解学院，帮助大家尽快进入工作状态。有句俗话叫做“秧好一半禾”，意思是凡事有个良好的开端就可能有个良好的过程和结局。

2. 这是学院担负的任务、工作的性质所决定的。这几天大家通过学习文件，听取部门负责人的工作介绍，对学院的担负的任务、工作的性质有了一个初步的认识。学院担负的任务是庄严的、神圣的，我们丝毫不能懈怠。每年这么多中高级领导干部来学院培训，能学什么？感受什么？我们能够给人家什么？能够提供什么水平的服务和保障？这都是事关学院生存和发展的大事，是我们的责任和使命。我经常思考，中井院是什么性质的单位？首先，根据学院的功能定位、服务对象、工作任务来看，中井院应该是一个特殊的学校、一个重要的阵地。其次，中井院还应该是改革创新的干部学院，新时期对干部培训的要求越来越高，因此我们必须常做常新，走特色立院、创新兴院的发展道路。最后，中井院还应该是个学习型的单位、学习型的组织。以其昏昏使人昭昭，如果教育者自身不行，怎么教育别人？学高为师、身正是范，自古以来都是这样。这就需要我们加强学习，认真搞好科研。

3. 这是新进工作人员自身成长的需要。任何有理智的人到新单位后都希望得到组织的重视，都希望在未来的工作中，找到适合自己、有利于自己的发展平台，体现自身的价值，为国家、民族、人民和党做出一番事业，这对所有人都是一样的。通过培训可以把学院的相关信息提供给大家，把相关要求灌输给大家，这样有利于大家更快更好地成长，为学院的建设和发展，为干部教育培训事业作出自己的贡献。

二、努力提高自身素质，争做优秀的中井院人

今天座谈会上对大家讲这么多，目的就是使大家能够开好头，起好步，做一个合格的、优秀的中国井冈山干部学院干部。怎样做一个合格的、优秀的中井院人呢？我想应该从两个方面去努力：

1. 既来之则安之。我们要做一个对自己、对家庭、对单位、对社会负责的人。人都活在责任当中，大家不是因为一时的冲动来到这里，而是经过深思熟虑的。既然到了学院，成为学院的一员，你就应该认真工作，因为你不仅仅是自然的人，还是学院的人，你个人的所作所为除了对本人负责，还要对学院负责。俗话说："端了人家的碗，就受人家的管。"这句话虽然朴实但很管用，蕴含着职业操守、职业道德、职业纪律的哲理。任何人在工作当中都要认认真真，不能随心所欲，这是千古不变的真理。所以大家要尽快转换角色，进入状态，融入学院。当然，每个人都有自己的个性，这就存在一个被别人接受和接受别人的问题。但是两者之间，更重要的是如何使别人接受我们。这是一种基本素质。每个人无外乎具备两种素质：一种是基本素质，一种是综合素质，这两种素质直接决定着一个人的发展情况。一个干部有没有潜质，未来的发展方向怎样，有一定社会经历或领导经验的人，一般都从这两种素质判断，而不是从一件事情去判断。我看过对你们的考察报告，刚刚又听了你们的发言，我对你们很有信心，相信你们有这样的素质，能够做得好。

2. 正确认识困难与机遇。你们刚来，热情很高，这很好。但是也要正视困难，因为只有理智才能使人长久，责任才能使人坚持。到学院工作需要克服的困难很多：首先，亲情方面。家人不在身边，两地分居是个普遍现象。其次，友情方面。这里没有原来熟悉的朋友圈和生活圈，要重新去适应和建立。再次，地域方面。有的同志来自北方，对南方的气候、口味等都会有个适应期。最后，工作方面。工作的对象完全不同，工作的要求也不一样，工作当中面临的挑战也更多。大家都是成年人，要把困难估计足一些。学院领导也不能骗你们，当领导要对上负责，也要对下负责；对上忠诚，也要对下忠诚，这样的领导才是真正的领导。

当然大家也要看到学院好的一面：一是责任重大、使命光荣、意义深远。另外一个，学院在培养干

部和教师方面舍得花钱、肯下功夫，这在学院已经形成共识。除了关爱以外，人最希望的是自己得到提高发展，价值得以体现。可以说，学院在培养干部和教师方面已经形成了几个不成文的规定：争取几年之内，每个干部、教师在职称或职务上有提升的机会；争取几年之内，每个干部、教师都能够出次国；争取几年之内，每个干部、教师在工作允许的范围之内，在学历上有个提升。对一个单位来说，需要很大的气魄才能做到这些。大家只要工作认真，爱岗敬业，学院都会提供机会。所以来学院工作，大家既要充分估计困难，靠理性、责任去克服困难；也要充满希望。

三、正确处理各种关系，使个人与学院共同发展

下面，我想跟大家谈谈如何处理优秀与成功、个人与学院、个人与他人、自律与他律的关系问题，正确处理好这几种关系，对大家的工作、生活也许会有一些帮助。

1. 要处理好优秀与成功的关系。我认为，人的一生有五个重要的时刻，第一是出生，每一个人来到这个世界上，什么都不能选择，不能选择父母，不能选择出生在高贵家庭还是低贱家庭等。第二是求学，这是重要时刻，人的一生接受不同的教育，就会产生区别，这种区别可能影响人的一生。第三是求职，找一个什么样的单位工作，对个人的成长和进步十分重要。第四是求偶，求偶也很重要，某件事做得不好，可以更改或者重新做，但是娶错人、嫁错人却是一辈子的事。最后是死亡。五个重要阶段，每个人都必须面对。大家目前面临的是求职问题。你们当中有人是第一次参加工作，有人即使参加过工作也是重新求职，所以，大家都需要对优秀与成功的关系有个正确的认识。一个人有可能成功也有可能失败，谁都希望成功，但是成功的往往只是一小部分人。成功是由很多因素造成的，有主观原因，还有客观原因。同时，成功还是一个长期过程，需要长期的积累。而绝大多数人都是平凡的人，在成功的道路上总会遇到无法逾越的困难。因此，谁都不能说自己一定会成功，但是优秀是自己一定能够做到的。通过自己的品德、修养、敬业、刻苦、坚持，可以使自己达到优秀。要使自己成为一个优秀的人，首先，就要做平凡的人，要拥抱平凡，要在平凡当中干出不平凡。千万不能倒过来，不可先把自己看做一个不平凡的人。其次，要拥有一颗平静的心，要比较超脱地看待一切，能够平心静气地享受生活、对待工作，这对每个人都很重要。有些同志，虽然参加工作时间很长，这点做的还是不够好，总是觉得受委屈，怨天尤人，就是从来不检讨自己。其实很多问题都是由于自己的修养不深、努力不够造成的。最后，要有足够的耐心，要学会等待和积累。尤其是年轻干部，容易浮躁，更要认识这点，要学会积累，学会等待，做事无大小，哪怕再小的事情也要用心做好，要注重做好小事情，不要不屑一顾，不能不愿意做小事。

2. 要处理好个人与学院的关系。我们不仅是自然的人，还是学院的人、社会的人，要与学院荣辱与共、共同成长。首先要多考虑为学院做了什么，贡献了什么，才有资格提出应该得到什么、应该享受什么，不能颠倒主次。只有学院进步了、发展了，个人才能获得进步、发展，这个关系要处理好。

3. 要处理好个人和他人的关系。人是社会关系的总和，每个人都有两条重要的本质：一是独处，二是合群，两者都不可以偏废。要平等、真诚地对待他人；要学会尊重、欣赏他人；要学会换位思考，将心比心，做到合情合理。领导干部更要处理好二者的关系。首先要有原则性，其次要有人情味，这两者缺一不可，但是顺序不能颠倒。做人也是这个道理，既要有原则性也要有灵活性，所以要心放平，态放常，存感激。

4. 要处理好自律与他律的关系。我经常跟学员讲，一个领导干部素质深处是自律。世界上所有卓越者的秘籍都是自律。古今中外，概莫能外。决定前程的关键往往就在当下。佛家也讲过，你希望掌握永恒那你必须把握现在。所以，自律是非常重要的。一个人的品质在没有人监督的情况下才是最真实的。每个人首先应该注重自律，然后才依靠他律。自律和他律的关系在什么时候也要认识清楚。自己的历史自己书写，这对谁都一样，很公平，所以我希望大家珍惜所拥有的机会，为学院未来的建设和发展贡献自己的力量。

最后祝大家工作好，身体好，心情愉快，为学院作贡献的同时，自己也得到发展，得到进步，得到提高。

深入挖掘和充分运用独特的教学资源
进一步打造以党性党风党纪教育为核心的“井冈模式”

（2009年8月30日）

中国井冈山干部学院常务副院长　李小三

在新的学期到来之际，我们仍然利用“井冈论坛”这个重要平台，共同来回顾一下上半年的工作，谋划一下下半年的工作，目的就是要推进学院持续、健康发展，进一步办出特色，同时为学习贯彻党的十七届四中全会精神作准备。

同志们应该还记得，今年年初，我们举办了2009年第二次“井冈论坛”。在那次论坛上，我们就“发扬传统、发挥优势、发展特色，推动学院科学发展”这一主题进行了很好的讨论，并形成了共识。半年多时间过去了，现在回顾一下，我们在坚持发扬传统、发挥优势、发展特色方面，做了一些事情，也取得了一些成效。从培训数量来看，截至8月底，今年已举办各类培训班68期，培训学员3391人（自学院创办以来，共举办各类培训班378期，培训学员18014人）。从培训层次来看，我们举办了第1期省部级领导干部“弘扬井冈山精神，坚定理想信念”专题研究班，高校主要领导干部专题培训班，厅局级领导干部专题培训班，以及国防大学师以上单位党委支部书记轮训班、人力资源和社会保障部百千万人才工程国家级人选高级研修班等层次相对较高的班次。从培训质量看，学员对办学质量的评价，从总体上和单项上都有所提高；社会各界的评价较好，要求来办班的单位日益增加，自今年春季开学到7月底，未安排待安排的培训班次有82个单位4827人。在中管高校书记、校长专题培训班举办期间，李源潮同志还专程来学院与学员座谈，并听取了学院关于开展“加强党性修养、坚定理想信念、保持优良作风”专题培训工作的汇报，并予以了充分肯定。他指出：这次高校主要领导干部专题研讨班办得这么好，能得到学员这样的高度评价，说明专题培训班确实立起来了，成了学院的一个品牌。要继续扩大培训规模，优先安排省部级后备干部和各部委的司局长来学院培训。

这些成绩的取得，是方方面面因素综合的结

果。其中重要的一条，就是我们坚持不懈地紧紧依托井冈山及其周边地区独特而丰富的红色资源优势，坚定不移地进行了积极的教学改革创新。教学内容方面，不仅进行了马克思主义中国化最新成果的培训，而且围绕学院功能定位，突出了革命传统教育、理想信念教育和党性党风党纪教育。教学形式方面，完善了现场教学，推出了新人、新点、新主题和讲授的新角度，逐步形成了“集中点评、分组讲解、教学互动、情景交融”的富有感染力的现场教学模式。同时，提升了社会实践教学，在吉安市高新开发区这一新的社会实践教学点中，通过市委主要负责同志讲课、学员参与互动等形式，收到了很好的效果。课程建设方面，形成了“新民主主义革命的基本历程与主要经验”、“井冈山斗争与井冈山精神”、“中央苏区与苏区精神”等特色课程。并且，从第5期正厅局级领导干部专题培训班开始，这三门课程都由学院专职教师主讲。教材建设方面，正式出版了一批学院自主开发的基本教材、辅助教材、音像教材、自学教材。启动了与中央文献研究室合作编写教材的工作。兼职教师选聘方面，聘请了苏荣、朱之鑫、王晓晖、李忠杰、徐焰、李国安、吴天祥等37名有影响的专家、领导和社会典型人物来院授课，学员反响热烈，教学影响不断扩大。学科建设方面，进一步理清了党史、党建、领导学、国情研究四个重点学科研究方向。进一步规范了院级课题的评审制度，第一次对院级课题实行匿名评审。科研方面，学院共出版专著10部；在《人民日报》、《光明日报》等各类报刊上公开发表论文170篇；2003年6月至2008年6月4册学术成果汇编正式出版。后勤保障方面，努力克服困难，经受住了高密度办班的考验，提供了有力的后勤保障，同时积极跟进添建工程。

当然，学院目前存在的问题和不足也十分明显，主要体现在：一是办学硬件方面，随着办班密度的加大，资源设备的约束十分明显。二是教学方面，教学水平参差不齐，专职教师的整体水平还有待进一步提高，兼职教师的遴选把关要更加严格。三是核心竞争力的形成方面，品牌班次、精品课程、有特色的教材体系的形成进度仍然需要加快。

新的形势下，学院面临新的压力。主要体现在以下几个方面：一是参训学员的素质和层次越来越高，对我们提出的要求也会越来越高。二是自主选学的压力在增加。进行自主选学是当今干部教育培训的一种必然趋势，我们学院作为一所国家级干部学院，能不能适应这个时代趋势？能不能在自主选学中更加有所作为？我看，我们不仅要有面对自主选学的勇气，更要有应对自主学习的实力。三是随着办学时间的增长，第二次甚至第三次到学院来学习培训的学员必将越来越多，如果在教学形式、教学内容等方面没有新的创新和增长点，培训的针对性和实效性就很难保障，学院的可持续发展就要面临很大挑战。

要适应新的形势，解决面临的新问题，必须始终围绕学院的功能定位，始终按照“发扬传统、发挥优势、发展特色”的要求，充分依托和利用井冈山独特的教学资源，以党性党风党纪教育为核心，不断打造办学特色，不断提高竞争力，从而在大规模培训干部，大幅度提高干部素质中发挥更大的作用，作出更大的贡献。

一、深入挖掘好井冈山独特的历史资源，全面把握井冈山斗争时期党性党风党纪的丰富内涵

井冈山及其周边地区，拥有丰富而独特的红色资源。这些史迹、史料以及纪念场所等，是井冈山斗争的历史见证，是井冈山精神的高度凝结，为开展干部培训提供了独特、丰富、鲜活的素材和场景。中央在井冈山创办国家级干部学院，就是要充分利用井冈山及周边地区的革命历史资源，形成有井冈山特色的独特教学内容和独特教学方式，使之成为培养新时期共产党人的必修课程，发挥对领导干部进行革命传统教育和基本国情教育的基地作用、永葆革命青春的加油站作用、党性锻炼的熔炉作用。因此，学院必须坚持不懈地按照中央赋予的功能定位，深入挖掘好这些独特的历史资源。

1. 以更宽广的视野拓展井冈山精神研究的维度

一是从马克思主义和世界无产阶级革命精神的视角来研究。井冈山道路是马克思主义中国化的开篇之作，它是毛泽东等老一辈无产阶级革命家把马克思主义普遍真理与中国革命具体实践相结合的产物，井冈山革命道路的开辟过程，体现了革命领袖运用马克思主义的世界观、方法论来认识和改造客观世界的深刻自觉，能给今天的领导干部在认识论、辩证法方面的深刻启迪。“以农村包围城市、武装夺取政权”的井冈山道路与俄国的“城市暴动、武装夺取政权”的道路是国际共产主义运动中交相辉映的两条革命道路，具有伟大的原创意义。井冈山精神的实质、内涵，是打破旧世界的锁链、建立一个理想的新世界的世界无产阶级革命精神的重要组成部分。

二是从中国共产党人的精神源流的视野来研究。井冈山精神是中国革命精神的重要源头，是苏区精神、长征精神、延安精神、抗战精神、西柏坡精神等精神链条的坚实基础。与大庆精神、“两弹一星”精神、焦裕禄精神等为代表的社会主义建设时期的精神传统具有内在统一性，为以小岗精神、女排精神、九八抗洪精神为代表的改革开放新时期的精神创造灌注了强大的精神动力。从这个角度去观察研究，才能越发认识到井冈山精神的伟大。

三是从中华民族精神的传承视野进行研究。中华民族精神是一座巨大的精神宝库，其内涵无比丰富，贯穿于数千年中华民族的历史发展之中。它对于中国共产党人的精神有着巨大而深远的影响，井冈山精神从多方面体现着中华民族伟大的精神传统。“天下兴亡、匹夫有责”、“爱国至上、精忠报国”的家国意识与井冈山时期的“革命理想高于天”的崇高理想信念，“舍生取义、杀身成仁”与共产党人“为有牺牲多壮志，敢教日月换新天”的牺牲精神，“勤劳勇敢、自强不息”，“鞠躬尽瘁、死而后已”、“清正廉明、一身正气”的传统美德与井冈山时期的“艰苦奋斗、勇于胜利”等都有着深深的契合。

这三个方面的研究学院已经在做，成果体现为我们编著的《中国共产党人精神研究》、《解读井冈山》和即将出版的《井冈山——永远的精神家园》。但这些方面的研究还是刚刚起步，还必须不断细化，不断深入，以取得高质量的研究成果。

四是从人类共同精神文明成果的视野来研究。最近几年，市场上出现了许多如《党史商鉴》、《读党史学管理》、《向解放军学管理》等方面的书籍，说明许多人已经认识到我们党的历史、我们党的精神和优良传统所蕴含的巨大价值，这个价值不仅仅指传统意义的诸如党的建设、意识形态、思想政治工作等方面，而且体现出对组织文化、组织发展、管理学诸多学科理论与实践等方面的启示作用。比如说三湾改编对组织体制的构建重组，比如说士兵委员会与组织的民主管理，比如说理想信念与组织的愿景，红军严明的纪律与组织的纪律等。成功的组织一定具有成功的元素，虽然历史条件、环境不同，但蕴含的原理、道理是相同的，思路、方法是可以借鉴的。再比如长征，不仅仅是中国共产党人的伟大创举，也是人类历史的奇迹，是人类以坚定的信念、不屈的意志和铁的纪律战胜重重困难、战胜自我，走出逆境、走向胜利的光辉典范。它具有强大的精神力量和心理震撼力，它的精神价值是人类共享的。我们都知道《旧约圣经》记载的以色列的先知摩西率领犹太先民们走出埃及的“出埃及记”，总是被西方人津津乐道，是犹太民族的一座精神丰碑。我们把长征与其相比，无论是环境的恶劣、路途的遥远、经历的磨难、超人的意志、不屈的精神，完全可以说是有过之而无不及。也正是这种强大的精神感召力，才有许多外国人也关注、研究长征，有些还亲身体验重走长征路。

因此，我们要拓宽视野，除了从党史、党建等角度研究井冈山历史，还要注重从组织行为学、管理学、领导科学、社会学、文化传播学等学科对井冈山历史和井冈山精神进行深入研究，从井冈山精神的宝库中挖掘出更多的宝藏。

2. 全面把握井冈山时期共产党人党性党风党纪的丰富内涵

学院的一项长期任务就是要对全国的中高级领导干部进行党性党风党纪教育，所以，必须着重研究透井冈山斗争时期共产党人党性党风党纪的丰富内容，研究透井冈山英烈党性党风党纪的集中表现，为教育培训工作夯实基础。

我在这里提出一些纲目，供大家一起来研究。

第一，井冈山时期坚定的无产阶级党性。

一是矢志不渝的理想信念。毛泽东引兵井冈，“星星之火，可以燎原”，无数革命英烈用自己的生命和鲜血塑造了一座座为共产主义理想信念无私奉献的高耸丰碑。

二是真心实意为群众谋利益。“红军宗旨，民权革命”、“革命成功，尽在民众”，我党历史上的第一部土地法——《井冈山土地法》。除了从根本上解决土地问题外，党和红军还注意关心群众日常生活中的疾苦和痛痒，切实解决群众的衣食住行、柴米油盐等实际问题。

三是顾全大局，对党忠诚。1929 年初，朱、毛率领红四军主力转战赣南，“围魏救赵”，彭德怀、滕代远率刚上山的红五军和王佐率领的红四军第三十二团留守井冈山。这个决定，在红五军官兵中引起巨大争议。在形势极为严峻的情况下，彭德怀、滕代远把个人生死和局部利益置之度外，说服了周围有不同意见的同志，勇敢地挑起了保卫井冈山的重担，表现了共产党人的崇高风范和宽广的胸襟。

第二，井冈山时期优良的革命作风。

一是实事求是，敢闯新路。以毛泽东为代表的中国共产党人，走遍整个罗霄山脉，深入根据地调查研究，实事求是，从湘赣边界的井冈山开始，将马克思主义与中国革命实际相结合，解放思想，敢闯新路，探索出了一条引导中国革命走向胜利的井冈山道路，书写了马克思主义中国化的开篇之作。

二是密切联系群众，紧紧依靠群众。井冈山斗争时期，共产党人深入群众，了解群众疾苦，与群众有福同享、有难同当，反对“衣分三色，食分五等”，反对领导干部搞特权，与群众打成一片。毛泽东大井访贫，朱德军长与老百姓“有盐同咸，无盐同淡”，彭德怀茨坪给群众发放银元，陈毅带病帮助大井农民割禾等，在井冈山也广为流传。

三是注重发扬民主。实行军事民主、政治民主、经济民主，唤醒了井冈山军民长期被压抑的做人尊严，激发和调动了广大军民创建和保卫根据地的积极性、勇气和智慧，使井冈山军民能够与我们党一起休戚与共，以弱胜强，很快打开了局面。

四是艰苦创业，率先垂范。井冈山斗争时期，面对敌人严密经济封锁，在极端困苦的条件下，红军官兵一致，每人每天只有5分钱菜金，经常吃红米饭南瓜汤；为了节省用油，毛泽东晚上办公只点一根灯芯；在步云山，毛泽东带头吃野菜；朱德虽已42岁，仍坚持和战士们每天往返100多里下山挑粮；彭德怀坚持和战士们一起睡地铺、盖稻草。

第三，井冈山时期严明的组织纪律。

一是建章立制，颁布“三大纪律，六项注意”。井冈山斗争时期，我们党及其领导的工农红军严格遵守“一切行动听指挥”的政治纪律、“打土豪筹款子要归公”的经济纪律和“不拿老百姓一个红薯”

的群众纪律，秋毫无犯，赢得了群众的信任和拥护。

二是领导模范带头遵守。1927年9月下旬，秋收起义部队路过江西省莲花县甘家村，用了一户没人在家的老百姓一点粮食，临走时，毛泽东要求把米钱放在米缸里，还附上一封信说明情况。1928年9月，红四军主力从湘南回师井冈山攻占遂川县城后，遂川下庄的乡亲们在乡苏维埃政府主席李耀唐组织下，送来了很多茶水、点心，招待路过的红军。部队离开时，因缺少现金，军长朱德便叫副官在每只茶桶上缠上一丈白布，折价代付现金，群众称赞不已。

三是严格监督执行。为了督促广大指战员认真执行群众纪律，工农革命军前委专门成立了“纪律检查组”，负责检查各部队遵守群众纪律的情况。当部队离开一个地方时，“纪律检查组”成员就分头到群众中去了解情况，听取意见，查漏补疏，防止部队侵害群众利益的现象发生。

在中国特色社会主义建设中，加强党性修养和党风党纪建设的具体内容虽然会有所调整，但我们党在长期历史实践中形成的优良传统必须继承和坚持，当年井冈山斗争时期共产党人的党性、党风、党纪永远值得我们学习和借鉴。

3. 按照党性党风党纪教育培训的要求，形成更完整的红色教学资源网络

进一步开发新的教学点，使教学点布局按照历史的逻辑、现实的需要来配置，形成一个以培训主题的实际需要为“纲”，以重大历史事件为“点”，以历史进程脉络为“线”，以不同的革命根据地为“面”，纵横交错、有机连接的更丰富、更完整的教学资源网络。即在时间上以井冈山、中央苏区为代表的土地革命时期，向前延伸到南昌起义、秋收起义、八七会议及之前的大革命时期，向后延伸到长征时期、抗战时期、解放战争时期，涵盖党的整个革命史。在空间上以井冈山革命根据地六县一山为核心，向周边拓展到中央革命根据地、湘赣革命根据地、湘鄂赣革命根据地、闽浙赣革命根据地、鄂豫皖革命根据地等，形成独特的教学内容。结合专题培训班的办班需要，进一步开发以“保持优良传统和作风方面”为主题的教学点，并尝试开设“老区今昔——茅坪、茨坪的历史变迁”、“昨天、今天与明天——毛泽东‘兴国调查’（‘寻乌调查’）的再调查”等现场课程。8月22日，学院组织人员已对兴国“毛泽东作长冈乡调查纪念馆”进行了教学调研，对毛泽东“兴国调查”中的八位农民后人进行了走访调查，将择机进入两周专题培训班的教学计划。

二、充分运用好井冈山丰富的教学资源，切实提高领导干部党性党风党纪教育的实效

井冈山及其周边地区得天独厚的红色资源，为我们今天加强干部党性锻炼提供了丰富的素材、良好的载体、鲜活的场景。但历史资源不等同于教学资源，得天独厚的素材也不可能自动变为教学特色，而必须按照教育培训的规律对这些资源进行转化，即我们经常强调的必须把独特的历史资源优势转化为教学优势，把教学优势转化为干部的素质与能力优势。要完成好这个转化工作，必须做好“四个结合”的文章。

1. 历史与现实相结合

井冈山精神是我们党的传家宝，是党性党风党纪教育的精神宝库，是新时期领导干部加强党性修养和作风建设的生动、深刻的教材。但我们的领导干部不是来学院进行党史方面的学术研究，而是要通过学习历史在世界观、方法论方面得到启发、得到感悟。因此，对领导干部进行革命历史和革命传统的教育，不能就历史讲历史，而必须紧密联系现实，找准历史与现实的对接点，才能实现培训目标，实现让历史告诉现在、让历史启迪未来的目的。从井冈山斗争时期到建设中国特色社会主义历史新时期，我们党从革命党成为了执政党，从领导人民夺取政

权到领导人民建设国家，党的历史方位和历史任务发生了根本性变化。对领导干部进行党性党风党纪教育，既要把井冈山精神放在中国革命史的背景中去理解、把握，更要结合时代要求加以深化、实化，围绕推进党的建设新的伟大工程这个总目标，用毛泽东等老一辈革命家坚持“星星之火，可以燎原”的坚定信念，引导学员在复杂多变的国际局势和艰巨繁重的国内改革发展任务面前，坚信只有中国特色社会主义才能发展中国；加强对学员的执政意识、政权意识教育，用井冈山斗争时期我们党创建人民政权的艰难过程教育学员进一步增强忧患意识、责任意识，倍加珍惜和不断巩固党的执政地位，自觉增强公仆意识、宗旨观念，发扬不骄不躁、艰苦奋斗的作风。实现历史与现实相结合，还必须结合改革创新的时代精神开展培训。井冈山精神是中国革命精神之源，与改革创新的时代精神有着内在同一性和继承性，是我们战胜前进道路上各种困难，开创中国特色社会主义事业新局面，夺取全面建设小康社会新胜利的强大动力。加强党性、信念和作风教育，必须把井冈山精神的教育与改革创新的时代精神教育融合起来，邀请新时期英雄模范人物现身说法，引导学员继承井冈山光荣革命传统，大力弘扬改革创新精神，增强改革意识，激发创新热情，使学院真正发挥“永葆革命青春加油站”作用。

2.理论与实际相结合

利用井冈山独特的教学资源对领导干部进行党性教育，必须紧密联系当前领导干部的思想和工作实际开展培训。当前，领导干部队伍作风状况总的是好的，但也有一些干部在作风上存在着宗旨意识不强、理论与实践脱节、政绩观不正确、纪律观念淡薄等问题。出现这些问题的根本原因，是世界观、人生观、价值观出了偏差。我们要用井冈山斗争时期革命先辈为了劳苦大众利益而不惜牺牲个人一切的感人事迹和崇高品德教育学员，引导学员对照井冈山精神这面“镜子”，认真思考向革命先辈学什么，自觉清扫精神灰尘，始终保持共产党人的政治本色，树立正确的世界观、人生观、价值观，树立正确的事业观、工作观、政绩观，从而沿着正确的人生道路和政治方向健康成长。只有联系学员的思想和工作实际，才能满足学员多样化、个性化的培训需求，才能真正提高教育培训的针对性，也才能在今后的自主选学中提升学院的竞争力。

3.内容与形式相结合

在教学过程中，必须坚持教学内容与教学形式两手抓。一方面，要通过独特历史资源向教学资源的转化，不断丰富党性党风党纪教育的内容，形成相应的课程、教材和研究成果，用事实说话，用史事论证，言而有据，言之成理，用鲜活的材料和丰富的内容来满足学员的学习需求。另一方面，要特别注重教学形式和方法的创新。革命传统教育不仅是一种知识的传授，在很大程度上更是情感态度和价值观方面的教育，采用恰当的形式显得尤为重要。要以现场教学为核心，综合运用课堂讲授、现场体验、案例分析、研讨交流等多种培训方式，实现“理从史出”、“情理交融”，切实增强培训效果。学院自创办以来，我们紧紧依托现场资源，遵循教学设计的一般理论、规律、要素和过程，把握现场教学的动态、直观、情境性等特点，抓实现场教学的主题设计、活动设计、媒体设计、管理设计、评价设计等设计环节，构建了“六个一”的模式，即“围绕一个主题、讲述一个典型（人物、故事或历史细节）、设计一个活动、营造一个氛围、达到一次震撼、受到一次启迪”，努力把静止的、平面的历史资源转化为立体的、鲜活的形象，激发学员的情感，启发学员思考，增强教学的震撼力，很好地实现了内容与形式的统一，达到了情境交融、知情合一，“一次现场教学课就是一次精神洗礼”的效果。

4.激情与理性的统一

学院要真正成为激发广大党员干部革命激情

的“加油站”，必须充分发挥现场教学、体验式教学、教学演出、唱革命歌曲等生动活泼的教学方式，激发学员的情感，震撼学员的心灵。但仅仅停留在激情感染的阶段还不够，我们经常说“只有理论上的清醒才能有政治上的成熟”，因此，还必须在激发情感的基础上，实现由感性到理性的升华，启发学员对历史、对现实的思考，实现激情与理性的统一。为把学员的感性体验进一步上升为理性自觉，就要在开展现场体验教学的同时，及时安排相关的课堂讲授、学员论坛、自学、小组交流等教学活动，补充相关历史知识，进行必要的理论引导，让学员对自己的感悟进行梳理、归纳。比如，现场教学之后，及时在现场开展教学互动和学习分享及小组讨论，“趁热打铁”，让学员交流学习感受、认识和收获，这样效果就比单纯的现场教学要好很多。

三、以四大品牌建设为抓手，进一步打造以党性党风党纪教育为核心的“井冈模式”

近年来，我国的干部教育培训体系正在结构重组中实现新的重大转型。培训结构的调整必将带来培训理念、布局、功能、模式、内容、形式及管理的深入变革，打造教育培训品牌、深化教学改革是干部教育培训创新的关键所在，是干部培训机构提升核心竞争力的关键，是干部教育培训机构求生存、谋发展的必由之路。当前，我们要按照“发扬传统、发挥优势、发展特色”的要求，重点抓好“品牌班次、精品课程、名师工程、品牌管理”这四大品牌建设，全力打造以党性党风党纪教育为核心的“井冈模式”。

1.品牌班次建设

当前，干部教育培训市场大开放、大竞争的格局正逐步形成，干部教育培训的组织形式也已由原来单一的组织调训，逐步改变为组织调训与干部自主选学相结合。在逐渐开放的干部教育培训体制中，干部教育培训机构要在激烈的竞争中求得生存，必须不断地提升自身的核心竞争力，以自己的教学品牌参与竞争，以自己的特色吸引学员和社会公众。干部教育培训机构品牌班次建设应根据培训机构的功能定位、培训对象、教学资源等方面综合考虑。结合学院的实际，我们应把领导干部“加强党性修养、坚定理想信念、保持优良作风”专题培训班作为我们的品牌班次来建设。

大家都知道，按照中央组织部的统一部署，2009年上半年，我院先后举办了13期厅局级领导干部“加强党性修养、坚定理想信念、保持优良作风”专题培训班。从培训情况看，学员们普遍认为这种专题培训主题非常鲜明、内容较为丰富、形式新颖生动、管理严格、效果突出，受到各方面的肯定和好评。

因此，把领导干部“加强党性修养、坚定理想信念、保持优良作风”专题培训班作为我们的品牌班次，能充分体现学院的功能定位，能充分发挥学院的资源优势，能充分展示学院的办学特色，既有科学性，同时又有坚实的基础，已经有了良好的开端。现在，我们要做的是，全面深入总结已经举办班次的培训经验，对于实践证明好的做法进一步提炼、规范，形成制度，同时查找问题、分析原因、研究对策。继续加强学员培训需求调研，进一步优化和完善下半年集中专题培训的教学设计，在培训课程、培训方法、培训管理上精益求精，不断提高教学的针对性，增强培训实效。特别是要根据中央组织部的要求，做好干部教育自主选学的各项准备工作。根据自主选学的需要，认真设计课程菜单，设计好能满足不同培训需求的学制各异的培训计划，并争取尽早开设两周的专题培训班次。在总结培训实践的基础上，加强对新时期领导干部党性教育培训等方面课题的研究，进一步加强干部成长规律、干部培训需求、干部教育规律、学院办学实践及经验等方面的研究。

2.精品课程建设

课程的质量是衡量一所学校教学质量最重要的

指标。能不能给学员留下深刻的印象，最关键的应该是学院能不能有一些品牌课程。什么是品牌课程？用李源潮同志的话来讲，“品牌课程就是特色课程，就是在别的地方上不到的课程，是大家都感兴趣的课程，是在一生当中能够回想起来的课程、不会忘记的课程。要形成特殊的风格、特殊的语言、特殊的逻辑”。

我们要围绕“弘扬井冈山精神，加强党性党风党纪教育”这个培训主题，充分发挥井冈山和中央苏区革命斗争时期中国共产党人加强党性党风党纪方面的革命历史资源优势，针对当前厅局级领导干部在思想政治建设上存在的突出问题，组合“井冈山革命史与井冈山精神”、“中国共产党党性锤炼”、“中国共产党优良作风”、“中国共产党铁的纪律”、“当前的形势与任务”等五个教学课程模块，打造“井冈山革命斗争史”、“从井冈山道路到中国特色社会主义道路”、“井冈山精神及其时代价值”、“中央苏区简史与苏区干部好作风”、“中国共产党的优良传统及现实启示”等一批精品专题课程。

按照“寓理于史、寓理于情”的要求，进一步加强现场体验式精品课程建设。按照“一次现场教学就是一次精神洗礼”的要求，继续完善和提升“六个一”的现场教学模式，进一步凸显现场体验式的教学特色。通过课题研究、观摩教学等方式，运用现代教育培训的有关理论，对朱毛挑粮小道、荆竹山雷打石、自做红军餐、井冈山革命烈士陵园、大井朱毛旧居、小井烈士墓等初具品牌效应的现场体验教学课进行分析和提炼，把成功经验推广到其他现场教学点，每年完成3—5个现场教学点的教学提升工作，使每个现场教学都成为学院的精品课程。

加大案例教学课程的力度。开发一系列体现学院特色、高质量的党史、党建、基本国情和领导科学方面的教学案例，如开设从毛泽东“上山”看实事求是、学习毛泽东朱德周恩来等老一辈革命家的宽阔的眼界思路胸襟、井冈山斗争时期中央苏区时期艰苦奋斗的经典案例等案例教学课程。尝试在一些有条件的现场教学点，采用案例教学和现场教学相结合的教学方式。

要拓展新的社会实践点。认真总结当代中国特别是江西等中部省市在改革开放、科学发展、社会主义新农村建设、社会主义和谐社会建设等方面的经验，进一步开发社会实践教学点，以社会实践课程为主体，形成以现场体察和调研为特色的国情教育课程。同时，充分发挥井冈山地处湘赣边界的位置优势，利用好湖南境内广袤的红色资源，开发好“长株潭城市群”等新的社会实践点。

总之，要根据不同班次、不同教学对象拓宽教学内容，形成专题课程、现场教学课程、社会实践课程等多种形式的精品，使课程体系既保持学院自身特色，又体现鲜明的时代性，不断满足学员培训的多样化、个性化需求。

与精品课程建设相适应，还要大力加强教材建设。教材编写要根据学院的功能定位进行统筹安排，要按学科规律进行合理规划，加强教材内容的有机联系，使编写的教材形成一个有机统一的整体。根据这个要求，下半年要完成《新民主主义革命简史》、《井冈山：中国共产党人永远的精神家园》、《领导干部眼界宽胸襟宽思路宽研究》和《毛泽东朱德与井冈山》（与中央文献研究室合作开发）等革命传统教育教材的定稿出版；要抓紧编写《中部崛起与对外开放》、《六县一山的历史与现实》等国情教育教材以及修订并正式出版案例教材《革命传统经典案例》；拍摄《理想信念高于天》、《革命纪律要牢记》、《苏区干部好作风》等音像教材，使教材类别更加均衡、特色更加明显、体系更加完备。

3. 名师工程建设

一所学校只有拥有一定数量的品牌教师，才能在社会上形成知名度和影响力。从事干部教育培训者必须忠诚党的干部教育事业，具有强烈的责任意识和扎实的理论基础，对重大理论与现实问题有深入研究，对干部教育培训规律有深入的理解和掌握，教学效果优良，深受学员的广泛欢迎和好评，在社会上具有较大的影响。

一是加大专职教师队伍的建设力度。重点培养对井冈山斗争史、井冈山精神、基本国情、领导科学研究领域有深厚造诣、突出成就的专家学者，对他们在职务晋升、职称评定、学习进修等方面给予倾斜，通过采取政策引导、制度和待遇保障、精神和物质激励等措施，引导和鼓励他们安心教学岗位，潜心理论研究，苦练教学内功，努力成为学院的教学品牌。继续创造吸引优秀人才来院工作的条件，重点引进学科带头人，形成中井院人才效应。对专职教师开展多形式、多渠道的培训，如分期分批赴其他四所国家级干部院校跟班学习、到相关高校或研究机构做访问学者、下基层单位挂职锻炼、出国考察和培训进修，不断拓宽专职教研人员的业务能力、学术水平、知识视野和社会阅历。

二是优化兼职教师队伍。坚持为我所用、滚动发展的原则，进一步遴选一批政治素质高、学术功底厚、教研能力强，国内一流的学者型领导、知名专家和先进模范人物定期来院讲课；引导兼职教师和专职教师共同拟定课程开发大纲、开发计划，既提高课程质量，又锻炼专职教师。

4.品牌管理建设

在现代干部教育培训中，教学组织管理对于办学水平与质量日益显示出至关重要的作用。在推进干部教育品牌战略过程中，教学管理的创新直接影响着精品课程的研发、教学项目的更新及教学名师的培育。

要继续优化教学流程管理、预案管理，继续加强教学督导管理、准军事化管理，通过大力推行和认真实施精细化管理，健全工作机制，规范工作流程，优化资源配置，建立健全学员的学习考核制度、教师跟班制度、教学督导和教学评估制度等各项制度，促进学风建设取得明显成效，切实提高管理效能，真正做到管理不留空白，努力打造管理品牌、服务品牌，进一步提升教学管理水平。

与此同时，要全面总结行政管理、后勤管理的经验，全面实现标准化、规范化，着力提高服务水平。

同志们，再过一个月，我们就将迎来中华人民共和国60华诞。60年一甲子，60周年是一个中国人很重视、很重要的纪念时刻，它必将进一步彰显60年我国社会主义建设和改革开放的伟大成就，同时又开启了中华民族伟大复兴的新的历史征程。我们要以更加求真务实的精神，以更加奋发有为的状态，投入到发展好学院的各项工作中去，为把学院建成中国共产党领导骨干的理想信念教育和党性教育的重要基地，建成国内独具特色、国际上有影响的新型干部学院作出更大的贡献，为新中国成立60周年献上一份厚礼！

在2009年教师节座谈会上的讲话

（2009年9月9日）

中国井冈山干部学院常务副院长　李小三

今天在这里相聚，召开教师节座谈会，我觉得很有意义。刚才八位同志的发言水平很高，听后使人振奋、令人鼓舞、深受启发。大家的发言充满着友好，充满着对学院干部教育培训事业发展的期待，也充满着工作激情。表明大家都在思考关于学院建设、发展的一些深层次问题。尤其是两位特聘教授，用自己的亲身经历、人生感悟、教学体会，给我们谈了一通很好的话，把最好的东西无私地传授给我们。一个人的一辈子要圆满，这两位教师很圆满。圆满是什么，就是指一个人一辈子尽可能要做个自立的人，有益于社会的人，不是被别人戳脊梁骨的人，不能成为别人讨厌的人，不能贪污腐化，这就是圆满。如果贪污腐化，不但一生英名丧失殆尽，还会祸及家人。圆满很重要，每个独立的社会人，都面临圆满的问题。有了这种认识，才会有敬畏之心，才会敬畏人生、敬畏组织、敬畏事业。

今天为了庆祝我国第25个教师节，在这个特殊的日子大家相聚一堂，聊聊天，谈谈学院的未来与教师的使命。大家都是从事干部教育培训事业，干部队伍建设、干部成长规律是我们的主要研究对象。我最近连续写了三篇文章，第一篇主要内容是：什么是优秀的领导干部，现代优秀领导干部的内涵和外延是什么？第二篇主要内容是：优秀的领导干部是怎样造就的？这其中肯定有规律可循。第三篇主要内容是：一个优秀的领导干部如何可持续走好？可持续走好不是指一直升到中央，升到总书记，升到国家主席。这是不现实的。而是指领导干部能够健康、平稳、持续地为人民、为社会作贡献，同时个人也能健康成长。教师和领导干部的成长规律是相通的，下面围绕这个题目和大家进行交流，主要讲以下几个方面：

一、学院广大教师、科研人员为学院的建设和发展作出了重大贡献

经过几年的运行，学院的办学水平正在逐步提高，办校效果正在日益凸显。可以说，学院广大教师、科研人员为学院的建设和发展作出了重大贡献。学院刚创办时，人员队伍参差不齐，不好说这样的话，现在有底气这样说。主要有三个方面原因。第一，创办了一所全新的干部学院。学院是全新的，所谓全新，是上无瓦片，下无桌椅和人员。当年创办时，是借了几万元钱启动，租了几间房子办公，在一无所有的基础上创办了一所新型的国家级干部学院。大家不论入院时间先后，都是创业者，伴随学院经历了从无到有，从小到大，从不太规范到比较规范，从没有什么影响到有比较大的影响的过程。这个过程凝聚着全体工作人员、广大教师和科研人员的心血和智慧。人生的价值不在于做多大的官，不在于如何轰轰烈烈，而在于能够从事一项伟大的事业。我认为这辈子能和各位一起从事干部教育培训的伟大事业，是最有意义的事情，值得付出自己全部的时间和精力。第二，建立和完善了学院的教学体系，包括教学计划、课程、教材、队伍、教学点、教学流程。第三，个人得到成长，团队得到进步。看到在座每一位都感觉非常地亲切，我们在一起时间长的有六七年，时间短的几个月。目睹了大家的成长和团队的进步，非常欣慰。学院是个熔炉，是个大学校，把来自不同岗位、不同生活工作环境、不同品位的人变成和谐团结的整体。许多同志来院之后思想上、心灵上有了很大进步，学识、学历得到很大提高。有的同志刚来时是本科，在学院念完了硕士；有的同志刚来时是硕士，在学院念完了博士。还有一些同志职称上有了很大进步，完成了从一般老师到讲师、到副教授、到教授的过程。就这么几年，时间不算长，大家一起完成这么多事，非常不容易呀！这是对个人人生积累很重要的一个台阶，大家不能也不应该忘记。大家的科研水平也得到很大的提高。翻开《中国井冈山干部学院学术成果汇编》四卷就一目了然，可以非常明显地看出是一年一个大台阶。这么几年，通过个人努力加上团队联合作战，大家一起做了很多事情，都非常卓有成效，这是大家共同努力的结果。

几年来，学院领导班子对教学科研队伍有几个想法：第一，是期望。期望教学科研人员能够顶天立地，能够尽快进入工作状态，能够尽快成长，能够出名师，出大家。第二，是信任。几年来，有些人犯过错误，但是学院没有进行指责、处罚。不处罚并不意味着组织怕个人、领导怕个人。而是学院领导有胸怀，能宽容，目光更长远。如果连处罚一个人的勇气和担当都没有，还算什么领导干部。第三，是宽容。宽容对于一支新组建的队伍非常重要。没有宽容的氛围，这支队伍是不能成长的。一有点风吹草动就吓得要命，置下级于死地，把下级的自尊、自信全部伤害殆尽。长此以往，学院就不会有希望。所以对来自全国的知识分子要多些包容，多看长处。但是不能纵容，要加强教育引导，这是对个人负责，对单位负责。第四，是帮助。这些年学院对于大家的帮助，大家应该心中有数。一般来说，有多少付出才有多少收获。大家可以扪心自问，来学院后大家付出了多少，而收获又是多少，对于学院给予的要有感恩的心。学院没有为难任何一个人，只有宽容，只有帮助。大家要清醒认识到，该给的学院不仅给了，而且还多给了。对于学院多给予的，大家要讲良心，要知道感恩。如果连这点良知都没有，就不配做人了。

二、培训工作，教学为重；队伍建设，教师为先

根据学院的工作性质、工作任务、功能定位、办学要求，学院要可持续走好，就必须坚持培训工作，教学为重；队伍建设，教师为先。开门办学，教学是中心，质量是生命，要提高教学质量，关键在教师。因此学院要加强教师队伍建设。按照中央文件规定，学院是兼职与专职教师相结合，以兼职教师为主体。以兼职教师为主不是不要专职教师，恰恰相反，学院办学要有创新有特色，就必须要有属于学院的优秀教师和杰出科研人员。当然，兼职教师队伍也要建设好，今后的工作任务是如何搞好两支队伍建设。我认为要做好“四个结合”：第一，做好引进与培养的结合。现在我觉得培养学院的教学科研队伍非常重要。因为引进人才说起来容易，做起来难。如果引进一个合适的人才，对学院的事业有益；如果引进一个不合适的人才，就会给学院的事业造成损害。经过几年的实践，我觉得培养很重要，必须培养一支作风特别过硬，思想素质好，有世界眼光、有见识、有胸怀、有学术水平、有敬业精神的队伍。但这不是一蹴而就的，需要长期的积累。第二，做好组织

培训与自我提高的结合。第三,做好品德修养与知识修养的结合。第四,做好个人成长与团队进步的结合。这些问题我给大家简单点一点,还需要大家共同思考,一起研究。

三、如何做一名合格的乃至优秀的国家级干部学院教学科研人员

第一,要不断增强自身的思想政治素质,真正做一名讲党性、重品行、作表率的教学科研人员。学院是培训中高级领导干部的地方,能做他们的老师真是三生有幸、无比自豪。作为中国井冈山干部学院的教学科研人员真正是使命光荣、责任重大,大家千万不能轻视甚至是懈怠。思想政治素质不过硬,是没有资格给这些中高级领导干部上课的。如果教师本人对马克思主义、中国特色社会主义不是真信真懂,肯定就不能走上讲台。如果教师本人对革命先烈没有感情,课就肯定讲不好。安排这样的人走上讲台,那是在害学院、害党。对于马克思主义、井冈山斗争史等知识,学院的教学科研人员要真信、真懂、真用。令人欣慰的是,学员评价工作人员都是用心、用情在投入工作。教师在用心讲,工作人员在用心为他们服务。不用心、不用情投入工作,写几篇文章,出几本书,有什么用?

第二,要注重自身专业化发展提高。教师的职业自古以来就是传道授业解惑。随着时代的发展变化,逐渐告别了只要有知识就能当教师的时代。现在已经在逐渐步入教师专业化的发展时代。作为国家级干部学院的教师,要具有这种理念。教师的专业化发展包括:专业理想、专业知识、专业能力。专业理想是指符合时代要求的专业理念和精神。专业知识包括学科知识和科学人文方面的基本知识。专业能力包括沟通能力、问题解决能力、自学与反思能力。教师专业化发展是我们面临的重大趋势。学院全体教学科研人员要紧跟时代发展的步伐,对自身担负的使命和责任进行深刻的理解和把握。从专业知识看,学院的教师既要有所学学科的知识,还要关注干部教育成长的规律。掌握干部教育培训的规律和特点。从专业能力看,学院的教师要把握、满足学员培训需求的能力。学员来井冈山培训,有几个问题被中国井冈山干部学院的教师讲懂了,他们感到解渴了,就会一辈子忘不了。

第三,如何进一步提高教学质量,保持教学效果。这是学院全体教师都应该重视的问题。我想讲这么几点给大家提醒一下。(1)一定要重视对教学对象的了解,加强针对性、实效性。因材施教,学院做得还不够,需要加强。我在哈佛大学肯尼迪学院参观访问后,有一点至今仍然印象深刻,就是它的教师队伍的组成与我们有很大的区别。它都是由做过官的、当过职业经理人的、办过刊物的人来当老师。我觉得这点非常了不起。没有当过领导的人,天天讲领导方法、领导艺术,怎么讲得好?学员不会信,因为你没有当过领导。对于领导干部而言,阅历非常重要。阅历就是积累经验,就是资历,就是台阶。学院的教师组成没有办法改变,但是学院的教师可以通过逆向思维,思考学员需要什么,如何才能满足他们的需求。这个问题需要学院全体教师好好琢磨,这个问题不搞明白,学院的干部教育培训工作是搞不好的。(2)语言要精练,要讲自己的话。语言要通俗易懂,要学习毛泽东同志。毛泽东同志的文章非常通俗易懂,就连砍柴的人都能看懂。语言要深入浅出,不能深入深出,更不能浅入深出。口语化,是最好的话。同时,学院教师要认真提高普通话水平。几乎每期督导报告都提到学院有的教师普通话不太标准。说一口比较标准的普通话是教师的职业要求。教学科研部要想出切实可行的办法加以改进。因为中国井冈山干部学院不是区域性的学院,而是国家级的学院,学员来自全国各地。如果学员上课时听不懂教师讲什么,甚至要靠猜,那真是可

笑。在这点上教师和领导干部是相通的,都是靠口才扩大自身的影响。领导干部作一场精彩的报告,就能影响几百人。教师也如此,必须拥有较好的口才和较强的鼓动力。(3)信息量要大,信息要新、要精。学院教师讲课如果还是一些老掉牙的东西,一些陈旧的东西,那就成了一个考古学家,一个古夫子,一个酸秀才。要多讲新知识,信息量要大,要准。

第四,要有一个科学的健康观,做一个可持续发展的干部教育工作者。科学健康观教育是干部教育培训中很重要的一条。教育者先受教育,教育者多受教育。作为传道授业的教育者,必须做一个有科学健康观的人,做一个可持续发展的人。应做好以下几点:(1)要注意身体平衡、心理和谐、人性愉悦,达到三者的统一。身体要平衡,身体经过几万年的进化,多一点不行,少一点也不好,很完美。心理要和谐。心态是自己造就的,自己是自己心态的主人。别人改变不了、决定不了你。心态是否和谐关键在于自己。既要想过去、又要想未来;既要想自己、又要想他人,寻找和谐。人性要愉悦。人是高级动物,我从哪里来,我到哪里去,现在在干什么。这些问题好像很浅显,其实非常重要。做人要豁达、乐观,善于给自己找乐,靠别人天天做思想工作是不行的。(2)要真正认识自己,把握自己,认识别人。既要接纳自己,也要接纳别人。大家都是社会人,是一个群体。对自己有个正确的认识非常重要。首先要有自信心。其次绝对不能自负。不能要求所有的人适应自己,而是自己要适应其他人,适应环境。倒过来就会痛苦,就会跌跌撞撞摔跟头。既要接纳自己,充满信心,也要接纳别人,希望别人好。这样自己才会好,才能共同进步。一个人千万不能什么都要争,什么都要抢,巴不得把别人放在脚下踩,这样的胸怀、品德,是不可能和大家相处得好。再次还要谦虚。谦虚使人进步,谦虚使人长学问,谦虚使人受到尊重。大家一定要记住,越有本事的人越谦虚,越有尊严。(3)要以工作和学习作为第一兴趣。从心理学角度,兴趣就是一种偏好、一种倾向。对工作没有兴趣的人是十分痛苦的,对学习没有兴趣的人是不可能有进步的。要把工作和学习作为第一兴趣,人生才会得到真正的充实。(4)要自我激励与调整。这样才能有一个良好的生活方式,才能可持续地走好。

今天利用这个机会,和大家谈谈心,愿望只有一个,就是希望大家不断进步与提高,希望学院未来更美好。

(陆元兵供稿)

（二）媒体报道

第12期全国老干部局局长轮训班学员代表汇报会在井冈山举行

5月28日，第12期全国老干部局局长轮训班学员代表汇报会在中国井冈山干部学院举行。中央组织部常务副部长沈跃跃出席汇报会并讲话，省委副书记、中国井冈山干部学院第一副院长王宪魁主持汇报会，省委常委、省委组织部部长弘强出席汇报会。

会上，五位学员代表作了发言，与大家交流了自己的学习体会和收获。在听取发言后，沈跃跃对这期轮训班的成效给予了充分肯定，并就老干部工作如何更好地为党和国家工作大局服务提出了要求。她指出，老干部工作作为组织工作的一个重要组成部分，是为实现党的政治路线服务的，与我国改革发展稳定的大局密切相关。我们要认清形势，切实增强老干部工作围绕中心、服务大局的自觉性、主动性。要紧紧围绕党在新时期的历史使命，始终立足于我国的基本国情，紧贴当前形势，进一步增强广大老干部与党和国家同舟共济、共渡难关的信念和决心，进一步发挥他们在改革发展中的积极作用，使老干部工作在服务大局中有更大作为。要突出抓好新中国成立60周年庆祝活动和全国离退休干部“双先”表彰工作等今年老干部工作各项任务的落实，着力研究新情况解决新问题，以实际行动为党和国家工作大局服务。

沈跃跃强调，各级老干部工作者要进一步加强自身建设，努力提高服务大局的本领，以对党的事业的无限忠诚、对老干部的深厚感情做好老干部工作，始终注意从党和国家事业的大局来把握老干部工作，以高度的政治责任感和历史使命感来推进老干部工作。要不断加强业务建设，以过硬的能力服务大局；不断加强党性修养，以良好的作风服务大局。要认清形势、明确思路，提高素质、增强本领，锐意进取、开拓创新，以老干部工作的优异成绩迎接新中国成立60周年。

王宪魁在主持汇报会时说，中央组织部在中国井冈山干部学院举办全国老干部局局长轮训班，充分体现了党中央、中央组织部和中央组织部领导同志对老干部工作的高度重视和对老干部的亲切关怀。通过在中国井冈山干部学院举办全国老干部局局长轮训班，使学员进一步深化了对井冈山精神深刻内涵的理解，进一步明晰了做好新形势下老干部工作的思路，增强了做好老干部工作的责任感、使命感。沈跃跃同志的重要讲话立意高远，思想深刻，准确把握了新形势下老干部工作的时代特点，深刻阐明了老干部工作在党和国家工作大局中的定位，明确提出了做好新形势下老干部工作的要求，具有很强的针对性和指导性。希望各位学员认真学习领会，把讲话精神贯彻落实到老干部工作中去，坚持以科学发展观统领老干部工作，把这次轮训班的学习成效转化为进一步做好老干部工作的能力，把井冈山精神转化为进一步做好老干部工作的强大动力，努力把老干部工作提高到新的水平，更好地为党和国家的工作大局服务。

（《江西日报》2009年5月29日，魏星）

传承革命精神 “红色井冈”正向“五彩井冈”跨越

——坚定信念闯新路（共和国从这里走来）

夏日，江西井冈山革命博物馆游人如织。

展厅里，人们凝神观看，驻足沉思。“实物、文献、图片以及声、光、电的陈列表现形式，加深了我们对井冈山革命斗争史的了解，对井冈山精神内涵的理解。”广东游客吕先生连称“不虚此行”。

“井冈山斗争培育了以坚定信念、艰苦奋斗，实事求是、敢闯新路，依靠群众、勇于胜利为主要内容的井冈山精神。”中国井冈山干部学院教授黄仲芳说，“在应对国际金融危机、保持经济平稳较快发展的当下，弘扬井冈山精神有着重要的现实意义。”

第一个农村革命根据地

巍巍井冈，重峦叠翠。

1927年10月，毛泽东同志率领湘赣边界秋收起义的工农革命军，进军井冈山，开始创建以宁冈为中心的井冈山农村革命根据地。翌年4月，朱德等率领南昌起义、湘南起义的余部到达井冈山，与毛泽东所部会师，井冈山红色政权和革命力量得到加强。

井冈山革命根据地的创建，点燃了中国革命的星星之火，开辟了“农村包围城市、武装夺取政权”的道路，成为中国革命不断走向胜利的光辉起点。

行走在杉木高立、翠竹掩映的山路上，黄洋界的炮声仿佛就在耳边响起；瞻仰茅坪村毛泽东旧居，八角楼的灯光似乎就在眼前闪耀……井冈山的一草一木，见证了波澜壮阔的革命斗争。

井冈山的同志满怀深情地说，井冈山革命斗争最重要的历史贡献，就是坚持把马克思主义基本原理同中国具体实际结合起来，为中国革命找到了正确道路。

毛秉华，井冈山革命博物馆原馆长、井冈山市关心下一代工作委员会主任，自1968年以来，义务宣传井冈山革命史和井冈山精神，已累计演讲2.1万多场，听众达120多万人次。他说，艰苦卓绝的井冈山斗争的胜利，很重要的一条，靠的是中国共产党人对革命光明前途的坚定信念和不懈追求。

“红色井冈”向“五彩井冈”跨越

如今的井冈山，早已成为独具魅力的旅游胜地，红色旅游生机勃勃。

2008年，井冈山市接待游客370万人次，实现旅游总收入26亿元，与2005年相比，分别增长70%和136%。今年1至6月，全市接待游客229.85万人次，实现旅游总收入14.9亿元。

“传承井冈山精神，贯彻落实科学发展观，‘红色井冈’正向‘五彩井冈’跨越。”江西吉安市委常委、井冈山市委书记王晓峰说。

发挥特色和优势，井冈山正在打造以“红色朝圣之旅”、“绿色观光之旅”、“蓝色休闲之旅”、“金色培训之旅”、“古色民俗之旅”为主要内容的“五彩井冈”。

“红色朝圣之旅”，投资1000余万元对革命旧居旧址进行陈列复原，对茨坪毛泽东旧居、黄洋界等红色景点实施情景再现工程，改变了旧居旧址过去单一静态的展示模式，增强了红色旅游的参与性和体验性。

“绿色观光之旅”，开发笔架山景区，将游客引入保存完好的原始次生林区，观赏十里杜鹃长廊和雄奇的高山森林景观。同时，龙潭、水口、五指峰等绿色景区全面改造升级。

“蓝色休闲之旅”，引进了温泉度假、山林穿越、山林探险等项目。投资30亿元，集休闲、度假、会展于一体的梨坪国际会议中心正在加紧建设之中。

7月2日上午，黄洋界宾馆，“井冈山精神的传承创新”互动教学课正在进行。讲台上的老师是老一辈无产阶级革命家曾志的孙子石金龙——井冈山上一位普通的农民。这是井冈山开展“金色培训之旅”的一幕。“金色培训之旅”旨在利用井冈山深厚的红色文化，开展革命传统教育和创业精神培训。

菖蒲古村村民吴建中，至今还沉浸在今年春节胡锦涛总书记到他家做客的幸福之中。眼下，来他家“农家乐”用餐的游客络绎不绝。在吴建中的带动下，村里又开办了13家“农家乐”。以此为契机，“古色民俗之旅”在井冈山蓬勃发展起来。

目前，井冈山直接从事旅游接待、旅游餐饮、旅游服务的人员达3.5万人，占总人口的30%，人均年收入达2.4万元。

井冈山精神永相传

行走在井冈山，随便问一问当地人，或多或少总能说上一段红军的故事，不经意间，被你询问的人可能就是红军的后人。

“红军阿哥你慢慢走，小心路上有石头……”电视连续剧《井冈山》主题曲悠扬的歌声时常在井冈山龙潭景区响起。歌唱者江满凤是红军后代、龙潭景区一名普通的清洁工。当年，她的爷爷江志华跟着毛泽东闹革命英勇牺牲，留下一本皱巴巴的歌本，上面写满了收集整理的红军歌曲。

“我唱红军歌曲，就是要让红军的歌和井冈山精神代代传下去。”江满凤深情地说。

2008年10月1日，大型实景演出《井冈山》在井冈山新城区正式上演。这台在山水实景中由600余名当地农民演出的节目，生动再现了井冈山革命根据地波澜壮阔的历史画卷，引得各地游客纷至沓来。

“巍巍井冈山，天地浩然气。正是因为有了一批舍生取义的共产党人，有了中华民族的脊梁，才有了新中国。今天，我们要把实现中华民族伟大复兴的历史责任，作为生命的信念、人生的价值、生活的目标，以对党、对国家、对人民无比忠诚的气概，将井冈山红旗扛下去！”正在井冈山实地学习的中央党校学员、人民日报社云南分社社长宣宇才深有感触地说。

自2005年春季正式开学以来，中国井冈山干部学院共举办各类培训班359期，培训学员1.7万余人次。

“党中央决定在我们党创建第一个农村革命根据地的地方建设干部学院，用井冈山精神教育和武装广大干部，是创新干部教育培训工作的一项重大举措。”中国井冈山干部学院常务副院长李小三说，“学员们普遍感到：震撼了心灵，净化了灵魂，升华了思想。大家不仅受到了很好的党性党风党纪锻炼，更加坚定了走中国特色社会主义道路的理想信念，也成为井冈山精神的传播者与实践者。”

（《人民日报》2009年7月13日，任江华）

李源潮在井冈山与高校党委书记校长座谈时指出
深入学习实践科学发展观为建设高等教育强国提供强大动力

8月8日，中共中央政治局委员、中央书记处书记、中央组织部部长李源潮在中国井冈山干部学院召开座谈会，听取中管高校党委书记、校长对深入学习实践科学发展观、加强高校党建工作的意见。他指出，要善始善终抓好高校学习实践活动，建立健全长效机制，加强和改进高校党的建设，为推动高校科学发展、加快向高等教育强国攀登提供强大动力。

李源潮充分肯定高校深入学习实践科学发展观活动取得的成效。他说，高校学习实践活动正处在整改落实阶段，要把学习实践活动中形成的共识、明确的思路、制定的举措落到实处，坚持走科学发展之路，办有特色、高水平大学。要坚持社会主义办学方向，把握高校发展规律和人才培养规律，进一步深化教育教学改革，使人才培养结构与社会需求结构相符合。要解放思想、更新观念、调整对人才的评价机制，更多更广地发现人才、爱惜人才、培养人才，更好地为推动科学发展、建设创新型国家培养高层次拔尖创新人才和高素质专业劳动人才。

李源潮指出，要以改革创新精神加强高校党组织和党员队伍建设，把党的政治优势和组织优势转化为高校的科学发展优势。要坚持立德树人，用中国特色社会主义理论体系特别是科学发展观武装党员干部，用社会主义核心价值观教育广大师生。要坚持和完善党委领导下的校长负责制，理顺院系级党组织工作体制和运行机制。要加强基层组织建设尤其是教工支部工作，积极发展优秀青年教师和品学兼优的大学生入党。

李源潮说，高校党委书记、校长要按照社会主义政治家、教育家的标准要求自己，加强党性锻炼，提高办学治校能力，以高尚人格、渊博学识、廉洁形象赢得广大师生的尊敬，不仅成为合格的高校领导者，而且成为学校师生真心敬佩的人生榜样。

教育部部长周济，江西省委和中央组织部、教育部有关负责同志，中管高校党委书记、校长等参加座谈会。

（《新华社》2009年8月9日，谭浩、李兴文）

苏荣为31所中管高校主要领导干部作专题讲座

8月3日至9日，由中央组织部、教育部共同举办的中央管理高校主要领导干部“加强党性修养、坚定理想信念、保持优良作风”专题研讨班在中国井冈山干部学院举行。8月8日上午，省委书记苏荣应邀来到中国井冈山干部学院，为中央管理的31所高校的党委书记、校长作了题为《关于欠发达省份科学发展加速崛起的探索与思考》的专题讲座。

苏荣向学员们介绍了江西的基本省情和经济社会发展概况，着重介绍了江西如何从欠发达省份的实际出发，全面贯彻科学发展观，努力走出一条科学发展、加速崛起的路子的探索和体会。他说，进入新世纪以来，江西的发展势头很好，初步走出了一条符合江西实际、又好又快发展的路子；省委、省政府确定的发展思路、发展战略、发展目标深入人心，形成了广泛共识；广大干部群众的精神状态好，对实现江西崛起充满信心。省委主要领导变动后，我们明确表示，要牢牢把握工作的连续性和政策的稳定性，坚持已确定的指导思想不变，坚持已确定的发展战略不变，坚持已确定的发展目标不变，坚持正确的用人导向不变，努力保持江西这些年来已经形成的好势头、好局面、好氛围。实践中，注重研究新情况，解决新问题，不断完善发展思路，创新发展举措。无论是继承，还是创新，集中到一点都是紧紧围绕如何从欠发达省份的实际出发，全面贯彻科学发展观，努力走出一条科学发展、加速崛起的路子而进行的一种探索实践。具体讲，我们在探索实践中始终注重把握五个着力点：

一是紧紧抓住发展不足这个主要矛盾，坚定不移地加快发展。发展是科学发展观的第一要义，是党执政兴国的第一要务。不同的省份，省情不同，所处的发展阶段各异，在贯彻落实科学发展观过程中所要解决的主要问题也各不相同。江西作为一个欠发达省份，发展不足是我们面临的主要矛盾。从江西实际出发，贯彻落实科学发展观的首要任务，就是要按照党的十六大和十七大都反复强调的一个基本精神，抓住机遇、加快发展。不抓发展，就是最大的不落实；发展太慢，也等于没有落实。在实际工作中，我们牢牢抓住发展不足这个主要矛盾，不管东西南北风，紧紧抓住加快发展不放松；坚持以项目建设为重要抓手，在做大总量的过程中调整结构，转变发展方式，提升发展质量；千方百计化危机为生机，努力加快赶超、崛起步伐。今年以来，我们认真贯彻落实胡锦涛总书记“三保一弘扬”的重要指示，立足化危为机、危中求进，在经济发展方面重点抓了三件事：坚定不移地保企业，促发展；千方百计争资金、争土地指标；深入推进改革开放，增强发展活力。

二是坚持统筹城乡发展的基本方略，努力实现协调发展。农村人口多，农业比重大，工业化水平低，城镇化相对滞后，是江西省情的重要特征。如何正确处理工业与农业、城市与农村的关系，努力实现城乡统筹协调发展，是我省在科学发展、加速崛起进程中必须解决的重要课题。我们坚持把统筹城乡发展作为实现科学发展、加速崛起的基本方略，坚持把大力推进新型工业化、新型城镇化与解决“三农”问题作为一个相互联系、相互促进的系统工程，在着力增强农业农村自我发展能力的同时，进一步探索以工业化致富农民、城镇化带动农村、产业化提升农业，从根本上解决“三农”问题的路子，努力促进城乡协调发展。

三是坚持在发展中保护好、建设好江西的青山绿水，努力实现绿色发展。良好的生态环境是江西最响亮的品牌、最宝贵的财富、最大的后发优势。省委、省政府十分鲜明地提出，既要金山银山，更要绿水青山。强调既不能守着青山绿水受穷，更不能为了眼前的发展而破坏生态环境，“吃祖宗饭、断子孙路”；任何时候都必须十分注重保护生态环境，注重人与自然和谐，注重经济发展与资源环境相协调，努力实现绿色发展、绿色崛起。为此，我们提出了建设鄱阳湖生态经济区的战略构想，规划目标是，坚持以科学发展观为指导，坚持经济文明与生态文明相统一，在保护中开发，在开发中保护，努力把鄱阳湖地区建设成为生态优美、经济发达、城乡协调、人民富裕的生态经济区，成为我省实施“生态立省”、“绿色崛起”的强大引擎。坚持边规划边行动，能做的事抓紧做，加快推进重点工作，加强生态环境保护，在全省大张旗鼓推进河湖源头保护、造林绿化“一大四小”、城镇污水处理、乡村垃圾无害化处理和科技创新“六个一”等五大工程。

四是始终坚持把改善和保障民生作为发展的根本目的，努力实现和谐发展。保障和改善民生，是党对人民群众的庄严承诺，是党的根本宗旨的具体体现，是贯彻落实科学发展观、构建社会主义和谐的内在要求。在致力科学发展、加速崛起的进程中，我们始终坚持富民为先、民生为重，把富民与强省有机统一起来，大力推进以改善民生为重点的社会建设，努力让人民群众共享改革发展成果，不断增强人民群众的幸福感。始终坚持实行新增财力“四个倾斜”，即向困难群众倾斜、向农村倾斜、向基层倾斜、向社会事业倾斜，大力推进民生工程建设，重点解决涉及人民群众切身利益、群众普遍关注的就业、养老、低保、医疗、教育、住房、扶贫和提高群众收入等突出问题。同时，注重正确处理改革发展稳定的关系，注重提高科学执政、民主执政、依法执政的水平，注重加强基层基础工作，注重建立健全社会舆情汇集和分析机制、矛盾纠纷调处化解机制、重大突发事件处置机制，特别是注重适应网络化发展的新形势，积极探索运用网络等现代化手段，畅通民意诉求表达渠道，合理引导人民群众的诉求、妥善化解各类矛盾。

五是切实加强干部人才队伍建设，为科学发展、加速崛起提供坚强保证。干部是促进江西崛起的骨干力量，人才决定江西的未来。实现科学发展、加速崛起，关键在干部，根本靠人才。培养和造就一支高素质的干部和人才队伍，是实现江西崛起新跨越的决定性因素。加强干部队伍建设，关键在于健全选人用人机制，坚持正确的用人导向。从一定意义上说，用人导向决定发展导向。用什么人、怎么样用人，关系到党的作风、干部的积极性和江西事业的发展。去年以来，省委坚持把深化干部人事制度改革工作摆到重要的位置来抓，采取了一系列举措，着力健全完善“按程序选人、用制度选人”的机制，让选人用人权在阳光下运行，让选人用人中的“潜规则”没有市场，真正“破熬官者的梦、断跑官者的路、堵要官者的门”。

苏荣强调，这些年，我们围绕欠发达省份如何实现科学发展、加速崛起进行了一些探索，取得了一定的成效。但我们十分清醒地认识到，我们的探索是初步的，变化也是初步的，实现科学发展、加快崛起、富民兴赣仍然任重道远。如果用一句话概括我省的探索实践，这就是坚持一切从江西的实际出发，说实话，办实事，求实效。只要我们一以贯之坚持这么做，江西的崛起完全可以实现，江西的明天一定会更加美好。

（《江西日报》2009年8月12日，傅云、魏星）

让井冈山精神在大学永放光华

“培养什么人，怎样培养人？”

“办什么样的大学，怎样办好这样的大学？”

“如何加强高校党的建设，怎样推进高校科学发展？”……

在中国革命的摇篮——井冈山，一批特殊的学员认真思考着、热烈研讨着，并通过切身的体验寻找着答案。

8月3日至9日，由中央组织部、教育部共同举办的高校主要领导干部“加强党性修养、坚定理想信念、保持优良作风”专题研讨班，在位于江西省井冈山市的中国井冈山干部学院举办。31 所中央管理高校的党委书记和校长，在这里进行为期一周的学习。

期间，中共中央政治局委员、中央书记处书记、中央组织部部长李源潮与高校党委书记、校长们亲切座谈，听取他们对深入学习实践科学发展观、加强高校党建工作的意见。他要求：“要把学习实践活动中形成的共识、明确的思路、制定的举措落到实处，办有特色、高水平大学。以改革创新精神加强高校党组织和党员队伍建设，把党的政治优势和组织优势转化为高校的科学发展优势。”

短短七天，紧张充实。专题讲座内容丰富，现场体验意味深长。学员们说，这是一种心灵的震撼，也是一次精神的升华。

在情景中学习——深刻认识加强党性修养和作风养成的重要性，切实增强推进高校科学发展的使命感

井冈之晨，苍茫壮丽。

在初升的太阳放射的万道霞光里，在巍峨的山峦传来的阵阵松涛中，学员们重温了井冈山斗争史和井冈山精神，听取了“坚持马克思主义在意识形态领域的指导地位”、“当前我国宏观经济形势分析”等专题讲座，就加强和完善党委领导下的校长负责制进行了深入探讨，对修订《中国共产党普通高等学校基层组织工作条例》提出了意见……

的确，他们是一批特殊的学员，既是“大知识分子中的领导干部”，又是“领导干部中的大知识分子”。而在这里，他们像小学生一样认真。每天清晨，悠扬的小号声唤醒校园，大家开始了一天紧张的学习。他们上课从不迟到早退；辗转不同现场教学点步调一致；听教员讲解时笔直站立。他们的平均年龄在57岁，最大的一位已经65岁。

“这次专题研讨班的目的，就是要按照培养社会主义政治家、教育家的要求，进一步加强领导干部的思想政治素质。通过学习，取得在建设中国特色社会主义一流大学的认识上新的升华，真正成为善于领导大学的行家里手。”教育部部长周济说。

为了让学员们有更加深刻的体验，中国井冈山干部学院安排了一系列现场教学——

在井冈山革命烈士陵园，他们看到了革命先烈忠于理想、无私奉献的精神；在大井朱毛旧居，他们学习了毛泽东勤于学习、勇于探索的理论品质；在小井红军医院，他们感受了革命先辈艰苦奋斗的优良作风……

现场教学、体验式教学，让学员们在情景中学习，在体验中受教育。在黄洋界上，大家齐声朗诵毛泽东的《水调歌头·重上井冈山》，豪情满怀，仿佛又回到了青年时代。在茅坪的八角楼，天津大学校长龚克给大家朗读了一段毛泽东的著名篇章《中国的红色政权为什么能够存在？》，他认为，这种现场感，是其他任何教育方式所无法替代的。

在离井冈山烈士墓不远的地方，学员们亲手种下一棵香樟树，以此来缅怀革命烈士。华中科技大学党委书记路钢感慨地说："刚来的头两天，我辗转反侧睡不着，埋在这块红土地上的4.8万名革命烈士的英魂，促使我思考一个问题——他们为什么不惜抛头颅、洒热血？是为了名吗？是为了利吗？都不是！是理想信念，支撑着他们一往无前。"

在"重走朱毛红军挑粮小道"的体验式教学中，学员们穿上红军服，头带八角帽，追寻当年红军的足迹。这条挑粮小道从山脚到黄洋界山顶，全长4.8公里，崎岖陡峭狭窄。恰逢山雨阵阵，道路湿滑，攀爬更加艰难，大家互相鼓励，咬牙坚持，一步一个脚印向目的地攀登。复旦大学党委书记秦绍德是60岁以上的学员中第一个爬上山顶的。他感慨地说："第一次尝试这种体验式教学，真正感受到先辈们打江山的不易。"

"每一次体验都是一次精神洗礼，每一个现场教学点都是一部活教材，没有理由不认真对待。"南开大学校长饶子和深有感触地说。

在一次次现场教学和体验式教学中，学员们心灵受到震撼，思想得到洗礼，灵魂得到净化。中国人民大学党委书记程天权说，通过这次学习，更加深刻认识到加强党性修养和作风养成的重要性，进一步提高了继承和发扬井冈山精神的自觉性，切实增强了以坚强党性和优良作风推进高校科学发展的使命感。

学员们普遍反映，这次研讨班非常成功。中央组织部干部教育局有关负责人说，党委书记、校长们之所以感触深、收获大，主要是研讨班主题好、时机好、地点好、形式好——贯彻落实胡锦涛总书记加强党性锻炼和作风养成的重要指示、高校学习实践活动正处于整改关键时期、在马克思主义中国化的开辟地举办、在现场体验和情景模拟中教学。特别是领导的高度重视，各方的密切配合，有力支持和保证了研讨班的顺利举办。

在学习中思考——更加明确了如何加强高校党的建设，怎样用井冈山精神推动一流大学和高水平大学建设

"学而不思则罔。"连日来，在紧张的学习之余，高校的书记和校长们一直在思考。课堂里、饭桌前、房间中、山路上，热烈的讨论随处可见。

"建设高水平大学必须解放思想"、"培养创新人才必须解放思想"、"建设高素质教师队伍必须解放思想"、"创新体制机制必须解放思想"……讨论中，大家得出共识——坚持解放思想，是实现高校科学发展的必由之路。

"要加强和完善党委领导下的校长负责制"、"进一步理顺院系的党政关系"、"大力加强高校基层党组织和党员队伍建设"、"切实改进领导班子和党员领导干部的作风"……探讨中，他们达成一致——必须以改革创新精神，进一步加强和完善高校党的建设。

在井冈山的每一天，学员们始终被一种勇于奉献的精神感染着，被一种解放思想、改革创新的精神激励着。

解放思想，实事求是，与时俱进，是毛泽东思想的精髓，也是井冈山精神最本质、最重要的内涵。"我们应该进一步开阔眼界、开阔思路、开阔胸襟，以思想的大解放适应新形势、完成新任务。"北京师范大学党委书记刘川生说。

连日来，他们不仅在学习中凝聚力量，更在感悟中流露心声。"建设世界一流大学不是一蹴而就的，会面临很多困难，需要我们有坚定的理想信念做支撑，发扬艰苦奋斗的精神。”清华大学党委书记胡和平说，要坚持用井冈山精神办学。

“中国高等教育发展与世界一流大学发展有很大的区别，需要我们有实事求是、与时俱进的探索精神。”浙江大学校长杨卫认为，高校领导干部应该带头弘扬井冈山精神，走有中国特色的办学道路。

“在建设一流师资队伍的道路上，在培养一流人才的征途中，我们需要做到不拘一格降人才。”在山东大学校长徐显明看来，“不拘一格降人才”的“天公”应该首先从参加培训的党委书记和校长们做起……

尽管建设世界一流大学和高水平大学的征途漫长艰辛，但没有什么能够阻挡他们的执着。井冈山精神赋予他们力量，赠与他们收获，给了他们更坚定的信心——要解放思想实现高校科学发展，要改革创新进一步加强高校党的建设，要坚持用井冈山精神推动一流大学建设。

在思考中展望——八角楼的灯光不仅照亮了高校党委书记、校长们的心，更让人们期盼中国的教育再创新辉煌

这样一个场景，深深印在高校党委书记和校长们的心中——

茅坪八角楼里，陈列的架子床、书桌、茶几、毛笔和砚台一如往昔，那根灯芯依然昂首……

就是在这根灯芯的昏暗光线下，毛泽东写出《中国的红色政权为什么能够存在？》、《井冈山的斗争》两篇光耀后世的文章。

从这根灯芯中，人们看到的是光明，读出的是希望。“八角楼的灯光里，透射出的是一种实事求是、勇闯新路的精神，一种认真分析问题、处处从中国实际情况出发、不盲目迷信国外的务实作风。”复旦大学校长杨玉良感触颇深，一周的培训让他对未来更有信心。

对高校的党委书记和校长们而言，这次专题研讨班是一个加油站，为他们补充了政治营养，提供了精神动力。

在这里，他们看到了自己的不足——

“一个合格的校长，应该是一名教育家、学问家、管理专家和社会活动家的综合，我们距此还有很大差距……”徐显明说。

在这里，他们汲取了面向未来的力量——

“在新起点上谋求新跨越，必须结合时代发展，传承革命精神，让井冈山精神为新形势下大学发展提供源源不断的强大动力。”中国农业大学党委书记瞿振元说。

在党委书记和校长们看来，井冈山精神必将激励着大家去自觉承担起神圣的历史使命——真正把理论上的提高转化为认识世界、改造世界的实际本领；真正把学习上的收获转化为指导工作、改进工作的具体措施；真正把党性锻炼的成果转化为为人民群众谋利益的自觉行动。大家认为，坚定的理想信念，是战胜各种艰难险阻的强大精神支柱，是推进党的事业永不枯竭的力量源泉。

“八月井冈行，天高万籁清。踏寻先烈路，追思情更深。星火尚燎原，信念在求真。与君共奋进，鞠躬民族兴。”一位学员激情赋诗，道出发自心底的誓言。

一次井冈行，一生井冈情。在学员们心中，八角楼的灯光依然，这缕光芒不仅照亮了参加培训的高校党委书记、校长们的心，更让人们有理由相信中国的教育将再创新的辉煌。

（《人民日报》2009年8月20日，谭浩、温红彦）

中国井冈山干部学院和延安干部学院举行座谈会

本报井冈山讯　10月22日，省委副书记、中国井冈山干部学院第一副院长王宪魁在中国井冈山干部学院会见了正在该院考察的陕西省委副书记、中国延安干部学院第一副院长王侠一行，并主持召开座谈会，就两所干部学院充分发挥革命传统和基本国情教育的特色和优势，进一步搞好领导干部“加强党性修养、坚定理想信念、保持优良作风”教育培训进行广泛深入的交流。

座谈会上，王宪魁对王侠一行的到来表示欢迎，并提出两所干部学院要加强相互交流，借鉴成功经验，促进共同发展。王宪魁指出，党的十七届四中全会《决定》赋予了干部教育培训工作新的使命，提出了新的要求，我们深感责任重大，使命光荣。中国井冈山、延安两所干部学院，一所在革命摇篮，一所在革命圣地，在功能定位和办学要求方面是共同的：一是两所学院都坚持中央确定的“实事求是、与时俱进、艰苦奋斗、执政为民”的办学要求和“两基一站一熔炉一窗口”的功能定位。二是两所学院教学资源是中国共产党人的革命精神和优良作风。老一辈无产阶级革命家在井冈山时期和延安时期留下的优良传统和作风是我们共同的宝贵精神财富。从井冈山到延安，从井冈山精神到延安精神，中国共产党人的革命精神一脉相承。三是以实事求是为原则，挖掘好、利用好各自的教学资源，将我们党的历史真实、准确地展现出来，将革命精神的精髓讲出来，传承下去，真正实现“让历史告诉现在、让历史启迪未来”的目的，使学员思想受到震撼、灵魂得到洗礼、精神得到升华。四是两所学院作为新型的国家级干部学院，都面临着不断创新、完善、总结和提高的任务。要适应新形势、新任务的要求，创新教学内容和教学方法，不断提高办学质量。学院的地位是中央赋予的，但是最终还是要靠自身的办学实力和质量来赢得这个地位。五是围绕党和国家的工作大局和学院的功能定位，认真办好主体班次，切实担负起中央赋予学院的神圣职责，为我们党的干部教育培训工作作出新的更大贡献。

王侠对中国井冈山干部学院的办学成绩表示高度赞赏，她认为中国井冈山干部学院对史料的挖掘很深，管理精细，教学形式活泼，给人耳目一新的感觉。中国延安干部学院和中国井冈山干部学院有许多共同的地方，也面临着共同的任务和压力。她建议包括中国浦东干部学院在内的三所干部学院要有经常性的交流与合作，不断推进学院共同发展。

陕西省委、中国延安干部学院、中国井冈山干部学院相关人员参加了座谈。

（《江西日报》2009年10月24日，魏星、陆元兵）

周永康在全国公安厅局长座谈会上强调 大力弘扬井冈山精神　坚定不移做中国特色社会主义事业的建设者捍卫者

新华社井冈山11月4日电　中共中央政治局常委、中央政法委书记周永康3日在井冈山瞻仰革命旧址并出席全国公安厅局长座谈会。他强调，全国政法公安机关要深入贯彻落实党的十七届四中全会精神，大力弘扬井冈山精神，坚定不移做中国特色社会主义事业的建设者、捍卫者。

革命圣地井冈山，峰峦叠嶂，苍茫壮丽。3日一早，周永康率中央政法委员会全体委员和全国公安厅局长座谈会全体代表，怀着十分崇敬的心情，首先来到井冈山革命烈士陵园，深切缅怀革命先辈的丰功伟绩。他神情肃穆，缓缓拾阶而上步入纪念堂，向长眠于此的四万八千多名革命烈士敬献花篮，鞠躬默哀。随后，周永康带领大家庄严地举起右手，重温入党誓词，坚定响亮的声音在陵园里回荡。在烈士英名录前，在无名英雄纪念碑前，他不时驻足，久久凝视，充满对革命先烈的怀念和景仰之情。

周永康又来到黄洋界革命旧址、大井毛泽东同志故居和井冈山革命博物馆、井冈山斗争全景画馆，仔细了解当年毛泽东同志领导井冈山斗争的艰苦历程，细心体会革命先烈的崇高精神和大无畏气概。周永康动情地说，通过瞻仰井冈山革命旧址，我们上了一堂生动难忘的党课，心灵上受到了强烈震撼，思想上受到了深刻教育，境界上得到了升华。置身这片浸透着烈士鲜血的红土地，我们更加深切体会到党领导人民夺取政权是何等艰辛，更加深切感受到理想信念的力量是何等巨大，更加深切认识到加强党的执政能力建设和先进性建设是何等重要。

下午，在全国公安厅局长座谈会上，周永康同会议代表一起认真听取了中国井冈山干部学院陈胜华教授关于井冈山斗争与井冈山精神的辅导报告和江西省公安厅关于弘扬井冈山精神、构建和谐警民关系的发言。随后，他讲话指出，井冈山精神是激励我们为中国特色社会主义不懈奋斗的强大精神力量。政法公安队伍是一支在革命战争中锻炼成长起来的英雄队伍。新中国成立后，广大政法公安干警为巩固党的执政地位、捍卫人民共和国、保护人民生命财产安全尽职尽责，作出了重要贡献。

国务委员、公安部部长孟建柱主持座谈会并讲话。他要求全国公安机关继承和发扬优良传统，进一步加强公安队伍建设，积极探索新形势下维护国家安全和社会稳定的新路子，不辜负党的重托和人民期望。

座谈会后，周永康一行专门考察了中国井冈山干部学院。晚上，还观看了再现井冈山革命斗争史的大型情景歌舞剧《井冈山》。

最高人民法院院长王胜俊、最高人民检察院检察长曹建明等一同实地接受革命传统教育并参加座谈会。

（《人民日报》2009年11月5日）

中国井冈山干部学院5年培训学员逾2万

本报井冈山12月28日电　今天，中国井冈山干部学院山西省重点公路工程领导干部廉政教育强化班圆满结班。自2004年下半年举办试点班至今，该院共举办各类培训班422期，培训学员20186人。

“学院就是要围绕中心，服务大局，坚持‘特色立院，创新兴院，人才强院’，努力把井冈山及其周边地区丰富的革命传统教育资源优势转化为学院的教学资源优势，把学院的教学资源优势转化为学员的素质和能力。”中国井冈山干部学院常务副院长李小三说。

该院把井冈山革命摇篮变成教学大课堂，充分依托和利用井冈山丰富而独特的教学资源，以党性党风党纪教育为核心，不断打造办学特色，不断提高竞争力。五年来，该院构建了以学习贯彻中国特色社会主义理论体系为中心内容，以革命传统教育、基本国情教育和执政能力建设为基本内容的教学布局；以专题教学、现场教学、体验式教学、音像教学、案例教学、社会实践、学员研讨为主要教学形式；以短期培训和专题研修为主要特点等独具特色的办学模式。

（《人民日报》2009年12月29日，任江华）

（陆元兵供稿）

（三）学员来信

第2期正、副厅局级领导干部“加强党性修养、坚定理想信念、保持优良作风”专题培训班的感谢信

中国井冈山干部学院：

巍巍五百里，处处笑杜鹃。踏着春天的脚步，怀着热切的心情，我们第2期正、副厅局级领导干部专题培训班的91名学员，来到了中国革命的摇篮——井冈山，缅怀先烈丰功伟绩，接受理想信念教育。七天的时间虽然短暂，但我们受益终身。在学院的精心安排和组织下，我们聆听教授们的专题教学，重温井冈山革命斗争历史。更令人难忘的是，在革命烈士陵园、大井朱毛旧居、小井红军医院、朱毛挑粮小道、茅坪八角楼下、黄洋界哨口前，我们一起追寻共

和国领袖的脚印、触摸革命历史的遗迹。我们被先烈坚定的理想信念、澎湃的革命激情、无私的奉献精神所感染，更被“坚定信念、艰苦奋斗，实事求是、敢闯新路，依靠群众、勇于胜利”的井冈山精神所激励。我们的心灵受到了洗礼，意志得到了锤炼，境界得到了升华！

七天的学习和生活，我们感受了新颖活泼的教学风格和独具特色的教学模式，对中国井冈山干部学院优雅的校园环境，先进的教学设施，严谨的治校作风，优秀的教职员工，良好的服务保障留下了十分深刻的印象。我们深深地感受到：中国井冈山干部学院不愧是一所提高干部素质和本领的“熔炉”，激发党员干部永葆革命激情的“加油站”。依依惜别之际，我们全体学员谨向学院领导和全体教职员工表示衷心的感谢和崇高的敬意！祝愿中国井冈山干部学院不断发展壮大，迈向更加辉煌的明天！

第2期正、副厅局级领导干部“加强党性修养、坚定理想信念、保持优良作风”

专题培训班全体学员

2009年4月14日

第4期正厅局级领导干部“加强党性修养、坚定理想信念、保持优良作风”专题培训班的感谢信

尊敬的中国井冈山干部学院领导、全体教职员工：

在为期一周的紧张学习即将结束的时候，我们四期一班全体学员，怀着对革命圣地的崇敬之心，怀着对中国井冈山干部学院的领导、老师及工作人员的感激之情写下这封信。

我们当中绝大多数人都是第一次踏上这块热土，很早以前就对中国革命的摇篮向往不已。这次在学院精心、科学的策划安排下，我们通过课堂教学，重温了井冈山斗争与井冈山精神形成的历史以及其他相关的中国革命史；通过现场教学我们身临其境地缅怀了革命先烈忠于理想、忘我奉献、奋勇牺牲的伟大精神，学习到了党和人民群众建立与保持血肉联系的思想方法；通过感受式教学，我们仿佛加入到红军队伍中，精神得到了升华，身体得到了锻炼。特别一提的是，为了让我们这些来自各个岗位的学员在有限的时间内加深了解，学院老师还特地在活动中安排班组之间的横向交流。

大家表示，这次学习机会难得，精品教学科目令人获益匪浅，学员们党性修养得到加强，理想信念进一步坚定，对如何继承和保持党的优良作风找到了答案。同时学员之间、师生之间也建立起了深厚的情谊。三组王众一有感而填的两首词代表了大家的心声，特附于后。

这是一次心灵回归的红色之旅，我们将怀着感恩之心，带着这份激情离开这里，回到各自的工作岗位，继续拼搏、创新。感谢井冈山！感谢中国井冈山干部学院！

第4期正厅局级领导干部“加强党性修养、坚定理想信念、保持优良作风”

专题培训班全体学员

2009年6月7日

附:词两首

风入松·重走朱毛挑粮路

风起雾落雄关现,白云过青山。
一队红军蜿蜒行,原来是、四期学员。
拄杖拾阶登攀,体味朱德扁担。
小路渐窄林渐暗,腿乏喉咙干。
忽闻丛中起歌声,似山风、扫荡疲倦。
黄洋界上回望,巩固苦行信念。

满庭芳·井冈山同学缘

五湖四海,天南地北,得缘相聚井冈。
重温传统,号角再吹响。
多少壮烈往事,谒圣地、胸臆激荡。
八角楼,星火犹在,引后人瞻仰。
修养,勤交流,结合实际,剖析思想。
沿朱毛小路,相携挑粮。
手足情谊深长,亲同学、此缘难忘。
待他日,旧部重聚,桃李更芬芳。

第5期正厅局级领导干部"加强党性修养、坚定理想信念、保持优良作风"专题培训班的感谢信

尊敬的中国井冈山干部学院领导、老师和全体职工:

井冈山,中国革命的摇篮;中国井冈山干部学院,中国领导干部独特的培训教育基地。初夏6月,我们第5期正厅局级领导干部专题培训班46位学员相聚中国井冈山干部学院,重温井冈山时期斗争历史,缅怀先烈丰功伟绩,接受革命传统教育和基本国情教育,强化党性修养和作风建设。为期一周的学习培训生活,为我们带来了党性的锻炼、心灵的震撼、激情的迸发和理性的感悟,使我们全体学员终身受益!

围绕"加强党性修养、坚定理想信念、保持优良作风"培训主题,学院充分发挥"两基一站"作用,以井冈山独特的革命历史教学资源,引领我们走进井冈山,解读井冈山,感悟井冈山。通过专题教学、音像教学、现场教学、模拟教学、体验式教学、双向互动教学等多种独特的教学方法、教学过程、教学特色,达到了独特的教学效果,使我们时时处处感受到先烈们崇高的理想信念、无私的奉献精神、澎湃的革命激情和一代领袖的人格风范,使我们更加增强了坚定理想信念、提升党性修养、发扬优良传统作风的自觉性主动性。特别是以"坚定信念、艰苦奋斗,实事求是、敢闯新路,依靠群众、勇于胜利"为主要内容的伟大的井冈山精神,必将成为激励我们努力成为中国特色社会主义共同理想的坚定信仰者、科学发展观的忠实执行者、社会主义荣辱观的自觉实践者、社会和谐的积极促进者的宝贵精神财富和精神动力!

井冈山之行留给我们一世井冈情。学院"实事求是、与时俱进、艰苦奋斗、执政为民"的办学理念和"忠诚、责任、激情、奉献"的核心价值观,学院从领导、教师到管理人员的言传身教风范、爱岗敬业的精神、求真务实的作风、以学员为本的理念,都在诠释着伟大的井冈山精神,都是井冈山精神一个个生动的具体体现,在我们学员身上留下了深刻的印象,

师生之间也结下了深厚的友谊。

我们真诚感谢中国井冈山干部学院的领导为培训班精心策划、设计组织、全程保障，真诚感谢中央组织部跟班领导的悉心指导帮助，真诚感谢老师们言传身教、悉心传授、互动引导，特别真诚感谢本班组织员（联络员）、教学督导员关心每一位学员、落实每一个环节、确保圆满高效完成培训任务，也真诚感谢工作人员、服务人员为我们提供了学习生活的保障服务。

我们衷心祝愿，井冈山精神代代发扬光大，中国井冈山干部学院不断从成功走向辉煌！我们热切期待，相约重上井冈山！

第5期正厅局级领导干部“加强党性修养、坚定理想信念、保持优良作风”
专题培训班全体学员
2009年6月23日

第5期骨干教师培训班的感谢信

母校——中国井冈山干部学院：

我们，第五期骨干教师培训班 36 名学员，经过母校15天严格培训，即将分赴各自的教学岗位。

离别之际，我们怀着依依惜别之情和深深的感动，真诚地表达我们的敬意和祝福并由衷地道声感谢！

我们的母校——中国井冈山干部学院，永远是我们 36 名莘莘学子魂牵梦绕的神圣殿堂。您的办学理念与科学发展紧密结合，实事求是；您的优良传统与创新精神共存，与时俱进；您的艰苦奋斗与人文关怀相融，以人为本。愿我们的独具中国特色的母校誉满华夏，走向世界。

感谢母校给我们的思想注入了无比强大的井冈山精神。我们更加坚定了为党的干部教育培训事业鞠躬尽瘁的决心和矢志不渝的信念。带着井冈山精神的激情，牢记“崇学”、“明德”的教诲，我们将续写井冈山辉煌。

感谢母校学养深厚的恩师——在入学教育、传统教育、国情教育、现代教育中，师德高尚的院长李小三和众多教授，为我们教学科研能力提高付出了辛勤汗水；我们的班主任张鹏华老师、熊坤敏老师、肖小华老师尽职尽责，为我们作出表率。因为有了母校为我们这样的付出，才使我们更加感到革命先烈的凝重、井冈山和中央苏区革命斗争的深刻、毛泽东学习探索的伟大以及各种研讨式、体验式、互动式教学的匠心独运。

我们还要感谢全院教职员工细致、周到、热情的服务。

就要说再见了，我们凝聚中华魂的井冈山和山中秀美高雅的母校。

我们还会再回来的，带着不负母校重托的党和人民满意的干训成果！

第5期骨干教师培训班全体学员
2009年7月14日

中国驻外使节“加强党性修养、坚定理想信念、保持优良作风”专题培训班的感谢信

中国井冈山干部学院：

7月8日至14日，驻外使节“加强党性修养、坚定理想信念、保持优良作风”专题培训班在贵院成功举办。本期培训设计科学、内容丰富、形式新颖、务实高效，充分体现了贵院沉稳与激情并重、理性与感性并重、内容与形式并重、单向主导与双向交流并重的教学特色。通过培训，参训使节受到了一次深刻的革命传统教育、党性教育与党史教育，切实达到了锤炼党性、净化灵魂、升华境界、提高认识的目的。一次井冈行，一世井冈情，大家决心在今后的工作中传承和弘扬“坚定信念、艰苦奋斗，实事求是、敢闯新路，依靠群众、勇于胜利”的井冈山精神，不断提高“政治家办外交”和“科学办外交”的水平，让井冈山精神在外交战线上放射出新的时代光芒，以优异的工作成绩告慰革命前辈、井冈英烈。

作为首次在贵院举办的驻外使节培训班，本次培训得到贵院的高度重视。李小三常务副院长亲自部署和指导有关工作，并和张泰城、周金堂、张友南三位副院长一起出席培训班开班仪式；周金堂副院长出席培训班结业仪式并宴请全体参训使节。培训班组织员熊钦和副主任、联络员林蓉处长和教学督导员屈亚老师以践行和维护中国井冈山干部学院“忠诚、责任、激情、奉献”的核心价值观为己任，工作细致、管理严格、服务周到，受到全体学员的一致好评。

在此，谨向贵院领导和全体教职员工表示诚挚的感谢！衷心祝福中国井冈山干部学院在中央组织部的领导下，与时俱进，开拓进取，不断推动学院各项工作迈上新台阶，在党的干部教育培训事业中发挥更大的作用！

祝贵院领导和全体教职员工工作顺利、身体健康、万事如意！

外交部干部司

2009年7月20日

第6期副厅局级领导干部“加强党性修养、坚定理想信念、保持优良作风”专题培训班的感谢信

中国井冈山干部学院：

在新中国成立60周年之际，我们第6期副厅局级领导干部“加强党性修养、坚定理想信念、保持优良作风”专题培训班全体学员来到学院，接受了为

期一周的严格而有意义的培训。

七天前，我们怀着一种对井冈山无比崇敬和热爱的心情来到学院，而此时此刻，我们又怀着一种依依不舍的惜别之情和对学院领导、老师们深深的感激之情，千言万语，让我们道一声：老师们，辛苦了！中国井冈山干部学院，我们热爱您！

七天的培训时间虽短，但主题鲜明，意义深刻，感受丰厚。学院精心安排了丰富的教学内容，生动的教学方法，准军事化的管理方式。通过现场教学、专题教学、体验教学、音像教学和分组研讨等，让我们直观感受井冈山革命斗争的艰辛和一代先辈、英烈无私无畏的革命豪情和斗志，让我们直接体会、倾心思考“坚定信念、艰苦奋斗，实事求是、敢闯新路，依靠群众、勇于胜利”这一伟大的井冈山精神，达到了加强党性修养、坚定理想信念、保持优良作风这一目的，我们将终身受益。在学院领导和老师们身上，我们看到了一种实事求是的办学精神，看到了一种认真执着的育人态度，看到了井冈山精神永放光芒的伟大传承。

我们即将奔赴各自的工作岗位。我们将把井冈山精神作为推动我们工作的强大动力，作为把握人生观、价值观、世界观、事业观、工作观、政绩观的重要法则。从井冈山精神中汲取可贵的精神财富，更加坚定共产主义的理想信念，实事求是、与时俱进、开拓创新，不断保持旺盛的革命精神，坚韧不拔的革命意志，常怀忧党之心，恪尽兴党之责，让井冈山精神在我们各自的工作岗位上焕发出新的时代光彩。

七天井冈学习，一生井冈之情。衷心祝愿中国井冈山干部学院事业兴旺，桃李满园！祝学院领导和全体教职员工身体健康、工作顺利、万事如意！

第6期副厅局级领导干部“加强党性修养、
坚定理想信念、保持优良作风”
专题培训班全体学员
2009年9月22日

第59期专设班（国防大学2008级博士、硕士生班）的感谢信

尊敬的中国井冈山干部学院领导及全体教职员工：

满载着对井冈精神的领悟，怀揣着对圣地摇篮的景仰，涌动着对军人使命的激越，我们即将踏上归程。井冈八天之旅，我们国防大学 2008 级博士、硕士生班全体学员在薛彦绪少将的带领下，在中国井冈山干部学院进行实践性教学，井冈之行虽短，足以受益终身。在此，我们谨向学院领导和全体教职员工表示衷心感谢，并致以崇高敬意。

井冈八日，是一次心灵震颤、情感抒发之旅。驻足烈士陵前，教授的语言朴实无华，仅仅是一个张子清师长真实的故事，足以让我们热泪滚流。翔实的资料背后，是学院教师不辞辛苦的挖掘，跋山涉水的探询，使我们这些后人得以传承这笔宝贵的财富。小井的红军战士墓茔上，那一朵朵小小的白花，是我们对烈士由衷的祭奠，105 双手共同植上的那一棵青松，代替我们日夜守护着先辈的英魂长眠。

井冈八日，是一次理论精凝、思想跃升之旅。聆听辅导课上，专家的铺陈娓娓道来，一代伟人的至伟居功跃然纸间，中国革命道路的探索追寻了然脑海。晚间翻开丰富的教材，光辉的著作清风拂面；打

开电视教学，雄浑的史诗生动呈现，使我们对“井冈之路”的脉络有了更加清晰的梳理，对“井冈精神”有了更深刻的理解和把握。

井冈八日，是一次坚定信念、高扬理想之旅。默哀于曾志的骨灰遗撒处，当讲解员一字一句的重述着这位红军老战士的遗言时，我们的思绪飞到了那段血雨腥风的岁月。何谓理想？何为信念？抬望眼，刚毅坚定之信念犹如井冈青松傲立于五指峰巅。

井冈八日，是一次战史重温、强基固魂之旅。黄洋界上，一首《西江月·井冈山》，抑扬顿挫间，仿佛隆隆的炮声犹在，军事巨匠的战争指导艺术挥洒在苍山云海之间。三湾枫树下，一幅幅图片链接到我军发展壮大的历史，使我们更加明白，旗帜在哪里高擎，军魂由何而来！

井冈八日，是一次澎湃激情，厉行使命之旅。穿上红军服，重走挑粮道，传扬的不仅仅是人民军队的优良的传统，更是要肩负起有效履行新使命的千钧重担。

井冈八日，是一次情谊见证、思想交流之旅。连日张弛有序的安排，有条不紊的转场，温馨周到的服务，精细科学的管理，优越品质的保障，凝结了多少工作人员的辛勤汗水，你们对子弟兵的深情厚意，已经随着那龙潭清幽的溪涧润入我们的心田，化做了苍翠竹海的一枝一叶，传扬着“军民情谊深似海”！

最后，再次感谢中国井冈山干部学院为我们提供的优越学习和生活条件，衷心祝愿中国井冈山干部学院的建设和发展取得新的更大成绩！祝愿井冈山精神犹如井冈圣火，世代相传，生生不熄！祝愿我们的情谊犹如井冈翠竹，枝繁叶茂，常青常新！

第59期专设班（国防大学2008级
博士、硕士生班）全体学员
2009年4月10日

第63期专设班（南京政治学院政治工作研究班）的感谢信

中国井冈山干部学院：

经过短短一周的学习生活，请允许我们——来自中国人民解放军南京政治学院上海分院第15期全军师旅团政委政工研究班的30名学员，向你们表达最真挚的谢意和最崇高的敬意！

在这片红色的土地上，井冈山的一山一水，一草一木，让我们零距离触摸到了中国革命和我们军队辉煌历史的脉搏。革命烈士纪念碑前、小井红军医院里，有我们洒下的热泪；三湾改编的旧址上、大井毛泽东的读书石边，有我们流连的身影；“将军县”兴国、“红都”瑞金，刻下了我们寻觅军魂的印迹；黄洋界的挑粮小道上，更是留下了我们永远难忘的回忆……

感谢你们，以独具特色的办学理念，让每一处革命遗址，都变成了没有围墙、没有课桌的教室；

感谢你们，以独具品味的教学设计，让那些远去的革命英烈，成为了矗立在我们面前无声的教员；

感谢你们，以独具匠心的教学内容，让五百里井冈，成为了一部博大精深的无字教材；

感谢你们，以独具风格的教学手段，让理想信念，让革命激情，再一次燃烧在我们已不再年轻的血液之中。

你们科学缜密的工作流程，周到一流的服务保障，顺畅合理的教学安排，都给我们留下了难以磨灭的印象，从学院领导们的身上，从朱荣兰、黄金文等老师的身上，更是让我们真切感受到了井冈山人的精神，井冈山人的作风，井冈山人的品格。

离开井冈，我们带走的，不仅仅是那些值得回忆的珍贵照片，更多的是带走了一种磐石般的信念，一份被燃烧起来的激情，一腔澎湃着的革命英雄主义的热血，一股共产党人、当代军人应有的精气神！

离开井冈，我们将回到各自的岗位。在我军现代化建设的征程中，在反“台独”军事斗争准备的实践中，那一身红军服，将为我们提供永不衰竭的精神动力，那一条红军“牺牲”带，将永远飘扬在我们心中！

最后，让我们向中国井冈山干部学院的领导和工作人员，致以最崇高的军礼！

第63期专设班（南京政治学院
政治工作研究班）全体学员
2009年5月24日

第64期专设班（西安政治学院政治工作研究班）的感谢信

尊敬的中国井冈山干部学院领导及全体教职员工：

6月2日至9日，我们西安政治学院第15期全军师旅政委政工研究班作为贵院第64期专设班，进行了为期八天的革命传统教学。在贵院的精心组织下，八天来，我们踏着革命先烈的足迹，重温井冈山斗争的历史，重温苏区革命斗争的历史，大家感到井冈山之行，是跨越时空的精神之旅，是重燃革命激情的红色之旅，收获很大、终生难忘。

在八天的教学中，我们奔赴16个现场教学点，足迹几乎遍布井冈山革命斗争、中央苏区革命斗争的每个重要遗址，一路行程几千里，各个教学环节衔接紧密，组织周到，充分展示了贵院“小实体、大网络”的办学特色。大家充分认同贵院注重激发情感、震撼心灵的教学模式。在井冈山革命烈士陵园的授课、观看音乐舞蹈史诗《井冈山》中的许多动人场面，让我们许多人感动得热泪盈眶；在体验式教学——朱毛红军挑粮小道路上，大家统一着红军时期的服装，一路高唱红军歌曲，深刻体会老一辈革命家的崇高风范，人人都是精神饱满、意气风发。大家充分认同贵院深厚的学科底蕴，叹服专家教授用丰富翔实的史料，为我们全面辩证地分析了井冈山革命斗争、中央苏区革命斗争的历史，解读了若干历史重大问题。大家充分认同贵院热情周到的服务保障，特别是学院领导驱车300多公里，冒雨专门到南昌火车站迎接我们，与我们一起全程参加教学，使我们感到中国井冈山干部学院就是我们军队干部学习生活的精神家园。

井冈山之行，我们学习研究了我党我军在初创之时的历史脉络，深刻领会了“坚定信念、艰苦奋斗，实事求是、敢闯新路，依靠群众、勇于胜利”的井冈山精神，决心汲取这一宝贵的政治营养，指引照亮我们的军旅生涯；井冈山之行，我们深刻体会了革命先烈的感人事迹，决心进一步坚定理想信念，牢固树立军魂意识，听党的话，做人民的忠诚卫士；井冈山之行，我们认真学习了苏区干部好作风，决心继承发扬优良传统，争当领导干部作风建设的表率，用实际行动保证红色江山永不变色。

最后，再一次感谢中国井冈山干部学院为我们提供的优越学习条件，祝愿中国井冈山干部学院的全面建设不断取得新的成绩和进步！

第64期专设班（西安政治学院政治工作研究班）全体学员

2009年6月14日

中国华能集团公司党校进修班致学院的感谢信

尊敬的中国井冈山干部学院领导、全体教职员工：

适逢举国上下深入学习实践科学发展观的重要时刻，我们华能集团党校进修班的40名学员，怀着无限敬仰和崇敬的心情踏上井冈山这片红色的热土，在中国井冈山干部学院度过了充实凝重而又激情洋溢的五个日日夜夜。五天来，学院的领导和老师们以满腔的热情、严谨的态度、辛勤的劳动为我们创造了良好的学习和生活环境。值此圆满完成学习任务之际，我们谨向学院领导和全体教职员工表示最衷心的感谢，并致以最崇高的敬意！

五天的井冈山教学，我们接受了井冈山的红色洗礼。我们踏着井冈山革命先烈的足迹，重温井冈山革命斗争历史。听黄洋界炮声，看八角楼灯光，听红军峥嵘故事，唱井冈红色歌曲，吟领袖恢宏词章，忆三湾改编之创举，品红军挑粮之艰难，悼革命先烈之英灵，无时不让我们体味井冈山斗争的伟大与壮烈，无处不使我们在触摸历史中坚定革命的理想信念，无时无刻不在激发我们为党的事业而奋斗的壮志豪情。这次赴中国井冈山干部学院的学习是一次红色情感之旅，是一次党性锤炼之旅，是一次加油鼓劲之旅。我们深深感受到，井冈山的山是天下第一山，井冈山的历史是红色的历史，井冈山的土地是英雄的土地，井冈山的人民是英雄的人民！

学院新颖、直观、生动的现场教学方式让我们仿佛置身于井冈山斗争的硝烟岁月，每一位井冈英烈可歌可泣的英雄事迹已深深镌刻在我们心中；学院周到细致、无微不至的生活后勤服务让我们无时无刻不感受到学院广大教职员工严谨、求实、奋进、高效的作风和忘我的敬业精神。

忆井冈，岁月峥嵘绘宏图；迎未来，心潮激荡展新篇。我们领悟了井冈山精神的真谛，丰富了知识，增强了党性，坚定了信仰，飞扬了激情，并深深地溶入了井冈山这块红土地。我们华能人将始终不渝地传承“坚定信念、艰苦奋斗，实事求是、敢闯新路，依靠群众、勇于胜利”的井冈山精神，在新形势下，全面深入学习实践科学发展观，振奋精神，共克时艰，将华能事业不断发扬光大，以更优异的业绩履行央企责任，为全面建设小康社会，实现又好又快发展而努力奋斗！

一次井冈行，一生井冈情。临别之际，再一次感谢为我们提供了优越学习生活环境的中国井冈山干部学院！感谢给予我们精彩教学的老师和热心周到的工作人员！

衷心祝愿中国井冈山干部学院明天更美好！

中国华能集团公司党校进修班全体学员

2009年4月26日

广东省委党校2009年春季中青年干部培训班的感谢信

尊敬的中国井冈山干部学院：

在这春意盎然、鲜花盛开的季节，我们广东省委党校2009年第一期中青年领导干部培训二班的72名学员，怀着崇敬的心情，来到中国革命的摇篮——井冈山，重温党的革命历史、学习井冈山精神，在贵学院接受了为期四天的学习培训。这次体验式教学，得到了贵学院热情、周到、细致的帮助和服务。为此，我们全体学员谨向学院领导、老师和员工们表示崇高的敬意和衷心的感谢！

在学院的精心组织安排下，我们体验了贵校丰富生动的教学模式，感受了先进的教学管理理念，课堂讲授生动、深入、深刻，现场讲解重点突出，特色鲜明，富有真情实感，引人深思与共鸣。学员们在这里系统学习了井冈山革命斗争的光辉历程，接受了党的优良革命传统教育，实地体验、学习了“坚定信念、艰苦奋斗，实事求是、敢闯新路，依靠群众、勇于胜利”的井冈山精神。学员们普遍反映，在中国井冈山干部学院学习的四天，震撼了我们的灵魂，锤炼了我们的党性。井冈山精神作为中国共产党优良革命传统的源头，激励和指引了一代又一代中国共产党人。井冈山为我们打开了一扇扇回顾历史、凝视今天和展望未来的窗口，也为我们提供了剖析自我、锤炼自我、完善自我的标杆。学习井冈山革命历程，感悟井冈山精神，升华了我们的理想和信念，更坚定了我们执政为民的理念。

浓浓师生谊，巍巍井冈情。中国井冈山干部学院精心组织，周到安排，为我们提供了良好的学习和生活环境，使大家倍感温暖。学院安排了带班组织员（联络员）和教学督导员，全程指导我们的体验教学活动，充分体现了学院教职员工教书育人的精神风貌和严谨负责的工作作风。

当前，广东正在开展深入学习实践科学发展观活动，贯彻落实《珠江三角洲改革发展规划纲要》。身为广东这块改革开放热土的中青年领导干部，我们深感责任重大、任务光荣而艰巨。在新的历史条件下，我们要始终不渝地坚定理想信念，传承革命前辈的光荣传统，继往开来，开拓创新，以井冈山精神为指引，践行全心全意为人民服务的宗旨，坚持以人为本、全面、协调、可持续的发展观，继续解放思想，敢闯新路，努力为广东争当实践科学发展观排头兵、推动中国特色社会主义伟大事业不断前进作出应有的贡献。

祝中国井冈山干部学院越办越好！祝学院领导、老师、员工身体健康，工作顺利。

广东省委党校2009年春季中青年
干部培训班全体学员
2009年4月29日

中国建设银行新任职领导人员培训班的感谢信

尊敬的中国井冈山干部学院领导、全体教职员工：

巍峨井冈、苍山滴翠，红色胜景、如诗如画。在这满山飘香的初夏季节，中国建设银行党校2009年春季学期（第19期）干部进修班的全体学员和工作人员怀着无比崇敬的心情，来到了中国革命的摇篮——井冈山，缅怀先烈丰功伟绩，接受理想信念教育。贵院独具特色的办学模式、科学顺畅的工作流程、富有创新的教学组织、热情周到的服务保障，特别是院领导、老师们自觉实践并传播着井冈山精神，给我们留下了非常深刻的印象……

通过井冈山现场教学，我们仿佛进入了回溯历史的隧道，回到了当年开创井冈山革命根据地的峥嵘岁月：八角楼内毛主席挑灯奋笔、黄洋界上炮声隆隆、挑粮道中战士们挥汗如雨、大井村里军民鱼水情深……处处都能感受到澎湃的革命激情、豪迈的奋斗热情、崇高的革命理想、无私的奉献精神。我们无不为"坚定信念、艰苦奋斗，实事求是、敢闯新路，依靠群众、勇于胜利"的井冈山精神所激励……

一次井冈行，一世井冈情。我们将把伟大的井冈山精神带回去，转化为加强党性修养的动力、贯彻科学发展的行动，为推动建行又好又快发展，持续改进和提升金融服务质量与效率，建成世界一流银行，促进经济社会事业科学发展作出更大的贡献。

值此惜别之际，我们谨向学院领导、教职员工表示衷心的感谢和崇高的敬意！祝愿中国井冈山干部学院不断取得新的成就！愿井冈山精神代代相传、永放光芒！

中国建设银行新任职领导人员
培训班全体学员及工作人员
2009年6月13日

天津日报报业集团中青年骨干培训班的感谢信

尊敬的中国井冈山干部学院领导和全体教职员工：

在天津日报首期中青年骨干培训班即将结业之际，我们全体40名学员就五天来受到的系统而全面的井冈山精神教育，以及你们的谆谆教导、严格督导、精心安排和悉心照料，表示崇高的敬意和真诚的感谢！

从渤海之滨到井冈红土，我们走的是一程红色情感之旅、一程党性锤炼之旅、一程加油鼓劲之旅。作为天津市委机关报，我们肩负着传播党的声音、弘扬科学发展主旋律的重任。在国际金融危机持续蔓延、我国经济企稳回升步入关键、我市"保增长、渡难关、上水平"活动深入开展之际，这个以革命传统教育促中青年人才培养、继而为党报事业发展增加后劲的培训班，就显得尤为重要、尤为难得。特别是由中国井冈山干部学院——这一进行中共党史、党建理论、革命传统教育和基本国情教育的国家级培训基地，专门为天津日报报业集团举办培训班，它拉开了天津日报集团党委“用两到三年时间将所有中青年骨干派往井冈山轮训”这个重要决定的序幕。感谢李小三、张泰城、周金堂、张友南诸位院领导在百忙之中为我们动员、授课，感谢黄仲芳、甘倩、屈亚、杨少华、黄金文、李春耕、王旭宽、聂金山、魏清源、罗庆宏、翁建华、匡小明、赖宏等老师五天来用经验、知识和人格魅力给我们带来的精彩课程，感谢汪建新主任、夏美春处长、周平华老师为培训班的举办尽心尽力，感谢张哲处长、刘小毛老师、颜清阳老师五天来的全程陪同、严格督促和悉心关照。

在五天的学习生活中，我们真切地感受到了“坚定信念、艰苦奋斗，实事求是、敢闯新路，依靠群众、勇于胜利”的井冈山精神，以及中国井冈山干部学院“实事求是、与时俱进、艰苦奋斗、执政为民”的办学宗旨。如果说井冈山精神是一本书，你们就是这本书精彩的序言和完整的目录；如果说井冈山精神是一条路，你们就是这条路清晰的路标和热情的向导。从《井冈山斗争简史》讲座到高唱革命歌曲的激情教学，从《博弈论与领导干部决策思维》的深入浅出到《井冈山精神及其时代价值》的高度凝结，我们在课堂上收获了知识财富和精神食粮。而现场教学又使我们真切的经受了一次次红色洗礼：在巍峨入云的井冈丰碑前，在庄严肃穆的烈士陵园内，在催人泪下的革命博物馆里，在汗流浃背的红军挑粮小道上，在诞生了毛泽东思想的茅坪八角楼边，在炮声隆隆英勇阻敌的黄洋界上——我们从井冈山的红色历史中汲取了无尽的营养，更加坚定了理想和信念。

尊敬的中国井冈山干部学院领导和全体教职员工们，这里将永远是我们的精神家园和心灵故乡。我们将在心头燃起井冈山精神的火炬，让它在科学发展的路上照亮前方，在构建社会主义和谐社会的历程中经久不熄！

天津日报报业集团中青年
骨干培训班全体学员
2009年6月29日

河南日报报业集团班的感谢信

尊敬的中国井冈山干部学院领导并致全体教职员工：

带着由衷的向往，我们来到了井冈山；带着强烈的求知欲望，我们踏进了中国井冈山干部学院的讲堂。7月27日至31日，河南日报报业集团39名中青年干部在中国井冈山干部学院进行了为期五天的学习培训。培训期间，我们在方方面面都感受到了来自学院方面的体贴与关切。在此，我们真诚地向学院领导和全体教职员工表示由衷地感谢！

五天的培训时间很短，但我们在这里受到的教育，得到的启迪，获得的成果足以让我们终生受益。在学院老师的带领下，我们学历史、访旧址、看展览、悼英烈，穿上红军服，重上挑粮道，仿佛走进了那段风雨如磐而又激情燃烧的岁月，我们再一次看到了共产党人为了理想信念前仆后继的钢铁意志，再一次听到了战火硝烟中那气冲霄汉的铮铮誓言。在中国井冈山干部学院这所红色的熔炉里，在井冈山革命教育基地这片广阔的天地中，我们真切感到了革命胜利的来之不易，倍加珍惜今天的幸福生活，从灵魂深处得到了一次洗礼和升华。

历史不会随风而去，未来也不是凭空而来。当前，在以胡锦涛同志为总书记的党中央正确领导下，我们正深入贯彻落实科学发展观，踏上全面建设小康社会的新征程。作为党的新闻工作者，我们决心继承和发扬“坚定信念、艰苦奋斗，实事求是、敢闯新路，依靠群众、勇于胜利”的伟大井冈山精神，牢牢把握正确的舆论导向，提高舆论引导水平，为促进经济社会又好又快发展提供强大的精神动力。

一次井冈行，一生井冈情。井冈山精神是我们共产党人的宝贵财富，是我们战胜一切艰难险阻的强大武器。中国井冈山干部学院以独具特色的办学理念和教学方式传承着革命历史，培养和教育着一批又一批党的干部。你们一流的业绩，扎实的作风，辛勤的工作，本身就彰显着井冈山精神、光大着井冈山精神，使学院成为广大党员干部锻炼成长的红色殿堂。在今后的学习工作中，我们将以你们为榜样，做井冈山精神的歌颂者、传播者和实践者，让伟大的井冈山精神生生不息、代代相传！

再次感谢中国井冈山干部学院为我们提供的优越学习和生活条件，衷心祝愿中国井冈山干部学院的建设和发展取得新的更大成绩！

河南日报报业集团班全体学员

2009年8月1日

第69期专设班（国防大学联合战役参谋培训班）的感谢信

尊敬的中国井冈山干部学院领导、老师们：

在迎来伟大祖国60华诞之际，我们怀着无比崇敬的心情，踏上中国革命的摇篮——井冈山，来到中国井冈山干部学院进行衔接教学。短短10天时间，追寻先辈的足迹，学习井冈山革命斗争史，学习苏区干部好作风，在一次次心灵震撼和思想洗礼中，我们的理想信念更加坚定，军魂意识更加牢固，履行军队新时期历史使命的责任感更加强烈。

中国井冈山干部学院是井冈山精神和红军优良传统的继承者、传播者和实践者。您以井冈山精神办好中国井冈山干部学院的先进理念，体现在科学的教学设计、丰富的教学内容和严密的教学组织中，体现在扎实的工作作风、朴素的生活作风和高尚的敬业精神中，体现在一流的工作标准、一等的工作业绩中，是我们学习的榜样。您科学周密的安排和周到细致的服务，为我们创造了良好的学习条件。在此，向您表示崇高的敬意和衷心的感谢！

一次井冈行，一世井冈情。我们一定坚守心灵家园，把践行井冈山精神和践行当代革命军人核心价值观相统一，胸怀民族复兴远大目标，承担起历史赋予我们这一代军人的神圣使命。在即将离别之际，祝愿各位领导和教职员工身体健康、家庭幸福，祝愿中国井冈山干部学院桃李满天下，硕果结华章！

第69期专设班（国防大学联合战役参谋培训班）全体学员

2009年10月17日

第70期专设班（中央党校第27期中青年干部培训一班）的感谢信

尊敬的学院领导并全体教职员工：

深秋的井冈，金风送爽，丹桂飘香。值此建国60周年之际，中央党校27期中青一班58名学员，怀着无比崇敬的心情，来到充满革命气息的井冈山，接受思想洗礼和党性锻炼。短短八天，我们深刻体验了波澜壮阔、艰苦卓绝的井冈山斗争，深入理解了井冈山精神的内涵和精髓，进一步增强了为党、为事业不懈奋斗的使命感和责任感。

在这里，我们开阔了视野，丰富了知识，磨炼了意志，升华了思想，度过的每时每刻都是那样的弥足珍贵，那样的刻骨铭心。在我们怀着依依不舍的心情即将离开之际，我们全体学员和老师向学院各位领导和全体教职员工表示崇高的敬意和衷心的感谢！

我们真诚感谢学院与时俱进，使井冈山精神放射出时代光彩。井冈山精神是我党的传家宝，是信仰、信念的精神宝库，是生动深刻的教材。学院对井冈山精神的传承和发展是与时俱进的。你们紧紧围绕党的建设伟大工程，既把井冈山精神融入中国革命史中去理解和把握，又结合时代要求加以深化，使井冈山精神放射出新的时代光彩。

我们真诚感谢学院独具匠心的教学安排，为我们提供了耳目一新的学习平台。学院把井冈山革命历史转化为丰富独特的教育资源，对每一次教学进行精心组织，通过别开生面的教学方式、生动深邃的专家演讲、画龙点睛的理论学习、身临其境的实地体验，带领我们重温了党的辉煌历程。每一次活动都成为一次心灵震撼，一次思想洗礼。大家深深被毛泽东等老一辈无产阶级革命家的崇高品质所感染；多次被革命烈士为了理想、信念不畏牺牲的精神所感动，使我们坚定了对共产主义远大理想和中国特色社会主义共同理想的信仰。

我们真诚感谢学院对我们学习及生活的悉心安排，给了我们一个团结而又温暖的大家庭。学院管理体系健全，校风校纪严谨，学习流程缜密，服务保障到位，师生情谊浓郁，深深留在我们每个同学的心中。学院领导在出席开班和结业仪式上，热情洋溢的讲话，无不彰显着党对中青年干部的亲切关怀和殷殷期望；组织员（联络员）等不辞辛苦为大家服务，每一个细节的安排，无不凝聚着学院全体教职员工的睿智和心血。在这里，全体学员和教职员工，结下了深厚的友谊，形成了团结向上和谐的团队。

此次井冈山之行，我们深深感受到，这次是一次精神洗礼之行，更是一次党性锻炼之行。今后，我们将进一步弘扬伟大的井冈山精神，坚定理想信念、保持优良作风，高举中国特色社会主义伟大旗帜，把党和国家事业继续推向前进。

最后，我们再次祝愿中国井冈山干部学院越办越好，成为国内一流的独具特色的新型干部学院。

第70期专设班（中央党校第27期中
青年干部培训一班）全体学员
2009年11月9日

第71期专设班（2009年第5、6期高校思想政治理论课骨干教师研修班）的感谢信

尊敬的中国井冈山干部学院：

12月12日，我们2009年第5、6期高校思想政治理论课骨干教师研修班103名学员怀着激动的心情来到了心目中的革命圣地——井冈山，得到了中国井冈山干部学院的热情接待。在短短八天的学习过程中，中国井冈山干部学院为我们提供了良好的学习环境，合理地安排教学内容，尤其是通过现场式、体验式教学方式，带领我们追寻历史足迹，凭吊革命先烈，感悟井冈精神，接受传统教育，使我们在思想上受到了震撼，心灵上得到了净化，精神上得到了升华，意志上得到了锤炼。

一次井冈行，一生井冈情。我们是带着感情上井冈，带着感动读井冈，带着感恩望井冈，带着感悟离井冈，以后我们还要带着感想、带着感慨思井冈。我们已是满腔的井冈情怀，我们的思想已深深地打上了井冈的烙印；不管我们走到哪里，我们都永远是井冈山精神的传人。

在即将离别之际，让我们真诚地道一声谢谢！衷心感谢中国井冈山干部学院的领导和老师们，为我们的学习和生活，做了科学的筹划、精心的准备、缜密的安排、细致的实施、热情的关怀和周到的服务！祝愿学院领导和全体教职员工身体健康、工作顺利、万事如意！

第71期专设班（2009年第5、6期高校思想政治理论课骨干教师研修班）全体学员

2009年12月19日

重庆市第1期党政干部革命传统教育专题培训班的感谢信

尊敬的中国井冈山干部学院领导并致全体教职工：

在重庆“11·27”革命烈士60周年纪念日，我们120名学员来到了中国革命的摇篮——井冈山接受革命的洗礼，重温那段艰苦卓绝的岁月。

在短短的六天时间里，全体学员以饱满的热情和革命的激情投入到现场教学、专题教学、体验式教学、音像教学、激情教学之中，我们的心灵一次次被革命先烈坚定的革命意志和大无畏的牺牲精神所深深地震撼。井冈山斗争时期壮烈牺牲的4.8万余名革命烈士，和那3万多名无名英雄纪念碑，呈现了我们党和红军对共产主义的坚定信念；朱毛挑粮小道，小井红军医院，重现了革命先辈艰苦奋斗的优良作风；大井村里军民鱼水情深，黄洋界上隆隆炮声，让我们感悟到红军和人民群众的血肉联系；三湾改编，

八角楼里的灯光，为中国革命的胜利和实践指明了前进的方向。六天的培训，净化了我们的灵魂，升华了理想，锤炼了党性。我们将视传承“坚定信念、艰苦奋斗，实事求是、敢闯新路，依靠群众、勇于胜利”的井冈山精神为己任，让井冈山精神在我们各自的工作岗位上焕发出新的时代光彩。

临别之际，全体学员想对贵院说：感谢贵院在我们重庆第一期专题培训班学员人数较多、层次不同的情况下，对培训课程的精心设计和细致安排；感谢周金堂副院长和雷霆主任的谆谆教导和指导帮助；感谢张鹏华、刘小毛等联络老师的全程陪伴和各现场教学点讲解老师、讲解员深情并茂的讲解；感谢井冈山干部学院提供的周到热情服务和优越的学习生活条件。

最后，衷心祝愿中国井冈山干部学院不断从成功走向辉煌！祝愿学院领导和全体教职员工身体健康、工作顺利、万事如意！

重庆市第1期党政干部革命传统

教育专题培训班全体学员

2009年12月2日

（李清平供稿）

（四）制度建设

学术委员会章程

第一条　为了充分发挥学术委员会在科研工作中的重要作用，特制定本章程。

第二条　学术委员会是在院务委员会领导下的权威性学术指导、评议组织，是院务委员会领导科研工作的参谋咨询机构。

第三条　学术委员会的职责与权限

1. 审议科研工作的年度计划、中长期规划和重大学术活动计划；

2. 负责学院科研课题的立项评审，对科研人员完成的学院科研课题的研究成果进行学术评议和鉴定；

3. 负责全院优秀科研成果的评奖推荐工作；

4. 审议参评中高级专业技术职务的人员资格，推荐参评人选；

5. 提出学术活动建议，推动院内外学术交流；

6. 对有重大争议的科研成果和有关学术活动事件进行评议、协调和认定；

7. 完成院务委员会委托的其他与科研学术业务工作联系密切的评议咨询工作。

第四条　学术委员会由13—15名委员（专兼职结合）组成，设主任委员1名，副主任委员1—2名，办公室设教学科研部。

学术委员会主任委员由常务副院长担任，副主任委员由主任委员在当选委员中提名，报院务委员会批准。

学术委员会委员由院内与院外专家（学者）、领导组成，院外的专家（学者）由院务委员会确定并聘请，院内的专家（学者）、领导由学院具有中级以上专业技术职称人员民意推荐，院务委员会根据民意推荐情况和学科结构需要等情况确定学术委员会委员名单。

学术委员会每届任期 3 年，任期内可根据人员变化等情况进行补充或必要的调整。

第五条 学术委员会原则上每半年召开一次会议。

第六条 学术委员会的组织原则是民主集中制，必须 2/3 以上委员出席才能开会，对重大问题进行研究和表决时，出席会议的学术委员会委员半数以上同意才能生效。表决时采取无记名投票形式，审议课题立项采取匿名评审形式。

第七条 学术委员的条件：

1. 坚持以马克思主义、毛泽东思想、邓小平理论和“三个代表”重要思想为指导，全面贯彻落实科学发展观，拥护党的路线、方针、政策，热爱社会主义祖国；

2. 具备高级职称，学术造诣深，社会影响大，有指导学科研究的学术水平和培养人才的能力，忠诚党的干部教育事业；

3. 治学严谨，作风正派，工作责任心强，办事公道，群众威信高。

第八条 学术委员会及其成员要严格遵守如下工作纪律：

1. 在学术上要贯彻“百花齐放、百家争鸣”的方针，为繁荣社会科学创造有利条件；

2. 严格遵守民主集中制原则，反对自由主义；

3. 严格保密制度，严禁泄露内部意见；

4. 工作认真负责，实事求是，秉公办事，不徇私情。

第九条 本章程自 2009 年 1 月 1 日起生效，由学术委员会办公室负责解释。

学术委员会院外委员管理办法

第一条 为加强学院教学、科研工作的科学管理、民主监督和科学决策，提高教学、科研和学术水平，特聘请学术委员会院外委员。

第二条 学术委员会院外委员在学院学术委员会领导下开展工作。

第三条 学术委员会院外委员应具备以下条件：

1. 坚持以马克思主义、毛泽东思想、邓小平理论和“三个代表”重要思想为指导，全面贯彻落实科学发展观，忠诚党的干部教育事业；

2. 学术上有较高造诣，成绩显著，在本学科有较大的学术影响，具有正高以上职称的专家、学者、教授或学者型领导；

3. 学风正派，治学严谨，坚持原则，办事公道，身体健康。

第四条 学术委员会院外委员聘期为 3 年，期满后可续聘。因工作变动或因病不能按要求参加学院学术委员会活动的，委员可自愿退出。委员不遵守管理规定的，可以解聘。

第五条 学术委员会院外委员的聘请和解聘由主任委员提出，经学院学术委员会讨论通过，报院务委员会决定。学术委员会院外委员聘书由学院统一制发。

第六条 学术委员会院外委员享有学术委员会院内委员同等的权利。

1. 在学院学术委员会会议上有发言权、辩论权、表决权；

2. 对学院学术委员会拟讨论研究的事项有调查权和查阅有关档案资料的权利；

3. 对学院学术委员会的工作及学科建设与发展有建议、咨询权。

第七条 学术委员会院外委员负有学术委员会院内委员同等的义务。

1. 完成学院学术委员会决定的各种教学科研和学术任务；

2. 积极参与学院组织的学术交流活动；

3. 对学院学术委员会讨论事项及委员们的发言内容保密；

4. 每年应邀来学院为学院教研人员作一次本专业学术前沿报告。

第八条 学院对学术委员会院外委员参加了评审和咨询活动或进行了讲学活动的，学院支付评审劳务费、咨询费或讲课费。

第九条 本办法自 2009 年 1 月 1 日起实行，由学术委员会办公室负责解释。

学术活动管理办法

第一条 学术活动是科研工作的必要组成部分。为加强学院内部以及学院与全国干部教育培训系统其他兄弟院校、学术单位之间的学术交流与合作，活跃学术气氛，促进学术繁荣，特制定本办法。

第二条 学院鼓励工作人员在正确的政治方向指导下，积极开展和参与各种形式的学术活动。

第三条 学院根据需要每年围绕一个中心问题举行1—2次综合性的全国性的学术讨论会。

第四条 学院根据需要不定期地与中央科研单位、社科院及挂靠在我院的各学会、研究会联合召开学术讨论会。学术讨论会根据学科分布情况由学院负责组织，由各学科组具体承办。

第五条 学院鼓励和资助召开各种类型的学术会议，包括跨地域、跨系统的学术讨论会、座谈会或报告会。

第六条 各学科在召开以上各类会议前，应就会议内容、规格、经费等问题写出书面报告，经学科带头人同意，报院务委员会审批。凡涉及海外、宗教团体人员与会者，须特别注明，由学院报请上级有关部门审批。

第七条 学院鼓励和资助工作人员参加国际性、全国性或其他类型的重要学术会议。出席会议者应根据所在学科组年度工作计划，提供参会正式邀请材料、参会论文，提出参会申请并得到教学科研部科研管理处、教学科研部和学科带头人的批准方可参会。参加学术会议经费在学科建设经费中开支。会议结束后一周内须向教学科研部科研管理处和所在学科组提交相关的会议报告，参加教学科研部科研管理处和所在学科组组织开展的“学术沙龙”活动，就会议内容、热点问题、有价值的学术观点进行介绍。

第八条 学院视情况不定期地编辑出版较高质

量的学术论文集。论文集主题由学院确定，并聘请有关专家担任编委，负责编选工作。

第九条 本办法2009年1月1日开始实施，由教学科研部负责解释。

学术文库资助出版办法

一、总　则

第一条 为推动学院科学研究多出成果、出精品、上水平，进一步繁荣和发展学院科学研究事业，特制定本规定。

第二条 学院每年拨专款设立中国井冈山干部学院学术文库出版基金（以下简称学术文库出版基金），对基础理论及有重大价值的应用研究著作的出版，给予一定额度资金资助。

第三条 学术文库出版基金面向全院在编人员（不含与院外作者合作），公平竞争，择优立项，凡符合申报条件的均可申请。

第四条 学术文库出版基金资助的著作由教学科研部科研管理处统一联系出版社，按统一的版式装帧出版，并统一印制"中国井冈山干部学院学术文库丛书"标志。

二、资助额度与范围

第五条 每个学术文库出版基金资助项目的资助额度为3万元。

第六条 学术文库出版基金资助范围为：

1. 学院承担的国家、省部级项目研究成果；

2. 院级课题研究成果；

3. 学院承担的对学院学科建设和教学发展具有重要意义的自选项目研究成果；

4. 具有创新性的研究成果。

第七条 教材、编著、编、译著、论文集等不在本基金资助范围。

三、申报与评审

第八条 学术文库出版基金资助项目由院学术委员会办公室组织实施，每年评审1次，立项2—3个。申报时间一般在每年的7月份，申报受理截止时间为9月初，10月份完成评审工作。

第九条 项目申请人应符合以下条件：

1. 遵守宪法，热爱祖国，坚持以马克思主义、毛泽东思想、邓小平理论和"三个代表"重要思想为指导，深入贯彻落实科学发展观，拥护党的路线和基本方针，坚持马克思主义学风；

2. 项目申请人一般应具有中级以上（含中级）专业技术职称，否则应有两名以上同专业的教授书面推荐；

3. 项目申请人一次只能申请一个项目，项目申请人在原出版基金资助项目未完成之前，不得申请新项目。

第十条 学术文库出版基金项目必须是已完成的研究成果，其立项条件是：

1. 研究成果能充分体现学院教学功能定位，与学科建设要求相结合，有利于学科建设的发展；

2. 研究成果具有科学性、创新性、前沿性和较高的学术价值，能够填补某一学术领域的空白或对原有的结论作出新的补充和更正，或在方法上有新的突破；

3. 项目成果著作权没有争议。

第十一条 项目申请人应根据申报和立项条件认真填写《中国井冈山干部学院学术文库出版基金资助项目申请书》和项目申请书活页15份，将申请书一式1份、打印好的完整书稿1份交教学科研部科研管理处。

第十二条 学术著作出版基金资助项目由院学术委员会委员评审决定。若院学术委员会委员申请或参加项目，则该委员必须回避。

第十三条 教学科研部科研管理处对《中国井冈山干部学院学术文库出版基金资助项目申请书》进行资格初审后，报学术委员会办公室二审，符合条件的连同书稿提交院学术委员会进行评审。

第十四条 评审坚持宁缺勿滥的原则，采取先评议后无记名投票的方式进行，院学术委员会委员2/3以上到会，到会委员半数以上评审委员赞成的项目方可通过。当年空缺的项目数，可转入下一年。

四、组织实施

第十五条 经评审同意立项的项目，项目负责人应向学术委员会办公室提供与学院认可的出版单位签署的出版合同。

第十六条 每个学术文库出版基金资助项目的经费分为出版费和鉴定费两部分，其中鉴定费为项目总经费的5%，出版费占项目总经费的95%，出版费超支部分由申请人自筹；节余部分划入学院科研基金账户。出版费在项目立项和与出版单位签署出版协议，相关经办人履行签报手续后由办公厅财务处直接划入出版单位账户。

五、检查、鉴定与验收

第十七条 教学科研部科研管理处负责对出版基金资助项目的出版情况进行检查，对无正当理由不能如期出版的项目予以撤销，追回所拨经费。

第十八条 学术文库出版基金资助项目正式出版著作后，由学术委员会办公室组织验收。

第十九条 每个学术文库出版基金资助项目必须向学院提供正式出版物120册（教学科研部科研管理处存档5册，图书馆5册，用于交流110册）。

六、附 则

第二十条 本办法2009年1月1日开始实施，由学术委员会办公室负责解释。

科研档案管理制度

第一条 管理范围

1. 教研人员完成的专著、译著、教材、工具书、论文、译文、调研对策、咨询报告等科研成果及其评价、奖励证书的复印件。

2. 各教研单位的科研规划、院以上重点科研项目的协议书、申报及批准材料等。

3. 学院负责筹备召开的各种学术会议的批准文件、会议计划、日程安排、报告、总结、纪要等会议文件，科研评奖的有关材料，各教研单位参加省级以上学术会议的有关资料（包括会议名称、参加人员、提交论文、大会发言等情况）。

第二条 立卷要求

1. 有科研成果的人员，每人设一案卷。卷内有科研成果目录和经审核后的科研成果、社会评价、奖励证书等原件和复印件。上述材料的原件在当年的成果奖励金发放一个月后，由作者所在部门派人统一取回。

2. 个人科研成果要及时申报登记，成果完成人在收到成果原件 5 个工作日之内应将成果原件、复印件各 1 份以及成果电子文档交科研管理处登记并归档。教研人员在年底应提供个人成果统计情况到科研管理处核对个人成果总数。

第三条 科研档案管理

1. 教学科研部科研管理处设专人管理科研档案。

2. 归档时，交接双方要签字，填明时间、件数。

3. 科研档案一般不外借，如确需借阅，须经教学科研部领导批准并办理借阅手续。

第四条 本办法 2009 年 1 月 1 日开始实施，由教学科研部负责解释。

学院专职教师特聘教授暂行规定

为了充分调动和发挥学院专职教师从事教学科研工作的积极性、创造性，激励专职教师不断提高教学水平、学术水平及履行相应职责的能力，结合我院专业技术职务评聘工作的具体情况，现对学院专职教师特聘教授作如下规定：

一、适用范围

特聘教授只适用于学院在职在编的事业单位管理的专职教师。

二、特聘条件

（一）必备条件

1. 忠诚于党的干部教育事业，遵守教师职业道德，爱岗敬业，具有团结协作精神；

2. 教学效果良好，科研成绩突出，在本学科领域具有深厚的学术造诣和较高的知名度；

3. 身心健康，能全身心地投入教学科研一线工作；

4. 每次年度考核均为合格以上。

（二）基本条件

1. 承担了主体班次专题课教学及现场教学，每年完成教学工作量40场（次）以上；

2. 专题教学或现场教学效果显著，得到学员一致好评，综合评估优秀率为90%以上；

3. 获得学院先进工作者或优秀教师等光荣称号1次以上；

4. 出版本专业学术著作5部以上（或出版学术专著3部以上，或主持省、部级课题1个以上），并在省级以上刊物发表论文10篇以上。

三、评聘程序

（一）由申报人提出书面申请，所在处室和教学科研部签署意见后，送人力资源部；

（二）人力资源部审查申报人破格聘任的基本条件，并把审核情况反馈给本人；

（三）申报人填写申报破格聘任表格，并提供相应符合破格聘任条件的原始材料；

（四）由学院学术委员会对申报人的教学、科研水平等条件进行评审；

（五）学院院务委员会研究讨论审批。

四、待　遇

聘任期间，受聘人员的工资、津贴、补贴等享受学院同职级在职在编专业技术人员待遇。聘任期间的专业技术职务待遇不进入本人档案。聘任期满，如没有续聘，只享受高聘前的专业技术职务待遇。

五、聘　期

聘期与学院同等的专业技术岗位设置的聘期一致，聘期结束后视聘期内的业绩表现，由院务委员会决定是否续聘。

六、考　核

破格聘任人员按新聘任的岗位职责进行考核。经考核如不能胜任本岗位工作，学院将解除聘用合同。

七、附　则

（一）本暂行规定自发文之日起实施。

（二）本暂行规定由人力资源部负责解释。

干部人事档案材料送交归档工作制度

一、干部人事档案材料的送交范围以干部人事管理权限、确定管理范围为依据，送交干部人事档案材料的内容按中央组织部《干部人事档案材料收集归档规定》办理，干部人事档案材料形成部门及个人不得以任何理由积压扣留归档材料。

二、有关部门在工作中形成的干部人事档案材料，应在形成正式材料后的一个月内，按要求主动将材料送交人力资源部人事处。

三、干部人事档案材料原则上由材料审批部门按干部管理权限内容办理移交手续。

四、形成的档案材料必须符合归档质量要求：

（一）统一使用16开规格的办公用纸，为铅印、胶印、油印、打印或蓝黑墨水、黑色墨水、墨汁书写；

（二）档案材料应对象明确、文字清楚、内容真实、填写规范。由组织上形成的档案材料应盖有公章并注明承办单位及形成时间，由个人形成的档案材料应填写姓名、日期；

（三）档案材料必须是办理完毕的正式材料；

（四）复印件一般不收集，证书、全国统考科目成绩等特殊情况需用复制件存档的，必须在复制件上注明出处、复制时间，并加盖材料出具单位或干部人事关系所在单位的组织人事部门印章。

五、干部人事档案管理人员应经常联系有关单位及部门，了解和掌握形成人事档案材料来源的信息、沟通渠道，及时地向形成材料的部门收集应归档的材料。

六、干部任免、工资变动、出国、年度考核后，要及时将相应材料归入档案。

七、对不符合归档要求的材料，干部档案管理人员将退回形成材料的部门补送或补办手续；有关责任单位或部门应根据要求对送交材料进行规范后再次补送。

八、人力资源部人事处要经常研究解决干部档案材料在送交过程中存在的问题，积极主动地与材料形成单位或部门进行协商解决，做好人事档案的归档工作。

干部档案查（借）阅制度

一、允许查阅、借用档案范围

（一）因工作人员入党、入学、出国、任免、考察、审查、调动、工资待遇、办理退休手续、办理社会保险手续、公证、组织处理和逝世以后写悼词以及复查、甄别等需要了解干部情况时，可提供相应内容的档案查阅。

（二）因编写党史资料、人物传记、地方志等需了解工作人员的经历和社会实践情况，而当事人已死亡的，可提供相应内容的档案查阅。

（三）确因需要利用人事档案时，可提供相应内容的档案查阅。

二、查阅干部档案，利用单位或部门必须派两名正式中共党员干部持《查（借）阅干部档案审批表》，按干部管理权限办理审批手续后，方可查阅。

三、查（借）阅干部档案时，应注意保持档案清洁，严禁拆散、涂改、污损、圈点、抽取撤换、增加档案材料。

四、档案室应根据规定和《查（借）阅干部档案审批表》的申请内容，确定是否提供和提供材料的内容。

五、任何个人不得查阅或借用本人及其直系亲属和主要社会关系人员的档案。

六、查阅人员不得查阅本部门领导干部的档案，因特殊情况须查阅的，由具有干部管理权限的主管部门查阅。

七、干部档案一般不外借，确因工作需要必须借阅的，借用单位或部门需在《查（借）阅干部档案审批表》中说明理由，经主管干部档案工作的领导批准后，方可借出。借用时间一般不超过一周，如超期使用，必须办理续借手续，借用单位对借用的干部档案必须妥善保存，保证安全，不得转借、复制、抽撤档案材料或交干部本人和无关人员翻阅。

八、查阅及借用干部档案人员，要严格遵守保密制度和阅档规定，不得将未办理借出审批手续的档案带出阅览室，不得随便翻阅查阅范围之外的其他材料，不得泄露或擅自向外公开档案内容，不得擅自拍摄复制档案内容。因工作需要从档案中取证的，须经审查批准，核对盖章后才能取走。违者视情节轻重予以批评教育，甚至纪律处分，属假公济私者按违反《中华人民共和国档案法》严肃处理。

干部档案转递制度

一、干部因工作调动、职务变动或改变主管单位后，其档案将转给新的主管单位，并在干部档案名册中予以注销。

二、转递干部档案，凭调配、任免通知办理转递手续，填写好《干部档案转递通知单》后，对档案进行密封，并以机密件通过机要交通转递或派专人送取，不准以平信、挂号、包裹等公开邮寄或交干部本人自带。

三、转出的干部档案，材料必须齐全、并按规定整理装订成册，不应扣留材料或分批转出。

四、接收干部档案的单位，经核对无误后，需在回执上签名盖章，并立即将回执退回转出单位。

五、对转出的干部档案，逾期一个月未见回执退回，需及时去函、去电索取以防丢失。回执退回后，应贴在转递通知单的存根上。

六、对已出现的“无头档案”，要认真查找，对确实查不到干部下落却有保存价值的，移交干部原籍档案馆保存。

七、转出的干部档案，按时间先后顺序编入历年的干部档案转出名册。

参观活动接待和管理制度

为切实做好院外人员来学院参观的接待和管理，更好地介绍学院、宣传学院，并确保学院正常的教学、管理秩序，特制定本制度。

一、院外人员来学院参观，必须履行审批程序

未经批准，学院工作人员不得擅自允诺、引领校外团队（5 人以上）来院参观。凡学院内有重要班次、重要活动时一般不安排参观活动。

二、公务性参观活动由办公厅秘书处管理

1. 中央和国家机关各部委，各省、市、县委组织部、党校等单位组织工作人员来院参观，应先将参观的时间、人员、要求传真到办公厅秘书处。

2. 20 人以下（含 20 人，下同）的参观活动由办公厅秘书处审批；20 人以上的参观活动经办公厅负责人审核后报分管院领导审批；厅局级以上领导及其他重要的参观活动由常务副院长审批。

3. 公务性参观活动由办公厅秘书处安排人员引导和介绍；重要参观活动由院领导、有关部门负责人陪同和介绍。

三、非公务性参观活动由办公厅保卫处管理

1. 院外人员非经公务渠道，与学院工作人员接洽来学院参观，为非公务性参观活动。

2. 非公务性参观活动,5 人以下的由学院工作人员到大门门卫室办理登记手续后即可进院参观;5 人以上、20 人以下的,学院工作人员到保卫处(或大门门卫室)领取并填写《非公务性参观审批表》,由办公厅保卫处审批;20 人以上的,学院工作人员填写《非公务性参观审批表》,经办公厅负责人审核后,报分管院领导审批;厅局级以上领导及其他重要的参观活动由常务副院长审批。院外人员来学院参观活动审批应在上班时间办理审批手续。

3. 所有的参观活动必须在学院工作人员的陪同下进行。

四、加强参观活动的组织与管理

1. 参观活动必须在不影响学院的正常教学、管理秩序的前提下进行。每天上午 7:50—8:40,下午 2:20—3:10原则上不安排参观活动。

2. 参观人员中有外国国籍或境外身份的,需先报对外交流与培训开发部备案,重要的参观活动由对外交流与培训开发部派员陪同。

3. 非公务性参观活动的车辆,一律不进入学院。

4. 参观范围视学院内的教学活动安排确定。非公务性接待参观活动一般不进入图书馆馆藏区、陈列室参观;学员用餐时,不安排参观学员餐厅。

5. 参观团队经批准后进入学院参观时,不得带导游、参观团队标识旗等。衣衫不整、醉酒人员等有损学院形象人员也不得进入学院参观。参观学院期间,不得大声喧哗,不得影响学员的正常学习生活。对参观人员的不文明举止,接待人员要及时婉言制止。办公厅保卫处负责对参观秩序的督促检查。

6. 学院接待人员要热情、周到地为来院参观人员提供服务、介绍情况,自觉维护学院形象。

7. 经批准来学院上课的团队在学院内安排参观,也应遵守本制度的规定。

8. 办公厅秘书处、保卫处应建立参观登记档案,每月统计到学院参观人员情况。

(江小华供稿)